譯註 儀禮注疏
士昏禮

①

譯註 儀禮注疏
士昏禮

①

정병섭 역주

學古房

첫 번역서의 역자서문을 쓸 때에는 한참을 고심해서 썼다 지우기를 반복했다. 그런데 역서들이 늘어나니 그다지 쓸말이 별로 없다. 번역이 고된 작업이라는 것은 틀림없는 사실이다. 또 힘들인 만큼 인정을 받지 못하는 것 또한 엄연한 사실이다. 돈도 안 되고 힘만 드는 번역을 왜 그리도 미련스럽게 하느냐는 소리를 자주 듣는다. 사실 이 부분은 나도 계속 고민해오던 것이다. 예학 분야의 토대를 마련하겠다는 거창한 포부를 가진 것도 아니고, 나 하나 희생해서 남들에게 도움이 되겠다는 숭고한 의식을 가진 것도 아니다. 어쩌다보니 이렇게 된 것일 뿐이다. 때로는 한심하다는 생각도 들고 이것을 번역해서 뭐하나 싶은 생각도 든다. 그러나 재미있어서, 번역이 재미있어서 지금까지 손을 놓지 못하고 계속 달려온 것 같다. 하지만 재미와 별개로 실력은 그닥 봐줄만한 것이 없다. 매번 내 번역물에 대해 스스로 채점을 하면 30점 정도, 딱 이 수준이다. 이런 수준의 번역서를 시중에 내놓는 것이 부끄럽고 또 누가 되지 않을까 걱정도 든다. 다만 이 책을 발판으로 더 좋은 번역서와 연구결과가 나왔으면 하는 바람이다. 끝으로「사혼례」편을 출판할 수 있도록 허락해주신 학고방의 하운근 사장님께도 감사를 전한다.

5

- 본 책은 역주서(譯註書)로써, 『의례주소(儀禮注疏)』의 「사혼례(士昏禮)」편을 완역하고, 자세한 주석을 첨부했다.

- 『의례』 경문(經文)의 경우, 의역으로만 번역하면 문장을 번역한 방식을 확인하기 어렵고, 보충 설명 없이 직역으로만 번역하면 내용을 이해하기 힘들다. 따라서 경문에 한하여 직역과 의역을 함께 수록하였다.

- 본 역서가 저본으로 삼은 책은 다음과 같다.

『儀禮注疏』1~2(전2권, 『十三經注疏 整理本』 10~11), 北京 : 北京大學出版社, 초판 2000

- 본 책은 『의례』의 경문, 정현의 주, 가공언의 소, 참고자료 순으로 번역하였다.

- 『의례』 「사혼례」편은 본래 목차가 없다. 본 책의 목차는 역자가 임의대로 나눈 것이며, 세세하게 분절하여, 독자들이 관련내용들을 찾아보기 쉽게 하였다.

- 본 책의 뒷부분에는 《士昏禮 人名 및 用語 辭典》을 수록하였다. 본문에 처음으로 등장하는 용어 및 인명에 대해서는 주석처리를 하였다. 이후에 같은 용어가 등장할 때마다 동일한 주석처리를 할 수 없어서, 뒷부분에 사전으로 수록한 것이다. 가나다순으로 기록하여, 번역문을 읽는 도중 앞부분에서 설명했던 고유명사나 인명 등에 대해서 쉽게 찾아볼 수 있도록 하였다.

- **68上** 昏禮. 下達, 納采用鴈.

  68上 등과 같이 █████ 안에 숫자와 上·下가 기입되어 있는 것은 『의례』의 '경문'을 뜻한다. '68'은 북경대학출판사 판본의 페이지를 말한다. '上'은 상단에 기록되어 있다는 표시이다.

- **鄭注** 達, 通也. 將欲與彼合昏姻, 必先使媒氏下通其言.

  鄭注 로 표시된 것은 『의례주소』에 수록된 정현(鄭玄)의 주(注)이다.

- **賈疏** ●"昏禮"至"用鴈". ○釋曰: 從此下至"主人許, 賓入, 授, 如初禮", 陳納采問名之禮.

  賈疏 로 표시된 것은 『의례주소』에 수록된 가공언(賈公彦)의 소(疏)이다. 가공언의 주석은 경문과 정현의 주에 대해서 세분화하여 기록하고 있다. 따라서 '●'으로 표시된 부분은 가공언이 경문에 대해 주석을 한 부분이고, '◎'으로 표시된 부분은 정현의 주에 대해 주석을 한 부분이다.

- **참고 1-1** 『시』「제풍(齊風)·남산(南山)」

  참고 로 표시된 것은 『의례주소』에 인용된 각 문헌의 기록들이다. '1-1'은 1절에 속한 1번째 참고자료라는 뜻이다.

- 원문 및 번역문 중 '▼'로 표시된 부분은 한글로 표기할 수 없는 한자를 기록한 부분이다. 예를 들어 '▼(囧/皿)'의 경우 맹(盟)자의 이체자인데, '明'자 대신 '囧'자가 들어간 한자를 프로그램상 삽입할 수가 없어서, '▼(囧/皿)'으로 표시한 것이다. 즉 '▼(A/B)'의 형식으로 기록된 경우, A에 해당하는 글자가 한 글자의 상단 부분에 해당하고, B에 해당하는 글자가 한 글자의 하단 부분에 해당한다는 표시이다. 또한 '▼(A+B)'의 형식으로 기록된 경우, A에 해당하는 글자가 한 글자의 좌측 부분에 해당하고, B에 해당하는 글자가 한 글자의 우측 부분에 해당한다는 표시이다. 또한 '▼((A-B)/C)'의 형식으로 기록된 경우, A에 해당하는 글자에서 B 부분을 뺀 글자가 한 글자의 상단 부분에 해당하고, C에 해당하는 글자가 한 글자의 하단 부분에 해당한다는 표시이다.

❶

❷

士昏禮第二 / 「사혼례」 제2편

賈疏 ●"士昏禮第二". ○鄭目錄云: "士娶妻之禮, 以昏爲期, 因而名焉. 必以昏者, 陽往而陰來, 日入三商爲昏. 昏禮於五禮屬嘉禮, 大・小戴及別錄此皆第二."

● 經文: "士昏禮第二". ○ 정현[1]의 『목록』[2]에서는 "사 계층이 아내를 들이는 예법에서는 저녁 무렵을 시기로 삼으니 이로 인해 이러한 명칭을 정하게 되었다. 반드시 저녁 무렵에 하는 것은 양이 가고 음이 오기 때문이니, 해가 들어가고 3각(刻=商)[3]이 되면 저녁 무렵이 된다. 혼례는 오례[4]

---

1) 정현(鄭玄, A.D.127~A.D.200) : =정강성(鄭康成)・정씨(鄭氏). 한대(漢代)의 유학자이다. 자(字)는 강성(康成)이다. 『주역(周易)』, 『상서(尙書)』, 『모시(毛詩)』, 『주례(周禮)』, 『의례(儀禮)』, 『예기(禮記)』, 『논어(論語)』, 『효경(孝經)』 등에 주석을 하였다.

2) 『목록(目錄)』은 정현이 찬술했다고 전해지는 『삼례목록(三禮目錄)』을 가리킨다. 『십삼경주소(十三經注疏)』에서 인용되고 있지만, 이 책은 『수서(隋書)』가 편찬될 당시에 이미 일실되어 존재하지 않았다. 『수서』 「경적지(經籍志)」편에는 "三禮目錄一卷, 鄭玄撰, 梁有陶弘景注一卷, 亡."이라는 기록이 있다.

3) 각(刻)은 시간의 단위이다. 고대에는 물통에 작은 구멍을 내서, 물이 떨어진 양을 보고 시간을 헤아렸다. 하루를 100'각'으로 나누었는데, 한(漢)나라 애제(哀帝) 건평(建平) 2년(-5년) 때에는 20'각'을 더해서, 하루의 길이를 총 120'각'으로 정하였다. 『한서(漢書)』 「애제기(哀帝紀)」편에는 "漏刻以百二十爲度."라는 기록이 있는데, 이에 대한 안사고(顏師古)의 주에서는 "舊漏晝夜共百刻, 今增其二十."이라고 풀이하였다. 그리고 남북조(南北朝) 시기 양(梁)나라 무제(武帝)는 8'각'을 1진(辰)으로 정하여, 낮과 밤의 길이를 각각 12'진' 96'각'으로 정하였다.

4) 오례(五禮)는 고대부터 전해져 온 다섯 종류의 예제(禮制)를 뜻한다. 즉 길례(吉禮), 흉례(凶禮), 군례(軍禮), 빈례(賓禮), 가례(嘉禮)를 가리킨다. 『주례』 「춘관(春官)・소종백(小宗伯)」편에는 "掌五禮之禁令與其用等."이라는 기록이 있는데, 이에 대한 정현의 주에서는 정사농(鄭司農)의 주장을 인용하여, "五禮, 吉・凶・軍・賓・嘉."라고 풀이했다.

중에서 가례[5]에 속하는데, 대대(大戴)과 소대(小戴)의 『의례』 판본과 유향[6]의 『별록』[7]에서는 이 편을 모두 2번째 편으로 삼았다.”라고 했다.

賈疏 ○ 釋曰: 鄭知是士娶妻之禮者, 以記云“記士昏禮”, 故知是士娶妻. 鄭云“日入三商”者, 商謂商量, 是漏刻之名, 故三光靈曜亦日入三刻爲昏, 不盡爲明. 按馬氏云: 日未出・日沒後皆云二刻半, 前後共五刻. 今云三商者, 據整數而言, 其實二刻半也.

○ 정현이 이 편이 사 계층이 아내를 들이는 예법에 해당한다는 사실을 알 수 있었던 것은 기문에서 “기문. 사의 혼례.”[8]라고 했기 때문에, 이것이 사 계층이 아내를 들이는 것임을 알 수 있다. 정현이 “해가 들어가고 3각(刻)이 된다.”라고 했는데, ‘상(商)’은 헤아려본다는 뜻으로, 이것은 물시계의 명칭에 해당한다. 그래서 『삼광령요』에서도 해가 들어가고 3각이 되면 저녁 무렵이 된다고 했는데, 모두 명확하지 않다. 살펴보니 마씨는 해가 아직 나오기 이전과 해가 진 이후에 대해 모두 2각 반이라고 하니 전후를 합쳐 모두 5각이라고 했다. 현재 3각이라고 한 것은 정수를 들어서 말한 것으로 실제로는 2각 반에 해당한다.

---

5) 가례(嘉禮)는 오례(五禮) 중 하나로, 결혼식을 치르거나, 잔치 등을 베풀 때의 예제(禮制)를 뜻한다. 경사스러운 일이라는 뜻에서 가(嘉)자를 붙여서 ‘가례’라고 부르는 것이다.

6) 유향(劉向, B.C77~A.D.6): 전한(前漢) 때의 학자이다. 자(字)는 자정(子政)이다. 유흠(劉歆)의 부친이다. 비서성(秘書省)에서 고서들을 정리하였다. 저서로는 『설원(說苑)』・『신서(新序)』・『열녀전(列女傳)』・『별록(別錄)』 등이 있다.

7) 『별록(別錄)』은 후한(後漢) 때 유향(劉向)이 찬(撰)했다고 전해지는 책이다. 현재는 일실되어 존재하지 않으며, 『한서(漢書)』「예문지(藝文志)」편을 통해서 대략적인 내용만을 추측해볼 수 있다.

8) 『의례』「사혼례」: 記. 士昏禮, 凡行事, 必用昏昕, 受諸禰廟. 辭無不腆, 無辱.

제 1 절
하달(下達)과 납채(納采)의 절차

68上

昏禮. 下達, 納采用鴈.

직역 昏禮이다. 下達하고, 納采에 鴈을 用한다.

의역 사 계층의 혼례에 대한 내용이다. 신랑 집안에서 신부 집안으로 혼인의 의사를 전달하고, 납채를 할 때에는 기러기를 예물로 사용한다.

賈疏 達, 通也. 將欲與彼合昏姻, 必先使媒氏下通其言. 女氏許之, 乃後使人納其采擇之禮. 用鴈爲摯者, 取其順陰陽往來. 詩云: "取妻如之何? 匪媒不得." 昏必由媒, 交接設紹介, 皆所以養廉恥.

'달(達)'은 통한다는 뜻이다. 장차 상대와 함께 혼인을 하고자 할 때에는 반드시 그보다 앞서서 매씨1)를 시켜서 그 말을 전달해야 한다. 신부 집안에서 허락을 하면 그 이후에 사람을 시켜 채택의 예를 들인다. 기러기를 이용해 예물로 삼는 것은 음양에 따라 왕래한다는 뜻을 취했기 때문이다. 『시』에서는 "아내를 취할 때에는 어찌하는가? 중매가 아니라면 얻지 못

---

1) 매씨(媒氏)는 남녀의 혼인을 주관했던 관리이다. 고대에는 남자의 나이가 30세가 되도록 장가를 들지 않았으면, 매씨가 주관하여 혼인을 시켰다. 여자의 경우에는 20세를 기준으로 혼인을 치르게 시켰다. 『주례』「지관(地官)·매씨(媒氏)」편에는 "媒氏掌萬民之判, 凡男女自成名以上, 皆書年月日名焉. 令男三十而娶, 女二十而嫁."라는 기록이 있다. 이러한 뜻에서 파생하여, 후대에는 중매를 주선했던 자를 부르는 용어로도 사용되었다.

하느니라."2)라 했다. 혼인을 할 때 반드시 매씨를 통하고, 사귈 때 말을 전달해주는 자를 두는 것은 모두 염치를 기르기 위해서이다.

賈疏 ●"昏禮"至"用鴈". ○ 釋曰: 從此下至"主人許, 賓入, 授, 如初禮", 陳納采問名之禮. 云"下達"者, 謂未行納采已前, 男父先遣媒氏女氏之家通辭往來, 女氏許之, 乃遣使者行納采之禮也. 言下達者, 男爲上, 女爲下, 取陽倡陰和之義, 故云下達, 謂以言辭下通於女氏也. 是以下記昏辭云"吾子有惠, 貺室某也", 注云: "稱有惠, 明下達." 謂此下達也. 云"納采用鴈"者, 昏禮有六, 五禮用鴈: 納采·問名·納吉·請期·親迎是也, 唯納徵不用鴈, 以其自有幣帛可執故也. 且三禮不云納, 言納者恐女氏不受, 若春秋內納之義. 若然, 納采言納者, 以其始相采擇, 恐女家不許, 故言納. 問名不言納者, 女氏已許, 故不言納也. 納吉言納者, 男家卜吉, 往與女氏, 復恐女家翻悔不受, 故更言納也. 納徵言納者, 納幣帛則昏禮成, 復恐女家不受, 故更云納也. 請期·親迎不言納者, 納幣則昏禮已成, 女家不得移改, 故皆不言納也. 其昏禮有六, 尊卑皆同, 故左氏莊公二十二年經書: "冬, 公如齊納幣." 穀梁傳曰: "納幣, 大夫之事也. 禮有納采, 有問名, 有納徵, 有告期, 四者備而後娶, 禮也. 公之親納幣, 非禮也, 故譏之." 彼無納吉者, 以莊公在母喪內, 親行納幣, 非禮之事, 故關3)其納吉以非之也.

● 經文: "昏禮"~"用鴈". ○ 이 문장으로부터 아래로 "신부의 부친이 허락한다. 빈객이 안으로 들어와서 기러기를 건네는데 처음 납채(納采)를 했을 때의 예처럼 따른다."4)라고 한 문장까지는 납채5)와 문명6)의 예법을

---

2) 『시』「제풍(齊風)·남산(南山)」: 析薪如之何, 匪斧不克. 取妻如之何, 匪媒不得. 旣曰得止, 曷又極止.

3) 관(關): 『십삼경주소』 북경대 출판본에서는 "『요의』와 『모본』에서는 '궐(闕)'자로 기록했다."라고 했다.

4) 『의례』「사혼례」: 賓執鴈, 請問名, 主人許, 賓入, 授, 如初禮.

진술한 것이다. '하달(下達)'이라고 한 것은 아직 납채를 시행하기 이전에 신랑의 부친이 먼저 매씨를 보내 신부 집안에 왕래하자는 말을 전하고, 신부 집안에서 허락을 하면 곧 심부름꾼을 보내 납채의 예를 시행한다는 뜻이다. '하달(下達)'이라고 말한 것은 남자는 위가 되고 여자는 아래가 되니, 양이 부르면 음이 화답하는 뜻을 취한 것이다. 그래서 '하달(下達)'이라 말한 것으로, 말을 아래로 내려 신부 집안에 통하게 한다는 의미이다. 그래서 아래 기문에서는 혼사에 "그대께서 은혜를 베푸셔서 아무개에게 따님을 처로 주셨습니다."[7]라 했고, 주에서는 "은혜를 베풀었다고 말한 것은 그 이전에 하달(下達)의 절차가 시행되었음을 나타낸다."라 했는데, 바로 이곳의 하달(下達)을 뜻한다. "납채를 할 때에는 기러기를 예물로 사용한다."라 했는데, 혼례에는 육례[8]가 있고, 다섯 가지 예법에서는 기러기를 사용하니, 납채 · 문명 · 납길[9] · 청기[10] · 친영[11]이 이

---

5) 납채(納采)는 혼인과 관련된 육례(六禮) 중 하나이다. 청원을 하며 신부 집안에 예물을 보내는 일을 뜻한다.

6) 문명(問名)은 혼례와 관련된 육례(六禮) 중 하나이다. 여자의 이름 및 출생일 등에 대해서 묻는 절차를 뜻한다.

7) 『의례』「사혼례」 : 昏辭曰: <u>吾子有惠, 貺室某也.</u>

8) 육례(六禮)는 혼인 과정 중에 시행되는 여섯 종류의 의례 절차를 뜻한다. 청원을 하며 신부 집안에 예물을 보내는 납채(納采), 여자의 이름 및 출생일 등에 대해서 묻는 문명(問名), 혼인이 어떠한가를 종묘(宗廟)에서 점을 치고, 길(吉)한 징조를 얻게 되면, 신부 집안에 알리는 납길(納吉), 혼인 약속을 증명하기 위해 신부 집안에 폐백을 보내는 납징(納徵:=納幣), 결혼날짜를 정하여 신부 집안에 가부(可否)를 묻는 청기(請期), 남자가 신부 집안에 가서 아내를 맞이하는 친영(親迎)을 가리킨다.

9) 납길(納吉)은 혼인과 관련된 육례(六禮) 중 하나이다. 납징(納徵)을 하기 이전에 신랑 집안에서는 이번 혼인이 어떠한가를 종묘(宗廟)에서 점을 치게 되고, 길(吉)한 징조를 얻게 되면, 혼인을 최종적으로 결정하여, 신부 집안에 알리게 된다. 혼인은 이 시기부터 확정이 된다. 『의례』「사혼례(士昏禮)」편에는 "納吉用鴈, 如納采禮."라는 기록이 있는데, 이에 대한 정현의 주에서는 "歸卜於廟, 得吉兆, 復使使者往告, 婚姻之事於是定."이라고 풀이했다.

것으로, 오직 납징(納徵)[12]에서만 기러기를 사용하지 않으니, 그 자체에 폐백을 가져갈 수 있기 때문이다. 또 세 가지 예법에서는 '납(納)'이라 말하지 않았는데, 납(納)이라 말하는 것은 신부 집안에서 받아들이지 않을까 염려하기 때문이니, 『춘추』의 내납(內納)이라는 뜻과 같다. 그렇다면 납채(納采)라고 할 때 '납(納)'이라 말한 것은 처음으로 서로 채택을 하는 것이지만 신부 집안에서 허락하지 않을까 염려했기 때문에 납(納)이라 말한 것이다. 문명(問名)에서 납(納)이라 말하지 않은 것은 신부 집안에서 이미 허락을 했기 때문에 납(納)이라 말하지 않은 것이다. 납길(納吉)에서 납(納)이라 말한 것은 신랑 집안에서 길한 징조를 점치고 가서 신부 집안에 전달했는데, 신부 집안에서 뒤집고 후회하여 받아들이지 않을까 재차 염려했기 때문에 다시 납(納)이라 말한 것이다. 납징(納徵)에서 납(納)이라 말한 것은 폐백을 들인다면 혼례가 성사된 것이지만, 신부 집안에서 받아들이지 않을까 재차 염려했기 때문에 다시 납(納)이라 말한 것이다. 청기(請期)와 친영(親迎)에서 납(納)이라 말하지 않은 것은 납폐를 하게 되면 혼례가 이미 성사된 것이며 신부 집안에서 바꿀 수 없기 때문에 모두 납(納)이라 말하지 않은 것이다. 혼례에는 육례가 있는데, 신분에 상관없이 모두 동일하다. 그렇기 때문에 『좌씨전』 장공(莊公) 22년의 경문에서는 "겨울에 장공이 제나라에 가서 납폐를 했다."[13]라 했고, 『곡량전』에서는 "납폐는 대부의 일이다. 예에는 납채가 있고, 문명이 있으며, 납징이 있고, 고기가 있는데, 이 네 가지가 갖춰진

---

10) 청기(請期)는 혼례 절차 중 하나이다. 신랑 집안에서 신부 집안에 예물을 보낸 뒤에, 혼인하기에 좋은 길일(吉日)을 점치게 된다. 길(吉)한 날을 잡게 되면, 신부 집안에 통보를 하며 가부(可否)를 묻게 되는데, 이 절차가 바로 '청기'이다.

11) 친영(親迎)은 혼례에서 시행하는 여섯 가지 예식(禮式) 중 하나이다. 사위될 자가 여자 집에 가서 혼례를 치르고, 자신의 집으로 데려오는 예식을 뜻한다.

12) 납징(納徵)은 납폐(納幣)라고도 부른다. 혼인과 관련된 육례(六禮) 중 하나이다. 혼인 약속을 증명하기 위해, 신부 집안에 폐백을 보내는 일을 뜻한다.

13) 『춘추』「장공(莊公) 22년」 : 冬, 公如齊納幣.

이후에야 아내를 들이는 것이 예법이다. 공이 직접 납폐를 한 것은 비례이다. 그렇기 때문에 기록한 것이다."[14]라 했다. 그 기록에 납길에 대한 것이 없는 이유는 장공은 모친의 상중에 있어서 직접 납폐를 행했으니 이것은 비례의 사안이다. 그렇기 때문에 납길이라는 것을 누락하여 비난한 것이다.

賈疏 ◎注“達通”至“廉恥”. ○釋曰: 鄭云“必先使媒氏下通其言, 女氏許之, 乃後使人納其采擇之禮”者, 欲見納采之前, 有此下達之言也. 按周禮·地官有媒氏職, 是天子之官, 則諸侯之國亦有媒氏, 傳通男女, 使成婚姻, 故云媒氏也. 云“用鴈爲摯者, 取其順陰陽往來”者, 按周禮·大宗伯云: “以禽作六摯, 卿執羔, 大夫執鴈, 士執雉.” 此昏禮無問尊卑皆用鴈, 故鄭注其意云取順陰陽往來也. 順陰陽往來者, 鴈木落南翔, 冰泮北徂, 夫爲陽·婦爲陰, 今用鴈者, 亦取婦人從夫之義, 是以昏禮用焉. 引詩者, 證須媒下達之義也. 云“昏必由媒, 交接設紹介”者, 詩云“匪媒不得”, 是由媒也. 其行五禮, 自納采已下, 皆使使往, 是交接設紹介也. 云“皆所以養廉恥”者, 解所以須媒及設紹介者, 皆所以養成男女使有廉恥也, 使媒通之·媵御沃盥交之等, 皆是行事之漸, 養廉恥之義也.

◎鄭注: “達通”~“廉恥”. ○정현이 “반드시 그보다 앞서서 매씨를 시켜서 그 말을 전달해야 한다. 신부 집안에서 허락을 하면 그 이후에 사람을 시켜 채택의 예를 들인다.”라고 했는데, 납채(納采)를 하기 이전에 이러한 하달(下達)의 말이 있음을 드러내고자 한 것이다. 『주례』「지관(地官)」을 살펴보면 매씨(媒氏)[15]의 직무기록이 나오는데, 이들이 천자에게 소

---

14) 『춘추곡량전』「장공(莊公) 22년」: 冬, 公如齊納幣. <u>納幣, 大夫之事也. 禮有納采, 有問名, 有納徵, 有告期, 四者備, 而後娶, 禮也. 公之親納幣, 非禮也. 故譏之.</u>

15) 『주례』「지관사도(地官司徒)」편을 살펴보면, 매씨(媒氏)라는 관직은 하사(下士)

속된 관리라면 제후국에도 매씨가 있어서 남녀 사이에 말을 전달하고 통하게 해서 혼인을 성사되도록 한다. 그렇기 때문에 '매씨(媒氏)'라고 부른다. 정현이 "기러기를 이용해 예물로 삼는 것은 음양에 따라 왕래한다는 뜻을 취했기 때문이다."라고 했는데, 『주례』「대종백(大宗伯)」편을 살펴보면 "짐승으로 여섯 가지 예물을 만드니, 경은 새끼 양을 예물로 들고 가고, 대부는 기러기를 예물로 들고 가며, 사는 꿩을 예물로 들고 간다."16)라고 했다. 이것은 혼례에서 신분에 상관없이 모두들 기러기를 예물로 사용함을 나타낸다. 그렇기 때문에 정현의 주에서는 그 의미에 대해 음양에 따라 왕래한다는 뜻을 취했다고 말한 것이다. 음양에 따라 왕래한다는 것은 기러기는 나뭇잎이 떨어지면 남쪽으로 날아가고 얼음이 녹으면 북쪽으로 가는데, 남편은 양이 되고 아내는 음이 되어, 지금 기러기를 사용하는 것은 또한 부인이 남편을 따르는 뜻을 취한 것이다. 그래서 혼례에서 이것을 사용하는 것이다. 정현이 『시』를 인용한 것은 반드시 매씨를 이용해 말을 전달해야 하는 뜻을 증명하기 위해서이다. 정현이 "혼인을 할 때 반드시 매씨를 통하고, 사귈 때 말을 전달해주는 자를 둔다."라고 했는데, 『시』에서는 "중매가 아니라면 얻지 못하느니라."라고 했으니, 이것은 매씨를 통한다는 것을 나타낸다. 다섯 가지 예를 시행할 때 납채로부터 그 이하에는 모두 심부름꾼을 시켜 가게 하니, 이것은 사귈 때 말을 전달해주는 자를 두는 것에 해당한다. 정현이 "모두 염치를 기르기 위해서이다."라고 했는데, 매씨를 두고 말 전달해주는 자를 두는 이유를 풀이한 것으로, 이 모두는 남자와 여자를 길러 완성시켜 염치를 지니게끔 하기 위해서이며, 매씨를 통해 말을 전하고, 잉과 어는 상대를 바꿔 대야에 손 씻을 물을 따르는 것17)들은 모두 일을 점진적으로 시행하여

2명이 담당하고, 그 휘하에는 사(史) 2명, 도(徒) 10명이 배속되어 있다고 한다.
16) 『주례』「춘관(春官)·대종백(大宗伯)」: <u>以禽作六摯</u>, 以等諸臣. <u>孤執皮帛</u>, <u>卿執羔, 大夫執鴈, 士執雉</u>, 庶人執鶩, 工商執雞.
17) 『의례』「사혼례」: 婦至, 主人揖婦以入. 及寢門, 揖入, 升自西階. 媵布席于奧.

염치를 기르는 뜻이다.

참고 1-1 『시』「제풍(齊風)·남산(南山)」

南山崔崔, (남산최최) : 제나라 남산은 높고도 크거늘,
雄狐綏綏. (웅호수수) : 수컷 여우들이 서로 따르며 문란하구나.
魯道有蕩, (노도유탕) : 노나라 길이 평탄하거늘,
齊子由歸. (제자유귀) : 문강(文姜)이 이 길을 따라 시집을 왔구나.
既曰歸止, (기왈귀지) : 이미 시집을 왔거늘,
曷又懷止. (갈우회지) : 또 어찌 그리워하는가.

葛屨五兩, (갈구오양) : 칡을 엮은 신발은 다섯 켤레거늘,
冠綏雙止. (관수쌍지) : 갓끈은 한 쌍이로구나.
魯道有蕩, (노도유탕) : 노나라 길이 평탄하거늘,
齊子庸止. (제자용지) : 문강(文姜)이 이 길을 따라 시집을 왔구나.
既曰庸止, (기왈용지) : 이미 이 길을 따라 시집을 왔거늘,
曷又從止. (갈우종지) : 양공은 또 어찌 재차 전송하며 따르는가.

蓺麻如之何, (예마여지하) : 마를 심을 때에는 어찌하는가,
衡從其畝. (형종기무) : 이랑을 가로로 하고 세로로 해야 하느니라.
取妻如之何, (취처여지하) : 아내를 취할 때에는 어찌하는가.
必告父母. (필고부모) : 반드시 부모에게 아뢰어야 하느니라.
既曰告止, (기왈고지) : 이미 부모에게 아뢰었거늘,
曷又鞠止. (갈우국지) : 또 어찌 욕심이 차는가.

夫入于室, 卽席. 婦尊西, 南面, 媵·御沃盥交.

析薪如之何, (석신여지하) : 땔감을 베려면 어찌하는가.

匪斧不克. (비부불극) : 도끼가 아니라면 할 수 없느니라.

取妻如之何, (취처여지하) : 아내를 취할 때에는 어찌하는가.

匪媒不得. (비매부득) : 중매가 아니라면 얻지 못하느니라.

旣曰得止, (기왈득지) : 이미 중매를 통해 얻었거늘,

曷又極止. (갈우극지) : 또 어찌 욕심을 다하는가.

毛序 南山, 刺襄公也. 鳥獸之行, 淫乎其妹, 大夫遇是惡, 作詩而去之.

모서 「남산」편은 양공을 풍자한 시이다. 금수처럼 행동하여 자신의 누이와 음란한 짓을 하니, 대부가 이러한 악행을 접하여, 시를 짓고 떠난 것이다.

참고 1-2 『춘추』 장공(莊公) 22년 기록

경문 冬, 公如齊納幣.

겨울 장공이 제나라로 가서 납폐(納幣)를 하였다.

杜注 無傳. 公不使卿而親納幣, 非禮也. 母喪未再期而圖昏, 二傳不見所譏, 左氏又無傳, 失禮明故.

관련 전문이 없다. 장공은 경을 사신으로 보내지 않고 직접 찾아가서 납폐를 했으니, 예가 아니다. 모친의 상에서 아직 2주기가 되지 않았는데도 혼례를 도모하였는데, 『공양전』과 『곡량전』에서는 기롱하는 말이 나타나지 않고, 좌씨 또한 전문을 기록하지 않았으니, 예에서 벗어난 것이 명백했기 때문이다.

孔疏 ◎注"公不"至"明故". ○正義曰: 釋例曰: "宋公使華元來聘, 聘不應使卿, 故傳但言聘共姬也; 使公孫壽來納幣, 納幣應使卿, 故傳明言其得禮也." 是納幣當使卿, 公不使卿, 親納幣, 非禮也.

◎杜注: "公不"~"明故". ○『석례』에서는 "송나라 공작은 화원을 시켜 찾아와 빙문을 했는데, 빙문을 할 때에는 경을 시키지 말아야 하기 때문에 전문에서는 단지 공희를 맞이하기 위해서라고 말했다.[18] 그리고 공손수를 시켜서 찾아와 납폐를 했는데 납폐를 할 때에는 경을 시켜야 한다. 그렇기 때문에 전문에서는 그것이 예법에 맞다고 말했다.[19]"라고 했다. 이것은 납폐를 할 때 경을 사신으로 보내야 함을 나타내는데, 장공은 경을 사신으로 보내지 않고 직접 납폐를 했으니 비례에 해당한다.

何注 納幣卽納徵. 禮曰"主人受幣, 士受儷皮", 是也. 禮言納徵, 春秋言納幣者, 春秋質也. 凡婚禮皆用鴈, 取其知時候. 唯納徵用玄纁束帛儷皮. 玄纁, 取其順天地也. 儷皮者, 鹿皮, 所以重古也.

납폐(納幣)는 곧 납징(納徵)에 해당한다. 『예』에서 "주인은 예물을 받는다. 사 중에서 한 쌍의 사슴 가죽을 받는다."[20]라고 한 말이 이것을 가리킨다. 『예』에서는 '납징(納徵)'이라고 했는데 『춘추』에서 '납폐(納幣)'라고 한 것은 『춘추』는 질박함에 따랐기 때문이다. 혼례에서는 모두 기러기를 예물로 사용하니, 시기와 기후를 안다는 것에서 의미를 취한 것이다. 다만 납징을 할 때에는 현색과 훈색의 속백(束帛)과 한 쌍의 사슴 가죽을 사용한다. 현색과 훈색은 천지에 순종한다는 것에서 의미를 취했다. 한 쌍의 가죽은 사슴 가죽을 뜻하니, 고대의 예법을 중시하기 때문이다.

---

18) 『춘추좌씨전』「성공(成公) 8년」: 宋華元來聘, 聘共姬也.

19) 『춘추좌씨전』「성공(成公) 8년」: 夏, 宋公使公孫壽來納幣, 禮也.

20) 『의례』「사혼례」: <u>納徵</u>, 執皮, 攝之, 內文, 兼執足, 左首. 隨入, 西上, 參分庭一在南. 賓致命, 釋外足見文. <u>主人受幣, 士受皮</u>者自東出于後, 自左受, 遂坐攝皮, 逆退, 適東壁.

徐疏 ◎注"納徵"至"天地也". ○解云: 卽隱元年注云"束帛, 謂玄三 纁二: 玄三法天, 纁二法地", 是也, 何者? 玄纁者, 是天地之色故也.

◎何注: "納徵~天地也". ○ 은공 1년의 주에서 "속백(束帛)은 현색의 비단이 3양(兩)이고 훈색의 비단이 2양(兩)이다. 현색의 3양은 하늘을 본받는 것이고, 훈색의 2양은 땅을 본받는 것이다."라고 했다. 어째서인 가? 현색과 훈색은 천지의 색깔에 해당하기 때문이다.

徐疏 ◎注"儷皮者, 鹿皮, 所以重古也". ○解云: 正以古者食肉衣皮服 捕禽獸故也. 儷者, 兩也. 兩皮者, 二儀之數.

◎何注: "儷皮者, 鹿皮, 所以重古也". ○ 고대에는 고기를 먹고 짐승의 가죽을 옷으로 해입기 위해서 짐승을 포획했기 때문이다. 여(儷)는 한 쌍을 뜻한다. 양피(兩皮)는 이의(二儀)[21]의 수에 해당한다.

公羊傳 納幣不書, 此何以書①? 譏. 何譏爾? 親納幣, 非禮也②.

납폐에 대해서는 기록하지 않는데, 이곳에서는 어찌하여 기록했는가? 기 롱했기 때문이다. 어찌하여 기롱했는가? 직접 납폐를 한 것은 비례이기 때문이다.

何注① 據桓三年公子翬如齊逆女, 不書納幣.

환공 3년에 공자휘가 제나라로 가서 제후의 부인을 맞이할 때[22] '납폐(納 幣)'라고 기록하지 않은 것에 근거한 말이다.

---

21) 이의(二儀)는 양의(兩儀)라고도 부른다. 천(天)과 지(地), 또는 음(陰)과 양(陽)을 가리키는 용어이다.

22) 『춘추』「환공(桓公) 3년」: 公子翬如齊逆女.

時莊公實以淫洗大惡不可言, 故因其有事於納幣, 以無廉恥
爲譏. 不譏喪娶者, 舉淫爲重也. 凡公之齊, 所以起淫者, 皆以危致也.

당시 장공은 실제로 말도 못하게 음란하고 매우 악했다. 그렇기 때문에
납폐에 대해서 그 일을 처리한 것에 따라 염치가 없는 것을 기롱했던
것이다. 상중에 아내를 들인 일을 기롱하지 않은 것은 음란한 것이 더
중대하다고 여겼기 때문이다. 장공이 제나라로 갔던 모든 일은 음란함을
일으킨 것이니, 이 모두는 위태로움을 자초한 것이다.

◎注"凡公"至"致也". ○解云: 卽下二十三年"春, 公至自齊",
"夏, 公如齊觀社", "公至自齊"; 二十四年"夏, 公如齊逆女", "秋, 公至
自齊"之屬, 是也. 凡書至者, 臣子喜其君父脫危而至故也.

◎ 何注: "凡公"~"致也". ○ 뒤의 23년 기록에서는 "봄에 장공이 제나라로
부터 돌아왔다."[23]라 했고, "여름에 장공이 제나라로 가서 사(社)에 대한
제사를 살펴보았다."[24]라 했으며, "장공이 제나라로부터 돌아왔다."[25]라
했고, 24년에는 "여름에 장공이 제나라로 가서 부인을 맞이했다."[26]라 했
으며, "가을에 장공이 제나라로부터 돌아왔다."[27]라 한 부류가 여기에 해
당한다. '지(至)'라고 기록한 것은 신하와 자식이 군주와 부친이 위기에서
탈출하여 되돌아온 것을 기뻐했기 때문이다.

納幣, 大夫之事也. 禮有納采①, 有問名②, 有納徵③,

납폐는 대부가 시행하는 일이다. 예에는 납채(納采)가 있고, 문명(問名)

---

23) 『춘추』「장공(莊公) 23년」: 二十有三年, 春, 公至自齊.
24) 『춘추』「장공(莊公) 23년」: 夏, 公如齊觀社.
25) 『춘추』「장공(莊公) 23년」: 公至自齊.
26) 『춘추』「장공(莊公) 24년」: 夏, 公如齊逆女.
27) 『춘추』「장공(莊公) 24년」: 秋, 公至自齊.

이 있으며, 납징(納徵)이 있고,

采擇女之德性也. 其禮用鴈爲贄者, 取順陰陽往來.

여자의 덕과 성품을 채택하는 것이다. 해당 예법에서는 기러기를 예물로 사용하는데, 음양에 따라 왕래함에서 의미를 취한 것이다.

范注 ② 問女名而卜之, 知吉凶也, 其禮如納采.

여자의 이름을 물어서 점을 치니 길흉을 알 수 있기 때문이다. 해당 예법은 납채(納采)와 같다.

范注 ③ 徵, 成也, 納幣以成婚.

'징(徵)'자는 완성한다는 뜻이니, 납폐를 해서 혼례를 성사시키는 것이다.

楊疏 ● 傳"有納徵". ○ 釋曰: 此傳釋諸侯不云"納幣", 而云"納徵"者, 以士婚禮有"納徵"之文, 欲明用幣雖異而禮同也.

● 傳文: "有納徵". ○ 이곳 전문에서는 제후의 예법을 풀이하며 '납폐(納幣)'라 하지 않고 '납징(納徵)'이라고 했는데, 『의례』「사혼례」편에 '납징(納徵)'이라는 기록이 나오기 때문이니, 예물로 사용하는 것에 비록 차이가 있더라도 관련 의례절차는 동일하다는 것을 나타내고자 한 것이다.

穀梁傳 有告期. 四者備,

고기(告期)가 있다. 네 가지가 갖춰진,

范注 告迎期.

신부를 맞이할 기일을 알리는 것이다.

楊疏 ● 傳"四者備". ○ 釋曰: 士婚禮, "下達"之後, 有納采·問名·納吉·納徵·請期·親迎六禮. 此傳不云納吉者, 直擧四者, 足以譏公, 故略納吉不言之. 或以爲諸侯與士禮異者, 非也.

● 傳文: "四者備". ○『의례』「사혼례(士昏禮)」편에서는 '하달(卜達)'을 한 이후 납채(納采)·문명(問名)·납길(納吉)·납징(納徵)·청기(請期)·친영(親迎)이라는 여섯 가지 의례절차가 있다. 이곳 전문에서는 납길을 언급하지 않고 단지 네 가지 절차만 거론했는데, 이것으로도 장공을 기롱하기에 충분했기 때문이다. 그래서 납길을 생략하여 언급하지 않았다. 혹자는 제후와 사 계층의 예법에 차이가 있기 때문이라고 여겼는데 잘못된 주장이다.

穀梁傳 而後娶, 禮也. 公之親納幣, 非禮也,

그런 뒤에야 아내를 들이는 것이 예법에 맞다. 장공이 직접 납폐를 한 것은 비례이다.

楊疏 ● 傳"納幣, 非禮也". ○ 釋曰: 納幣非禮, 是譏喪娶. 而注云"傳無譏文"者, 傳上云"公之親納幣, 非禮", 不云喪娶之事, 故云"無譏文"也. 然宣元年貶夫人去氏, 此則全無譏者, 彼以夫人不能以禮自固, 故與有貶, 仍未是貶公之事, 故彼注云"不譏喪娶者, 不待貶絕而罪惡自見", 是也.

● 傳文: "納幣, 非禮也". ○ 납폐를 한 것이 비례라고 한 것은 상중에 아내를 들인 것을 기롱한 것이다. 주에서는 "전문에는 기롱하는 글이 없다."라고 했는데, 전문에서는 앞서 "장공이 직접 납폐를 한 것은 비례이다."라고 했고, 상중에 아내를 들인 일에 대해서는 언급하지 않았다. 그렇기 때문에 "기롱하는 글이 없다."라고 했다. 선공(宣公) 1년에는 부인을 폄하하여 씨(氏)를 기록하지 않았는데,[28] 이곳에는 전혀 기롱하는 뜻이

없다. 그 이유는 선공 때에는 부인이 예법에 따라 스스로를 지키지 못했기 때문에 폄하했던 것이니, 선공에 대해 아직 폄하한 것은 아니다. 그렇기 때문에 그 주석에서는 "상중에 아내를 들인 것을 기롱하지 않은 것은 폄하하지 않더라도 죄악이 스스로 드러나기 때문이다."라고 했다.

穀梁傳 故譏之.

그렇기 때문에 기롱한 것이다.

范注 公母喪, 未再期而圖婚, 傳無譏文, 但譏親納幣者, 喪婚不待貶絶而罪惡見.

장공은 모친의 상을 치르고 있었는데, 아직 2주기가 되지도 않았는데 혼례를 도모했다. 전문에는 기롱하는 글이 없다. 다만 직접 납폐를 한 것을 기롱했는데, 상중에 혼례를 치른 것은 폄하하지 않더라도 죄악이 드러나기 때문이다.

참고 1-3 『주례』「지관사도(地官司徒)」 – 매씨(媒氏) 기록

경문 媒氏, 下士二人, 史二人, 徒十人.

매씨(媒氏)는 하사 2명이 담당하고, 그 휘하에는 사(史) 2명, 도(徒) 10명이 배속되어 있다.

鄭注 媒之言謀也, 謀合異類, 使和成者. 今齊人名麴糵曰媒.

'매(媒)'자는 도모한다는 뜻으로, 다른 부류를 합쳐서 조화를 이루어 완성

---

28) 『춘추』「선공(宣公) 1년」 : 三月, 遂以夫人婦姜至自齊.

되도록 도모하는 것이다. 현재 제나라 지역 사람들은 누룩을 '매(媒)'라고 부른다.

釋文 媒, 劉音梅. 麴, 起六反. 麰, 魚列反, 又五結反, 徐去穢反.

'媒'자의 유음(劉音)은 '梅(매)'이다. '麴'자는 '起(기)'자와 '六(륙)'자의 반절음이다. '麰'자는 '魚(어)'자와 '列(렬)'자의 반절음이며, 또 '五(오)'자와 '結(결)'자의 반절음도 되며, 서음(徐音)은 '去(거)'자와 '穢(예)'자의 반절음이다.

賈疏 ●"媒氏"至"十人". ○釋曰: 媒氏在此者, 集略云: "配儷男女, 取地道生息", 故在此也.

●經文: "媒氏"~"十人". ○매씨에 대한 기록이 여기에 있는 것에 대해 『집략』에서는 "남녀를 짝맺게 하는 것은 땅의 도리가 낳고 기르는 것에서 의미를 취했다."라 했다. 그렇기 때문에 여기에 기록해 둔 것이다.

賈疏 ◎注"媒之"至"曰媒". ○釋曰: 言"謀合異類, 使和成者", 異類謂別姓, 三十之男, 二十之女, 和合使成昏姻. 云"今齊人名麴麰曰媒"者, 麴麰和合得成酒醴[29], 名之曰媒. 言此者, 欲見謀合異姓得名爲媒之意.

◎鄭注: "媒之"~"曰媒". ○정현이 "다른 부류를 합쳐서 조화를 이루어 완성되도록 도모하는 것이다."라고 했는데, 다른 부류는 다른 성을 뜻하니, 30세가 된 남자와 20세가 된 여자로, 그들이 조화롭게 합쳐 혼인을 이루게끔 만드는 것이다. 정현이 "현재 제나라 지역 사람들은 누룩을 '매

---

29) 례(醴) : 『십삼경주소』 북경대 출판본에서는 "례(醴)자는 본래 예(禮)자로 기록되어 있었는데, 손이양의 『교기』에서는 '예(禮)자는 마땅히 례(醴)자가 되어야 한다.'라고 했다. 이 기록에 근거하여 글자를 고쳤다."라고 했다.

(媒)'라고 부른다."라고 했는데, 누룩은 조화롭게 합쳐서 삼주와 오제를 만들 수 있어서, 매(媒)라고 부르는 것이다. 이것을 말한 것은 다른 성을 합치길 도모하는 것을 매(媒)라고 부를 수 있는 뜻을 드러내고자 했기 때문이다.

참고 1-4 『주례』「춘관(春官)·대종백(大宗伯)」 기록

경문 以禽作六摯, 以等諸臣.

짐승으로 여섯 가지 예물을 만들어 신하들의 등급을 나눈다.

鄭注 摯之言至, 所執以自致.

'지(摯)'자는 이르다는 뜻이니, 잡은 것을 가지고 스스로 이른다는 의미이다.

釋文 摯, 音至, 本或作贄.

'摯'자의 음은 '至(지)'이며, 판본에 따라서는 또한 '贄'자로도 기록한다.

賈疏 ◎注"摯之"至"自致". ○釋曰: 此亦與下爲總目. 按下文有"孤執皮帛", 而此云"以禽"者, 據羔已下以多爲主也. 按莊公傳, 男贄, 大者玉帛, 小者禽鳥, 尙書五玉亦云贄, 則玉亦是贄. 此上下文玉爲瑞, 禽云摯者, 此以相對爲文, 故王以下言瑞. 天子受瑞於天, 諸侯受瑞於天子, 諸臣無此義, 故以摯爲文. 鄭云"摯之言至, 執之以自致"者, 按士謁見新升爲士, 皆執摯乃相見, 卿大夫亦然. 至於五等諸侯朝聘天子及相朝聘, 皆執摯以自致, 及得見主人, 故以"至"解"摯"也.

◎鄭注: "摯之"~"自致". ○이 또한 아래문장과 더불어 총괄적인 목록이 된다. 아래문장을 살펴보면 "고(孤)는 가죽과 비단을 예물로 들고 간다."

라 했고, 이곳에서는 "금(禽)으로써"라고 했다. 이것은 새끼 양으로부터 그 이하로 대다수를 차지하는 것을 위주로 삼아 말한 것이다. 장공(莊公)에 대한 전문을 살펴보면, 남자의 예물에 있어 신분이 존귀한 자는 옥과 비단을 사용하고 미천한 자는 날짐승을 사용한다고 했다.[30] 『상서』에서도 오옥[31]을 또한 예물[贄]이라고 했으니,[32] 옥 또한 예물에 해당한다. 이곳 앞뒤의 문장에서는 옥을 서옥으로 삼았고 금(禽)에 대해서 지(贄)라고 한 것은 서로 대비해서 문장을 기록했기 때문이다. 그래서 천자로부터 그 이하의 계층에 대해서는 서(瑞)라 말한 것이다. 천자는 하늘로부터 서옥을 받고, 제후는 천자로부터 서옥을 받는데, 신하들에게는 이러한 도의가 없다. 그렇기 때문에 지(贄)로 문장을 기록한 것이다. 정현이 "'지(贄)'자는 이르다는 뜻이니, 잡은 것을 가지고 스스로 이른다는 의미이다."라고 했는데, 살펴보니, 사가 알현을 하거나 새로 승진하여 사가 되었을 때 모두 예물을 가지고 서로 만나보게 되는데, 경과 대부 또한 그러하다. 다섯 등급의 제후들이 천자에게 조빙[33]을 하거나 서로 조빙을 할 때

---

30) 『춘추좌씨전』「장공(莊公) 24년」: 御孫曰, "男贄, 大者玉帛, 小者禽鳥, 以章物也. 女贄, 不過榛·栗·棗·脩, 以告虔也. 今男女同贄, 是無別也. 男女之別, 國之大節也; 而由夫人亂之, 無乃不可乎?"

31) 오옥(五玉)은 고대에 제후들이 분봉을 받을 때 신표로 지급받았던 다섯 가지 옥들을 뜻한다. 구체적으로 황(璜), 벽(璧), 장(璋), 규(珪), 종(琮)을 가리킨다.

32) 『서』「우서(虞書)·순전(舜典)」: 歲二月, 東巡守至于岱宗, 柴, 望秩于山川, 肆覲東后, 協時月正日, 同律度量衡, 修五禮, 五玉, 三帛, 二生, 一死贄, 如五器, 卒乃復.

33) 조빙(朝聘)은 본래 제후가 주기적으로 천자를 찾아뵙는 것을 뜻한다. 고대에는 제후가 천자에 대해서 매년 1번씩 소빙(小聘)을 했고, 3년에 1번씩 대빙(大聘)을 했으며, 5년에 1번씩 조(朝)를 했다. '소빙'은 제후가 직접 찾아가지 않았고, 대부(大夫)를 대신 파견하였으며, '대빙' 때에는 경(卿)을 파견하였다. '조'에서만 제후가 직접 찾아갔는데, 이것을 합쳐서 '조빙'이라고 부른다. 춘추시대(春秋時代) 때에는 진(晉)나라 문공(文公)과 같은 패주(霸主)에게 '조빙'을 하기도 하였다. 『예기』「왕제(王制)」편에는 "諸侯之於天子也, 比年一小聘, 三年一大聘, 五年一

에는 모두 예물을 가지고 직접 찾아가 주인을 만나볼 수 있게 된다. 그렇기 때문에 지(至)자로 지(摯)자를 풀이한 것이다.

경문   孤執皮帛, 卿執羔, 大夫執鴈, 士執雉, 庶人執鶩, 工商執雞.

고는 가죽과 비단을 예물로 들고 가고, 경은 새끼 양을 예물로 들고 가며, 대부는 기러기를 예물로 들고 가고, 사는 꿩을 예물로 들고 가며, 서인은 집오리를 예물로 들고 가고, 공인과 상인은 닭을 예물로 들고 간다.

鄭注   皮帛者, 束帛而表以皮爲之飾. 皮, 虎豹皮. 帛, 如今璧色繒也. 羔, 小羊, 取其群而不失其類. 鴈, 取其候時而行. 雉, 取其守介而死, 不失其節. 鶩, 取其不飛遷. 雞, 取其守時而動. 曲禮曰"飾羔鴈者以繢", 謂衣之以布而又畫之者. 自雉以下, 執之無飾. 士相見之禮, 卿大夫飾摯以布, 不言繢. 此諸侯之臣與天子之臣異也. 然則天子之孤飾摯以虎皮, 公之孤飾摯以豹皮與. 此孤卿大夫士之摯, 皆以爵不以命數, 凡摯無庭實.

'피백(皮帛)'은 속백을 마련하고 겉에 가죽을 씌워 장식을 한 것이다. 가죽은 호랑이와 표범의 가죽을 뜻한다. 비단은 지금의 벽(璧) 색깔인 증(繒)과 같은 것이다. '고(羔)'는 새끼 양으로, 그것들이 무리를 이루어 같은 부류를 잃지 않는다는 것에서 뜻을 취했다. 기러기는 기후와 계절에 따라 이동하는 것에서 뜻을 취했다. 꿩은 절개를 지켜 목숨을 바쳐 그 절의를 잃지 않는 것에서 뜻을 취했다. 집오리는 날아 다른 곳으로 떠나지 않는 것에서 뜻을 취했다. 닭은 때를 지켜 움직이는 것에서 뜻을 취했

朝."라는 기록이 있고, 이에 대한 정현의 주에서는 "比年, 每歲也. 小聘, 使大夫, 大聘, 使卿, 朝, 則君自行. 然此大聘與朝, 晉文霸時所制也."라고 풀이했다. 후대에는 서로 찾아가서 만나보는 것을 '조빙'이라고 범칭하기도 했다.

다. 『예기』「곡례(曲禮)」편에서는 "새끼 양과 기러기를 바칠 때에는 구름 무늬가 들어간 천으로 덮어서 바친다."[34]라 했는데, 포로 옷을 입히고 또 그곳에 그림을 그린 것을 뜻한다. 꿩으로부터 그 이하의 경우에는 그 것을 가지고 갈 때 장식이 없게 된다. 『의례』「사상견례(士相見禮)」편에 서는 경·대부가 예물에 대해 포로 장식을 할 때 궤(繢)를 언급하지 않았 다. 이것은 제후에게 소속된 신하와 천자에게 소속된 신하 사이에 나타나 는 차이점이다. 그렇다면 천자에게 소속된 고는 예물을 호랑이 가죽으로 장식하고, 공작에게 소속된 고는 예물을 표범 가죽으로 장식했을 것이다. 이곳에서 고·경·대부·사가 들고 가는 예물은 모두 작위에 따른 것이 지 명의 등급 수에 따른 것은 아니며, 무릇 이러한 예물들에는 마당에 늘어놓는 것이 없다.

釋文 介, 音界, 或作分, 扶問反. 衣, 於旣反. 與, 音餘.

'介'자의 음은 '界(계)'이며, 혹은 '分'자로도 기록하는데, '扶(부)'자와 '問 (문)'자의 반절음이다. '衣'자는 '於(어)'자와 '旣(기)'자의 반절음이다. '與' 자의 음은 '餘(여)'이다.

賈疏 ◎注"皮帛"至"庭實". ○釋曰: 凡此所執, 天子之臣尊, 諸侯之 臣卑, 雖尊卑不同, 命數有異, 爵同則摯同. 此文雖以天子之臣爲主, 文兼諸侯之臣, 是以士相見卿大夫士所執, 亦與此同, 但飾有異耳. 鄭云"皮帛者, 束帛而表以皮爲之飾"者, 按聘禮"束帛加璧", 又云"束 帛乘馬", 故知此帛亦束. 束者, 十端, 每端丈八尺, 皆兩端合卷, 總爲 五匹, 故云束帛也. 言表以皮爲之飾者, 凡以皮配物者, 皆手執帛以 致命, 而皮設於地, 謂若小行人"圭以馬, 璋以皮", 皮馬設於庭, 而主 璋特達, 以升堂致命也. 此言以皮爲之飾者, 孤相見之時, 以皮設於

---

34) 『예기』「곡례상(曲禮上)」: 飾羔鴈者, 以繢.

庭, 手執束帛而授之, 但皮與帛爲飾耳. 云"皮, 虎豹皮"知者, 見禮
記‧郊特牲云"虎豹之皮, 示服猛", 且皮中之貴者, 勿過虎豹, 故知皮
是虎豹皮也. 云"帛, 如今璧色繒也"者, 但玉有五色, 而言璧色繒, 蓋
漢時有璧色繒, 故鄭擧以言之, 故云如今璧色繒. 其璧色繒, 未知色
之所定也. 云"羔, 小羊取其群而不失其類"者, 凡羊與羔, 皆隨群而
不獨, 故卿亦象焉而不失其類也. 云"鴈, 取其候時而行"者, 其鴈以
北方爲居, 但隨陽南北, 木落南翔, 冰泮北徂, 其大夫亦當隨君無背.
云"雉, 取其守介而死, 不失其節"者, 但雉性耿介, 不可生服, 其士執
之亦當如雉耿介, 爲君致死, 不失節操也. 云"鶩, 取其不飛遷"者, 庶
人府史胥徒新升之時, 執鶩, 鶩卽今之鴨. 是鶩旣不飛遷, 執之者, 象
庶人安土重遷也. 云"雞, 取其守時而動"者, 但工或爲君興其巧作,
商或爲君興販來去, 故執雞, 象其守時而動. 云"曲禮曰'飾羔鴈者以
繢', 謂衣之以布而又畫之者", 鄭意以經所執, 天子之臣與諸侯之臣
同, 欲見飾之有異耳. 云"自雉下, 執之無飾"者, 欲見天子士‧諸侯士
同, 皆無布飾, 以其士卑, 故不異. 又引士相見已下者, 欲以天子‧諸
侯‧卿‧大夫飾摯者異, 明天子孤‧諸侯孤皮亦不同. 此約卿‧大夫
以明孤. 無正文, 故言"與"以疑之也. 云"此孤卿大夫士之摯, 皆以爵,
不以命數"者, 但天子孤卿六命, 大夫四命, 上士三命, 中士再命, 下
士一命; 諸侯孤四命, 公侯伯卿三命, 大夫再命, 士一命; 子男卿再
命, 大夫一命, 士不命. 但爵稱孤皆執皮帛, 爵稱卿皆執羔, 爵大夫皆
執鴈, 爵稱士皆執雉, 庶人已下雖無命數及爵, 皆執鶩. 天子諸侯下
皆同, 故云"皆以爵不以命數"也. 云"凡摯無庭實"者, 按士相見皆不
見有庭實, 對享‧私覿‧私面之等有庭實, 故此言無也.

◎ 鄭注: "皮帛"~"庭實". ○ 무릇 이처럼 들고가는 예물들에 있어, 천자에
게 소속된 신하는 존귀하고, 제후에게 소속된 신하는 상대적으로 미천한
데, 비록 신분이 다르고 명의 등급 수에 있어서 차이가 있더라도 작위가
동일하다면 사용하는 예물은 같다. 이 문장이 비록 천자에게 소속된 신하

를 위주로 하고 있지만 문장은 제후에게 소속된 신하의 경우도 겸하고 있다. 이러한 까닭으로 사가 경·대부·사와 서로 만나볼 때 가지고 가는 예물 또한 이곳의 경우와 동일하다. 다만 장식에 있어서 차이가 있을 따름이다. 정현이 "'피백(皮帛)'은 속백을 마련하고 겉에 가죽을 씌워 장식을 한 것이다."라고 했는데, 『의례』「빙례(聘禮)」편을 살펴보면 "속백(束帛)에 벽(璧)을 올린다."35)라 했고, 또 "속백과 네 필의 말"36)이라고 했다. 그렇기 때문에 이곳의 백(帛) 또한 속백에 해당한다는 사실을 알 수 있다. '속(束)'은 10단(端)에 해당하니, 매 단은 그 길이가 1장 8척이고, 모두 2단을 합쳐 1권이 되니, 총 5필이 된다. 그렇기 때문에 속백(束帛)이라고 부른다. "겉에 가죽을 씌워 장식을 한 것이다."라고 했는데, 무릇 가죽을 사물에 짝하는 경우 모두 손으로 비단을 들고 명령을 전달하고, 가죽은 땅에 두는데, 마치 『주례』「소행인(小行人)」편에서 "규(圭)는 말과 함께 바치고 장(璋)은 가죽과 함께 바친다."37)라고 한 경우를 뜻하니, 가죽과 말은 마당에 두고, 규와 장은 전달하게 되어, 이것을 가지고 당상에 올라가서 명령을 전달하는 것이다. 이곳에서 가죽으로 그것을 장식한다고 말한 것은 고가 서로 만나보는 경우 가죽은 마당에 놓아두고 손으로는 속백을 들고서 건네게 되는데, 다만 가죽은 비단과 더불어 장식이 될 따름이라는 뜻이다. 정현이 "가죽은 호랑이와 표범의 가죽을 뜻한다."라고 했는데, 이러한 사실을 알 수 있는 이유는 『예기』「교특생(郊特牲)」편에서 "호랑이나 표범 등의 가죽을 진열하는 것은 난폭한 자를 굴복시키는 위엄을 보이기 위해서이다."38)라고 했기 때문이며, 또 가죽 중에서도 존

---

35) 『의례』「빙례(聘禮)」: 受享束帛加璧, 受夫人之聘璋, 享玄纁束帛加琮, 皆如初.

36) 『의례』「빙례(聘禮)」: 賓如受饗之禮, 儐之乘馬·束錦. 上介四豆·四籩·四壺, 受之如賓禮.

37) 『주례』「추관(秋官)·소행인(小行人)」: 合六幣: 圭以馬, 璋以皮, 璧以帛, 琮以錦, 琥以繡, 璜以黼. 此六物者, 以和諸侯之好故.

귀한 것은 호랑이나 표범 가죽에 불과하다. 그렇기 때문에 가죽이 호랑이나 표범 가죽에 해당한다는 사실을 알 수 있다. 정현이 "비단은 지금의 벽(璧) 색깔인 증(繒)과 같은 것이다."라고 했는데, 다만 옥에는 다섯 가지 색깔이 있는데도 벽(璧) 색깔인 증(繒)이라고 말했으니, 아마도 한나라 때에는 벽(璧) 색깔인 증(繒)이라는 것이 있었기 때문에 정현이 이것을 들어 설명을 했던 것이다. 그래서 "지금의 벽(璧) 색깔인 증(繒)과 같은 것이다."라고 했다. 그런데 벽(璧) 색깔인 증(繒)이라고 했을 때 그 색깔이 정확히 무엇인지 모르겠다. 정현이 "고(羔)'는 새끼 양으로, 그것들이 무리를 이루어 같은 부류를 잃지 않는다는 것에서 뜻을 취했다."라고 했는데, 무릇 양과 새끼 양은 모두 무리를 따르며 홀로 떨어져 생활하지 않는다. 그렇기 때문에 경 또한 이를 형상화하여 그 부류를 잃지 않는 것이다. 정현이 "기러기는 기후와 계절에 따라 이동하는 것에서 뜻을 취했다."라고 했는데, 그러기는 북방을 거주지로 삼고, 단지 양기를 따라 남쪽이나 북쪽으로 이동하니, 나뭇잎이 떨어지면 남쪽으로 날아가고, 얼음이 녹으면 북쪽으로 가는데, 대부 또한 마땅히 군주를 따라야 하며 배신함이 없어야 한다. 정현이 "꿩은 절개를 지켜 목숨을 바쳐 그 절의를 잃지 않는 것에서 뜻을 취했다."라고 했는데, 다만 꿩의 성질은 한결같고 굽히지 않아서 살아 있을 때에는 복종시킬 수 없으니, 사가 이것을 예물로 삼는 것 또한 마땅히 꿩의 한결같고 굽히지 않음과 같이 하여 군주를 위해 목숨을 마쳐 절개와 지조를 잃지 말아야 하기 때문이다. 정현이 "집오리는 날아 다른 곳으로 떠나지 않는 것에서 뜻을 취했다."라고 했는데, 서인 중 부(府)·사(史)·서(胥)·도(徒) 등이 새로 승진했을 때 집오리를 예물로 들고 가니, 목(鶩)이라는 것은 오늘날의 압(鴨)에 해당한다. 이것은 집오리가 이미 날아서 다른 곳으로 떠나지 못하니, 이것을 예물로

---

38) 『예기』「교특생(郊特牲)」: 旅幣無方, 所以別土地之宜, 而節遠邇之期也. 龜爲前列, 先知也. 以鍾次之, 以和居參之也. 虎豹之皮, 示服猛也. 束帛加璧, 往德也.

들고가서 서인이 그 땅을 편안히 여겨 쉽사리 거주지를 옮겨가지 않는다는 것을 형상한 것이다. 정현이 "닭은 때를 지켜 움직이는 것에서 뜻을 취했다."라고 했는데, 다만 공인은 간혹 군주를 위해 기교 있는 작품을 일으키기도 하고, 상인은 간혹 군주를 위해 물건을 흥정해 팔며 왕래하게 된다. 그렇기 때문에 닭을 예물로 들고 가니, 때를 지켜 움직이는 것을 형상한다. 정현이 "「곡례(曲禮)」편에서는 '새끼 양과 기러기를 바칠 때에는 구름무늬가 들어간 천으로 덮어서 바친다.'라 했는데, 포로 옷을 입히고 또 그곳에 그림을 그린 것을 뜻한다."라고 했는데, 정현의 의중은 경문에서 언급한 들고 가는 예물은 천자에게 소속된 신하나 제후에게 소속된 신하나 동일하지만 그것을 장식함에 있어 차이가 있다는 사실을 드러내고자 한 것일 따름이다. 정현이 "꿩으로부터 그 이하의 경우에는 그것을 가지고 갈 때 장식이 없게 된다."라고 했는데, 천자에게 소속된 사나 제후에게 소속된 사나 동일하게 모두 포로 장식함이 없음을 드러내고자 한 것으로, 사는 신분이 미천하여 차이를 두지 않기 때문이다. 또 사가 서로 만나볼 때의 예법으로부터 그 이하의 기록을 인용하였는데, 이것은 천자·제후·경·대부는 예물을 장식함에 차이를 둔다는 사실을 통해 천자에게 속한 고나 제후에게 속한 고 또한 동일하지 않음을 나타내고자 한 것이다. 이것은 경과 대부에 대한 경우를 요약하여 고에 대한 경우를 드러낸 것이다. 그러나 관련 경문 기록이 없기 때문에 '여(與)'자를 덧붙여서 의문시했던 것이다. 정현이 "이곳에서 고·경·대부·사가 들고 가는 예물은 모두 작위에 따른 것이지 명의 등급 수에 따른 것은 아니다."라고 했는데, 천자에게 소속된 고와 경은 6명의 등급이고, 대부는 4명의 등급이며, 상사는 3명의 등급이고, 중사는 2명의 등급이며, 하사는 1명의 등급이다. 제후에게 소속된 고는 4명의 등급이고, 공작·후작·백작에게 소속된 경은 3명의 등급이며, 대부는 2명의 등급이고, 사는 1명의 등급이다. 자작과 남작에게 소속된 경은 2명의 등급이고, 대부는 1명의 등급이며, 사는 명의 등급을 받지 못한다. 그러나 작위에 따라 고라고 지칭하게 된다면 모두 가죽과 비단을 예물로 들고 가며, 작위에 따라 경이라 지칭하게 된다면 모두 새끼 양을 예물로 들고 가며, 작위에 따라 대부라 지칭하게 된다면 모두 기러기를 예물로 들고 가고, 작위에 따라 사라고 지칭하게 된다면 모두 꿩을 예물로 들고 가며, 서인으로부터 그 이하의 경우에는 비록 명의 등급 수나 작위가 없지만 모두들 집오리를 예물로 들고 가게 된다. 천자와 제후로부터 그 이하는 모두 동일하다. 그렇기 때문에 "모두 작위에 따른 것이지 명의 등급 수에 따른 것은 아니다."라고 했다. 정현이 "무릇 이러한 예물들에는 마당에 늘어놓는 것이 없다."라고 했는데, 『의례』「사상견례(士相見禮)」편을 살펴보면, 모두 마당에 늘어놓는 것들이 나타나지 않으니, 이것은 향(亨)·사적(私覿)·사면(私面) 등의 경우에 마당에 늘어놓는 것이 있는 것과 대비된다. 그렇기 때문에 이곳에서는 없다고 말한 것이다.

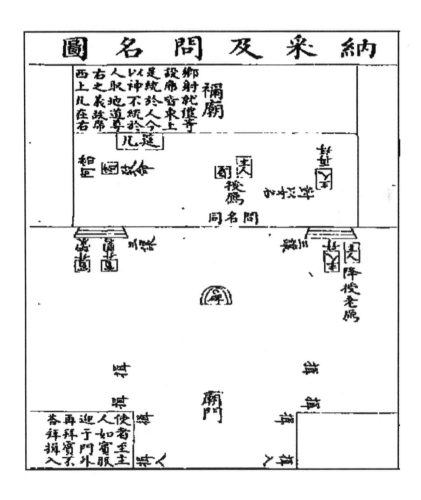

※ 출처: 『의례도(儀禮圖)』 2권

	천자(天子) 신하	대국(大國) 신하	차국(次國) 신하	소국(小國) 신하
9명(九命)	상공(上公=二伯) 하(夏)의 후손 은(殷)의 후손			
8명(八命)	삼공(三公) 주목(州牧)			
7명(七命)	후작[侯] 백작[伯]			
6명(六命)	경(卿)			
5명(五命)	자작[子] 남작[男]			
4명(四命)	부용군(附庸君) 대부(大夫)	고(孤)		
3명(三命)	원사(元士=上士)	경(卿)	경(卿)	
2명(再命)	중사(中士)	대부(大夫)	대부(大夫)	경(卿)
1명(一命)	하사(下士)	사(士)	사(士)	대부(大夫)
0명(不命)				사(士)

◎ 『예기』와 『주례』의 기록에는 다소 차이가 있다.

※ 출처: 『주례』「춘관(春官)·전명(典命)」 및 『예기』「왕제(王制)」

主人筵于戶西, 西上, 右几.

직역 主人은 戶西에 筵하되 西上하고 右几한다.

의역 신부의 부친은 방문의 서쪽에 자리를 펴되 머리쪽을 서쪽으로 두고 우측에는 안석을 둔다.

鄭注 主人, 女父也. 筵, 爲神布席也. 戶西者, 尊處, 將以先祖之遺體許人, 故受其禮於禰廟也. 席西上, 右設几, 神不統於人, 席有首尾.

'주인(主人)'은 신부의 부친이다. '연(筵)'은 신을 위해 자리를 펴는 것이다. '호서(戶西)'는 존귀한 장소로, 장차 선조께서 물려주신 몸을 남에게 허락하게 되기 때문에 부친의 묘에서 그 예를 받는 것이다. 자리를 펼 때 머리쪽을 서쪽으로 두고, 우측에는 안석을 설치하니, 신은 사람에게 통섭되지 않기 때문이며, 자리에는 머리쪽과 꼬리쪽이 있다.

賈疏 ●"主人"至"右几". ○釋曰: 此女將受男納采之禮, 故先設神坐, 乃受之.

● 經文: "主人"~"右几". ○이것은 신부 집안에서 신랑 집안에서 보낸 납채의 예를 받으려고 하기 때문에 먼저 신의 자리를 설치하고 그런 뒤에 받는 것이다.

賈疏 ◎注"主人"至"首尾". ○釋曰: 云"筵, 爲神布席也"者, 下文禮賓云"徹几改筵", 是爲人設席, 故以此爲神席也. 云"戶西"者, 以戶西是賓客之位, 故爲尊處也. 必以西爲客位者, 以地道尊右故也. 知"受禮於禰廟"者, 以記云凡行事受諸禰廟也. 云"席西上, 右設几, 神不統於人"者, 按鄕射·燕禮之等設席皆東上, 是統於人. 今以神尊, 不統於人, 取地道尊右之義, 故席西上, 几在右也. 云"席有首尾"者, 以公食記蒲筵萑席, 皆卷自末, 是席有首尾也.

◎鄭注: "主人"~"首尾". ○ 정현이 "'연(筵)'은 신을 위해 자리를 펴는 것이다."라고 했는데, 아래 문장에서 빈객을 예우하며 "안석을 치우고 자리를 고쳐서 다시 편다."[1]라고 했는데, 이것은 사람을 위해 자리를 설치하는 것이다. 그렇기 때문에 이곳의 자리를 신을 위한 자리로 여긴 것이다. '호서(戶西)'라고 했는데, 방문의 서쪽은 빈객의 자리가 된다. 그렇기 때문에 존귀한 장소가 된다. 반드시 서쪽을 빈객의 자리로 삼는 것은 땅의 도리에서는 우측을 높이기 때문이다. 정현이 "부친의 묘에서 그 예를 받는다."라고 했는데, 이러한 사실을 알 수 있었던 것은 기문에서 "무릇 일을 시행할 때에는 부친의 묘에서 명을 받는다."[2]고 했기 때문이다. 정현이 "자리를 펼 때 머리쪽을 서쪽으로 두고, 우측에는 안석을 설치하니, 신은 사람에게 통섭되지 않기 때문이다."라고 했는데, 『의례』「향사례(鄕射禮)」와 「연례(燕禮)」 등의 편을 살펴보면, 자리를 설치하며 모두 머리쪽을 동쪽으로 두니, 이것은 사람에게 통섭되기 때문이다. 지금은 신은 존귀하며 사람에게 통섭되지 않고, 땅의 도리에서는 우측을 높인다는 뜻을 따랐기 때문에, 자리를 펴며 머리쪽을 서쪽으로 두는 것이며, 안석을 우측에 둔 것이다. 정현이 "자리에는 머리쪽과 꼬리쪽이 있다."라고 했는데, 『의례』「공사대부례(公食大夫禮)」편의 기문에서는 포연과 환석을 모두 끝에서부터 말게 되는데,[3] 이것은 자리에 머리쪽과 꼬리쪽이 있음을 나타낸다.

---

1) 『의례』「사혼례」: 主人徹几改筵, 東上. 側尊甒醴于房中.
2) 『의례』「사혼례」: 記. 士昏禮, 凡行事, 必用昏昕, 受諸禰廟. 辭無不腆, 無辱.
3) 『의례』「공사대부례(公食大夫禮)」: 司宮具几, 與蒲筵常, 緇布純, 加萑席尋, 玄帛純, 皆卷自末.

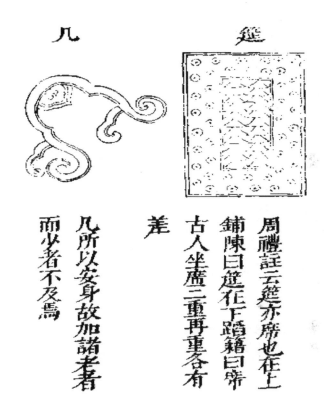

几　　　　　　　　　　筵

周禮註云筵亦席也在上
鋪陳曰筵在下踐籍曰席
古人坐處二重再重各有
差

几所以安身故加諸者者
而必者不及焉

※ 출처: 『삼재도회(三才圖會)』「기용(器用)」 2권

● 그림 1-4 ◩ 궤(几)

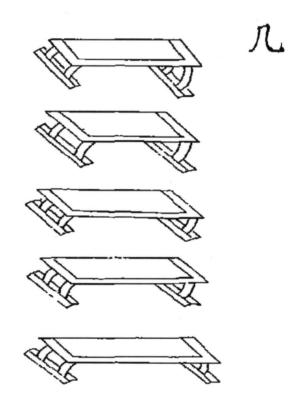

几

※ 출처: 『삼례도집주(三禮圖集注)』8권

그림 1-5 ■ 연(筵)

筵

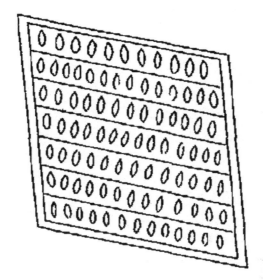

※ 출처: 『삼례도집주(三禮圖集注)』 8권

> 使者玄端至.

직역 使者는 玄端하여 至한다.
의역 심부름꾼은 현단복을 착용하고 신부 집안에 도착한다.

鄭注 使者, 夫家之屬, 若群吏使往來者. 玄端, 士莫夕之服, 又服以事於廟. 有司緇裳.

'사자(使者)'는 신랑 집안의 가속으로, 마치 군리(群吏)들처럼 왕래하도록 시킨 자들과 같다. '현단(玄端)'[1]은 사 계층이 저녁에 군주를 알현할 때 착용하는 복장인데, 또한 이 복장을 착용하고 묘에서 일을 시행한다. 유사[2]는 치포의 하의를 착용한다.

---

1) 현단(玄端)은 고대의 예복(禮服) 중 하나이다. 흑색으로 만든 옷이다. 주로 제사 때 사용했으며, 천자 및 제후로부터 대부(大夫)와 사(士) 계급에 이르기까지 모두 이 복장을 착용할 수 있었다. '현단'은 상의와 하의 및 관(冠)까지 포함하는 용어이다. 한편 손이양(孫詒讓)의 주장에 따르면, '현단'은 의복에만 해당하는 용어이며, 관(冠)은 포함하지 않는다고 주장한다. 그리고 천자로부터 사 계급에 이르기까지 이 복장을 제복(齊服)으로 사용했다고 설명한다. 『주례』「춘관(春官)·사복(司服)」편에는 "其齊服有玄端素端."이라는 기록이 있는데, 손이양의 『정의(正義)』에서는 "玄端素端是服名, 非冠名, 蓋自天子下達至於士通用爲齊服, 而冠則尊卑所用互異."라고 풀이하였다. 그리고 '현단'은 천자가 평소 거처할 때 착용했던 복장을 가리키기도 한다. 『예기』「옥조(玉藻)」편에는 "卒食, 玄端而居."라는 기록이 있고, 이에 대한 정현의 주에서는 "天子服玄端燕居也."라고 풀이하였다.
2) 유사(有司)는 관리를 뜻하는 용어이다. '사(司)'자는 담당한다는 뜻이다. 관리들은 각자 담당하고 있는 업무가 있었으므로, 관리를 '유사'라고 불렀던 것이다. 일반적으로 하위관료들을 지칭하여, 실무자를 뜻하는 용어로 많이 사용된다. 그러나 때로는 고위관료까지도 지칭하는 용어로 사용되기도 한다.

賈疏 ● "使者玄端至". ◎注"使者"至"緇裳". ○釋曰: 云"使者, 夫家之屬"者, 按士冠贊者於中士下差³⁾次爲之. 此云夫家之屬, 亦當然. 假令主人是上士, 屬是中士; 主人是中士, 屬是下士; 主人是下士, 屬亦當是下士, 禮窮卽同也. 云"玄端, 士莫夕之服, 又服以事其廟"者, 此亦如士冠禮玄端, 士莫夕於朝之服也. 但士以玄端祭廟, 今使者服玄端至, 亦於主人廟中行事, 故云又服以事其廟也. 云"有司緇裳"者, 按士唯有三等之裳: 玄裳·黃裳·雜裳. 此云緇裳者, 卽玄裳者矣, 以其緇·玄大同小異也. 然士有三等裳, 今直言玄裳者, 據主人是上士而言. 按士冠云: "有司如主人服." 則三等士之有司, 亦如主人服也.

● 經文: "使者玄端至". ◎鄭注: "使者"~"緇裳". ○ 정현이 "사자(使者)는 신랑 집안의 가속이다."라고 했는데, 『의례』「사관례(士冠禮)」편을 살펴보면, 관례의 진행을 돕는 자는 중사나 하사에 대해 차등적으로 낮춰서 정한다. 이곳에서 남편 집안의 가속이라고 한 것 또한 당연히 그러하다. 가령 주인이 상사에 해당한다면 가속은 중사에 해당하고, 주인이 중사에 해당한다면 가속은 하사에 해당하는데, 주인이 하사에 해당한다면 가속 또한 하사에 해당하니, 예법은 다하면 동일하게 맞추기 때문이다. 정현이 "현단(玄端)은 사 계층이 저녁에 군주를 알현할 때 착용하는 복장인데, 또한 이 복장을 착용하고 묘에서 일을 시행한다."라고 했는데, 이 또한 「사관례」편에 나온 현단과 같은 것으로,⁴⁾ 사가 저녁에 조정에서 석(夕)⁵⁾을 할 때 착용하는 복장이다. 다만 사는 현단복을 착용하고 묘에서 제사를 지내는데, 지금 심부름꾼이 현단복을 착용하고 도착한 것은 또한 신부 집안 주인의 묘에서 일을 치르기 때문에, "또한 이 복장을 착용하고 묘에

---

3) 차(差): 『십삼경주소』 북경대 출판본에서는 "차(差)자 앞에 『모본』에는 사(士)자가 기록되어 있다."라고 했다.

4) 『의례』「사관례(士冠禮)」: 玄端, 玄裳·黃裳·雜裳可也. 緇帶, 爵韠.

5) 석(夕)은 고대에 저녁 무렵에 군주를 알현하는 것을 뜻한다. 아침에 알현하는 것은 조(朝)라고 불렀다.

제1절 하달(下達)과 납채(納采)의 절차 **45**

서 일을 시행한다."라고 말한 것이다. 정현이 "유사는 치포의 하의를 착용한다."라고 했는데, 살펴보면 사 계층에는 오직 세 등급의 하의가 있으니, 현색의 하의, 황색의 하의, 색이 뒤섞인 하의가 그것이다. 이곳에서 '치상(緇裳)'이라고 말한 것은 현색의 하의에 해당하니, 치색과 현색은 대동소이하기 때문이다. 그런데 사에게 세 등급의 하의가 있는데도 이곳에서 단지 현색의 하의만 말한 것은 주인이 상사인 경우를 들어 말했기 때문이다. 「사관례」편을 살펴보면 "유사는 주인의 복장과 동일하게 착용한다."6)라고 했으니, 세 등급의 사에게 속한 유사 또한 주인의 복장과 동일하게 착용하는 것이다.

---

6) 『의례』「사관례(士冠禮)」: <u>有司如主人服</u>, 卽位于西方, 東面, 北上.

端 玄

※ 출처: 『삼례도집주(三禮圖集注)』 1권

擯者出請事, 入告.

직역 擯者가 出하여 事를 請하고 入하여 告한다.

의역 빈1)이 대문 밖으로 나가서 무슨 일로 찾아왔는지를 청해 묻고, 안으로 들어가서 그 사실을 아뢴다.

鄭注 擯者, 有司佐禮者. 請猶問也. 禮不必事, 雖知, 猶問之, 重愼也.

'빈자(擯者)'는 유사 중 의례의 진행을 돕는 자이다. '청(請)'은 묻는다는 뜻이다. 예에 있어서는 일을 기필하지 않으니, 비록 그 사안을 알고 있더라도 오히려 묻는 것은 거듭 삼가기 때문이다.

賈疏 ●"擯者"至"入告". ◎注"擯者"至"愼也". ○釋曰: 云"擯者, 有司佐禮者", 按士冠禮有司並是主人之屬及群吏佐主人行禮之人, 故知此擯者亦是主人有司佐禮者也. 在主人曰擯. 云"請猶問也. 禮不必事, 雖知, 猶問之, 重愼也"者, 按論語云"無必", 故云不必事也. 以其前已有下達之事, 今使者來在門外, 是知有昏事也, 而猶問之, 重愼.

●經文: "擯者"~"入告". ◎鄭注: "擯者"~"愼也". ○ 정현이 "빈자(擯者)는 유사 중 의례의 진행을 돕는 자이다."라고 했는데, 『의례』「사관례(士冠禮)」편을 살펴보면, 유사는 모두 주인에게 소속된 가속이거나 군리들 중 주인을 도와 의례를 시행하는 사람들에 해당한다. 그렇기 때문에 이곳에 나온 빈자(擯者) 또한 주인에게 소속된 유사 중 의례의 진행을 돕는 자에 해당함을 알 수 있다. 주인에게 속한 자를 '빈(擯)'이라고 부른다.

---

1) 빈(擯)은 빈객(賓客)이 방문했을 때, 주인(主人)의 부관이 되어, 빈객과의 사이에서 시행해야 할 일들을 도왔던 부관들을 뜻한다.

정현이 "청(請)은 묻는다는 뜻이다. 예에 있어서는 일을 기필하지 않으니, 비록 그 사안을 알고 있더라도 오히려 묻는 것은 거듭 삼가기 때문이다."라고 했는데, 『논어』를 살펴보면 "기필하는 마음이 없었다."[2]라고 했다. 그렇기 때문에 "일을 기필하지 않는다."라고 말한 것이다. 이전에 이미 하달의 절차가 있었고, 지금 심부름꾼이 찾아와 문밖에 있으므로, 이것은 혼례의 사안이 있음을 알고 있다는 사실을 나타낸다. 그런데도 오히려 묻는 것은 거듭 삼가기 때문이다.

참고 1-5 『논어』「자한(子罕)」 기록

경문   子絶四: 毋意①, 毋必②, 毋固③, 毋我④.

공자에게는 네 가지 마음이 없었으니, 사사로운 뜻이 없었고, 기필하는 마음이 없었으며, 고집하는 마음이 없었고, 자신을 돋보이려고 하는 마음이 없었다.

何注 ①   以道爲度, 故不任意.

도를 법도로 삼았기 때문에 개인적인 뜻에 내맡기지 않았다.

何注 ②   用之則行, 舍之則藏, 故無專必.

등용하면 시행했고 내치면 숨었다. 그렇기 때문에 전일하게 기필함이 없었다.

范注 ③   無可無不可, 故無固行.

옳다고 고집하는 것도 없고 옳지 않다고 고집하는 것도 없기 때문에 고집

---

 2) 『논어』「자한(子罕)」 : 子絶四, 毋意, *毋必*, 毋固, 毋我.

하여 시행함이 없었다.

述古而不自作處, 群萃而不自異, 唯道是從, 故不有其身.

옛 것을 조술하고 스스로 지어내지 않았으며, 무리를 지어 모여서는 스스로 차이를 보이지 않았고, 오직 도만을 따랐다. 그렇기 때문에 자신을 돋보이게 하려고 하지 않았다.

●"子絶四: 毋意, 毋必, 毋固, 毋我. ○正義曰: 此章論孔子絶去四事, 與常人異也. 毋, 不也. 我, 身也. 常人師心徇惑, 自任己意. 孔子以道爲度, 故不任意. 常人行藏不能隨時用舍, 好自專必. 惟孔子用之則行, 舍之則藏, 不專必也. 常人之情, 可者與之, 不可者拒之, 好堅固其所行也. 孔子則無可無不可, 不固行也. 人多制作自異, 以擅其身. 孔子則述古而不自作處, 群衆萃聚, 和光同塵, 而不自異, 故不有其身也.

● 經文: "子絶四: 毋意, 毋必, 毋固, 毋我. ○이 문장은 공자가 끊어 없앴던 네 가지 사안은 일반인들과 차이를 보임을 논의하고 있다. '무(毋)'자는 불(不)자의 뜻이다. '아(我)'자는 본인[身]을 뜻한다. 일반인들은 자기 뜻이 옳다고 여기고 유혹을 쫓으며 자기 뜻에 내맡긴다. 공자는 도를 법도로 삼았기 때문에 자기 뜻에 내맡기지 않았다. 일반인들의 행하고 숨는 것은 때의 쓰임과 버림에 따르지 못하며, 스스로 오로지 하며 기필하기를 좋아한다. 오직 공자만이 등용되면 행하고 내치면 숨어서 전일하게 기필하지 않았다. 일반인들의 정감은 옳다고 여기는 것은 함께 하고 옳지 않다고 여기는 것은 막으며, 자신의 행한 바를 고집하기를 좋아한다. 공자의 경우에는 옳다고 고집하는 것도 없고 옳지 않다고 고집하는 것도 없어서, 고집하여 시행하지 않았다. 사람들은 대부분 짓고 만들어내어 스스로를 차이가 나게 해서 자신을 멋대로 한다. 공자의 경우에는

옛 것을 조술하고 스스로 지어내지 않았으며, 무리를 지어 모여서는 자신의 지혜를 부드럽게 조화시키고 티끌에 동화되어 스스로를 남다르게 하지 않았다. 그렇기 때문에 자신을 돋보이게 하지 않았다.

集註 絶, 無之盡者. 毋, 史記作無, 是也. 意, 私意也. 必, 期必也. 固, 執滯也. 我, 私己也. 四者相爲終始, 起於意, 遂於必, 留於固, 而成於我也. 蓋意必, 常在事前, 固我, 常在事後, 至於我又生意, 則物欲牽引, 循環不窮矣.

'절(絶)'자는 전혀 없다는 뜻이다. '무(毋)'자를 『사기』에서는 무(無)자로 기록했는데, 이 기록이 옳다. '의(意)'자는 사사로운 뜻을 뜻한다. '필(必)'자는 기필함을 뜻한다. '고(固)'자는 고집하여 막힌다는 뜻이다. '아(我)'자는 사사로운 자신을 뜻한다. 이 네 가지는 서로 시종이 되니, 사사로운 뜻에서 일어나 기필하는 것에 이르고, 고집하는 것에 머물렀다가 사사로운 자신에게서 이루어진다. 무릇 사사로운 뜻과 기필하는 것은 항상 어떤 사안이 발생하기 이전에 놓이고, 고집하고 사사로운 자신은 항상 어떤 사안이 발생한 뒤에 놓이는데, 사사로운 자신이 또한 사사로운 뜻을 낳게 된다면 사물에 대한 욕심이 이끌고 당겨서 순환하며 다함이 없게 된다.

集註 程子曰: "此毋字, 非禁止辭. 聖人絶此四者, 何用禁止." 張子曰: "四者, 有一焉, 則與天地不相似." 楊氏曰: "非知足以知聖人, 詳視而默識之, 不足以記此."

정자는 "이곳의 무(毋)자는 금지하는 말이 아니다. 성인에게는 이러한 네 가지 것들이 전혀 없는데 어찌 금지할 필요가 있는가?"라 했다. 장자는 "네 가지 중에 하나라도 있다면 천지와 서로 같아지지 못한다."라 했다. 양씨는 "그 지혜가 성인을 알아볼 수 있고, 상세히 살펴서 묵묵히 깨닫는 자가 아니라면 이러한 점을 기록하지 못한다."라 했다.

70下

> 主人如賓服, 迎于門外, 再拜, 賓不答拜. 揖入.

직역 主人은 賓服과 如하여 門外에서 迎하고, 再拜하되, 賓은 答拜를 不한다. 揖하고 入한다.

의역 신부의 부친은 찾아온 빈객과 복장을 동일하게 갖춰 입고 대문 밖에서 맞이하며 재배를 하는데, 빈객은 답배를 하지 않는다. 읍을 하고 함께 안으로 들어간다.

鄭注 門外, 大門外. 不答拜者, 奉使不敢當其盛禮.

'문외(門外)'는 대문 밖을 뜻한다. 답배를 하지 않는 것은 심부름을 받들고 온 자는 감히 그 융성한 예법을 감당하지 못하기 때문이다.

賈疏 ●"主人"至"揖入". ○ 釋曰: 按士冠禮主人迎賓於大門外, 云主人西面, 賓東面. 此及鄕飮酒 · 鄕射皆不言面位者, 文不具耳, 當亦如士冠也.

● 經文: "主人"~"揖入". ○『의례』「사관례(士冠禮)」편을 살펴보면, 주인은 대문 밖에서 빈객을 맞이하며, 주인은 서쪽을 바라보고 빈객은 동쪽을 바라본다고 했다.[1] 이곳 기록과「향음주례(鄕飮酒禮)」및「향사례(鄕射禮)」편에서는 모두 바라보며 서는 위치를 언급하지 않았는데, 문장을 자세히 기록하지 않았기 때문이니, 마땅히「사관례」편의 기록처럼 해야 한다.

賈疏 ◎注"門外"至"盛禮". ○ 釋曰: 知門外是大門外者, 以其大夫[2]

---

1)『의례』「사관례(士冠禮)」: 主人迎, 出門左, 西面再拜. 賓答拜.

2) 부(夫):『십삼경주소』북경대 출판본에서는 "『의례정의』에는 부(夫)자 뒤에 사(士)자가 기록되어 있다."라고 했다.

唯有兩門: 寢門‧大門而已. 廟在寢門外之東, 此下有至于廟門, 明此門外是大門外可知也. 云"賓[3]不答拜者, 奉使不敢當其盛禮"者, 此士卑, 無君臣之禮, 故賓雖屬吏, 直言不答拜, 不言辟. 若諸侯於使臣, 則言辟, 是以聘禮[4]賓迎入門, 公拜, 賓辟, 不答拜. 公食大夫主爲賓已, 故賓答拜, 稽首, 亦辟, 乃拜之. 以其君尊故也.

◎鄭注: "門外"~"盛禮". ○'문외(門外)'가 대문 밖에 해당함을 알 수 있는 이유는 대부와 사는 오직 2개의 문을 두니, 침문(寢門)[5]과 대문(大門)이 있을 따름이다. 묘는 침문 밖 동쪽에 있는데, 이곳 문장 뒤에 묘문에 이른다는 기록이 있으니, 이곳에 나온 문외(門外)가 대문 밖을 나타냄을 알 수 있다. 정현이 "빈객이 답배를 하지 않는 것은 심부름을 받들고 온 자는 감히 그 융성한 예법을 감당하지 못하기 때문이다."라고 했는데, 여기에 나온 사는 신분이 낮으니, 군신 관계에서 적용되는 예가 없다. 그렇기 때문에 빈객이 비록 속리에 해당하더라도 단지 답배를 하지 않는다고 말하고 자리를 피한다고 말하지 않았다. 만약 제후가 사신을 대하는 경우라면 피한다고 말해야 한다. 그래서 『의례』「빙례(聘禮)」편에서는 빈객을 맞아들여 문으로 들어가면 공이 절을 하고 빈객이 자리를 피하며

---

3) 빈(賓) : 『십삼경주소』 북경대 출판본에서는 "빈(賓)자는 본래 없었는데, 완원의 『교감기』에서는 '불(不)자 앞에 『요의』에는 빈(賓)자가 기록되어 있는데, 이 기록이 옳다.'라고 하여, 이 기록에 근거해 보충하였다."라고 했다.

4) 빙례(聘禮) : 『십삼경주소』 북경대 출판본에서는 "빙례(聘禮)는 본래 사례(射禮)로 기록되어 있었는데, 완원의 『교감기』에서는 '여러 판본에는 동일하게 기록되어 있는데, 『모본』에는 사(射)자가 궁(躬)자로 기록되어 있으니, 이 또한 잘못된 기록이다. 이것은 빙례(聘禮)가 잘못 기록된 것이다.'라고 하여, 이 기록에 근거해서 글자를 수정하였다."라고 했다.

5) 침문(寢門)은 침문(寑門)이라고도 부른다. 노문(路門)을 가리킨다. '노문'은 궁실(宮室)의 건축물 중에서도 가장 안쪽에 있었던 정문을 뜻하는데, 여러 문들 중에서도 노침(路寢)과 가장 가까운 위치에 있었기 때문에, '노문'이라는 명칭이 생겼다. '침문'이라는 용어 또한 '노침'에 가까이 있었기 때문에 붙여진 명칭이다. 한편 가장 안쪽에 있었던 정문이었으므로, '침문'을 내문(內門)이라고도 부른다.

답배를 하지 않는 것이다.6) 『의례』「공사대부례(公食大夫禮)」의 내용은 주안점이 빈객을 위한 것일 따름이다. 그래서 빈객이 답배를 하고 머리를 조아리지만, 또한 자리를 피한 뒤에야 곧 절을 하니,7) 군주는 존귀한 신분이기 때문이다.

그림 1-7 ◼ 사(士)의 침(寢)

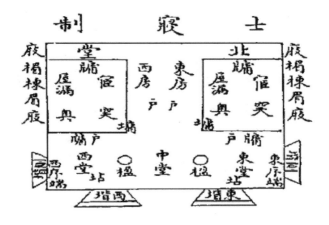

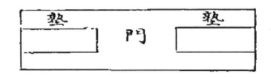

※ 출처: 『삼례도(三禮圖)』 2권

---

6) 『의례』「빙례(聘禮)」: 公皮弁, 迎賓于大門內. 大夫納賓. 賓入門左. 公再拜. 賓辟, 不答拜.

7) 『의례』「공사대부례(公食大夫禮)」: 公入門左, 公再拜. 賓辟, 再拜稽首.

至于廟門, 揖入. 三揖, 至于階, 三讓.

직역 廟門에 至하면 揖하고 入한다 三揖하여 階에 至하면, 三讓한다.

의역 묘문에 당도하면 읍을 하고 들어간다. 세 차례 읍을 하고서 계단에 당도하면 세 차례 사양을 한다

鄭注 入三揖者: 至內霤, 將曲, 揖; 旣曲, 北面, 揖; 當碑, 揖.

대문으로 들어가서 세 차례 읍을 한다는 것은 문의 지붕 뒤에 있는 처마에 당도하여 몸을 돌리려고 할 때 읍을 하고, 몸을 돌리고 난 뒤에는 북쪽을 바라보며 읍을 하며, 마당에 세워둔 비(碑)에 당도하면 읍을 하는 것이다.

賈疏 ●"至于"至"三讓". ◎注"入三"至"碑揖". ○釋曰: 凡入門三揖者, 以其入門, 賓主將欲相背, 故須揖; 賓主各至堂塗北面相見, 故亦須揖; 至碑, 碑在堂下, 三分庭之一, 在北曲庭中之節, 故亦須揖. 但士冠注云: "入門將右曲, 揖; 將北曲, 揖; 當碑, 揖." 此注: "至內霤, 將曲, 揖; 旣曲, 北面, 揖; 當碑, 揖." 文不同者, 鄭擧二文相兼乃足也. 三者, 禮之大節, 尊卑同, 故鄕飮酒·鄕射·聘禮·公食大夫皆有此三揖之法, 但注有詳略耳.

●經文: "至于"~"三讓". ◎鄭注: "入三"~"碑揖". ○무릇 대문 안으로 들어가 세 차례 읍을 하는 것은 문으로 들어가면 빈객과 주인은 장차 서로를 등지고자 하기 때문에 읍을 해야 한다. 빈객과 주인이 각각 당으로 난 길에 당도하여 북쪽을 바라보며 서로를 보게 된다. 그렇기 때문에 또한 읍을 해야 한다. 비(碑)에 이르게 되면 비는 당 아래에 있고 마당을 3등분하여 그 중 1지점 만큼에 있는데 북쪽으로 꺾어지려는 마당 가운데

의 지점에 있으므로 또한 읍을 해야 한다. 다만『의례』「사관례(士冠禮)」편의 주에서는 "묘문으로 들어가게 되면 우측으로 꺾어지려고 할 때 읍을 하고, 북쪽으로 꺾어지려고 할 때 읍을 하며, 비에 당도했을 때 읍을 한다."[1]라 했고, 이곳 주에서는 "문의 지붕 뒤에 있는 처마에 당도하여 몸을 돌리려고 할 때 읍을 하고, 몸을 돌리고 난 뒤에는 북쪽을 바라보며 읍을 하며, 마당에 세워둔 비에 당도하면 읍을 한다."라고 하여, 문장이 동일하지 않은데, 정현이 제시한 이 두 문장을 서로 겸해보면 그 의미가 충족된다. 이 세 가지는 예의 큰 절차이니 신분과 상관없이 동일하다. 그렇기 때문에『의례』「향음주례(鄕飮酒禮)」[2]·「향사례(鄕射禮)」[3]·「빙례(聘禮)」[4]·「공사대부례(公食大夫禮)」[5]편에는 모두 이와 같은 세 차례 읍을 하는 법도가 있는데, 다만 주에는 상세하거나 간략한 차이가 있을 따름이다.

---

1) 이 문장은『의례』「사관례(士冠禮)」편의 "至于廟門, 揖入. 三揖, 至于階, 三讓." 에 대한 정현의 주이다.

2) 『의례』「향음주례(鄕飮酒禮)」: 主人與賓三揖, 至於階. 三讓, 主人升, 賓升.

3) 『의례』「향사례(鄕射禮)」: 主人以賓三揖, 皆行及階, 三讓, 主人升一等, 賓升.

4) 『의례』「빙례(聘禮)」: 三揖至于階, 三讓. 公升二等, 賓升, 西楹西, 東面.

5) 『의례』「공사대부례(公食大夫禮)」: 公揖入, 賓從. 及廟門, 公揖入. 賓入. 三揖至于階, 三讓, 公升二等, 賓升.

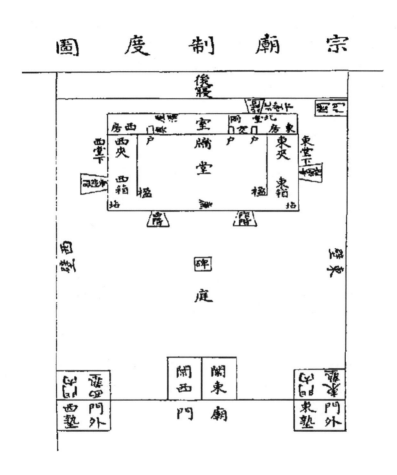

※ 출처: 『향당도고(鄕黨圖考)』 1권

主人以賓升, 西面. 賓升西階, 當阿, 東面致命. 主人阼階上北面再拜.

직역 主人은 賓으로 升하여, 西面한다. 賓은 西階로 升하여, 阿에 當하면, 東面하고 致命한다. 主人은 阼階上에서 北面하고 再拜한다.

의역 신부의 부친은 빈객과 함께 계단을 올라 서쪽을 바라본다. 빈객은 서쪽 계단으로 올라가며 마룻대에 당도하면 동쪽을 바라보며 명령을 전한다. 신부의 부친은 동쪽 계단 위에서 북쪽을 바라보며 재배한다.

鄭注 阿, 棟也. 入堂深, 示親親. 今文阿爲庪.

'아(阿)'는 마룻대이다. 당의 깊은 곳까지 들어가는 것은 친근한 자를 친근하게 여긴다는 뜻을 보이기 위해서이다. 금문에는 '아(阿)'자가 '기(庪)'자로 기록되어 있다.

賈疏 ●"主人"至"再拜". ○釋曰: 賓則使者也. 禮之通例, 賓主敵者, 賓主俱升, 若士冠與此文是也. 若鄉飲酒‧鄉射皆主尊賓卑, 故初至之時, 主人升一等, 賓乃升, 至卒洗之後亦俱升. 唯聘禮公升二等, 賓始升者, 彼注云"亦欲君行一, 臣行二"也. 覲禮, 王使人勞侯氏, 使者不讓, 先升者, 奉王命尊故也. "主人阼階上北面再拜"者, 主人不言當阿, 則如鄉飲酒主人當楣, 再拜.

●經文: "主人"~"再拜". ○빈객은 심부름꾼에 해당한다. 예의 통례에 따르면, 빈객과 주인의 신분이 대등한 경우 빈객과 주인은 함께 계단에 오르게 되니, 『의례』「사관례(士冠禮)」[1]편과 이곳의 기록이 바로 그 경우에 해당한다. 『의례』「향음주례(鄉飲酒禮)」[2]나 「향사례(鄉射禮)」[3]편

---

1) 『의례』「사관례(士冠禮)」: 主人升, 立于序端, 西面. 賓西序, 東面.

2) 『의례』「향음주례(鄉飲酒禮)」: 主人與賓三揖, 至於階. 三讓, 主人升, 賓升.

과 같은 경우에는 모두 주인이 존귀하고 빈객이 상대적으로 미천하기 때문에, 처음 당도했을 때 주인이 먼저 계단 1칸을 올라가고 빈객은 그제야 올라가게 되며, 잔을 씻는 절차가 끝난 이후에도 또한 함께 당상으로 오른다.4) 오직 『의례』「빙례(聘禮)」편에서만 군주가 2칸을 올라가면 빈객은 그제야 비로소 올라가는데,5) 그 주에서는 "군주가 한 번 걸으면 신하는 두 번 걷게 됨을 드러내고자 해서이다."라고 했다. 『의례』「근례(覲禮)」편에서는 천자가 사람을 시켜 제후들을 위로할 때 사신은 사양을 하지 않고 먼저 당상으로 올라가는데,6) 천자의 명령을 받들고 있어 존귀하기 때문이다. "신부의 부친은 동쪽 계단 위에서 북쪽을 바라보며 재배한다."라고 했는데, 주인에 대해서는 '당아(當阿)'라고 말하지 않았으니, 「향음주례」의 경우처럼 주인은 도리가 있는 곳에 당도하면 재배를 하는 것이다.7)

賈疏 ◎注"阿棟"至"爲庪". ○釋曰: 按鄕飮酒·聘禮皆云"賓當楣", 無云"當阿"者, 獨此云賓當阿, 故云"示親親"也. 凡士之廟, 五架爲之, 棟北一楣下有室戶, 中脊爲棟, 棟南一架爲前楣, 楣前接簷爲庪. 鄕射記云: "序則物當棟, 堂則物當楣." 故云是制五架之屋也. 鄕大夫射於庠, 庠則有室, 故物當前楣. 士射於序, 序則無室, 故物當棟. 此士之廟, 雖有室, 其棟在室外, 故賓得深入當之也.

◎鄭注: "阿棟"~"爲庪". ○『의례』「향음주례(鄕飮酒禮)」와 「빙례(聘禮)」편을 살펴보면 모두 "빈객은 도리에 당도한다."8)라 했고, "마룻대에

---

3) 『의례』「향사례(鄕射禮)」: 主人以賓三揖, 皆行及階, 三讓, 主人升一等, 賓升.

4) 『의례』「향음주례(鄕飮酒禮)」: 卒洗, 主人壹揖·壹讓, 升. / 『의례』「향사례(鄕射禮)」: 主人卒洗, 壹揖·壹讓, 以賓升.

5) 『의례』「빙례(聘禮)」: 公升二等, 賓升, 西楹西, 東面.

6) 『의례』「근례(覲禮)」: 使者不讓, 先升.

7) 『의례』「향음주례(鄕飮酒禮)」: 主人阼階上當楣, 北面再拜.

당도한다."라는 말은 하지 않았다. 그런데 이곳에서는 유독 빈객이 마룻
대에 당도한다고 말했다. 그렇기 때문에 "친근한 자를 친근하게 여긴다는
뜻을 보이기 위해서이다."라고 했다. 무릇 사의 종묘는 지붕을 다섯 층으
로 만들게 되는데, 마룻대 북쪽에 있는 하나의 도리 밑에는 묘실과 묘실
문이 있고, 중앙의 등마루는 마룻대가 되며 마룻대 남쪽에 있는 하나의
층은 앞의 도리가 되며 도리 앞의 처마와 닿아 있는 것은 기(楣)가 된다.
『의례』「향사례(鄕射禮)」편의 기문에서는 "서(序)에서 활쏘기를 하게 되
면 사대가 마룻대 쪽에 있게 되고, 당상에서 하게 되면 사대가 도리 쪽에
있게 된다."9)라고 했다. 그렇기 때문에 이것은 다섯 층으로 만든 지붕이
라고 말한 것이다. 향대부(鄕大夫)10)는 상(庠)11)에서 활쏘기를 하는데,
상의 경우에는 실이 있다. 그렇기 때문에 사대는 앞쪽의 도리 있는 곳에
놓인다. 사는 서(序)12)에서 활쏘기를 하는데, 서의 경우에는 실이 없다.

---

8) 『의례』「향음주례(鄕飮酒禮)」: 賓西階上當楣, 北面答拜. / 『의례』「빙례(聘禮)
   」: 賓當楣再拜送幣, 降, 出.
9) 『의례』「향사례(鄕射禮)」: 序則物當棟, 堂則物當楣.
10) 향대부(鄕大夫)는 주대(周代)의 행정단위였던 향(鄕)을 담당하는 관리이다.
11) 상(庠)은 본래 향(鄕) 밑의 행정단위인 당(黨)에 건립된 학교를 뜻한다. 『예기』「
    학기(學記)」편에는 "古之敎者, 家有塾, 黨有庠, 術有序, 國有學."이란 기록이
    있는데, 이에 대한 공영달(孔穎達)의 소(疏)에서는 "庠, 學名也. 於黨中立學,
    敎閭中所升者也."라고 풀이했다. 또 '상'은 국학(國學)에 대비되는 향학(鄕學)을
    뜻하는 용어로도 사용되었으며, 학교를 범칭하는 용어로도 사용되었다. 『예기』「
    향음주의(鄕飮酒義)」편에는 "主人拜迎賓於庠門之外"란 기록이 있고, 이에 대
    한 정현의 주에서는 "庠, 鄕學也."라고 풀이했다. 또『맹자』「등문공상(滕文公上)
    」편에는 "夏曰校, 殷曰序, 周曰庠, 學則三代共之, 皆所以明人倫也."라는 기록
    이 있다. 한편 학교를 뜻하는 용어로 '상'이라는 명칭이 생긴 이유는 '상'자에 봉양
    한다는 양(養)의 뜻이 포함되어 있기 때문이다.
12) 서(序)는 본래 향(鄕) 밑의 행정단위인 주(州)에 건립된 학교를 뜻한다. 『주례』「
    지관(地官)·주장(州長)」편에는 "春秋以禮會民而射于州序."라는 기록이 있다.
    또한 하후씨(夏后氏) 때 건립한 학교로 설명하며, 동서(東序)와 서서(西序)로
    구분하기도 한다. 『예기』「왕제(王制)」편에는 "夏后氏養國老於東序, 養庶老於

그렇기 때문에 사대가 마룻대 쪽에 놓인다. 이곳에서 말하는 장소는 사의 종묘인데 비록 실이 있지만 마룻대는 실 밖에 있게 된다. 그렇기 때문에 빈객이 깊이 들어와 그곳에 당도할 수 있게 된다.

西序."라는 기록이 있고, 이에 대한 정현의 주에서는 "皆學名也."라고 풀이했다. 한편 '서'는 은(殷)나라 때의 학교로 설명되기도 하며 주(周)나라 때의 학교로 설명 되기도 한다. 『맹자』「등문공상(滕文公上)」편에는 "夏曰校, 殷曰序, 周曰庠, 學 則三代共之."라는 기록이 있고, 『한서(漢書)』「유림전서(儒林傳序)」편에는 "三 代之道, 鄉里有敎, 夏曰校, 殷曰庠, 周曰序."라는 기록이 있다.

授于楹間, 南面.

직역 楹間에서 授하며, 南面한다.
의역 빈객이 기둥 사이에서 예물인 기러기를 건네며 남쪽을 바라본다.

鄭注 授於楹間, 明爲合好, 其節同也. 南面, 並授也.

기둥 사이에서 건네는 것은 우호를 합한다는 뜻을 드러내는 것으로, 그 절차가 동일하다. 남쪽을 바라보는 것은 나란히 서서 주기 때문이다.

賈疏 ●"授于楹間南面". ◎注"授於"至"授也". ○釋曰: 楹間, 謂兩楹之間, 賓以鴈授主人於楹間者, 明和合親好, 令其賓主遠近節同也. 凡賓主敵者, 授於楹間. 不敵者, 不於楹間. 是以聘禮賓覿大夫云"受幣于楹間南面", 鄭注云: "受幣楹間, 敵也." 聘禮又云"公側襲受玉于中堂與東楹之間", 鄭注云: "東楹之間, 亦以君行一, 臣行二." 至禮賓及賓私覿, 皆云"當東楹", 是尊卑不敵, 故不於楹間也. 今使者不敵, 而於楹間, 故云"明爲合好"也. 云"南面, 並授也"者, 以經云南面不辨賓主, 故知俱南面並授也.

● 經文: "授于楹間南面". ◎鄭注: "授於"~"授也". ○기둥 사이는 양쪽 기둥 사이를 뜻하니, 빈객이 기둥 사이에서 기러기를 주인에게 건네는 것은 친목과 우호를 합한다는 뜻을 드러내는 것으로, 빈객과 주인으로 하여금 거리에 따른 절차를 동일하게 맞추게 한다. 무릇 빈객과 주인의 신분이 대등한 경우에는 기둥 사이에서 건네게 된다. 대등하지 않은 경우라면 기둥 사이에서 건네지 않는다. 이러한 까닭으로 『의례』「빙례(聘禮)」편에서는 빈객이 대부를 만나볼 때, "기둥 사이에서 예물을 받으며 남쪽

을 바라본다."1)라 했고, 정현의 주에서는 "기둥 사이에서 예물을 받는 것은 신분이 대등하기 때문이다."라고 했다. 「빙례」편에서는 또 "공은 홀로 습(襲)2)을 하고 당의 중앙과 동쪽 기둥 사이에서 옥을 받는다."3)라 했고, 정현의 주에서는 "동쪽 기둥 사이에서 하는 것은 또한 군주가 한 번 걸으면 신하는 두 번 걸어야 하기 때문이다."라고 했다. 빈객을 예우하거나 빈객이 사적으로 만나보는 경우라면 모두 "동쪽 기둥이 있는 곳에서 한다."4)라고 했는데, 이것은 신분이 대등하지 않기 때문이다. 그래서 기둥 사이에서 하지 않는 것이다. 현재 심부름꾼은 신분이 대등하지 않은데도 기둥 사이에서 시행한다. 그렇기 때문에 "우호를 합한다는 뜻을 드러내는 것이다."라고 했다. 정현이 "남쪽을 바라보는 것은 나란히 서서 주기 때문이다."라고 했는데, 경문에서는 남쪽을 바라본다고만 하고, 빈객이나 주인 중 누가 하는지 구분하지 않았다. 그렇기 때문에 둘 모두 남쪽을 바라보며 나란히 서서 물건을 건넨다는 사실을 알 수 있다.

---

1) 『의례』「빙례(聘禮)」: 大夫對, 北面當楣再拜, <u>受幣于楹間, 南面</u>, 退, 西面立.
2) 습(襲)은 고대에 의례를 시행할 때 하는 복장 방식 중 하나이다. 겉옷으로 안에 입고 있던 옷들을 완전히 가리는 방식이다. 한편 '습'은 비교적 성대한 의식 때 시행하는 복장 방식으로도 사용되어, 안에 있고 있는 옷을 드러내지 않음으로써, 공경의 뜻을 표하기도 했다.
3) 『의례』「빙례(聘禮)」: 公側襲, 受玉于中堂與東楹之間.
4) 『의례』「빙례(聘禮)」: 升, 再拜稽首, 受幣, 當東楹, 北面, 退, 東面俟. / 『의례』「빙례」: 振幣, 進授, 當東楹, 北面.

※ 출처: 『삼재도회(三才圖會)』「문사(文史)」 2권

賓降, 出, 主人降. 授老鴈.

직역 賓이 降하여 出하면 主人이 降한다 老에게 鴈을 授한다.

의역 빈객이 당하로 내려가 묘문 밖으로 나가면 신부의 부친은 당하로 내려온다. 노에게 기러기를 건넨다.

鄭注 老, 群吏之尊者.

'노(老)'는 군리들 중에서도 존귀한 자이다.

賈疏 ●"賓降"至"老鴈". ○釋曰: 授鴈訖, 賓降, 自西階出門. 主人降, 自阼階授老鴈, 於階立, 待後事也.

● 經文: "賓降"~"老鴈". ○ 기러기 전달하는 일이 끝나면 빈객은 당하로 내려가는데 서쪽 계단을 통해 내려가 묘문 밖으로 나간다. 주인이 내려갈 때에는 동쪽 계단을 이용하며 노에게 기러기를 건네는데, 계단이 있는 자리에 서서 뒤에 치를 일을 기다린다.

賈疏 ◎注"老群吏之尊者". ○釋曰: 大夫家臣稱老, 是以喪服公士大夫以貴臣爲室老, 春秋左氏傳云"執臧氏老", 論語云"趙魏老", 禮記"大夫室老行事", 皆是老爲家臣之貴者. 士雖無君臣之名, 云"老", 亦是群吏中尊者也.

◎鄭注: "老群吏之尊者". ○ 대부의 가신에 대해서 '노(老)'라고 지칭한다. 이러한 까닭으로 『의례』「상복(喪服)」편에서는 공과 경사(卿士)[1]와

---

1) 경사(卿士)는 경(卿)과 대부(大夫)를 가리키는 용어이다. 후대에는 관리들을 가리키는 용어로도 사용되었다. 또한 경(卿)을 기리키는 용이로도 사용되었다.

대부는 존귀한 신하를 실로(室老)[2]로 삼고,[3] 『춘추좌씨전』에서는 "장씨의 노(老)를 잡았다."[4]라고 했으며, 『논어』에서는 '조씨와 위씨의 노(老)'[5]라 했고, 『예기』에서는 "대부의 경우에는 실로(室老)가 대신 시행한다."[6]라 했는데, 이 모두는 노(老)가 가신 중에서도 존귀한 자가 됨을 나타낸다. 사에게는 비록 군신관계의 명칭이 없는데도 '노(老)'라고 말했으니, 이 또한 군리들 중 존귀한 자를 가리키게 된다.

참고 1-6 『춘추좌씨전』 소공(昭公) 25년 기록

전문 郈氏爲之金距. 平子怒①, 益宮於郈氏②, 且讓之③. 故郈昭伯亦怨平子. 臧昭伯之從弟會④爲讒於臧氏, 而逃於季氏. 臧氏執旆. 平子怒, 拘臧氏老. 將禘於襄公, 萬者二人, 其衆萬於季氏⑤.

후씨가 쇠로 발톱을 만들어 닭에 끼웠다. 평자가 노하여 후씨에게서 집을 빼앗아 자신의 집을 늘렸고, 또 꾸짖었다. 그래서 후소백 또한 평자를 원망하였다. 장소백의 종제 회가 어떤 사람을 장씨에게 참소하고서 계씨에게로 도망갔다. 장씨가 그를 잡았다. 평자가 노하여 장씨의 노(老)를 잡았다. 양공에게 체제[7]를 지내려고 할 때, 만무[8]를 추는 자는 2명이었

---

2) 실로(室老)는 가신(家臣) 중의 우두머리를 뜻한다.

3) 『의례』「상복(喪服)」: 傳曰, 公卿大夫室老·士, 貴臣, 其餘皆衆臣也.

4) 『춘추좌씨전』「소공(昭公) 25년」: 平子怒, 拘臧氏老.

5) 『논어』「헌문(憲問)」: 子曰, "孟公綽爲趙魏老則優, 不可以爲滕薛大夫."

6) 『예기』「증자문(曾子問)」: 曰, "君未殯, 而臣有父母之喪, 則如之何?" 孔子曰, "歸殯, 反于君所, 有殷事, 則歸, 朝夕, 否. 大夫, 室老行事, 士則子孫行事. 大夫內子, 有殷事, 亦之君所, 朝夕, 否."

7) 체제(禘祭)는 천신(天神) 및 조상신(祖上神)에게 지내는 '큰 제새[大祭]'를 뜻한다. 『이아』「석천(釋天)」편에는 "禘, 大祭也."라는 기록이 있고, 이에 대한 곽박(郭璞)의 주에서는 "五年一大祭."라고 풀이하여, 대제(大祭)로써의 체제사는 5

고, 나머지 많은 사람들은 계씨의 집에 가서 만무를 추었다.

杜注 ①　怒其不下己.

후씨의 닭이 자신의 닭에게 꼬리를 내리지 않은 것에 노한 것이다.

杜注 ②　侵郈氏室以自益.

후씨의 집을 빼앗아 자신의 집을 늘린 것이다.

杜注 ③　讓, 責也.

'양(讓)'자는 꾸짖는다는 뜻이다.

杜注 ③　昭伯, 臧爲子.

'소백(昭伯)'은 장위자(臧爲子)이다.

杜注 ⑤　禘, 祭也. 萬, 舞也. 於禮, 公當三十六人.

'체(禘)'는 제사 명칭이다. '만(萬)'은 춤의 명칭이다. 예법에 따르면 공에 대해서는 마땅히 36명이 되어야 한다.

孔疏　●"將禘"至"季氏". ○正義曰: 季氏私祭家廟, 與禘同日, 言將 禘, 是豫部分也. 樂人少, 季氏先使自足, 故於公萬者唯有二人, 其衆

년마다 1번씩 지낸다고 설명한다. 그러나 『예기』「왕제(王制)」에 수록된 각종 제 사들에 대한 기록을 살펴보면, 체제사는 큰 제사임에는 분명하나, 반드시 5년마다 1번씩 지내는 제사는 아니었다.

8) 만무(萬舞)는 고대의 악무(樂舞) 명칭이다. 먼저 무용수들은 손에 병장기를 들고 무무(武舞)를 추고, 이후에 깃털과 악기 등을 들고 문무(文舞)를 춘다. '만무'는 또한 악무를 범칭하는 용어로도 사용되었다.

萬於季氏, 輕公重己, 故大夫遂怨.

● 傳文: "將禘"~"季氏". ○ 계씨가 가묘에서 개인적인 제사를 지낼 때 체제와 같은 날이었는데, "장차 체제를 지내려고 한다."고 말한 것은 예견한 부분이기 때문이다. 악공들이 적은 것은 계씨가 먼저 그들을 부려 자신의 수요를 충족하였기 때문에 공의 만무를 추는 자는 단지 2명만 있었고 나머지 많은 자들은 계씨의 집에서 만무를 추었으니, 공에 대해서는 경시하고 자신을 중시한 것이다. 그렇기 때문에 대부가 마침내 원망하게 되었다.

孔疏 ◎注"禘祭"至"六人". ○正義曰: 釋例曰: "三年喪畢, 致新死之主以進於廟, 於是乃大祭於大廟, 以審定昭穆, 謂之禘." 禘於大廟, 禮之常也; 各於其宮, 時之爲也. 雖非三年大祭, 而書禘, 用禘禮也. 釋天云: "禘, 大祭也." 執干戚而舞, 謂之萬舞也. 隱五年傳說舞佾之差云"諸侯用六", 是於禮法當三十六人也. 此以正禮言耳, 亦不知當時魯君用六佾以否. 公羊傳曰: 昭公"告子家駒曰: '季氏僭公室, 吾欲弑之, 何如?' 子家駒曰: '諸侯僭天子, 大夫僭諸侯久矣.' 公曰: '吾何僭矣哉?' 子家駒曰: '設兩觀, 乘大路, 朱干, 玉戚, 以舞大夏, 八佾以舞大武. 此皆天子之禮也.'" 如彼傳文, 當時或僭八佾, 佾不必用六也.

◎杜注: "禘祭"~"六人". ○『석례』9)에서는 "삼년상이 끝나서 새로이 죽은 자의 신주를 만들어 묘로 들일 때, 이에 태묘에서 대제를 지내 소목의 질서를 살펴서 확정하니, 이것을 체(禘)라고 부른다."라 했다. 태묘에서 체제를 지내는 것은 예의 일상적인 경우이며, 그 궁에서 각각에 대해 시행하는 것은 때에 따라 행한 것이다. 비록 삼년상을 끝내고 지낸 대제가 아님에도 체(禘)라 기록한 것은 체제의 예법을 사용했기 때문이다. 『이

---

9) 「석례(釋例)」편은 두예(杜預)가 『춘추경전집해(春秋經傳集解)』를 저술하고서, 각종 용례들을 별도로 간추려서 별집으로 엮은 것이다.

아」「석천(釋天)」편에서는 "체(禘)는 대제이다."10)라 했다. 방패와 도끼를 들고 춤을 추는 것을 '만무(萬舞)'라고 부른다. 은공(隱公) 5년의 전문에서 무용수의 줄 수 차등을 설명하며, "제후는 6일(佾)을 사용한다."11)라 했으니, 이것은 예법상 마땅히 36명이 있어야 함을 나타낸다. 이것은 정례에 따라 언급한 것일 뿐이니, 당시에 노나라 군주가 육일무를 사용했는지의 여부는 알 수 없다. 『공양전』에서는 소공은 "자가구에게 '계씨가 공실을 참람하여, 내가 그를 죽이고자 하는데 어떠한가?'라 하자 자가구는 '제후가 천자에게 참람되게 굴고, 대부가 제후에게 참람되게 군 것은 오래된 일입니다.'라 했다. 소공이 '내가 무엇을 참람되게 굴었단 말인가?'라 하자 자가구는 '양쪽에 관12)을 세우고, 대로13)를 타며, 주색의 방패와

10) 『이아』「석천(釋天)」 : 禘, 大祭也.

11) 『춘추좌씨전』「은공(隱公) 5년」 : 九月, 考仲子之宮, 將萬焉. 公問羽數於衆仲. 對曰, "天子用八, 諸侯用六, 大夫用四, 士二. 夫萬, 所以節八音以行八風, 故自八以下."

12) 궐(闕)은 관(觀)·상위(象魏) 등으로부터 부른다. 고대에 천자나 제후가 자신의 궁문(宮門) 밖에 세워두었던 큰 건축물을 뜻한다. 이곳에 법령을 게시하여, 사람들이 확인하도록 했다. 『주례』「천관(天官)·대재(大宰)」편에는 "乃縣治象之灋于象魏, 使萬民觀治象, 挾日而斂之."라는 기록이 있고, 이에 대해 정현의 주에서는 정사농(鄭司農)의 주장을 인용하여, "象魏, 闕也."라고 풀이했다.

13) 대로(大路)는 대로(大輅)라고도 부른다. 본래 천자가 타던 옥로(玉路: =玉輅)를 가리킨다. '대로'라는 말은 수레들 중에 가장 크다는 뜻에서 붙여진 명칭이다. 고대에는 천자가 타던 수레에 5종류가 있었다. 옥로(玉輅)·금로(金輅)·상로(象輅)·혁로(革輅)·목로(木輅)가 바로 천자가 타던 5종류의 수레인데, '옥로'가 수레들 중 가장 컸기 때문에, '대로'라고도 불렸던 것이다. 『서』「주서(周書)·고명(顧命)」편에는 "大輅在賓階面."이라는 기록이 있는데, 이에 대한 공안국(孔安國)의 전(傳)에서는 "大輅, 玉."이라고 풀이했고, 공영달(孔穎達)의 소(疏)에서는 "周禮巾車掌王之五輅, 玉輅·金輅·象輅·革輅·木輅, 是爲五輅也. …… 大輅, 輅之最大, 故知大輅玉輅也."라고 풀이했다. 한편 '옥로'는 옥(玉)으로 치장을 했기 때문에, '옥로'라는 명칭이 생기게 된 것인데, '옥로'에는 대상(大常)이라는 깃발을 세웠고, 깃발에는 12개의 치술을 달았으며, 주로 제사 때 사용하였다. 『주례』「춘관(春官)·건거(巾車)」편에는 "王之五路, 一曰玉路, 錫, 樊纓, 十有

옥으로 만든 도끼를 들고 대하14)를 추게 하며, 팔일로 대무15)를 추게 하는 것은 모두 천자의 예에 해당합니다.'"16)라 했다. 이러한 전문의 기록에 따르면 당시에는 간혹 팔일무를 참람되게 사용하였으니, 일(佾)수에 있어 반드시 6일을 사용했던 것은 아니다.

참고 1-7 『논어』 「헌문(憲問)」 기록

경문   子曰: "孟公綽爲趙 · 魏老則優, 不可以爲滕 · 薛大夫."

공자가 말하길, "맹공작은 조씨와 위씨의 노(老)가 된다면 편안하고 여유롭겠지만, 등나라나 설나라의 대부로는 삼을 수 없다."라 했다.

何注   孔曰: 公綽, 魯大夫. 趙 · 魏, 皆晉卿. 家臣稱老. 公綽性寡欲, 趙 · 魏貪賢, 家老無職, 故優. 滕 · 薛小國, 大夫職煩, 故不可爲.

공씨가 말하길, 공작(公綽)은 노나라의 대부이다. 조씨와 위씨는 모두 진나라의 경이다. 가신을 '노(老)'라 지칭한다. 공작은 성격이 욕심이 적

再就, 建大常, 十有二旒, 以祀."라는 기록이 있고, 이에 대한 정현의 주에서는 "玉路, 以玉飾諸末."이라고 풀이했다.

14) 대하(大夏)는 주(周)나라 때의 악무(樂舞) 중 하나이다. 하(夏)나라 우(禹)임금 때의 악무를 근간으로 삼아서 만든 악무이다.

15) 대무(大武)는 주(周)나라 때의 악무(樂舞) 중 하나로, 무왕(武王)에 대한 악무이다. 『주례』 「춘관(春官) · 대사악(大司樂)」편에는 '대무'에 대한 용례가 나오고, 이에 대한 정현의 주에서는 "大武, 武王樂也."라고 풀이하였다.

16) 『춘추공양전』 「소공(昭公) 25년」: 齊侯唁公于野井, 唁公者何? 昭公將弑季氏. 告子家駒, 曰, 季氏爲無道, 僭於公室久矣. 吾欲弑之, 何如, 子家駒曰, 諸侯僭於天子, 大夫僭於諸侯久矣, 昭公曰, 吾何僭矣哉. 子家駒曰, 設兩觀, 乘大路. 朱干, 玉戚, 以舞大夏, 八佾以舞大武, 此皆天子之禮也, 且夫牛馬維婁. 委已者也. 而柔焉, 季氏得民衆久矣. 君無多辱焉. 昭公不從其言, 終弑而敗焉. 走之齊, 齊侯唁公于野井.

었고, 조씨와 위씨는 현자를 탐했으며, 가로는 고정된 직무가 없다. 그렇기 때문에 편안하고 여유롭게 된다. 등나라와 설나라는 소국이며, 대부의 직무는 많다. 그렇기 때문에 될 수 없다.

●"子曰: 孟公綽爲趙·魏老則優, 不可以爲滕·薛大夫". ○ 正義曰: 此章評魯大夫孟公綽之才性也. 趙·魏皆晉卿所食采邑名也. 家臣稱老. 公綽性寡欲, 趙·魏貪賢, 家老無職, 若公綽爲之, 則優游有餘裕也. 滕·薛乃小國, 而大夫職煩, 則不可爲也.

● 經文: "子曰: 孟公綽爲趙·魏老則優, 不可以爲滕·薛大夫". ○ 이 장은 노나라 대부인 맹공작의 재주와 성격을 평가한 것이다. 조씨와 위씨는 모두 진나라의 경으로, 식읍으로 가지고 있는 채읍의 명칭이다. 가신을 노(老)라 지칭한다. 공작은 성격이 욕심이 적고 조씨와 위씨는 현자를 탐했으며 가로에게는 고정된 직무가 없으니, 만약 공도를 가로로 삼았다면 편안하고 여유롭게 된다. 등나라와 설나라는 소국에 해당하고, 대부는 직무가 많으니, 될 수 없다.

公綽, 魯大夫. 趙·魏, 晉卿之家. 老, 家臣之長. 大家勢重而無諸侯之事, 家老望尊而無官守之責. 優, 有餘也. 滕·薛, 二國名. 大夫, 任國政者. 滕·薛國小政繁, 大夫位高責重, 然則公綽蓋廉靜寡欲而短於才者也.

공작(公綽)은 노나라의 대부이다. 조씨와 위씨는 진나라에 속한 경의 집안이다. 노(老)는 가신들의 우두머리이다. 큰 가문은 세력이 중요하나 제후의 일이 없고, 가로는 명망이 높지만 관직의 책무가 없다. 우(優)자는 넉넉하다는 뜻이다. 등(滕)과 설(薛)은 두 나라의 국명이다. 대부(大夫)는 국정을 맡은 자이다. 등나라와 설나라는 나라가 작지만 정무가 많고, 대부는 지위가 높고 책무가 중하다. 그렇다면 공작은 아마도 청렴하고 욕심이 적지만 재능이 부족한 자인 것 같다.

集註 楊氏曰: 知之不豫, 枉其才而用之, 則爲棄人矣, 此君子所以
患不知人也. 言此則孔子之用人, 可知矣.

양씨가 말하길, 그 재능은 미리 알 수 없고, 그 재능을 잘못 알고 사용한
다면 사람을 내버리는 것이 되니, 이것이 군자가 사람을 제대로 알아보지
못함을 걱정했던 이유이다. 이처럼 말했으니, 공자의 사람 씀에 대해 알
수 있다.

참고 1-8 『예기』「증자문(曾子問)」 기록

경문 曰: "君未殯, 而臣有父母之喪, 則如之何." 孔子曰: "歸殯, 反
于君所, 有殷事, 則歸, 朝夕, 否. 大夫, 室老行事, 士則子孫行事. 大
夫內子, 有殷事, 亦之君所, 朝夕, 否."

계속하여 증자가 질문하기를, "군주에 대한 상이 발생하여 아직 빈소를
차리지도 않았는데, 신하에게 부모의 상이 발생했다면, 이러한 경우에는
어찌해야 합니까?"라고 하자 공자가 대답해주기를, "집으로 되돌아가서
부모의 빈소를 차리고, 다시 군주의 시신이 있는 장소로 돌아오니, 신하
는 부모에 대한 은사(殷事)를 치를 경우가 생기면, 자신의 집으로 되돌아
가서 치르되, 일상적으로 지내는 조석의 전제(奠祭)에는 되돌아가지 않
고, 군주의 시신이 있는 장소에 그대로 머문다. 그러나 부모의 빈소에
조석으로 지내게 되는 전제사를 그만 둘 수 없으므로, 대부의 경우는 실
로(室老)가 그 일을 대신 시행하고, 사의 경우는 신분이 낮으므로, 대부
의 예법보다 낮춰서 자손들이 그 일을 대신 시행한다. 대부의 처는 남편
의 군주에 대해서도, 남편과 마찬가지로 신하된 도리로 상을 치르게 되
니, 군주의 상에서 은사를 치르는 경우가 생기면, 그녀 또한 자최복(齊衰

服)을 입고서, 군주의 시신이 있는 장소로 가게 되지만, 조석으로 지내는 전제사에는 참석하지 않는다."라고 했다.

鄭注 其哀雜, 主於君. 大夫・士其在君所之時, 則攝其事. 謂夫之君旣殯, 而有舅姑之喪者. 內子, 大夫適妻也. 妻爲夫之君, 如婦爲舅姑服齊衰.

이러한 경우에는 부모와 군주에 대한 애통함이 뒤섞이게 되므로, 상대적으로 더 중요한 군주에 대한 일을 위주로 하는 것이다. 대부와 사 본인이 군주의 시신이 있는 장소에 머물러 있을 때라면, 그들의 실로(室老) 및 자손들이 그의 일을 대신하는 것이다. 경문에서 언급하고 있는 내자(內子)의 경우는 남편의 죽은 군주에 대해서 빈소를 차리게 되었는데, 때마침 시부모의 상이 발생한 경우를 뜻한다. '내자(內子)'는 대부의 본처이다. 처는 남편의 군주를 위해서 마치 며느리가 시부모를 위해서 하는 것처럼 자최복(齊衰服)을 입게 된다.

孔疏 ●"曰君"至"夕否". ○正義曰: 前問君旣殯及旣啓, 而有父母之喪. 今問君未殯, 而臣有父母之喪, 如之何. 孔子答曰, 歸殯父母訖, 反于君所, 以殯君恒在君所, 家有殷事之時, 則暫歸於家. 若尋常朝夕, 則不得歸也, 故云, "朝夕否". 盧氏云, "歸殯, 反于君所"者, 人君五日而殯, 故可以歸殯父母, 而往殯君也. 若其臨君之殯日, 盧云, "歸哭父母而來殯君", 則殯君訖, 乃還殯父母也. 以此言之, 臣有父母之喪, 未殯, 而有君喪, 去君殯日雖遠, 祇得待殯君訖而還殯父母, 以其君尊故也.

● 經文: "曰君"~"夕否". ○ 앞 문장에서 증자는 군주에 대해 빈소를 차리게 된 상황과 계빈[17]을 하게 된 상황에서 부모의 상이 발생한 경우를

17) 계빈(啓殯)은 장례(葬禮) 절차 중 하나이다. 장례를 치르기 위하여, 빈소에 임시

물어보았다. 그리고 이곳 문장에서는 군주에 대해 아직 빈소를 차리지 않았는데, 신하에게 부모의 상이 발생한다면, 어찌해야 하는지를 물어본 것이다. 공자가 대답하길, 되돌아가서 부모에 대한 빈소를 차리고, 그 일이 끝나면 군주의 시신이 있는 장소로 되돌아오며, 군주에 대해 빈소를 차리고 나서도, 항상 군주의 시신이 있는 곳에 머물게 되므로, 자신의 집안에 은사(殷事)를 지낼 때가 되어야만 잠시 집으로 되돌아가게 된다고 하였다. 조석마다 일상적으로 지내게 되는 전제와 같은 경우에는 자신의 집으로 되돌아갈 수 없다. 그렇기 때문에 "조석은 아니다."라고 말한 것이다. 노식[18]은 "되돌아가서 빈소를 차리고, 그런 뒤에 군주가 있는 장소로 되돌아간다."라고 하였는데, 군주는 죽은 뒤 5일이 지나서 빈소를 차리기 때문에, 신하가 자신의 집으로 되돌아가서 부모에 대한 빈소를 차리고, 다시 돌아와서 군주에 대한 빈소를 차릴 수 있게 되는 것이다. 부모의 죽은 시기가 군주에 대한 빈소를 차리는 날에 해당하는 경우에 대해서, 노식은 "되돌아가서 부모에 대한 곡을 하고, 다시 돌아와서 군주에 대한 빈소를 차린다."라고 하였으니, 군주에 대해 빈소를 차리고, 그 일이 다 끝나게 되면, 곧 다시 집으로 되돌아가서 부모에 대한 빈소를 차리는 것이다. 이것을 통해 말해보자면, 신하에게 부모의 상이 발생하였고, 아직 빈소를 차리기 이전인데, 이러한 시기에 군주에 대한 상이 발생한다면, 군주의 빈소를 차리는 날까지 비록 시간적 차이가 많이 나더라도, 곧바로 군주의 시신이 있는 장소로 가서 머물게 되며, 군주에 대해

로 가매장됐던 영구를 꺼내는 절차를 뜻한다.

18) 노식(盧植, A.D.159? ~ A.D.192) : =노씨(盧氏). 후한(後漢) 때의 유학자이다. 자(字)는 자간(子幹)이다. 어려서 마융(馬融)을 스승으로 섬겼다. 영제(靈帝)의 건녕(建寧) 연간(A.D.168 ~ A.D.172)에 박사(博士)가 되었다. 채옹(蔡邕) 등과 함께 동관(東觀)에서 오경(五經)을 교정했다. 후에 동탁(董卓)이 소제(少帝)를 폐위시키자, 은거하며 『상서장구(尚書章句)』, 『삼례해고(三禮解詁)』를 저술했지만, 남아 있지 않다.

빈소 차리는 일이 다 끝날 때까지 기다린 뒤에야, 다시 자신의 집으로 되돌아와서 부모에 대한 빈소를 차릴 수 있는 것이다. 이처럼 시행하는 이유는 군주가 존귀한 자이기 때문이다.

孔疏 ◎注"其哀雜, 主於君". ○正義曰: 以君未殯, 則君哀重, 而父母又喪, 是親哀亦重. 君與親哀旣半相雜, 君爲尊, 故主意於君, 故尋常恒在君所.

◎鄭注: "其哀雜, 主於君". ○군주에 대해서 아직 빈소를 차리지 않았다면, 군주에 대한 애통함이 중대한 것이다. 그리고 부모에 대해서 또한 상을 치르게 되었는데, 부모에 대한 애통함 또한 중대한 것이다. 이러한 상황 속에서는 군주와 부모에 대한 애통함이 반분되어 서로 뒤섞이게 된다. 하지만 군주는 존귀한 자이기 때문에, 군주에게 마음을 더 두게 된다. 그러므로 부모에 대한 은제(殷祭)를 지내는 것처럼 특별한 일이 없는 한 평상시에는 항상 군주가 있는 장소에 머물게 되는 것이다.

孔疏 ●"大夫"至"行事". ○以大夫・士有殷事在君所之時, 則在家之朝夕之奠有闕, 若朝夕恒在君所之時, 則在家朝夕之奠亦闕. 奠不可廢, 其大夫尊, 故遣室老攝行其事, 士卑, 則子孫攝行其事.

●經文: "大夫"~"行事". ○대부와 사가 군주에 대한 은사(殷事)를 지내게 되어, 군주의 시신이 있는 장소에 머물러 있는 경우라고 한다면, 그들은 자신의 집안에서 조석으로 지내게 되는 전제에 불참하는 일이 발생한다. 그리고 만약 조석으로 항상 군주의 시신이 있는 장소에 머물게 되는 경우라고 한다면, 자신의 집안에서 조석으로 지내게 되는 전제에도 또한 불참하는 일이 발생하게 된다. 그러나 전제는 폐지할 수 없으니, 그들 중 대부는 신분이 높기 때문에, 실로(室老)를 보내서 그 일을 대신하게 하며, 사는 신분이 낮으니, 자손들이 그 일을 대신하게 된다.

孔疏 ◎注云, "大夫"至"其事". ○ 正義曰: "大夫內子有殷事, 亦之君所, 朝夕否", 上文明大夫禮節, 此明婦人之進止, 君既殯而婦有舅姑之喪. 大夫者, 卿之總號. 內子者, 卿之適妻. 以前問君薨既殯有父母之喪, 此明君既殯後而婦有舅姑之喪, 歸居於家, 君有殷事之時, 亦之君所. 云亦者, 謂亦同其夫也. 非但夫往君所, 妻亦往君所也. 若尋常朝夕, 則不往君所. 擧此一條, 婦同於夫, 則君既啓及君未殯而有舅姑之喪, 其禮悉同夫也.

◎ 鄭注: "大夫"~"其事". ○ 경문에서 "대부(大夫)의 내자(內子)도 은사(殷事)가 유(有)하면, 또한 군소(君所)로 지(之)하되, 조석(朝夕)은 부(否)니라."라고 하였는데, 그 앞의 문장들은 대부의 예법을 밝힌 문장들이다. 따라서 이 부분의 기록은 대부의 부인에 대한 행동 규범을 언급한 것으로, 군주에 대해 빈소를 차리게 되었는데, 부인에게 시부모의 상이 생긴 경우를 뜻한다. 경문에서 '대부(大夫)'라고 기록한 말은 '경(卿)'까지도 포함한 호칭이다. '내자(內子)'라는 용어는 본래 경의 본처를 뜻한다. 증자는 앞서서 군주가 죽어 빈소를 차리게 되었는데, 부모의 상이 발생한 경우에 대해서 물어보았으니, 이 문장은 군주에 대해 빈소를 차린 이후, 부인에게 시부모의 상이 발생하게 되면, 자신의 집으로 되돌아가서 집안에 머물며, 군주에 대한 은사가 있을 때에 또한 군주의 시신이 있는 장소로 가게 된다는 사실을 설명하고 있다. '또한[亦]'이라고 기록한 말은 그녀 또한 그녀의 남편과 동일하게 행동한다는 뜻이다. 그러므로 단지 남편만이 군주의 시신이 있는 장소로 가는 것이 아니라, 그의 처 또한 군주의 시신이 있는 장소로 가게 된다. 군주에 대해서 예사로 지내게 되는 조석의 전제인 경우라면, 그녀는 군주의 시신이 있는 곳으로 가지 않는다. 이 하나의 예시를 들어서, 부인도 남편과 동일하게 행동한다고 하였으니, 군주에 대해 계빈(啓殯)을 할 때나 군주에 대해 아직 빈소를 차리지 않았는데 시부모의 상이 발생한 경우에, 그녀가 따르게 되는 예법은 모두 남편과 동일한 것이다.

孔疏 ◎注“內子”至“齊衰”. ○正義曰: 按僖二十四年左傳云, “晉趙姬請以叔隗爲內子, 而己下之.” 叔隗爲趙衰妻, 是大夫適妻也. 若對而言之, 則卿妻曰內子, 大夫妻曰命婦. 若散而言之, 則大夫是卿之總號, 其妻亦總名爲內子. 云“妻爲夫之君, 如婦爲舅姑服齊衰”者, 此喪服文也.

◎鄭注: “內子”~“齊衰”. ○희공(僖公) 24년에 대한, 『좌전』의 기록을 살펴보니, “진나라 조희(趙姬)는 청원을 하며, 숙외(叔隗)를 내자(內子)로 삼게 하였고, 본인은 그녀의 밑으로 들어갔다.”[19]라고 하였다. 숙외는 조쇠(趙衰)의 처가 되었으니, 『좌전』의 기록에 언급된 ‘내자(內子)’라는 말은 곧 대부의 본 부인을 뜻한다. 만약 상대적으로 말을 한다면, 경의 처를 ‘내자(內子)’라 부르고, 대부의 처를 ‘명부(命婦)’라 부른다. 만약 범범하게 말을 하게 된다면, ‘대부(大夫)’라는 단어는 경까지도 총칭하는 말이니, 그의 처 또한 총괄하여 ‘내자(內子)’라고 부르는 것이다. 정현의 주에서 “처는 남편의 군주를 위해서, 마치 며느리가 시부모를 위해서 하는 것처럼, 자최복(齊衰服)을 입게 된다.”라고 하였는데, 이 말은 『의례』「상복(喪服)」편의 문장이다.

---

19) 『춘추좌씨전』「희공(僖公) 24년」: 姬曰, “得寵而忘舊, 何以使人? 必逆之.” 固請, 許之. 來, 以盾爲才, 固請于公, 以爲嫡子, 而使其三子下之, 以叔隗爲內子, 而己下之.

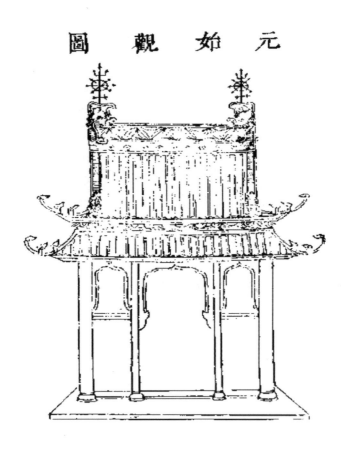

圖 觀 始 元

※ 출처: 『삼재도회(三才圖會)』「궁실(宮室)」 1권

闕

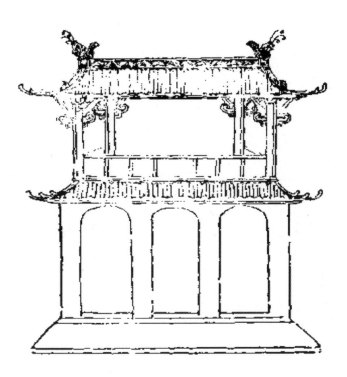

※ 출처: 『삼재도회(三才圖會)』「궁실(宮室)」 1권

大 輅 圖

※ 출처:『삼재도회(三才圖會)』「기용(器用)」5권

※ 출처: 『삼재도회(三才圖會)』「기용(器用)」 4권

제2절
문명(問名)의 절차

72上

擯者出請.

직역 擯者가 出하여 請한다.

의역 빈이 묘문 밖으로 나가서 빈객에게 다른 일이 있는지 청해 묻는다.

鄭注 不必賓之事有無.

빈객이 시행하는 사안이 더 있는지 없는지 기필할 수 없기 때문이다.

賈疏 ●"擯者出請". ◎注"不必"至"有無". ○釋曰: 此主人不知賓有事, 使擯出請者, 亦是不必賓之事有無也.

●經文: "擯者出請". ◎鄭注: "不必"~"有無". ○ 신부의 부친은 빈객에게 다른 용무가 더 있는지 알 수 없기 때문에, 빈을 시켜 밖으로 나가 청해 묻게 하니, 이 또한 빈객이 시행하는 사안이 더 있는지 없는지 기필할 수 없기 때문이다.

> 賓執鴈, 請問名, 主人許. 賓入, 授, 如初禮.

직역 賓이 鴈을 執하여 問名을 請하면 主人이 許한다. 賓이 入하여 授하되 初禮와 如한다.

의역 빈객이 기러기를 들고 문명(問名)의 예를 시행하고자 청하면 신부의 부친이 허락한다. 빈객이 안으로 들어와서 기러기를 건네는데 처음 납채(納采)를 했을 때의 예처럼 따른다.

鄭注 問名者, 將歸卜其吉凶. 古文禮爲醴.

이름을 묻는 것은 돌아가 길흉을 점치고자 해서이다. 고문에는 '예(禮)'자가 '예(醴)'자로 기록되어 있다.

賈疏 ●"賓執"至"初禮". ○釋曰: 此之一使, 兼行納采·問名, 二事相因. 又使還須卜, 故因卽問名, 乃還卜之, 故共一使也. 云"主人許"者, 擯請入告, 乃報賓, 賓得主人許, 乃入門, 升堂, 授鴈, 與納采禮同, 故云"如初禮"也.

●經文: "賓執"~"初禮". ○여기에 나온 한 명의 심부름꾼은 납채(納采)와 문명(問名)의 절차를 함께 시행하니, 두 사안은 서로 연접하게 된다. 또 심부름꾼은 되돌아가서 점을 쳐야 하기 때문에 그 사안으로 인해 곧바로 문명을 시행하고, 되돌아가서 점을 치게 된다. 그렇기 때문에 둘 모두 한 명의 심부름꾼이 시행한다. "주인이 허락한다."라고 했는데, 빈이 청해 묻고 안으로 들어가서 아뢴 뒤에 빈객에게 주인이 허락했다는 사실을 알리고, 빈객은 주인의 허락을 얻은 뒤에 문으로 들어가서 당상으로 올라가며 기러기를 건네게 되는데, 납채의 의례를 시행했을 때와 동일하게 한다. 그렇기 때문에 "처음의 예처럼 따른다."라고 했다.

◎注"問名"至"爲醴". ○釋曰: 言"問名"者, 問女之姓氏, 不問三月之名, 故下記問名辭云"某旣受命, 將加諸卜, 敢請女爲誰氏", 鄭云: "誰氏者, 謙也. 不必其主人之女." 是問姓氏也. 然以姓氏爲名者, 名有二種: 一者是名字之名, 三月之名是也; 一者是名號之名, 故孔安國注尚書以舜爲名, 鄭君目錄以曾子爲姓名, 亦據子爲名, 皆是名號爲名者也. 今以姓氏爲名, 亦名號之類也. 鄭云"將歸卜其吉凶"者, 亦據下記文也.

◎鄭注: "問名"~"爲醴". ○'문명(問名)'이라고 말한 것은 여자의 성씨에 대해 묻는 것이며, 태어난 후 3개월 뒤에 부친이 지어주는 이름을 묻는 것이 아니다. 그렇기 때문에 아래 기문에 나온 문명의 말에서는 "아무개는 이미 허락의 명령을 받았으나 장차 점을 치고자 하니, 감히 청컨대 여식은 무슨 씨입니까?"[1]라 했고, 정현은 "무슨 씨냐고 한 말은 겸손하게 표현한 것이니, 주인의 여식이라 기필하지 않기 때문이다."라고 했다. 이것은 성씨에 대해 묻는 것임을 나타낸다. 그런데 성씨를 명(名)이라고 한 것은 명(名)에는 두 종류가 있기 때문이다. 첫 번째는 이름과 자(字)를 가리킬 때의 명(名)으로, 태어난 후 3개월 뒤에 부친이 지어주는 이름이 여기에 해당한다. 다른 하나는 명칭을 뜻하는 명(名)이다. 그렇기 때문에 『상서』에 대한 공안국[2]의 주에서는 순(舜)을 명(名)이라고 했던 것이고,[3] 정현의 『목록』에서는 증자(曾子)를 성명(姓名)이라고 했던 것

---

1) 『의례』「사혼례」: 致命, 曰: "敢納采." 問名, 曰: "某旣受命, 將加諸卜, 敢請女爲誰氏?"

2) 공안국(孔安國, ? ~ ?): 전한(前漢) 때의 학자이다. 자(字)는 자국(子國)이다. 고문상서학(古文尙書學)의 개조(開祖)로 알려져 있다. 『십삼경주소(十三經注疏)』의 『상서정의(尙書正義)』에는 공안국의 전(傳)이 수록되어 있는데, 통상적으로 이 주석은 후대인들이 공안국의 이름에 가탁하여 붙인 문장으로 인식되고 있다.

3) 『서』「우서(虞書)·순전(舜典)」편의 "師錫帝曰: "有鰥在下, 曰虞舜.""이라는 기록에 대해, 공안국은 "虞, 氏. 舜, 名."이라고 풀이했다.

이니,[4] 이 또한 자(子)를 들어 명(名)으로 간주한 것이며, 이 모두는 명칭이 명(名)이 됨을 나타낸다. 지금은 성씨를 명(名)으로 삼았으니, 이 또한 명칭의 부류에 해당한다. 정현이 "돌아가 길흉을 점치고자 해서이다."라고 했는데, 이 또한 아래 기문에 근거해서 한 말이다.

참고 2-1 『서』「서(虞書)·순전(舜典)」 기록

經文 師錫帝曰: "有鰥在下, 曰虞舜."

여러 신하들이 제요(帝堯)에게 말씀드리길, "홀아비가 백성들 사이에 있으니, 우순(虞舜)이라 합니다."라 했다.

孔傳 師, 衆. 錫, 與也. 無妻曰鰥. 虞, 氏. 舜, 名. 在下民之中. 衆臣知舜聖賢, 恥己不若, 故不擧. 乃不獲已而言之.

'사(師)'자는 무리를 뜻한다. '석(錫)'자는 준다는 뜻이다. 아내가 없는 자를 '환(鰥)'이라 부른다. '우(虞)'는 씨에 해당한다. '순(舜)'은 이름에 해당한다. 백성들 사이에 있다는 뜻이다. 뭇 신하들은 순이 성현임을 알아보았지만, 자신이 그만 못하다는 사실을 부끄럽게 여겼다. 그렇기 때문에 천거하지 않았다가 어쩔 수 없어서 언급하게 된 것이다.

釋文 錫, 星歷反. 鰥, 故頑反. 虞舜, 虞, 氏; 舜, 名也. 馬云: "舜, 謚也. 舜死後賢臣錄之, 臣子爲諱, 故變名言謚."

'錫'자는 '星(성)'자와 '歷(력)'자의 반절음이다. '鰥'자는 '故(고)'자와 '頑(완)'자의 반절음이다. '虞舜'이라고 했는데, '虞'자는 씨에 해당하고, '舜'

---

4) 『예기』「증자문(曾子問)」편의 공영달 소에서는 정현의 『목록』을 인용하여, "名爲曾子問者, 以其所問多明於禮, 故著姓名以顯之."라고 기록했다.

자는 이름에 해당한다. 마씨는 "순(舜)'은 시호이다. 순임금이 죽은 이후
현명한 신하들이 그것을 기록했는데, 신하들이 피휘를 했기 때문에 이름
을 바꿔 시호를 언급한 것이다."라 했다.

孔疏 ◎傳"師衆"至"言之". ○正義曰: "師, 衆"·"錫, 與", 釋詁文.
"無妻曰鰥", 釋名云: "愁悒不寐, 目恒鰥鰥然, 故鰥字從魚, 魚目恒不
閉." 王制云: "老而無妻曰鰥."舜於時年未三十而謂之"鰥"者, 書傳稱
孔子對子張曰: "舜父頑, 母嚚, 無室家之端, 故謂之鰥.""鰥"者無妻
之名, 不拘老少. 少者無妻可以更娶, 老者卽不復更娶, 謂之天民之
窮, 故禮擧老者耳. 詩云: "何草不玄, 何人不鰥."暫離室家尙謂之鰥,
不獨老而無妻始稱鰥矣. 書傳以舜年尙少爲之說耳. "虞, 氏. 舜, 名"
者, 舜之爲虞, 猶禹之爲夏, 外傳稱禹氏曰"有夏", 則此舜氏曰"有虞".
顓頊已來, 地爲國號, 而舜有天下, 號曰"有虞氏", 是地名也. 王肅云:
"虞, 地名也." 皇甫謐云: "堯以二女妻舜, 封之於虞, 今河東太陽山西
虞地是也." 然則舜居虞地, 以虞爲氏, 堯封之虞爲諸侯, 及王天下,
遂爲天子之號, 故從微至著, 常稱虞氏. 舜爲生號之名, 前已具釋.
傳又解衆人以舜與帝, 則衆人盡知有舜. 但舜在下人之中, 未有官
位, 衆臣德不及之, 而位居其上, 雖知舜實聖賢, 而恥己不若, 故不擧
之. 以帝令擧及側陋, 意謂帝知有舜, 乃不獲己而言之耳. 知然者,
正以初不薦擧, 至此始言, 明是恥己不若, 故不早擧. 舜實聖人, 而連
言"賢"者, 對則事有優劣, 散卽語亦相通. 舜謂禹曰"惟汝賢", 是言聖
德稱"賢"也. 傳以"師"爲衆臣, 爲朝臣之衆, 或亦通及吏人. 王肅云:
"古者將擧大事, 訊群吏, 訊萬人. 堯將讓位, 咨四嶽, 使問群臣. 衆擧
側陋, 衆皆願與舜. 堯計事之大者莫過禪讓, 必應博詢吏人, 非獨在
位." 王氏之言得其實矣. 鄭以師爲諸侯之師, 帝咨四岳, 徧訪群臣,
安得諸侯之師獨對帝也.

◎孔傳: "師衆"~"言之". ○"'사(師)'자는 무리를 뜻한다."라 했고,5) "'석

(錫)'자는 준다는 뜻이다."라 했는데,[6] 이것은 『이아』「석고(釋詁)」편의 기록이다. "아내가 없는 자를 '환(鰥)'이라 부른다."라 했는데, 『석명』[7]에 서는 "근심하며 잠을 이루지 못해 눈이 항상 잠을 못 잔 것처럼 보인다. 그렇기 때문에 '환(鰥)'자는 어(魚)자를 부수로 따르니, 물고기의 눈은 항 상 감겨 있지 않기 때문이다."라 했다. 『예기』「왕제(王制)」편에서는 "늙 었으나 아내가 없는 자를 환(鰥)이라 부른다."[8]라 했다. 순임금은 당시 나이가 아직 30이 되지 않았는데도 '환(鰥)'이라고 한 것에 대해, 『서전』에 서는 공자가 자장에게 답한 말을 지칭하며 "순임금의 부친은 완악하고 모친은 어리석어서 장가를 들 단서가 없었기 때문에 환(鰥)이라고 한 것 이다."라 했다. '환(鰥)'은 처가 없다는 명칭이니 나이의 많고 적음에 구애 되지 않는다. 젊은 사람은 처가 없어도 다시 장가를 들 수 있지만 노인은 다시 장가를 들 수 없으니, 그를 천하의 백성들 중에서도 곤궁한 자라 부른다. 그렇기 때문에 『예』에서는 노인의 경우만 든 것일 뿐이다. 『시』 에서는 "어떤 풀인들 검어지지 않겠으며, 어떤 사람인들 홀아비가 되지 않겠는가."[9]라 했다. 잠시 아내와 떨어져도 오히려 환(鰥)이라 부르니, 유독 노인이 되어 처가 없어야만 비로소 환(鰥)이라 지칭하는 것은 아니 다. 『서전』에서는 순임금의 나이가 아직 젊었기 때문에 이처럼 설명한 것일 뿐이다. "'우(虞)'는 씨에 해당한다. '순(舜)'은 이름에 해당한다."라 했는데, 순(舜)이 우(虞)가 되는 것은 우(禹)가 하(夏)가 되는 경우와 같으 니, 『외전』에서 우씨(禹氏)를 지칭해 유하(有夏)라고 했다면, 이러한 순

---

5) 『이아』「석고(釋詁)」 : 黎・庶・烝・多・醜・師・旅, 衆也.

6) 『이아』「석고(釋詁)」 : 賚・貢・錫・畀・予・貺, 賜也.

7) 『석명(釋名)』은 후한(後漢) 때의 학자인 유희(劉熙)가 지은 서적이다. 오래된 훈고학 서적의 하나로 꼽힌다.

8) 『예기』「왕제(王制)」편에는 해당 기록이 없다. 『맹자』「양혜왕하(梁惠王下)」 : 老而無妻曰鰥, 老而無夫曰寡, 老而無子曰獨, 幼而無父曰孤.

9) 『시』「소아(小雅)・하초불황(何草不黃)」 : 何草不玄, 何人不矜. 哀我征夫, 獨爲匪民.

씨(舜氏)에 대해서는 유우(有虞)라 하게 된다. 전욱10)이래로 땅은 국호가
되었는데, 순임금은 천하를 소유하였고, '유우씨(有虞氏)'라고 불렀으니,
이것은 지명에 해당한다. 왕숙11)은 "우(虞)는 지명이다."라 했다. 황보
밀12)은 "요임금은 두 딸을 순임금의 아내로 주었고, 그를 우(虞)에 봉하였
는데, 지금의 하동 태양산 서쪽의 우지(虞地)가 이곳이다."라 했다. 그렇
다면 순임금은 우지에 머물게 되어 우(虞)를 씨로 삼은 것이고, 요임금이
그를 우에 분봉하여 제후로 삼았는데, 천하의 왕노릇을 하게 되자 마침내

---

10) 전욱(顓頊)은 고양씨(高陽氏)라고도 부른다. '전욱'은 고대 오제(五帝) 중 하나이
다. 『산해경(山海經)』「해내경(海內經)」편에는 "黃帝妻雷祖, 生昌意, 昌意降
處若水, 生韓流. 韓流, …… 取淖子曰阿女, 生帝顓頊."이라는 기록이 있다. 즉
황제(黃帝)의 처인 뇌조(雷祖)가 창의(昌意)를 낳았는데, 창의가 약수(若水)에
강림하여 거처하다가, 한류(韓流)를 낳았다. 다시 한류는 아녀(阿女)를 부인으로
맞이하여 '전욱'을 낳았다. 또한 『회남자(淮南子)』「천문훈(天文訓)」편에는 "北
方, 水也, 其帝顓頊, 其佐玄冥, 執權而治冬."이라는 기록이 있다. 즉 북방(北
方)은 오행(五行)으로 배열하면 수(水)에 속하는데, 이곳의 상제(上帝)는 '전욱'이
고, 상제를 보좌하는 신(神)은 현명(玄冥)이다. 이들은 겨울을 다스린다. 또한
'전욱'과 관련하여 『수경주(水經注)』「호자하(瓠子河)」편에는 "河水舊東決, 逕
濮陽城東北, 故衛也, 帝顓頊之墟. 昔顓頊自窮桑徙此, 號曰商丘, 或謂之帝
丘."라는 기록이 있다. 즉 황하의 물길은 옛날에 동쪽으로 흘러서, 복양성(濮陽
城)의 동북쪽을 경유하였는데, 이곳은 옛 위(衛) 지역으로, '전욱'이 거처하던 터이
며, 예전에 '전욱'이 궁상(窮桑) 땅으로부터 이곳으로 옮겨왔기 때문에, 이곳을
상구(商丘) 또는 제구(帝丘)라고도 부른다.
11) 왕숙(王肅, A.D.195 ~ A.D.256) : =왕자옹(王子雍). 위진남북조(魏晉南北朝)
때의 위(魏)나라 경학자이다. 자(字)는 자옹(子雍)이다. 출신지는 동해(東海)이
다. 부친 왕랑(王朗)으로부터 금문학(今文學)을 공부했으나, 고문학(古文學)의
고증적인 해석을 따랐다. 『상서(尙書)』, 『시경(詩經)』, 『좌전(左傳)』, 『논어(論
語)』 및 삼례(三禮)에 대한 주석을 남겼다.
12) 황보밀(皇甫謐, A.D.215~A.D.282) : 위진(魏晉) 때의 학자이다. 성(姓)은 황보
(皇甫)이고, 이름은 밀(謐)인데, 초명은 정(靜)이다. 자(字)는 사안(士安)이고, 호
(鎬)는 현안(玄晏)이다. 『고사전(高士傳)』·『연력(年曆)』·『열녀전(列女傳)』·
『일사전(逸士傳)』·『제왕세기(帝王世紀)』·『현안춘추(玄晏春秋)』 등이 있다.

천자의 호칭이 되었다. 그렇기 때문에 잘 알려지지 않았을 때부터 현저히 알려졌을 때까지 항상 우씨(虞氏)라 지칭한 것이다. 순(舜)은 생전에 부르던 이름이니, 앞에서 이미 자세히 풀이했다. 전에서는 또 여러 사람들이 순임금을 요임금에게 알려주었다고 풀이했다면, 여러 사람들이 순임금이 있었다는 것을 모두 알았던 것이다. 다만 순임금은 백성들 사이에 있었고 아직 관직을 가지고 있지 않았는데, 뭇 신하들의 덕은 그에게 미치지 못함에도 그 지위는 그보다 상위에 있었으니, 비록 순임금이 실로 성현에 해당한다는 사실을 알고 있더라도 자신이 그만 못하다는 사실을 부끄럽게 여겨서 천거하지 않았던 것이다. 제요가 미천한 자들까지도 천거토록 하자 그들은 제요가 순임금이 있다는 사실을 알고 있으리라 생각하여 어쩔 수 없이 언급했던 것일 뿐이다. 이러한 사실을 알 수 있는 이유는 애초에는 천거하지 않았다가 이러한 상황에 이르자 비로소 말하게 되니, 이것은 자신이 그만 못하다는 것을 부끄럽게 여겼기 때문에 일찍 천거하지 않았음을 나타낸다. 순임금은 실로 성인에 해당하는데 현(賢)자까지도 연이어 말한 것은 대비해 말한다면 그 사안에는 우열의 차이가 있지만 범범하게 말한다면 또한 서로 통용된다. 순임금은 우임금에게 "오직 너만이 현명하다."[13]라 했는데, 이것은 성인의 덕을 일컬어 현(賢)이라 했음을 나타낸다. 전에서는 사(師)자를 뭇 신하들로 여겼으니, 조정의 많은 신하들이 되며, 혹은 하위관리들까지도 통괄한다. 왕숙은 "고대에는 중대한 일을 시행하고자 할 때 뭇 아전들에게 묻고 만인에게 물었다. 요임금은 제위를 선양하고자 하여 사악에게 물어 여러 신하들에게 물어보게 시켰다. 뭇

---

13) 『서』「우서(虞書)·대우모(大禹謨)」: 帝曰, 來禹, 降水儆予, 成允成功, 惟汝賢, 克勤于邦, 克儉于家, 不自滿假, 惟汝賢, 汝惟不矜, 天下莫與汝爭能, 汝惟不伐, 天下莫與汝爭功, 予懋乃德, 嘉乃丕績, 天之歷數在汝躬, 汝終陟元后, 人心惟危, 道心惟微, 惟精惟一, 允執厥中, 無稽之言勿聽, 弗詢之謀勿庸, 可愛非君, 可畏非民, 衆非元后何戴, 后非衆罔與守邦, 欽哉, 愼乃有位, 敬修其可願, 四海困窮, 天祿永終, 惟口出好興戎, 朕言不再.

신하들이 미천한 자를 천거하였으니, 뭇 신하들은 모두 순임금에 대해 말하기를 원했던 것이다. 요임금은 일 중에서도 큰 것은 선양보다 중대한 것이 없다고 여겨서 반드시 널리 물어야 했기에 아전들에게 물었던 것이니, 유독 관위에 있는 자에게만 물어보았던 것이 아니다."라 했다. 왕씨의 이 말은 실상에 맞는다고 할 수 있다. 정현은 사(師)를 제후들의 우두머리라고 여겼는데, 제요는 사악에게 물어 뭇 신하들에게 두루 물어보았으니, 어떻게 제후들의 우두머리만이 제요를 독대할 수 있겠는가?

참고 2-2 『예기』「증자문(曾子問)」 기록

孔疏 陸曰: 曾子, 孔子弟子曾參也. 以其所問多明於禮, 故著姓名以顯之.

육덕명[14]이 말하길, 증자는 공자의 제자인 증삼(曾參)이다. 그가 질문한 내용들은 대부분 예에 대해 해명한 것들이기 때문에, 그의 성명을 기록하여 편명으로 드러낸 것이다.

孔疏 按鄭目錄云, "名爲曾子問者, 以其所問多明於禮, 故著姓名以顯之. 曾子, 孔子弟子曾參. 此於別錄屬喪服."

정현의 『목록』을 살펴보면, "편명을 '증자문(曾子問)'으로 지은 이유는 그가 질문한 내용들이 대부분 예에 대해 해명한 것들이기 때문에, 그의 성명을 기록하여 편명으로 드러낸 것이다. 증자는 공자의 제자인 증삼이다. 「증자문」편은 『별록』에서는 '상복(喪服)' 항목에 속해 있다."라고 했다.

---

14) 육덕명(陸德明, A.D.550 ~ A.D.630), =육원랑(陸元朗). 당대(唐代)의 경학자이다. 자(字)는 덕명(德明)이다. 훈고학에 뛰어났으며, 『경전석문(經典釋文)』 등을 남겼다.

제3절
예빈(醴賓)의 절차

72下

> 擯者出請, 賓告事畢. 入告, 出請醴賓.

직역 擯者가 出하여 請하면 賓이 事畢을 告한다. 入하여 告하고 出하여 醴賓을 請한다.

의역 빈이 묘문 밖으로 나가 다른 일이 있는지 청해 물으면, 빈객은 사안이 모두 끝났다고 알린다. 빈이 안으로 들어가 그 사실을 아뢰고, 다시 밖으로 나와 빈객을 예우하고자 한다고 청해 묻는다.

鄭注 此醴亦當爲禮. 禮賓者, 欲厚之.

이곳의 '예(醴)'자 또한 마땅히 예(禮)자가 되어야 한다. 빈객을 예우하는 것은 후하게 대접하고자 해서이다.

賈疏 ●"擯者"至"醴賓". ◎注"此醴"至"厚之". ○釋曰: 此下至"送于門再拜", 主人禮賓之事. 云"此醴亦當爲禮"者, 亦士冠禮賓爲醴字, 彼已破從禮, 故云"亦". 此以醴酒禮賓, 不從醴者, 以大行人云上公 "再祼而酢", 侯伯"一祼而酢", 子男"一祼不酢", 及"以酒禮之", 用鬯禮 之, 皆不依酒醴爲名, 皆取相禮, 故知此醴亦爲禮敬之禮, 不取用醴 爲禮之義也. 秋官·司儀云"諸公相爲賓", 及將幣, "賓亦如之", 注云: "上於下曰禮, 敵者曰儐." 聘禮卿亦云"無擯", 注云: "無擯, 辟君." 是 大夫已上尊, 得有禮·擯兩名. 士以下卑, 唯稱禮也.

● 經文: "擯者"~"醴賓". ◎鄭注: "此醴"~"厚之". ○이곳 문장으로부터

아래로 "대문 밖에서 전송하며 재배를 한다."[1]라고 한 문장까지는 신부의 부친이 빈객을 예우하는 일에 해당한다. 정현이 "이곳의 예(醴)자 또한 마땅히 예(禮)자가 되어야 한다."라고 했는데, 또한 『의례』「사관례(士冠禮)」편에서 빈객을 예우한다고 했을 때에도 예(醴)자로 기록하였는데,[2] 그 기록에서 이미 글자를 파훼해 예(禮)자를 따랐기 때문에[3] '또한(亦)'이라고 말한 것이다. 이것은 단술[醴酒]로 빈객을 예우하는 것인데도 '예(醴)'자를 따르지 않은 것은 『주례』「대행인(大行人)」편에서 상공[4]에 대해 "두 차례 관(祼)[5]을 하고 술잔을 돌린다."라 했고, 후작과 백작에 대해서는 "한 차례 관을 하고 술잔을 돌린다."라 했으며, 자작과 남작에 대해서는 "한 차례 관을 하고 술잔을 돌리지 않는다."라 했으며,[6] "술로

---

1) 『의례』「사혼례」 : 賓降, 授人脯, 出, <u>主人送于門外, 再拜</u>.

2) 『의례』「사관례(士冠禮)」 : 請醴賓, 賓禮辭, 許. 賓就次.

3) 『의례』「사관례(士冠禮)」편의 "請醴賓, 賓禮辭, 許. 賓就次."라는 기록에 대한 정현의 주 : 此醴當作禮, 禮賓者, 謝其自勤勞也.

4) 상공(上公)은 주(周)나라 제도에 있었던 관직 등급이다. 본래 신하의 관직 등급은 8명(命)까지이다. 주나라 때에는 태사(太師), 태부(太傅), 태보(太保)와 같은 삼공(三公)들이 8명의 등급에 해당했다. 그런데 여기에 1명을 더하게 되면 9명이 되어, 특별직인 '상공'이 된다. 『주례』「춘관(春官)·전명(典命)」편에는 "<u>上公九命爲伯</u>, 其國家宮室車旗衣服禮儀, 皆以九爲節."이라는 기록이 있고, 이에 대한 정현의 주에서는 "上公, 謂王之三公有德者, 加命爲二伯. 二王之後亦爲上公."이라고 풀이하였다. 즉 '상공'은 삼공 중에서도 유덕(有德)한 자에게 1명을 더해주어, 제후들을 통솔하는 '두 명의 백(伯)[二伯]'으로 삼았다. 또한 제후의 다섯 등급을 나열할 경우, 공작(公爵)을 '상공'이라고 부르기도 한다.

5) 관(祼)은 본래 향기로운 술을 땅에 부어서 신을 강림시키는 의식인데, 조회를 온 제후 등을 대면하며 관(祼)을 시행하면, 술잔에 향기로운 술을 따라서 빈객을 공경한다는 뜻을 나타내기도 했다. 즉 본래는 제사의 절차였지만, 이러한 절차에 기인하여 빈객에게 따라준 술을 빈객이 마시는 것까지도 관(祼)이라고 불렀다.

6) 『주례』「추관(秋官)·대행인(大行人)」 : <u>上公</u>之禮, 執桓圭九寸, 繅藉九寸, 冕服九章, 建常九斿, 樊纓九就, 貳車九乘, 介九人, 禮九牢, 其朝位, 賓主之間九十步, 立當車軹, 擯者五人, 廟中將幣三享, <u>王禮再祼而酢</u>, 饗禮九獻, 食禮九擧, 出入五積, 三問三勞. <u>諸侯</u>之禮, 執信圭七寸, 繅藉七寸, 冕服七章, 建

예우한다."7)라 했는데, 이것들은 오제(五齊)8)를 사용하여 예우하는 것인데 모두 삼주(三酒)9)나 예제(醴齊)에 따라 명칭을 삼지 않고 모두들 서

常七斿, 樊纓七就, 貳車七乘, 介七人, 禮七牢, 朝位賓主之間七十步, 立當前疾, 擯者四人, 廟中將幣三享, 王禮壹祼而酢, 饗禮七獻, 食禮七擧, 出入四積, 再問再勞. 諸伯執躬圭, 其他皆如諸侯之禮. 諸子執穀璧五寸, 繅藉五寸, 冕服五章, 建常五斿, 樊纓五就, 貳車五乘, 介五人, 禮五牢, 朝位賓主之間五十步, 立當車衡, 擯者三人, 廟中將幣三享, 王禮壹祼不酢, 饗禮五獻, 食禮五擧, 出入三積, 壹問壹勞. 諸男執蒲璧, 其他皆如諸子之禮.

7) 『주례』「추관・대행인」: 凡大國之孤, 執皮帛以繼小國之君, 出入三積, 不問, 壹勞, 朝位當車前, 不交擯, 廟中無相, 以酒禮之. 其他皆視小國之君.

8) 오제(五齊)는 술의 맑고 탁한 정도에 따라서 다섯 가지 등급으로 분류한 술을 뜻한다. 또한 술을 범칭하는 용어로도 사용된다. 다섯 가지 술은 범제(泛齊), 례제(醴齊), 앙제(盎齊), 제제(緹齊), 침제(沈齊)를 가리킨다. 『주례』「천관(天官)・주정(酒正)」편에는 "辨五齊之名, 一曰泛齊, 二曰醴齊, 三曰盎齊, 四曰緹齊, 五曰沈齊."라는 기록이 있다. 각 술들에 대해 설명하자면, 위의 기록에 대한 정현의 주에서는 "泛者, 成而滓浮泛泛然, 如今宜成醪矣. 醴猶體也, 成而汁滓相將, 如今恬酒矣. 盎猶翁也, 成而翁翁然, 蔥白色, 如今酇白矣. 緹者, 成而紅赤, 如今下酒矣. 沈者, 成而滓沈, 如今造清矣. 自醴以上尤濁, 縮酌者. 盎以下差淸. 其象類則然, 古之法式未可盡聞. 杜子春讀齊皆爲粢. 又禮器曰, '緹酒之用, 玄酒之尙.' 玄謂齊者, 每有祭祀, 以度量節作之."라고 풀이했다. 즉 '범제'는 술이 익고 나서 앙금이 둥둥 떠 있는 것으로 정현 시대의 의성료(宜成醪)와 같은 술이고, '례주'는 술이 익고 나서 앙금을 한 차례 걸러낸 것으로 염주(恬酒)와 같은 것이며, '앙제'는 술이 익고 나서 새파란 빛깔을 보이는 것으로 찬백(酇白)과 같은 술이고, '제제'는 술이 익고 나서 붉은 빛깔을 보이는 것으로 하주(下酒)와 같은 술이며, '침제'는 술이 익고 나서 앙금이 모두 가라앉아 있는 것으로 조청(造淸)과 같은 술이다. '범주'는 가장 탁한 술이며, '례주'는 그 다음으로 탁한 술이고, '앙제'부터는 뒤로 갈수록 맑은 술에 해당한다.

9) 삼주(三酒)는 상황에 따라 사용되는 세 가지 술을 뜻한다. 세 가지 술은 사주(事酒), 석주(昔酒), 청주(淸酒)를 가리킨다. 『주례』「천관(天官)・주정(酒正)」편에는 "辨三酒之物, 一曰事酒, 二曰昔酒, 三曰淸酒."라는 기록이 있다. 각 술들에 설명은 주석마다 약간의 차이를 보인다. 위의 기록에 대해서 정현의 주에서는 "鄭司農云, '事酒, 有事而飮也, 昔酒, 無事而飮也, 淸酒, 祭祀之酒.' 玄謂事酒, 酌有事者之酒, 其酒則今之醳酒也. 昔酒, 今之酋久白酒, 所謂舊醳者也.

로 예우하는 것에 따랐다. 그렇기 때문에 이곳의 예(醴)자 또한 예우하고 공경한다고 했을 때의 예(禮)자가 됨을 알 수 있으니, 예(醴)를 사용하여 예(禮)로 한다는 뜻을 취하지 않은 것이다. 『주례』「추관(秋官)·사의 (司儀)」편에서는 "제공들이 서로 빈이 되었다."라 했고, 예물을 가지고 갈 때에 대해서 "빈 또한 이와 같이 한다."라 했으며,[10] 정현의 주에서는 "윗사람이 아랫사람에게 해주는 것을 예(禮)라 부르고, 신분이 대등한 경우에는 빈(儐)이라 부른다."라 했다. 『의례』「빙례(聘禮)」편에서는 경에 대해 또한 "빈(擯)이 없다."[11]라 했고, 주에서는 "빈이 없는 것은 군주의 예법을 피한 것이다."라 했다. 이것은 대부 이상의 계층은 신분이 존귀하므로 예(禮)와 빈(擯)이라는 두 명칭을 쓸 수 있지만, 사 이하의 계층은 신분이 미천하므로 오직 예(禮)라고만 칭한다는 사실을 나타낸다.

淸酒, 今中山冬釀接夏而成."이라고 풀이했다. 즉 정사농(鄭司農)의 주장에 따르면, '사주'는 어떤 사안이 있어서 마시게 되는 술을 뜻하고, '석주'는 특별한 일이 없을 때 마시는 술을 뜻하며, '청주'는 제사를 지낼 때 쓰는 술을 뜻한다. 한편 정현의 주장에 따르면, '사주'는 일을 맡아본 자에게 따라주는 술을 뜻하는데, 그 술은 정현 시대의 역주(醳酒)에 해당하고, '석주'는 오래 숙성시킨 술로 백주(白酒)와 같은 것이며, '청주'는 중산(中山) 지역에서 겨울에 술을 담가서 여름쯤 다 익은 술을 뜻한다. 그리고 위의 기록에 대해서 손이양(孫詒讓)의 『정의(正義)』에서는 "三酒之中, 事酒較濁, 亦隨時釀之, 旬釋卽孰. 昔酒較淸, 則冬釀春孰. 淸酒尤淸, 則冬釀夏孰."이라고 풀이했다. 즉 손이양의 주장에 따르면, '사주'는 비교적 탁한 술이며, 또한 수시로 빚은 술을 말하는데, 술독을 열어두어서 곧바로 숙성시키는 술을 뜻한다. '석주'는 비교적 맑은 술이며, 겨울에 빚어서 봄쯤에 다 익는 술을 뜻한다. '청주'는 더욱 맑은 술이며, 겨울에 빚어서 여름쯤에 익는 술을 뜻한다.

10) 『주례』「추관(秋官)·사의(司儀)」: 凡諸公相爲賓, …… 及將幣, 交擯, 三辭, 車逆, 拜辱, 賓車進, 答拜, 三揖三讓, 每門止一相, 及廟, 唯上相入. 賓三揖三讓, 登, 再拜, 授幣, 賓拜送幣. 每事如初, 賓亦如之. 及出, 車送, 三請三進, 再拜, 賓三還三辭, 告辟.

11) 『의례』「빙례(聘禮)」: 賓降, 出. 大夫降, 授老幣, 無擯.

경문 上公之禮, 執桓圭九寸, 繅藉九寸, 冕服九章, 建常九斿, 樊纓
九就, 貳車九乘, 介九人, 禮九牢, 其朝位, 賓主之間九十步, 立當車
軹, 擯者五人, 廟中將幣三享, 王禮再祼而酢, 饗禮九獻, 食禮九舉,
出入五積, 三問三勞. 諸侯之禮, 執信圭七寸, 繅藉七寸, 冕服七章,
建常七斿, 樊纓七就, 貳車七乘, 介七人, 禮七牢, 朝位賓主之間七十
步, 立當前疾, 擯者四人, 廟中將幣三享, 王禮壹祼而酢, 饗禮七獻,
食禮七舉, 出入四積, 再問再勞. 諸伯執躬圭, 其他皆如諸侯之禮.
諸子執穀璧五寸, 繅藉五寸, 冕服五章, 建常五斿, 樊纓五就, 貳車五
乘, 介五人, 禮五牢, 朝位賓主之間五十步, 立當車衡, 擯者三人, 廟
中將幣三享, 王禮壹祼不酢, 饗禮五獻, 食禮五舉, 出入三積, 壹問壹
勞. 諸男執蒲璧, 其他皆如諸子之禮.

상공(上公)의 예법에 있어서 환규[12]는 9촌으로 된 것을 잡고, 소자(繅
藉)는 9촌으로 된 것을 사용하며, 면복(冕服)에는 9개의 무늬[13]가 들어
가고, 깃발을 세우며 9개의 유(斿)를 달며, 반영(樊纓)은 9취(就)로 하고,
이거(貳車)는 9대이며, 개(介)[14]는 9명이고, 성대한 예식에서는 9뇌(牢)

---

12) 환규(桓圭)는 조회 때 천자 및 각 신하들이 잡게 되는 육서(六瑞) 중의 하나이다.
공작이 잡던 규(圭)이다. 한 쌍의 기둥을 '환(桓)'이라고 부르는데, 이 무늬를 '규'
에 새겼기 때문에, '환규'라고 부른다. '규'의 길이는 9촌(寸)으로 만들었다.

13) 구장(九章)은 의복에 수 놓았던 9가지의 문양을 말한다. 『주례』「춘관(春官) · 사
복(司服)」편에는 "享先王則袞冕"이란 기록이 있는데, 이에 대한 정현의 주에서
는 "冕服九章, 登龍於山, 登火於宗彝, 尊其神明也. 九章, 初一曰龍, 次二曰
山, 次三曰華蟲, 次四曰火, 次五曰宗彝, 皆畫以爲繢, 次六曰藻, 次七曰粉米,
次八曰黼, 次九曰黻, 皆希以爲繡, 則袞之衣五章, 裳四章, 凡九也."이라고 풀
이했다. 즉 '구장'은 용(龍), 산(山), 화충(華蟲), 화(火), 종이(宗彝)라는 상의에
수 놓는 5가지 문양과 조(藻), 분미(粉米), 보(黼), 불(黻)이라는 하의에 수 놓는
4가지 문양이다.

14) 개(介)는 부관을 뜻한다. 빈객(賓客)이 방문했을 때 주인(主人)과 빈객 사이에서

를 사용하며, 조위(朝位)에 있어서 빈객과 주인의 거리는 90보이고, 서 있게 되는 위치는 수레의 굴대가 있는 지점에 해당하며, 늘어서는 빈(擯) 은 5명이고, 묘(廟) 안에서는 폐물을 가지고 세 차례 향(享)을 하며, 천자 는 예우를 하며 두 차례 관(祼)을 하고 술잔을 돌리고, 향례(饗禮)에서는 9번 헌(獻)을 하며, 사례(食禮)에서는 9번 밥을 뜨고, 찾아오고 떠날 때 에는 5개의 적(積)을 마련하여 보내며, 3번의 문(問)과 3번의 노(勞)를 한다. 후작의 예법에 있어서는 신규[15]는 7촌으로 된 것을 잡고, 소자는 7촌으로 된 것을 사용하며, 면복에는 7개의 무늬가 들어가고, 깃발을 세 우며 7개의 유를 달며, 반영은 7취로 하고, 이거는 7대이며, 개는 7명이 고, 성대한 예식에서는 7뇌를 사용하며, 조위에 있어서 빈객과 주인의 거리는 70보이고, 서 있게 되는 위치는 수레 끌채의 앞부분에 해당하며, 늘어서는 빈은 4명이고, 묘 안에서는 폐물을 가지고 세 차례 향을 하며, 천자는 예우를 하며 한 차례 관을 하고 술잔을 돌리고, 향례에서는 7번 헌을 하며, 사례에서는 7번 밥을 뜨고, 찾아오고 떠날 때에는 4개의 적을 마련하여 보내며, 2번의 문과 2번의 노를 한다. 백작의 예법에 있어서는 궁규[16]를 잡고, 나머지 절차는 모두 후작의 예법처럼 한다. 자작은 5촌으

진행되는 절차들을 보좌했던 자들이다. 계급에 따라서 '개'를 두는 숫자에도 차이 가 났다. 가령 상공(上公)은 7명의 '개'를 두었고, 후작이나 백작은 5명을 두었으 며, 자작과 남작은 3명의 개를 두었다. 『예기』「빙의(聘義)」편에는 "上公七介, 侯伯五介, 子男三介."라는 기록이 있다.

15) 신규(信圭)는 신규(身圭)이다. '신(信)'자와 '신(身)'자의 소리가 비슷하기 때문에 잘못 전이된 것이다. '신규'는 후작이 들게 되는 규(圭)이다. 사람의 형상을 새겨 넣었기 때문에 '신규'라고 부르는 것이며, 그 무늬는 궁규(躬圭)에 비해 세밀하다. 신중하게 행동하여 자신의 몸을 잘 보호하고자 이러한 형상을 새겨 넣은 것이다. 그리고 '신규'의 길이는 7촌(寸)이 된다. 『주례』「춘관(春官)·대종백(大宗伯)」편 에는 "侯執信圭. 伯執躬圭."라는 기록이 있고, 이에 대한 정현의 주에서는 "信當 爲身, 聲之誤也. 身圭·躬圭, 蓋皆象以人形爲瑑飾, 文有麤縟耳. 欲其愼行 以保身. 圭皆長七寸."이라고 풀이했다.

16) 궁규(躬圭)는 백작이 들게 되는 규(圭)이다. 사람의 형상을 새겨 넣었기 때문에

로 된 곡벽17)을 잡고 소자는 5촌으로 된 것을 사용하며, 면복에는 5개의 무늬가 들어가고, 깃발을 세우며 5개의 유를 달며, 반영은 5취로 하고, 이거는 5대이며, 개는 5명이고, 성대한 예식에서는 5뇌를 사용하며, 조위에 있어서 빈객과 주인의 거리는 50보이고, 서 있게 되는 위치는 수레의 가로대에 해당하며, 늘어서는 빈은 3명이고, 묘 안에서는 폐물을 가지고 세 차례 향을 하며, 천자는 예우를 하며 한 차례 관을 하지만 술잔을 돌리지 않고, 향례에서는 5번 헌을 하며, 사례에서는 5번 밥을 뜨고, 찾아오고 떠날 때에는 3개의 적을 마련하여 보내며, 1번의 문과 1번의 노를 한다. 남작은 포벽18)을 잡고, 나머지 절차는 모두 자작의 예법처럼 한다.

鄭注 繅藉, 以五采韋衣板, 若奠玉, 則以藉之. 冕服, 著冕所服之衣也. 九章者, 自山龍以下. 七章者, 自華蟲以下. 五章者, 自宗彝以下也. 常, 旌旂也. 斿, 其屬縿垂者也. 樊纓, 馬飾也, 以罽飾之, 每一處五采備爲一就. 就, 成也. 貳, 副也. 介, 輔己行禮者也. 禮, 大禮饗餼也. 三牲備爲一牢. 朝位, 謂大門外賓下車及王車出迎所立處也. 王始立大門內, 交擯三辭乃乘車而迎之, 齊僕爲之節. 上公立當軹, 侯

'궁규'라고 부르는 것이며, 그 무늬는 신규(信圭)에 비해 거칠다. 신중하게 행동하여 자신의 몸을 잘 보호하고자 이러한 형상을 새겨 넣은 것이다. 그리고 '궁규'의 길이는 7촌(寸)이 된다. 『주례』「춘관(春官)·대종백(大宗伯)」편에는 "侯執信圭. 伯執躬圭."라는 기록이 있고, 이에 대한 정현의 주에서는 "信當爲身, 聲之誤也. 身圭·躬圭, 蓋象象以人形爲瑑飾, 文有麤縟耳. 欲其愼行以保身. 圭皆長七寸."이라고 풀이했다.

17) 곡벽(穀璧)은 조회 때 천자 및 각 신하들이 잡게 되는 육서(六瑞) 중의 하나이다. 자작이 잡던 벽(璧)이다. 곡식을 무늬로 새겨 넣었기 때문에 '곡(穀)'자를 붙여서 '곡벽'이라고 부르는 것이다. '벽'의 지름은 5촌(寸)이었다.

18) 포벽(蒲璧)은 조회 때 천자 및 각 신하들이 잡게 되는 육서(六瑞) 중의 하나이다. 남작이 잡던 벽(璧)이다. '포(蒲)'는 자리를 짜는 왕골을 뜻하는데, 왕골이 만개하여 꽃을 피운 모습을 무늬로 새겨 넣었기 때문에 '포벽'이라고 부르는 것이다. '벽'의 지름은 5촌(寸)이었다.

伯立當疾, 子男立當衡, 王立當軫與. 廟, 受命祖之廟也. 饗, 設盛禮
以飲賓也. 問, 問不恙也. 勞, 謂苦倦之也. 皆有禮, 以幣致之. 故書
"祼"作"果". 鄭司農云: "車軹, 軹也. 三亨, 三獻也. 祼讀爲灌. 再灌,
再飲公也. 而酢, 報飲王也. 舉, 舉樂也. 出入五積, 謂饋之芻米也.
前疾, 謂駟馬車轅前胡下垂柱地者." 玄謂三亨皆束帛加璧, 庭實惟
國所有. 朝士儀曰: "奉國地所出重物而獻之, 明臣職也." 朝先亨, 不
言朝者, 朝正禮, 不嫌有等也. 王禮, 王以鬱鬯禮賓也. 鬱人職曰: "凡
祭祀賓客之祼事, 和鬱鬯以實彝而陳之." 禮者使宗伯攝酌圭瓚而祼,
王旣拜送爵, 又攝酌璋瓚而祼, 后又拜送爵, 是謂再祼. 再祼賓乃酢
王也. 禮侯伯一祼而酢者, 祼賓, 賓酢王而已, 后不祼也. 禮子男一
祼不酢者, 祼賓而已, 不酢王也. 不酢之禮, 聘禮禮賓是與. 九舉, 舉
牲體九飯也. 出入, 謂從來訖去也. 每積有牢禮米禾芻薪, 凡數不同
者, 皆降殺.

'소자(繅藉)'는 다섯 가지 채색을 한 가죽으로 나무판에 옷을 입힌 것이
니, 만약 옥을 바치게 된다면 이것으로 옥을 받친다. '면복(冕服)'은 면류
관을 쓰고 그에 해당하는 의복을 입는 것이다. '구장(九章)'은 산과 용의
무늬로부터 그 이하의 무늬를 뜻한다. '칠장(七章)'은 화충(華蟲)으로부
터 그 이하의 무늬를 뜻한다. '오장(五章)'은 종이(宗彝)로부터 그 이하
의 무늬를 뜻한다. '상(常)'은 깃발을 뜻한다. '유(斿)'는 깃발에 매달아
휘날리도록 하는 것이다. '반영(樊纓)'은 말에 하는 장식이니, 모직물로
장식을 하며, 한 지점마다 다섯 가지 채색을 갖추게 되면 1취(就)가 된다.
'취(就)'자는 완성한다는 뜻이다. '이(貳)'자는 돕는다는 뜻이다. '개(介)'
는 자신을 도와 의례를 진행하는 자이다. '예(禮)'는 성대한 예식인 옹
희19)를 뜻한다. 3가지 희생물이 갖춰지면 1뇌(牢)로 삼는다. '조위(朝

----

19) 옹희(饔餼)는 빈객(賓客)과 상견례(相見禮)를 하고 나서 성대하게 음식을 마련해
접대하는 것을 뜻한다. 『주례』「추관(秋官)·사의(司儀)」편에는 "致飧如致積之

位)'는 대문 밖에서 빈객이 수레에서 내리고 천자가 수레를 타고 나와서 맞이할 때 서게 되는 위치를 뜻한다. 천자는 최초 대문 안쪽에 서 있게 되고, 빈(擯)과 개(介)가 서로 세 차례 사양을 하게 되면 수레를 타고 나가 빈객을 맞이하며, 제복(齊僕)이라는 관리가 그에 대한 절도를 정하게 된다. 상공(上公)이 서 있는 위치는 수레의 굴대가 있는 지점이며, 후작과 백작이 서 있는 위치는 수레 끌채의 앞부분에 해당하고, 자작과 남작이 서 있는 위치는 수레의 가로대에 해당하니, 천자가 서 있는 위치는 수레의 뒤턱에 해당할 것이다. '묘(廟)'는 명령을 받게 되는 조상의 묘(廟)를 뜻한다. '향(饗)'은 성대한 예식과 기물을 설치하여 빈객에게 술을 대접하는 것이다. '문(問)'은 수고롭지 않았는지를 묻는 것이다. '노(勞)'는 고충에 대해 위로한다는 뜻이다. 모두 관련 예법을 시행하여 예물을 바치게 된다. 그렇기 때문에 '관(祼)'자를 관(果)자로 기록한 것이다. 정사농은 "거지(車輢)는 수레의 굴대를 뜻한다. 삼향(三享)은 3번 헌(獻)을 한다는 뜻이다. 관(祼)자는 관(灌)자로 풀이한다. 재관(再灌)은 공에게 두 차례 술을 마시게 하는 것이다. 이초(而酢)는 보답하는 의미에서 천자에게 술을 마시게 하는 것이다. 거(擧)는 음악을 연주한다는 뜻이다. 출입오적(出入五積)은 말에게 먹이는 꼴과 사람이 먹는 양식을 보낸다는 뜻이다. 전질(前疾)은 네 마리의 말이 끄는 수레에 있어서 끌채 앞에 밑으로 늘어트려 지면과 닿게 되는 부위를 뜻한다."라고 했다. 내가 생각하기에 삼향(三享)에는 모두 속백(束帛)에 벽(璧)을 추가해서 올리며 마당에 채워 넣는 것은 그 나라에서 소유하고 있는 것으로 한다. 「조사의」에서는 "봉지에서 산출된 중대한 사물을 받들어 바쳐서 신하의 직분을 드러낸다."라고 했다. 조(朝)는 향(享)보다 먼저 하게 되는데, 조(朝)를 언급하지 않은 것은 조(朝)는 정규 예법에 해당하여 등급에 따른

禮."라는 기록이 있는데, 이에 대한 정현의 주에서는 "小禮曰飧, 大禮曰饗餼."라고 풀이하였다. 즉 '옹희'와 '손'은 모두 빈객 등을 접대하는 예법들인데, '옹희'는 성대한 예법에 해당하여, '손'보다도 융숭하게 대접하는 것이다.

차등이 있다는 것에 대해 혐의를 두지 않기 때문이다. '왕례(王禮)'는 천자가 울창주를 따라서 빈객을 예우하는 것이다. 『주례』「울인(鬱人)」편의 직무기록에서는 "제사를 지내거나 빈객을 대접함에 있어서 관(祼)의 절차를 치르게 되면 울금초를 창주에 섞어 맛을 낸 뒤 이것을 술동이에 채우고 진설한다."[20]라고 했다. 예법에 따르면 종백을 시켜 규찬(圭瓚)으로 술을 따라 관(祼)하는 절차를 대신하도록 하는데, 천자가 절을 하여 술잔을 건네게 되면, 또한 장찬(璋瓚)으로 술을 따라 관(祼)하는 절차를 대신하고, 왕후가 재차 절을 하여 술잔을 건네게 되는데, 이것을 '재관(再祼)'이라고 부른다. 빈객에게 재관을 하게 되면 천자에게 술잔을 돌린다. 예법에 따르면 후작과 백작은 한 차례 관(祼)을 하고서 술잔을 돌리게 되는데, 빈객에게 관(祼)을 하고 빈객이 천자에게 술잔을 돌리고서 그치며 왕후는 관(祼)을 하지 않는다. 예법에 따르면 자작과 남작은 한 차례 관(祼)만 하고 술잔을 돌리지 않으니, 빈객에게 관(祼)만 할 따름이며, 천자에게 술잔을 돌리지 않는다. 술잔을 돌리지 않는 예법이란 『의례』「빙례(聘禮)」편에서 빈객을 예우한다는 것을 뜻할 것이다. '구거(九舉)'는 희생물의 고기를 들며 아홉 차례 밥을 뜬다는 뜻이다. '출입(出入)'은 찾아와서 만나보는 절차를 끝내고 떠난다는 뜻이다. 적(積)마다 뇌례(牢禮)와 쌀알 및 꼴이 포함되는데, 그 수치가 다른 것은 모두 등급에 따라 낮췄기 때문이다.

賈疏 ●"上公"至"之禮". ○釋曰: 此一經總列五等諸侯來朝天子, 天子以禮迎待之法. 云"上公之禮"至"三問三勞", 徧論上公之禮. 但上公之禮一句, 總與下爲目. "執桓圭九寸, 繅藉九寸", 此主行朝禮, 於朝所執, 其服則皮弁. 若行三享, 則執璧瑞. 自"冕服九章"已下至"將幣三享", 見行三享已前之事. 自"王禮"已下至"三勞", 見王禮上公之

---

20) 『주례』「춘관(春官)·울인(鬱人)」: 凡祭祀·賓客之祼事, 和鬱鬯, 以實彝而陳之.

禮. 云"執桓圭九寸"者, 以桓楹爲飾. "繅藉九寸"者, 所以藉玉. "冕服九章"者, 袞龍已下, 衣五章, 裳四章. "建常九斿"者, 但對文, 日月爲常, 交龍爲斿, 而云"常"者, 常, 總稱, 故號斿爲常也. "樊纓九就"者, 樊, 馬腹帶. 纓, 馬鞅, 以五采罽飾之而九成. "貳車九乘"者, 按覲禮記云"偏駕不入王門", 鄭云: "在傍與己同曰偏, 同姓金路, 異姓象路, 四衛革路, 蕃國本路." 此等不入王門, 舍於館, 乘墨車龍斿以朝. 彼據覲禮. 覲禮天子不下堂而見諸侯, 故諸侯不得中偏駕. 今此春夏受贄在朝, 無迎法, 亦應偏駕不來. 今行朝後, 行三亨在廟, 天子親迎, 並中上服, 明乘金路之等. 若不中上車, 何得有樊纓九就之等, 以此知皆乘所得之車也. 但貳車所飾無文, 未知諸侯貳車得與上車同否. 但數依命, 九乘・七乘・五乘. "介九人"者, 陳於大門外, 賓北面時, 介皆西北陳之也. "禮九牢"者, 此謂饗餼大禮, 朝亨後乃陳於館, 以數有九, 故進之與介同在上. "其朝位, 賓主之間九十步"者, 上公去門九十步, 王未迎之時, 在大門內與賓相去之數也. "立當車軹"者, 軹, 謂轂末. 車轅北向, 在西邊, 亦去大門九十步. 公於車東, 東西相望, 當轂末. "擯者五人"者, 大宗伯爲上擯, 小行人爲承擯, 嗇夫爲末擯, 其餘二人是士. "廟中將幣三亨"者, 此謂行朝禮在朝訖, 乃行三亨在廟, 乃有此迎賓之法也. "王禮"者, 此與下爲目, 則自此已下皆王禮耳. "再祼而酢"者, 大宗伯代王祼賓, 君不酌之臣故也. 次宗伯又代后祼賓. 祼訖, 賓以玉爵酢王. 是再祼而酢也. "饗禮九獻"者, 謂後日王速賓, 賓來就廟中行饗. 饗者, 亨大牢以飲賓, 設几而不倚, 爵盈而不飲. 饗以訓恭儉. 九獻者, 王酌獻賓, 賓酢主人, 主人酬賓, 酬後更八獻, 是爲九獻. "食禮九舉"者, 亦亨大牢以食賓, 無酒, 行食禮之時, 九舉牲體而食畢. "出入五積"者, 謂在路供賓, 來去皆五積, 視飧牽, 但牽牲布之於道. "三問"者, 按司儀, 諸公相爲賓, 云: "主國五積三問, 皆三辭, 拜受, 皆旅擯." 注云: "問闊則問, 行道則勞, 其禮皆使卿大夫致之." 若然, 天子於諸侯之禮, 亦當使卿大夫問之, 亦有禮以致之, 所行三處, 亦當與三勞同處也. "三勞"者, 按小行人, 逆勞於畿. 按覲禮云: "至于郊, 王使人皮弁用璧勞." 注云: "郊謂近郊." 其遠郊勞無文, 但近郊與畿, 大小行人勞, 則遠郊勞, 亦使大行人也. 按書傳略說云: "天子太子年十八, 授孟侯. 孟侯者, 四方諸侯來朝, 迎於郊." 或可遠郊勞, 使世子爲之, 是以孝經注亦云"世子郊迎". 郊迎, 卽郊勞也. 彼雖據夏法, 周亦然. 諸侯之禮者, 餘文云"諸侯"者兼五等, 而此諸侯, 惟據單侯也. 其禮皆降上公二等. 又自擯者已下, 亦皆降殺.

● 經文: "上公"~"之禮". ○ 이곳 경문은 다섯 등급의 제후들이 찾아와 천자를 조회하고, 천자가 예법에 따라 그들을 맞이하고 대접하는 법도를 총괄적으로 나타내고 있다. '상공지례(上公之禮)'라고 한 말로부터 '삼문삼로(三問三勞)'라는 말까지는 상공(上公)의 예법에 대해 두루 논의한 것이다. 다만 '상공지례(上公之禮)'라는 한 구문은 아래문장까지도 포함해서 총괄적인 항목이 된다. "환규(桓圭)는 9촌으로 된 것을 잡고, 소자(繅藉)는 9촌으로 된 것을 사용한다."라고 했는데, 이것은 조례(朝禮)를 시행하는 것에 주안점을 둔 것이니, 조례를 시행할 때 잡는 것이고, 그때의 복장은 피변복(皮弁服)이 된다. 세 차례의 향(享)을 하게 되면 둥근 옥으로 된 부절을 잡는다. '면복구장(冕服九章)'이라는 말로부터 그 이하로 '장폐삼향(將幣三享)'이라는 말까지는 세 차례의 향(享)을 하기 이전의 사안에 대해 나타내고 있다. '왕례(王禮)'라는 말로부터 그 이하로 '삼로(三勞)'라는 말까지는 천자가 상공을 예우하는 예법을 나타내고 있다. "환규는 9촌으로 된 것을 잡는다."라고 했는데, 환영(桓楹)을 장식으로 삼는다. "소자는 9촌으로 된 것을 사용한다."라고 했는데, 옥을 받치기 위한 것이다. "면복(冕服)에는 9개의 무늬가 들어간다."라고 했는데, 곤룡(袞龍) 이하로, 상의에는 5개의 무늬가 들어가고 하의에는 4개의 무늬가 들어간다. "깃발을 세우며 9개의 유(斿)를 단다."라고 했는데, 이것은 단지 문구를 대비한 것이니, 해와 달을 그린 깃발은 상(常)이 되고, 두 마리의 용이 교차하도록 그린 깃발은 기(旂)가 된다. 그런데도 '상(常)'이

라고 말한 것은 상(常)은 총괄하는 명칭이기 때문에 기(旂)를 상(常)이라고 부른 것이다. "반영(樊纓)은 9취(就)로 한다."라고 했는데, '반(樊)'은 말의 복대를 뜻한다. '영(纓)'은 말의 가슴걸이를 뜻하는데, 다섯 가지 채색의 모직물로 장식하여 9성(成)을 한다. "이거(貳車)는 9대이다."라고 했는데, 『의례』「근례(覲禮)」편의 기문을 살펴보면 "편가(偏駕)[21]는 천자의 궁성 문으로 들어가지 못한다."[22]라고 했고, 정현은 "측면에 해당하지만 본체와 동일한 경우를 편(偏)이라고 부르니, 동성의 제후는 금로(金路)를 타고, 이성의 제후는 상로(象路)를 타며, 사위(四衛)는 혁로(革路)를 타고, 번국(蕃國)은 목로(木路)를 탄다."라고 했다. 이러한 수레들은 천자의 궁성 문으로 들어가지 못하니, 객사에 남겨두고 묵거(墨車)를 타고 용기(龍旂)를 세우고서 조회를 한다. 「근례」편의 기록은 근례(覲禮)에 기준을 둔 것이다. 근례에서 천자는 당하로 내려가지 않고서 제후를 만나본다. 그렇기 때문에 제후도 편가를 이용할 수 없는 것이다. 그런데 이곳에서 말하는 의례는 봄과 여름에 조정에서 예물을 받는 것이며, 맞이하는 예법이 없으므로 이러한 경우에도 편가를 타고 올 수 없다. 그런데 조회를 마친 이후 묘(廟)에서 세 차례 향(享)을 하게 되면 천자가 직접 맞이하게 되므로 상등의 복장을 착용할 수 있게 되니, 이것은 금로 등을 탈 수 있음을 나타낸다. 만약 상등의 수레를 사용할 수 없다면 어떻게 반영 등을 9취로 한다는 등의 규정에 따를 수 있겠는가? 이러한 사실을 통해서 그들이 본래 소유하고 있는 수레를 탈 수 있음을 알 수 있다. 다만 이거에 대해 어떻게 장식했는지는 기록이 남아있지 않아서, 제후의 이거가 상등의 수레와 동일한 장식을 했는지 아닌지는 알 수 없다. 다만 그 수는 명(命)의 등급에 따르게 되어 9대, 7대, 5대가 된다. "개(介)는 9명이다."라고 했는데, 대문 밖에 도열을 하니, 빈객이 북쪽을 바라볼 때,

---

21) 편가(偏駕)는 제후가 타는 수레를 뜻하는 용어이다.

22) 『의례』「근례(覲禮)」 : 偏駕不入王門.

개는 모두 서북쪽으로 도열하게 된다. "성대한 예식에서는 9뇌(牢)를 사용한다."라고 했는데, 이것은 옹희(饔餼) 등의 성대한 예식을 뜻하니, 조례에서 향(享)을 한 이후에는 숙소에 진설을 하는데, 그 수에 있어서 9개가 동원된다. 그렇기 때문에 그 내용을 앞당겨서 개(介)에 대한 내용과 동일하게 앞부분에 기록한 것이다. "조위(朝位)에 있어서 빈객과 주인의 거리는 90보이다."라고 했는데, 상공은 대문과 90보 떨어진 곳에 위치하니, 천자가 아직 맞이하지 않았을 때, 대문 안쪽에서 빈객과 서로 거리를 벌리는 수치에 해당한다. "서 있게 되는 위치는 수레의 굴대가 있는 지점에 해당한다."라고 했는데, '지(軹)'는 수레바퀴의 중심부 끝부분을 뜻한다. 수레의 끌채는 북쪽을 향해 있으며 서쪽 측면에 있게 되는데, 이 또한 대문과 90보 떨어진 곳에 있게 된다. 상공은 수레의 동쪽에 위치하여 동서 방향으로 서로 바라보게 되니, 굴대의 끝부분에 해당한다. "늘어서는 빈(擯)은 5명이다."라고 했는데, 대종백(大宗伯)은 상빈[23]이 되고 소행인(小行人)은 승빈[24]이 되며, 색부(嗇夫)는 말단 빈(擯)이 되며, 나머지 2명은 사가 담당하게 된다. "묘(廟) 안에서는 폐물을 가지고 세 차례 향(享)을 한다."라고 했는데, 이것은 조정에서 조례(朝禮) 시행하는 일이 끝나면 곧 묘(廟)에서 세 차례 향(享)을 시행하게 되는데, 이러한 절차에는 여기에서 말한 것과 같은 빈객을 맞이하는 예법이 포함되어 있었다는 뜻이다. '왕례(王禮)'라고 했는데, 이것은 이 문장과 아래문장에 대한 항목이 되니, 이곳 구문으로부터 그 이하의 내용은 모두 천자에게 적용되는 예법일 따름이다. "두 차례 관(祼)을 하고 술잔을 돌린다."라고 했는데,

---

23) 상빈(上擯)은 빈(擯)들 중에서도 가장 직위가 높았던 자를 뜻한다. 빈객(賓客)이 방문했을 때, 주인(主人)의 부관이 되어, 빈객과의 사이에서 시행해야 할 일들을 도왔던 부관들을 '빈'이라고 부른다.

24) 승빈(承擯)은 상빈(上擯)의 부관 역할을 하는 자로써, 상빈을 돕는 빈(擯)을 뜻한다. '승(承)'자는 '승(丞)'자와 통용되므로, 승빈(丞擯)이라고도 부른다. 또한 부관 역할을 한다는 뜻에서, 좌빈(佐儐)이라고도 부른다.

대종백이 천자를 대신해서 빈객에게 관(祼)을 하니, 군주는 신하에게 술을 따라주지 않기 때문이다. 그 다음에 종백은 재차 왕후를 대신해서 빈객에게 관(祼)을 한다. 관(祼)하는 것이 끝나면 빈객은 옥작[25]을 이용해서 천자에게 술을 권한다. 이것이 바로 두 차례 관(祼)을 하고 술잔을 돌린다는 뜻이다. "향례(饗禮)에서는 9번 헌(獻)을 한다."라고 했는데, 후일에 천자는 빈객을 초대하고 빈객이 찾아오면 묘(廟) 안에서 향례를 시행한다. '향(饗)'이라는 것은 태뢰[26]를 삶아서 빈객에게 술을 대접하니, 안석을 설치하지만 기대지 않고 잔을 채우지만 마시지는 않는다. 향례에서는 이러한 행사를 통해 공손함과 검소함을 가르치기 때문이다. '구헌(九獻)'이라고 했는데, 천자가 술을 따라 빈객에게 바치고, 빈객이 주인에게 술을 권하며, 주인이 빈객에게 여수[27]를 하고, 여수를 한 이후에 재차 8번 술을 따라 바치니, 이것을 구헌(九獻)이라고 한다. "사례(食禮)에서는 9번 밥을 뜬다."라고 했는데, 이것 또한 태뢰를 삶아서 빈객에게 음식을 대접하는 것이며 술은 포함되지 않는데, 사례를 시행할 때 아홉 차례 희생물의 고기를 들어 밥을 먹고서 끝낸다. "찾아오고 떠날 때에는 5개의 적(積)을 마련하여 보낸다."라고 했는데, 도로에 있을 때 빈객에게 공급하는 것으로, 찾아올 때와 떠날 때 모두 5개의 적(積)을 마련하니, 익힌 음식과 희생물의 수에 견주어서 하게 된다. 다만 끌고 가는 희생물은 도로에 묶어둔다. '삼문(三問)'이라는 것은 『주례』「사의(司儀)」편을

---

25) 옥작(玉爵)은 옥(玉)을 가공하여 만든 술잔이다. 『예기』「곡례상(曲禮上)」편에는 "飮玉爵者弗揮."라는 기록이 있는데, 이에 대한 공영달(孔穎達)의 소(疏)에서는 "玉爵, 玉杯也."라고 풀이했다.

26) 태뢰(太牢)는 제사에서 소[牛], 양(羊), 돼지[豕] 3가지 희생물을 갖춘 것을 뜻한다. 『장자』「지악(至樂)」편에는 "具太牢以爲膳."이라는 기록이 있는데, 이에 대한 성현영(成玄英)의 소(疏)에서는 "太牢, 牛羊豕也."라고 풀이하였다.

27) 여수(旅酬)는 본래 제사가 끝난 후에, 제사에 참가했던 친족 및 빈객(賓客)들이 술잔을 들어 술을 마시고, 서로 공경의 예(禮)를 표하며, 잔을 권하는 의례(儀禮)이다. 연회에서도 서로에게 술을 권하는 절차를 '여수'라고 부른다.

살펴보면 제공(諸公)이 상호 빈객이 되었을 때, "방문을 받은 나라에서는 5개의 적(積)을 마련하고 3번의 문(問)을 하는데 모두 3번의 사양을 하고 절을 하며 받고 모두 빈(擯)을 도열시킨다."[28]라고 했고, 정현의 주에서는 "오랜 기간 보지 못해서 묻는 것은 문(問)이고 여정 중에 힘든 것을 묻는 것은 노(勞)인데, 그 예법에서는 모두 경과 대부를 시켜 치르도록 한다."라고 했다. 만약 그렇다면 천자가 제후를 대하는 예법에서도 경과 대부를 시켜서 문(問)을 해야 하는 것이며, 예법을 갖춰서 치르도록 하니, 문(問)을 시행하는 세 지점은 또한 3번의 노(勞)를 하는 지점과 동일하게 해야 한다. '삼로(三勞)'라는 것은 『주례』「소행인(小行人)」편을 살펴보면 기(畿)에서 맞이하며 노고를 위로한다고 했다.[29] 『의례』「근례(覲禮)」편을 살펴보면 "교(郊)에 당도하면, 천자는 사신을 보내 피변복을 입고 벽(璧)을 가지고 가서 노고를 위로토록 한다."[30]라고 했고, 정현의 주에서는 "교(郊)자는 근교(近郊)를 뜻한다."라고 했다. 원교(遠郊)에서 노고를 위로한다는 일에 대해서는 관련 기록이 없는데, 근교와 기에서 대행인과 소행인이 노고를 위로한다고 했다면, 원교에서 노고를 위로하는 일 또한 대행인(大行人)을 시켰을 것이다. 『사전약설』을 살펴보면 "천자의 태자는 나이가 18세가 되면 맹후(孟侯)라는 직함을 받는다. '맹후(孟侯)'라는 것은 사방의 제후들이 찾아와서 조회를 할 때 교(郊)에서 맞이하는 자이다."라고 했다. 따라서 원교에서 노고를 위로할 때에는 세자를 시켜서 했을 수도 있으니, 이러한 이유로 『효경』의 주에서도 "세자가 교(郊)에서 맞이한다."라고 했던 것이다. '교영(郊迎)'이라는 것은 교(郊)에서 노고를 위로하는 것을 뜻한다. 『효경』의 주가 비록 하나라 때의

---

28) 『주례』「추관(秋官)·사의(司儀)」: <u>主國五積, 三問, 皆三辭拜受, 皆旅擯</u>. 再勞, 三辭, 三揖, 登, 拜受, 拜送.

29) 『주례』「추관(秋官)·소행인(小行人)」: 凡諸侯入王, 則逆勞于畿.

30) 『의례』「근례(覲禮)」: 覲禮. <u>至于郊, 王使人皮弁用璧勞</u>. 侯氏亦皮弁, 迎于帷門之外, 再拜.

예법에 기준을 둔 것이지만, 주나라 때에도 이처럼 했다. '제후지례(諸侯之禮)'라고 했는데, 다른 기록에서 '제후(諸侯)'라고 한 말은 다섯 등급의 제후들을 모두 포함하는 용어이지만, 이곳에서 말한 '제후(諸侯)'는 단지 후작만을 가리키는 것이다. 그 예법은 모두 상공에 비해 2등급씩 낮추게 된다. 또 빈(擯)에 대한 내용으로부터 그 이하의 것들 또한 모두 등급별로 낮추게 된다.

賈疏 ◎注"繅藉"至"降殺". ○ 釋曰: 云"繅藉, 以五采韋衣板"者, 按聘禮記云: "公侯伯三采, 朱·白·倉. 子男二采, 朱·綠." 典瑞天子乃五采, 此諸侯禮而言五采者, 此注合三采二采而言五, 非謂得有五采也. 云"若奠玉, 則以藉之"者, 按覲禮"侯氏入門右, 奠圭, 再拜稽首", 此時奠玉則以藉之. 若然, 未奠之時, 於廟門外, 上介授時, 已有繅藉矣. 云"冕服, 著冕所服之衣也"者, 凡服皆以冠冕表衣, 故言衣先言冕. 鄭恐冕服是服此冕, 故云著冕所服之衣也. 云"九章者, 自山龍以下. 七章者, 自華蟲以下. 五章者, 自宗彝以下", 已具於司服. 云"常, 旌旗也"者, 鄭欲見常與旌旗皆總稱, 非曰月爲常者. 云"旆, 其屬幓垂者也"者, 爾雅云"繼帛縿, 練旒九", 正幅爲縿, 謂旌旗之幅也, 其下屬旒, 故云屬幓垂者也. 云"樊纓, 馬飾也, 以罽飾之, 每一處五采備爲一就. 就, 成也"者, 此云五采備, 卽巾車注五采罽, 一也. 此等諸侯皆用五采罽, 與繅藉異, 似繅藉之上絢組, 亦同五采也. 云"三牲備爲一牢"者, 聘禮致饔餼云"牛一·羊一·豕一爲一牢", 故知也. 云"朝位, 謂大門外賓下車及王車出迎所立處也"者, 約聘禮, 在大門外, 去門有立位·陳介之所. 云"王始立大門內"者, 亦約聘禮. 聘禮雖後亦不出迎, 要陳擯介時, 主君在大門內. 云"交擯三辭乃乘車而迎之"者, 王與諸侯行禮, 與諸侯待諸侯同. 按司儀云: "諸公相爲賓, 及將幣, 交擯三辭, 車迎拜辱." 玄謂"旣三辭, 主君則乘車, 出大門而迎賓", 是也. 必知天子待諸侯敵禮者, 按下文, 大國之孤, 繼小國之君, 不交擯, 其他皆視小國之君, 則諸侯於天子交擯. 交擯是敵禮也. 是以齊僕云: "朝覲宗遇饗食, 皆乘金路, 其法儀, 各以其等爲車送逆之節", 亦是敵禮, 故鄭此卽取之爲證也. 言"王立當軫與"者, 羑約小向後爲尊, 故疑云"與"也. 云"廟, 受命祖之廟也"者, 此約覲禮. 覲在文王廟, 故覲禮云"前朝皆受舍于朝", 注云: "受舍, 受次於文王廟門之外." 聘禮受朝聘於先君之祧, 故知王受覲在受命祖廟, 在文王廟, 不在武王廟可知, 是於受命祖廟也. 云"饗, 設盛禮以飮賓也"者, 云"盛禮"者, 以其饗有食有酒, 兼燕與食, 故云盛禮也. "問, 問不羔也"者, 羔, 憂也, 問賓得無憂也. 云"皆有禮, 以幣致之"者, 按聘禮勞以幣, 覲禮使人以璧, 璧則兼幣, 是有幣致之也. 先鄭云"擧, 擧樂也"者, 按襄二十六年左氏傳云: "將刑, 爲之不擧, 不擧, 則徹樂." 後鄭易之以爲"擧牲體"者, 但此經食禮九擧, 與饗禮九獻相連, 故以食禮九擧爲擧牲體. 其實擧中可以兼樂, 以其彼傳亦因擧食而言也. 先鄭云"前疾, 謂騑馬車轅前胡下垂柱地"者, 謂若輈人"輈深四尺七寸, 軌前曲中", 是也. "玄謂三享皆束帛加璧庭實惟國所有"者, 聘禮與覲禮, 行享皆有庭實, 鄭又引朝士儀, 爲證貢國所有也. 云"朝先享, 不言朝者, 朝正禮, 不嫌有等也"者, 按覲禮, 行朝訖, 乃行享. 此經"冕服九章"以下唯言享, 不見朝禮, 故鄭言之. 云"朝正禮, 不嫌有等"者, 朝屬路門外, 正君臣尊卑之禮, 不嫌有九十・七十・五十步之羑等相迎之法, 故云不嫌有等也. 旣有[31]等, 故不言之也. 宗伯攝祼, 王與后皆同拜送爵者, 恭敬之事不可使人代也. 云"不酢之禮, 聘禮禮賓是與"者, 聘禮禮賓用醴. 子男雖一祼不酢, 與聘禮禮賓同. 子男用鬱鬯, 不用醴, 則別. 約同之, 故云"與"以疑之也. 云"九擧, 擧牲體九飯也"者, 見特牲饋食禮, 尸食擧, 尸三飯, 佐食擧肝, 尸又三飯, 擧骼及獸・魚, 公

---

31) 유(有)자에 대하여. '유'자는 본래 '무(無)'자로 기록되어 있었는데, 문맥에 따라 글자를 수정하였다.

食不云擧, 文不具也. 王日一擧, 亦謂擧牲體, 故知生人食有擧法, 故 爲"九擧, 擧牲體", 不爲擧樂也. 云"出入, 從來訖去也"者, 謂從來時 有積, 訖去亦有積, 不謂從來訖去共五積. 若然, 來去皆五積也. 知 積皆有芻・薪・米・禾者, 掌客積視飧牽, 飧有米禾芻薪, 明在道致 積者可知. 云"凡數不同者皆降殺"者, 五等諸侯爲三等者, 以依命數 爲差故也.

◎ 鄭注: "繅藉"~"降殺". ○정현이 "'소자(繅藉)'는 다섯 가지 채색을 한 가죽으로 나무판에 옷을 입힌 것이다."라고 했는데, 『의례』「빙례(聘禮)」 편의 기문을 살펴보면 "공작・후작・백작은 세 가지 채색을 사용하니 주 색・백색・푸른색이다. 자작과 남작은 두 가지 채색을 사용하니 주색과 녹색이다."[32]라고 했다. 『주례』「전서(典瑞)」편에서 천자의 경우 다섯 가지 채색을 사용한다고 했는데, 이곳에서는 제후의 예법을 언급하며 다 섯 가지 채색이라고 했다. 이곳 주석은 세 가지 채색을 쓰는 경우와 두 가지 채색을 쓰는 경우를 합쳐서 다섯 가지라고 말한 것이니, 다섯 가지 채색을 모두 쓸 수 있다는 뜻이 아니다. 정현이 "만약 옥을 바치게 된다면 이것으로 옥을 받친다."라고 했는데, 『의례』「근례(覲禮)」편을 살펴보면 "제후가 문으로 들어가 오른쪽으로 가서 자리에 앉아 규(圭)를 내려놓고 재배를 하며 머리를 조아린다."[33]라고 했다. 이러한 시기에 옥을 내려놓 게 된다면 이것을 이용해서 옥을 받치게 된다. 만약 그렇다면 아직 옥을 내려놓지 않았을 때, 묘문의 밖에서 상개(上介)가 건네는 시기에 이미 소자가 포함되어 있는 것이다. 정현이 "'면복(冕服)'은 면류관을 쓰고 그 에 해당하는 의복을 입는 것이다."라고 했는데, 모든 복장에서는 면류관 을 써서 해당하는 의복을 드러내게 된다. 그렇기 때문에 의복에 앞서 면

---

32) 『의례』「빙례(聘禮)」: 所以朝天子, 圭與繅皆九寸, 剡上寸半, 厚半寸, 博三 寸. 繅三采六等, 朱白倉. 問諸侯, 朱綠繅八寸. 皆玄纁繫, 長尺, 絢組. 問大 夫之幣侯于郊, 爲肆, 又齎皮馬.

33) 『의례』「근례(覲禮)」: 侯氏入門右, 坐奠圭, 再拜稽首.

류관에 대해 언급한 것이다. 정현은 아마도 이곳에 나온 '면복(冕服)'이라는 말을 단순히 면류관을 착용한다는 뜻으로 오해할 것을 염려했기 때문에, "면류관을 쓰고 그에 해당하는 의복을 입는 것이다."라고 말한 것이다. 정현이 "'구장(九章)'은 산과 용의 무늬로부터 그 이하의 무늬를 뜻한다. '칠장(七章)'은 화충(華蟲)으로부터 그 이하의 무늬를 뜻한다. '오장(五章)'은 종이(宗彝)로부터 그 이하의 무늬를 뜻한다."라고 했는데, 이것에 대한 설명은 이미 『주례』「사복(司服)」편에서 했다. 정현이 "'상(常)'은 깃발을 뜻한다."라고 했는데, 정현은 상(常)이라는 말이 상(常)이라는 깃발과 다른 깃발들을 모두 총칭하는 용어이며, 해와 달이 새겨진 상(常)이라는 깃발을 가리키는 것이 아님을 드러내고자 한 것이다. 정현이 "'유(斿)'는 깃발에 매달아 휘날리도록 하는 것이다."라고 했는데, 『이아』에서는 "분홍색의 비단으로 삼(縿)을 만들고, 진홍색의 누인 천으로 유(斿) 9개를 만든다."[34]라고 했는데, 정폭을 삼(縿)이라고 하니, 깃발의 폭을 의미하며, 그 밑에 유(斿)를 단다. 그렇기 때문에 삼(縿)에 달아서 늘어트리는 것이라고 했다. 정현이 "'반영(樊纓)'은 말에 하는 장식이니, 모직물로 장식을 하며, 한 지점마다 다섯 가지 채색을 갖추게 되면 1취(就)가 된다. '취(就)'자는 완성한다는 뜻이다."라고 했는데, 여기에서는 다섯 가지 채색이 갖춰진다고 했으니, 『주례』「건거(巾車)」편의 주에서 '오채계(五采罽)'라고 한 것과 동일하다. 이러한 것들에 대해서 제후는 모두 다섯 가지 채색이 들어간 모직물을 사용하니, 소자의 경우와 차이를 보이는데, 소자에 다는 끈이 또한 동일하게 다섯 가지 채색을 사용하는 것과 유사하다. 정현이 "3가지 희생물이 갖춰지면 1뇌(牢)로 삼는다."라고 했는데, 「빙례」편에서는 옹희(饔餼)를 하며, "소 1마리, 양 1마리, 돼지 1마리를 1뇌(牢)로 삼는다."라고 했기 때문에 이러한 사실을 알 수

---

34) 『이아』「석천(釋天)」 : 素錦綢杠, 纁帛縿, 素陞龍于縿, 練斿九, 飾以組, 維以縷.

있다. 정현이 "'조위(朝位)'는 대문 밖에서 빈객이 수레에서 내리고 천자가 수레를 타고 나와서 맞이할 때 서게 되는 위치를 뜻한다."라고 했는데, 이것은 「빙례」편의 기록을 요약한 것으로, 대문 밖에 있을 때 대문과 거리를 벌리며 서게 되는 위치와 개(介)가 도열하는 장소를 의미한다. 정현이 "천자는 최초 대문 안쪽에 서 있는다."라고 했는데, 이 또한 「빙례」편의 내용을 요약한 것이다. 「빙례」편에서는 비록 그 이후의 기록에서 밖으로 나가서 맞이하지 않는다고 했지만, 요점은 빈(擯)과 개(介)가 도열할 때, 빙문을 받는 군주는 대문 안쪽에 있다는 것이다. 정현이 "빈(擯)과 개(介)가 서로 세 차례 사양을 하게 되면 수레를 타고 나가 빈객을 맞이한다."라고 했는데, 천자와 제후가 의례를 시행하는 것은 제후가 제후를 대접하는 경우와 동일하다. 『주례』「사의(司儀)」편을 살펴보면 "제공(諸公)이 서로 빈객이 되어, 폐물을 가지고 갈 때가 되면 빈(擯)과 개(介)가 서로 세 차례 사양하고, 수레를 이용해 맞이하며 수고롭게 찾아온 것에 대해 절을 한다."[35]라고 했고, 정현은 "세 차례 사양을 하게 되면 방문을 받은 나라의 군주는 수레에 타고 대문 밖으로 나가서 빈객을 맞이한다."라고 했다. 천자가 제후를 대접하며 신분이 대등할 때의 예법에 따른다는 사실을 분명히 알 수 있는 것은 아래문장을 살펴보면 대국에 속한 고(孤)는 소국의 군주 뒤에 서며 교빈(交擯)을 하지 않는데, 나머지 것들은 모두 소국의 군주가 시행하는 것에 견주어 한다고 했다.[36] 따라서 제후는 천자에 대해서 교빈(交擯)을 하는 것이다. '교빈(交擯)'은 신분이 서로

---

35) 『주례』「추관(秋官)·사의(司儀)」: 及將幣, 交擯, 三辭, 車逆, 拜辱, 賓車進, 答拜, 三揖三讓, 每門止一相, 及廟, 唯上相入. 賓三揖三讓, 登, 再拜, 授幣, 賓拜送幣. 每事如初, 賓亦如之. 及出, 車送, 三請三進, 再拜, 賓三還三辭, 告辟.

36) 『주례』「추관(秋官)·대행인(大行人)」: 凡大國之孤, 執皮帛以繼小國之君, 出入三積, 不問, 壹勞, 朝位當車前, 不交擯, 廟中無相, 以酒禮之. 其他皆視小國之君.

대등할 때 따르는 예법이다. 이러한 까닭으로 『주례』「제복(齊僕)」편에서는 "조(朝)·근(覲)·종(宗)·우(遇)·향(饗)·사(食)를 할 때에는 모두 금로(金路)에 타며, 법도와 의례는 각각 그들의 등급에 따라서 수레로 전송하고 맞이하는 절도로 삼는다."[37]라고 했으니, 이 또한 신분이 대등할 때의 예법에 해당한다. 그렇기 때문에 정현은 이곳에서 그 내용을 가져다가 증거로 삼은 것이다. 정현이 "천자가 서 있는 위치는 수레의 뒤턱에 해당할 것이다."라고 했는데, 등차에 따라 요약해보면 조금 뒤에 위치하는 것이 존귀한 자의 것이 된다. 그렇기 때문에 추측한다는 뜻에서 '여(興)'자를 붙인 것이다. 정현이 "'묘(廟)'는 명령을 받게 되는 조상의 묘(廟)를 뜻한다."라고 했는데, 이것은 「근례」편의 내용을 요약한 것이다. 근례는 문왕의 묘에서 시행된다. 그렇기 때문에 「근례」편에서는 "조근을 하기에 앞서 모두들 조(朝)에서 임시로 머물 장소를 지정받는다."[38]라고 했고, 정현의 주에서는 "수사(受舍)는 문왕의 묘문 밖에 임시로 머물 장소를 지정받는 것이다."라고 했다. 또 「빙례」편에서는 선군의 조(祧)[39]

---

37) 『주례』「하관(夏官)·제복(齊僕)」: 朝·覲·宗·遇·饗·食皆乘金路, 其法儀各以其等, 爲車送逆之節.
38) 『의례』「근례(覲禮)」: 諸侯前朝, 皆受舍于朝. 同姓西面北上, 異姓東面北上.
39) 조묘(祧廟)는 천묘(遷廟)와 같은 뜻이다. '천묘'는 대수(代數)가 다한 신주(神主)를 모시는 묘(廟)를 뜻한다. 예를 들어 天子의 경우, 7개의 묘(廟)를 설치하는데, 가운데의 묘에는 시조(始祖) 혹은 태조(太祖)의 신주(神主)를 모시며, 이곳의 신주는 다른 곳으로 옮기지 않는 불천위(不遷位)에 해당한다. 그리고 좌우에는 각각 3개의 묘(廟)를 설치하여, 소목(昭穆)의 순서에 따라 6대(代)의 신주를 모신다. 현재의 천자가 죽게 되어, 그의 신주를 묘에 모실 때에는 소목의 순서에 따라 가장 끝 부분에 있는 묘로 신주가 들어가게 된다. 만약 소(昭) 계열의 가장 끝 묘에 새로운 신주가 들어서게 되면, 밀려나게 된 신주는 바로 위의 소 계열 묘로 들어가게 되고, 최종적으로 밀려나서 더 이상 갈 곳이 없는 신주는 '천묘'로 들어가게 된다. 또한 '천묘'는 위에서 서술한 것처럼 신구(新舊)의 신주가 옮겨지게 되는 의식 자체를 지칭하기도 하며, '천묘'된 신주 자체를 가리키기도 한다. 주(周)나라 때에는 문왕(文王)과 무왕(武王)의 묘를 '천묘'로 사용하였다.

에서 조빙(朝聘)을 받는다고 했다. 그렇기 때문에 천자가 근례를 받는 것은 명령을 받게 되는 조상의 묘(廟)라는 사실을 알 수 있고, 아울러 이것은 구체적으로 문왕의 묘이고 무왕의 묘가 아니라는 사실도 알 수 있으니, 이것이 바로 명령을 받게 되는 조상의 묘에서 시행한다는 사실을 나타낸다. 정현이 "'향(饗)'은 성대한 예식과 기물을 설치하여 빈객에게 술을 대접하는 것이다."라고 했는데, '성례(盛禮)'라고 하는 이유는 향례(饗禮)에는 밥과 술이 포함되니, 연례(燕禮)와 사례(食禮)를 아우르는 것이다. 그렇기 때문에 성대한 예식이라고 했다. 정현이 "'문(問)'은 수고롭지 않았는지를 묻는 것이다."라고 했는데, '양(恙)'자는 괴롭다는 뜻이니, 빈객이 괴로웠는지 아닌지를 묻는 것이다. 정현이 "모두 관련 예법을 시행하여 예물을 바치게 된다."라고 했는데, 「빙례」편을 살펴보면 폐물을 가지고 노고를 위로하고, 「근례」편에서는 사신이 벽(璧)을 가지고 가는데, 벽(璧)이라고 했다면 폐물도 함께 가져가는 것이다. 이것은 곧 폐물을 가져가서 상대에게 전한다는 사실을 나타낸다. 정사농은 "거(擧)는 음악을 연주한다는 뜻이다."라고 했는데, 양공 26년에 대한 『좌전』의 기록을 살펴보면 "형벌을 시행하려고 할 때에는 형벌 받는 자를 위해 성찬을 들지 않고, 성찬을 들지 않는다면 음악을 연주하지 않는다."[40]라고 했다. 그런데 정현은 이 문장을 바꿔서 "희생물의 고기를 먹는다."라고 했다. 그 이유는 이곳 경문에서 사례에서 아홉 차례 거(擧)를 한다는 기록은 향례에서 아홉 차례 헌(獻)을 한다는 기록과 연이어 있다. 그렇기 때문에 사례에서 아홉 차례 거(擧)를 한다는 것을 희생물의 고기를 먹는다는 뜻으로 여긴 것이다. 실제로 거(擧)라는 말은 음악을 연주하는 일까지도 포함할 수 있으니, 『좌전』의 기록 또한 음식을 먹는 것에 연유해서 음악에 대한 일까지도 언급했기 때문이다. 정사농은 "전질(前疾)은 네 마리의 말이 끄는 수레에 있어서 끌채 앞에 밑으로 늘어트려 지면과 닿게

---

40) 『춘추좌씨전』「양공(襄公) 26년」 : 將刑, 爲之不擧, 不擧則徹樂, 此以知其畏刑也.

되는 부위를 뜻한다."라고 했는데, 『주례』「주인(輈人)」편에서 "끌채의 깊이는 4척 7촌으로, 식(軾)의 앞으로 굽은 부위 중앙을 뜻한다."라고 했다. 정현이 "내가 생각하기에 삼향(三享)에는 모두 속백(束帛)에 벽(璧)을 추가해서 올리며 마당에 채워 넣는 것은 그 나라에서 소유하고 있는 것으로 한다."라고 했는데, 「빙례」편과 「근례」편에서는 향(享)을 시행하며 모두 마당에 물건들을 늘어놓게 되는데, 정현은 또한 「조사의」의 기록을 인용하여, 공납품이 그 나라에서 소유했던 것임을 증명하였다. 정현이 "조(朝)는 향(享)보다 먼저 하게 되는데, '조(朝)'를 언급하지 않은 것은 조(朝)는 정규 예법에 해당하여 등급에 따른 차등이 있다는 것에 대해 혐의를 두지 않기 때문이다."라고 했는데, 「근례」편을 살펴보면, 조(朝)를 시행하고 그 일이 끝나면 향(享)을 시행한다. 이곳 경문에서는 '면복구장(冕服九章)'이라는 구문 뒤에 오직 향(享)에 대해서만 언급했고, 조례(朝禮)에 대한 항목은 나타나지 않는다. 그렇기 때문에 정현이 이 사실을 지적한 것이다. 정현이 "조(朝)는 정규 예법에 해당하여 등급에 따른 차등이 있다는 것에 대해 혐의를 두지 않기 때문이다."라고 했는데, 조정은 노문(路門)41) 밖에 위치하고, 조례는 군주와 신하에 대해 존비의 층위를 바르게 하는 예법이니, 90보 · 70보 · 50보 등의 차등을 두어 서로 맞이한다는 예법이 있음을 의심하지 않는다. 그렇기 때문에 "차등이 있다는 것에 대해 혐의를 두지 않기 때문이다."라고 했다. 즉 그 자체에 이미 등급이 정해지기 때문에 언급하지 않은 것이다. 종백이 대신 관(祼)을 하지만, 천자와 왕후는 모두 동일하게 절을 하며 잔을 전하게 되는데,

---

41) 노문(路門)은 고대 궁실(宮室) 건축물 중에서도 가장 안쪽에 있었던 정문이다. 여러 문들 중에서 노침(路寢)에 가장 가까운 위치에 있었기 때문에, '노문'이라는 명칭이 붙게 되었다. 『주례』「동관고공기(冬官考工記) · 장인(匠人)」편에는 "路門不容乘車之五个."라는 기록이 있는데, 이에 대한 정현의 주에서는 "路門者, 大寢之門."라고 풀이하였고, 가공언(賈公彦)의 소(疏)에서는 "路門以近路寢, 故特小爲之."라고 풀이하였다.

이것은 공손함을 표하는 일이니, 다른 사람을 대신 시킬 수 없다. 정현이 "술잔을 돌리지 않는 예법이란 「빙례」편에서 빈객을 예우한다는 것을 뜻할 것이다."라고 했는데, 「빙례」편에서 빈객을 예우할 때에는 예(醴)를 한다. 자작과 남작은 비록 한 차례 관(祼)을 하지만 초(酢)를 하지 않으니, 「빙례」편에서 빈객을 예우하는 경우와 동일하다. 자작과 남작은 울창주를 사용하고 예(醴)를 사용하지 않는다는 점이 구별된다. 그러나 대략적으로 동일하기 때문에 '여(與)'자를 붙여서 확정하지 않은 것이다. 정현이 "'구거(九擧)'는 희생물의 고기를 들며 아홉 차례 밥을 뜬다는 뜻이다."라고 했는데, 『의례』「특생궤식례(特牲饋食禮)」편에 나오는 것으로, 시동이 밥을 먹고 음식을 뜰 때, 시동이 세 차례 밥을 뜨면 좌식(佐食)은 희생물의 간을 들어 권하고, 시동이 재차 세 차례 밥을 뜨면 희생물이 넓적다리 고기 및 다른 육고기와 물고기 등을 들어 권하게 되며, 군주가 밥을 먹을 때에는 '거(擧)'라는 말을 하지 않았는데, 이것은 문장을 생략해서 기록했기 때문이다. 천자는 날마다 한 차례 거(擧)를 하는데, 이 또한 희생물의 고기를 먹는다는 뜻이다. 그렇기 때문에 살아있는 사람들이 밥을 먹을 때에는 거(擧)를 하는 법도가 있었음을 알 수 있다. 그렇기 때문에 "구거(九擧)는 희생물의 고기를 드는 것이다."라고 말하고, 음악을 연주한다는 뜻으로 여기지 않은 것이다. 정현이 "'출입(出入)'은 찾아와서 만나보는 절차를 끝내고 떠난다는 뜻이다."라고 했는데, 찾아왔을 때에도 적(積)을 마련하고, 그 일이 끝나 떠날 때에도 적(積)을 마련한다는 뜻이니, 찾아와서 일을 끝낸 뒤 떠날 때에만 5개의 적(積)을 공급한다는 의미가 아니다. 만약 그렇다면 찾아왔을 때와 떠날 때에는 모두 5개의 적(積)을 마련해서 주는 것이다. 적(積)이라는 것에 모두 꼴이나 땔감 및 곡식 등이 포함된다는 사실을 알 수 있는 이유는 『주례』「장객(掌客)」편에서 적(積)은 손견(飧牽)에 견준다고 했는데, 손(飧)에는 곡식과 꼴 및 땔감이 포함되니, 이것은 여정 중에 있을 때 적(積)을 보내게 된다는 사실을 나타낸다. 정현이 "그 수치가 다른 것은 모두 등급에 따라 낮췄기 때문이다."라고 했는데, 다섯 등급의 제후를 세 부류로 구분하니, 명(命)의 등급에 따라 차등으로 삼았기 때문이다.

『주례』「추관(秋官)·대행인(大行人)」 기록

경문 凡大國之孤, 執皮帛以繼小國之君, 出入三積, 不問, 壹勞, 朝位當車前, 不交擯, 廟中無相, 以酒禮之. 其他皆視小國之君.

무릇 대국에 속한 고(孤)는 가죽과 비단을 잡고 소국의 군주의 뒤에 이어서 하며, 찾아오고 떠날 때에는 3개의 적(積)을 마련하여 보내며, 문(問)을 하지 않고, 1번의 노(勞)를 하며, 조위(朝位)는 수레 앞에 해당하고, 교빈(交擯)을 하지 않으며, 묘 안에서는 상(相)이 없고, 술로 예우한다. 기타 나머지는 모두 소국의 군주에 견주어서 한다.

鄭注 此以君命來聘者也. 孤尊, 旣聘享, 更自以其贄見, 執束帛而已, 豹表之爲飾. 繼小國之君, 言次之也. 朝聘之禮, 每一國畢, 乃前. 不交擯者, 不使介傳辭交于王之擯, 親自對擯者也. 廟中無相, 介皆入門西上而立, 不前相禮者, 聘之介是與. 以酒禮之, 酒謂齊酒也, 和之不用鬱鬯耳. 其他, 謂貳車及介·牢禮·賓主之間·擯者·將幣·祼酢·饗食之數.

이것은 군주의 명으로 찾아와 빙문하는 경우를 뜻한다. 고(孤)는 존귀하니, 이미 빙(聘)과 향(享)을 하고서 재차 직접 예물을 가지고 찾아와 만나보는데, 이때에는 속백을 들게 될 따름이며, 표범의 가죽으로 겉을 싸서 장식하게 된다. '계소국지군(繼小國之君)'이라는 것은 그 다음에 한다는 뜻이다. 조빙(朝聘)의 의례에서는 매번 한 나라의 사람들이 모두 끝나야만 나아가게 된다. 교빈(交擯)을 하지 않는다는 것은 개(介)를 시켜서 말을 전달하며 천자의 빈(擯)과 교차로 하지 않고, 직접 빈에게 대답하는 것이다. 묘 안에서는 상(相)이 없다는 것은 개가 모두 문으로 들어가 서쪽 끝에서부터 차례대로 서며 앞서 나아가 해당 의례절차를 돕지 않으니, 빙(聘)에서의 개가 이에 해당할 것이다. 술로 예우한다고 했는데, '주(酒)'는 제주(齊酒)를 뜻하며, 섞어 맛을 가미할 때 울창을 사용하지 않을 따름이다. '기타(其他)'는 이거(貳車) 및 개(介), 뇌례(牢禮), 빈객과 주인의 간격, 빈자(擯者), 장폐(將幣), 관초(祼酢), 향사(饗食)의 수치들을 뜻한다.

賈疏 ●"凡大"至"之君". ○釋曰: 按典命, 上公之國, 立孤一人, 侯伯已下則無, 故云"大國之孤"也. 趙商問: "大行人職曰'凡大國之孤執皮帛', 所尊衆多, 下云'其他視小國之君', 以五爲節. 今此亦五. 下云'諸侯之卿各下其君二等以下', 注云: '公使卿亦七, 侯伯亦五, 子男三.' 不審大國孤五而卿七何?" 答曰: "卿奉君命, 七介. 孤尊, 更自特見, 故五介. 此有聘禮可參之, 未之思邪? 反怪此更張擯介. 又繼小國之君, 非私覿也." 然則諸侯之大夫, 以時接見天子, 服緦衰於天子, 或可有私覿, 結其恩好, 但無文耳. 趙商又問: "大行人職曰: '孤出入三積.' 此卽與小國同, 宜應視小國之君, 何須特云三積, 與例似錯?" 答曰: "三積者, 卿亦然, 非獨孤也. 故不在視小國之中. 與例似錯, 何所據也?" 然則一勞者, 亦是卿亦然, 故須見之. 若然, 牢禮卿亦五, 視小國君五牢同, 其餘則異. 按聘禮, 腥牢無鮮腊, 醯醢百甕, 米百筥, 禾四十車, 薪芻倍禾. 按掌客, 饔餼五牢, 米八十筥, 醯醢八十甕, 米二十車, 禾三十車, 薪芻倍禾. 有此別, 故在視小國之君中. 然則孤聘天子, 旣以聘使受禮, 又自得禮, 如是, 孤法再重受禮矣.

● 經文: "凡大"~"之君". ○『주례』「전명(典命)」편을 살펴보면, 상공의 나라에는 고(孤) 1명을 세우고,[42] 후작·백작으로부터 그 이하의 계층에

---

42) 『주례』「춘관(春官)·전명(典命)」: 公之孤四命, 以皮帛視小國之君, 其卿三

는 나타나지 않는다. 그렇기 때문에 '대국의 고(孤)'라고 말한 것이다. 조상[43]이 질문하길, "「대행인」편의 직무기록에서 '무릇 대국의 고는 가죽과 비단을 잡는다.'라 했는데, 존귀하게 높이는 대상은 그 수가 많습니다. 그런데 아래 문장에서 '기타 나머지는 모두 소국의 군주에 견주어서 한다.'라고 했고, 소국의 군주는 5개로 절도를 맞춥니다. 지금 이곳에서도 5개로 한다고 했습니다. 그런데 뒤에서는 '제후들에게 소속되어 있는 경들에 대해서는 그 예법을 각각 자신의 군주보다 2등급씩 낮춘다.'[44]라 하였고, 주에서는 '상공이 경을 사신으로 보낼 때에는 또한 7명의 개(介)이고, 후작과 백작은 5명의 개이며, 자작과 남작은 3명의 개이다.'라고 하였는데, 대국의 고가 5로 맞춘다는 것을 살피지 않고 경을 7이라고 한 것은 어째서입니까?"라고 했다. 답하길 "경이 군주의 명을 받들고 있을 때 7명의 개를 둔다. 고는 신분이 존귀한데 재차 스스로 홀로 만나보는 것이기 때문에 5명의 개를 둔다. 이것과 관련해서는 『의례』「빙례(聘禮)」편에 참고할 만한 기록이 있는데, 아직 생각해보지 않았는가? 도리어 여기에서 다시금 빈과 개를 늘어놓는 것을 괴이하게 여기고 있다. 또 소국의 군주의 뒤에 이어서 한다는 것은 사적(私覿)의 경우가 아니다."라 했다. 그렇다면 제후에게 속한 대부가 때때로 천자를 만나뵙는 것은 천자에 대해 세최[45]를 착용하는 경우에는[46] 간혹 사적(私覿)을 하여 그 은혜와 우호를 맺을 수 있기도 하겠지만 관련 경문 기록이 없을 따름이다.

命, 其大夫再命, 其士一命, 其宮室·車旗·衣服·禮儀, 各視其命之數.

43) 조상(趙商, ? ~ ?) : 정현(鄭玄)의 제자이다. 자(字)는 자성(子聲)이다. 하내(河內) 지역 출신이다.

44) 『주례』「추관(秋官)·대행인(大行人)」: 凡諸侯之卿, 其禮各下其君二等以下, 及其大夫士皆如之.

45) 세최(繐衰)는 5개월 동안 소공복(小功服)의 상을 치를 때 착용하는 상복을 뜻한다. 가늘고 성근 마(麻)의 포를 사용해서 만들기 때문에, '세최'라고 부른다.

46) 『의례』「상복(喪服)」: 諸侯之大夫爲天子. 傳曰, 何以繐衰也? 諸侯之大夫以時接見乎天子.

조상이 또 질문하길, "「대행인」편의 직무기록에서는 '고에게 찾아오고 떠날 때에는 3개의 적(積)을 마련하여 보낸다.'라 했는데, 이것은 곧 소국의 경우와 동일하니, 마땅히 소국의 군주에 견주어서 해야 하는 것인데 어찌 특별히 삼적(三積)이라고 말하여 용례들과 어긋나는 것처럼 할 필요가 있습니까?"라고 했다. 답하길 "삼적(三積)이라는 것은 경 또한 그러하니, 고만이 그러한 것은 아니다. 그렇기 때문에 소국의 것에 견준다고 한 것에 포함되지 않는다. 용례들과 어긋나는 것 같다고 한 것은 무엇을 근거로 한 말인가?"라 했다. 그렇다면 1번 노(勞)를 한다는 것 또한 경도 그러한 것이다. 그렇기 때문에 드러낼 필요가 있다. 만약 그렇다면 뇌례(牢禮)에 있어서 경 또한 5뢰가 되어 소국의 군주가 5뢰로 하는 것에 견주어 보면 동일한데, 나머지 것들에 있어서는 차이가 난다. 「빙례」편을 살펴보면, 생고기 1뢰만 나오고 신선한 어포는 없으며,[47] 식초와 젓갈을 담은 100개의 옹(甕), 미(米)를 담은 100개의 거(筥), 신(薪)과 추(芻)를 실은 수레는 화(禾)를 실은 수레의 배로 한다.[48] 『주례』「장객(掌客)」편을 살펴보면, 옹희(饔餼)에는 5뢰를 사용하고, 미(米)를 담은 80개의 거(筥), 식초와 젓갈을 담은 80개의 옹(甕), 미(米)를 실은 20대의 수레, 화(禾)를 실은 30대의 수레, 추(芻)와 신(薪)을 실은 수레는 화(禾)를 실은 수레의 배로 한다고 했다.[49] 이와 같은 구별이 있기 때문에 소국의 군주에 견준다고 한 항목에 포함되는 것이다. 그렇다면 고가 천자를 빙문할 때 이미 빙문의 사신 신분으로 예우를 받았고, 또 스스로 찾아뵈어 예우를 받으

---

47) 『의례』「빙례(聘禮)」: 宰夫朝服設飧, 飪一牢在西, 鼎九, 羞鼎三, 腥一牢在東, 鼎七, 堂上之饌八, 西夾六.

48) 『의례』「빙례(聘禮)」: 醯醢百甕, 夾碑, 十以爲列, 醯在東. 餼二牢陳于門西, 北面, 東上, 牛以西羊豕, 豕西牛羊豕. 米百筥, 筥半斛, 設于中庭, 十以爲列, 北上. 黍·粱·稻皆二行, 稷四行. 門外米三十車, 車秉有五籔, 設于門東, 爲三列, 東陳. 禾三十車, 車三秅, 設于門西, 西陳. 薪芻倍禾.

49) 『주례』「추관(秋官)·장객(掌客)」: 饔餼五牢, 其死牢如飧之陳, 牽二牢, 米八十筥, 醯醢八十甕, 皆陳. 米二十車, 禾三十車, 芻薪倍禾, 皆陳.

니, 이와 같이 고의 법도는 재차 거듭 예우를 받게 된다.

賈疏 ◎注"此以"至"之數". ○釋曰: 云"此以君命來聘者也"者, 畿外之臣, 不因聘, 何以輒來? 故知因君命來聘者也. 知"孤尊, 既聘亨, 更自以其贄見, 執束帛而已"者, 若行正聘, 則執琢圭璋八寸以行聘, 何得執皮帛也? 但侯伯已下臣來, 直行公使執圭璋, 無此更見法. 以大國孤四命, 尊, 故天子別見之也. 按宗伯云"孤執皮帛", 故云自以其贄見, 執皮帛而已. 云"豹皮表之爲飾"者, 宗伯注云"天子之孤, 飾摯以虎皮. 公之孤, 飾摯以豹皮"也. 云"繼小國之君, 言次之也"者, 謂行禮次在小國君之後. 云"不使介傳辭交於王之擯"者, 則諸侯行交擯者, 使介傳於王擯, 傳而下, 又傳而上是也. 云"親自對擯者也"者, 則聘禮來在末介下, 東面, 上擯亦至末擯下, 親相與言者是也. 云"廟中無相, 介皆入門西上而立, 不前相禮者, 聘之介是與"者, 按聘禮, 賓行聘之時, 擯者納賓, 賓入門左, 介皆入門左, 北面西上. 注云: "隨賓入也, 介無事, 止於此." 是介入廟門西上, 不相者也. 云是與者, 彼諸侯法, 約同天子禮, 故云"與"以疑之也. 云"以酒禮之, 酒謂齊酒也"者, 按聘禮, 禮賓用醴齊, 明此亦用醴齊. 對文, 三酒五齊別, 通而言之, 齊亦明酒, 故云齊酒也. 云"其他, 謂貳車"至"之數"者, 此其他中之數, 一唯上子男禮中, 卽孤之所用者也. 若然, 子男用鬯祼, 孤用醴, 今得入其他中者, 祼據小國君而言, 以其孤用醴醴之, 不酢, 子男祼亦不酢, 祼亦不酢同. 故擧小國君祼而言, 不謂孤用祼也.

◎鄭注: "此以"~"之數". ○정현이 "이것은 군주의 명으로 찾아와 빙문하는 경우를 뜻한다."라고 했는데, 천자의 수도 밖의 신하가 빙문에 따르지 않고 어떻게 문득 올 수 있겠는가? 그렇기 때문에 군주의 명으로 인해 찾아와 빙문하는 경우임을 알 수 있다. 정현이 "고(孤)는 존귀하니, 이미 빙(聘)과 향(享)을 하고서 재차 직접 예물을 가지고 찾아와 만나보는데, 이때에는 속백을 들게 될 따름이다."라고 했는데, 이 말이 사실임을 알

수 있는 만약 정식 빙(聘)을 시행하는 경우라면 규(圭)와 장(璋)을 8촌으로 새긴 것을 잡고서 빙문을 시행하는데,[50] 어떻게 가죽과 비단을 들 수 있겠는가? 다만 후작이나 백작으로부터 그 이하 계층의 신하들이 찾아오는 경우라면 곧바로 공적인 사신의 임무를 수행하여 규와 장을 들게 되며, 이와 같이 재차 예법을 드러내는 일이 없다. 대국에 속한 고는 4명(命)의 등급으로 존귀하기 때문에 천자가 특별히 만나보는 것이다. 『주례』「대종백(大宗伯)」편을 살펴보면, "고는 가죽과 비단을 예물로 들고 간다."[51]라 했다. 그렇기 때문에 직접 예물을 가지고 찾아와 만나보는데, 이때에는 속백을 들게 될 따름이라고 말한 것이다. 정현이 "표범의 가죽으로 겉을 싸서 장식하게 된다."라고 했는데, 「대종백」편의 주에서는 "천자에게 소속된 고는 예물을 호랑이 가죽으로 장식하고, 공작에게 소속된 고는 예물을 표범 가죽으로 장식한다."라고 했다. 정현이 "계소국지군(繼小國之君)이라는 것은 그 다음에 한다는 뜻이다."라고 했는데, 의례를 시행하는 순번이 소국의 군주 다음에 있다는 뜻이다. 정현이 "개(介)를 시켜서 말을 전달하며 천자의 빈(擯)과 교차로 하지 않는다."라고 했는데, 제후가 교빈(交擯)을 시행하는 경우, 개를 시켜서 천자의 빈에게 전달하고, 전달해서 말이 차례대로 내려가고, 또 전달해서 말이 차례대로 올라가게 된다. 정현이 "직접 빈에게 대답하는 것이다."라고 했는데, 「빙례」편에서는 찾아와 말개(末介) 아래에 위치하여 동쪽을 바라보고, 상빈(上擯)은 또한 말빈(末擯)의 아래에 이르러 직접 서로 말을 주고받는다. 정현이 "묘 안에서는 상(相)이 없다는 것은 개가 모두 문으로 들어가 서쪽 끝에서부터 차례대로 서며 앞서 나아가 해당 의례절차를 돕지 않으니, 빙(聘)에서의 개가 이에 해당할 것이다."라고 했는데, 「빙례」편에서 빈객이 빙례를 시행할 때 빈이 빈객을 안으로 들여서 빈객이 문으로 들어와

---

50) 『주례』「춘관(春官)·전서(典瑞)」: <u>琢圭璋璧琮</u>, 繅皆二采一就, <u>以覜聘</u>.
51) 『주례』「춘관(春官)·대종백(大宗伯)」: <u>孤執皮帛</u>, 卿執羔, 大夫執鴈, 士執雉, 庶人執鶩, 工商執雞.

좌측으로 가고, 개는 모두 문으로 들어와 좌측으로 가서 북쪽을 바라보며 서쪽 끝에서부터 차례대로 정렬한다. 주에서는 "빈객을 뒤따라 들어오며 개는 시행할 일이 없으니 여기에 멈춘다."라 했다. 이것은 개가 묘문으로 들어와 서쪽 끝에서부터 차례대로 정렬하며 의례의 진행을 돕지 않는다는 것을 나타낸다. '시여(是與)'라고 했는데, 그 기록은 제후의 예법에 해당하며 대략적으로 천자의 예법과 동일하기 때문에, '여(與)'자를 덧붙여서 의문시한 것이다. 정현이 "술로 예우한다고 했는데, 주(酒)는 제주(齊酒)를 뜻한다."라고 했는데, 「빙례」편을 살펴보면, 빈객을 예우하며 예제(醴齊)를 사용했으니, 여기에서도 예제를 사용한다는 사실을 나타낸다. 문장을 대비해보면 삼주와 오제는 구별되지만 통괄해서 말한다면 오제 또한 술에 해당하기 때문에 '제주(齊酒)'라고 말한 것이다. 정현이 "기타(其他)는 이거(貳車)"라고 한 말로부터 "~수치들을 뜻한다."라고 한 말까지, 이것은 기타 나머지 것들의 수치는 앞의 자작과 남작에게 적용되는 예와 같이 하며, 이것이 곧 고가 사용하는 것에 해당한다는 뜻이다. 만약 그렇다면 자작과 남작이 울창주를 이용해서 관(祼)을 하는데, 고는 단술을 사용한다. 그런데 지금 이것이 기타 항목에 들어갈 수 있는 것은 관(祼)은 소국의 군주를 기준으로 말한 것으로, 고의 경우에는 단술을 사용해서 예우를 하며 초(酢)를 하지 않고, 자작과 남작이 관(祼)을 할 때에도 초(酢)를 하지 않으니, 관(祼)에서도 초(酢)를 하지 않는 것이 동일하다. 그렇기 때문에 소국의 군주가 관(祼)을 하는 것을 기준으로 말한 것이지, 고가 이것을 사용하여 관(祼)을 한다는 말이 아니다.

참고 3-3 『주례』「추관(秋官)·사의(司儀)」기록

경문 凡諸公相爲賓,

무릇 제공들이 서로 빈이 되었을 때,

鄭注 謂相朝也.

서로 조회하는 경우를 뜻한다.

賈疏 ◎注"謂相朝也". ○ 釋曰: 云"相朝", 則是兩公自相朝, 故下經云諸侯·諸伯·諸子·諸男相爲賓客, 以禮相待, 並是兩諸侯相朝之事也.

◎鄭注: "謂相朝也". ○ 정현이 "서로 조회하는 경우이다."라 했으니, 이것은 두 공이 직접 서로 조회를 하는 것이다. 그렇기 때문에 아래 경문에서 제후(諸侯)·제백(諸伯)·제자(諸子)·제남(諸男)이 서로 빈객이 되어 예에 따라 서로 대접하는 것을 언급했으니, 두 제후가 서로 조회하는 사안까지도 아우른다.

참고 3-4 『주례』「추관(秋官)·사의(司儀)」 기록

경문 及將幣, 交擯, 三辭, 車逆, 拜辱, 賓車進, 答拜, 三揖三讓, 每門止一相, 及廟, 唯上相入. 賓三揖三讓, 登, 再拜, 授幣, 賓拜送幣. 每事如初, 賓亦如之. 及出, 車送, 三請三進, 再拜, 賓三還三辭, 告辟.

예물을 가지고 가게 되면 교빈(交擯)을 하고 세 차례 말을 전달하며, 수레로 맞이하고, 욕되이 찾아온 것에 대해 절을 하며, 빈객의 수레는 앞으로 나와서 답배를 하고, 세 차례 읍을 하고 세 차례 사양을 하며, 매 문마다 1명의 상(相)을 멈추게 하며, 묘에 이르러서는 오직 상상(上相)만 들어간다. 빈객은 세 차례 읍을 하고 세 차례 사양을 하며, 올라가게 되면 주인인 군주가 재배를 하고 예물을 받고, 빈객은 절을 하며 예물을 전한다. 매 사안을 처음과 같이 하며 예우할 때에도 이처럼 한다. 밖으로 나가게 되면 수레로 전송하며 세 차례 청을 하고 세 차례 나아가며 재배를

하고 빈객은 세 차례 돌아서서 세 차례 사양을 하고 떠나감을 아룀다.

鄭注 鄭司農云: "交擯, 擯者交也. 賓車進答拜, 賓上車進, 主人乃答其拜也. 及出車送三請, 主人三請留賓也. 三進, 進隨賓也. 賓三還三辭告辟, 賓三還辭謝, 言已辟去也." 玄謂既三辭, 主君則乘車出大門而迎賓, 見之而下拜其辱, 賓車乃前下答拜也. 三揖者, 相去九十步, 揖之使前也. 至而三讓, 讓入門也. 相謂主君擯者及賓之介也. 謂之相者, 於外傳辭耳, 入門當以禮詔侑也. 介紹而傳命者, 君子於其所尊, 不敢質, 敬之至也. 每門止一相, 彌相親也. 君入門, 介拂闑, 大夫中棖與闑之間, 士介拂棖, 此爲介鴈行相隨也. 止之者, 絶行在後耳. 賓三揖三讓, 讓升也. 登再拜授幣, 授當爲受, 主人拜至且受玉也. 每事如初, 謂亨及有言也. 賓當爲儐, 謂以鬱鬯禮賓也. 上於下曰禮, 敵者曰儐. 禮器曰: "諸侯相朝, 灌用鬱鬯, 無籩豆之薦." 謂此朝禮畢儐賓也. 三請三進, 請賓就車也. 主君每一請, 車一進, 欲遠送之也. 三還三辭者, 主君一請, 賓亦一還一辭.

정사농이 말하길, "교빈(交擯)은 빈(擯)이 교차하여 서는 것이다. 빈객의 수레가 나아가 답배를 하니, 빈객이 수레에 타서 나아가면 주인은 그가 절한 것에 대해 답배를 한다. 떠나게 되면 수레를 보내 3차례 청을 하니, 주인이 3차례 청을 하여 빈객이 머물도록 하는 것이다. 3차례 나아가는 것은 나아가 빈객을 따르는 것이다. 빈객이 3차례 돌아서 3차례 사양하고 물러나길 고하는 것은 빈객이 3차례 돌아서 사절하는 것으로, 물러나서 떠나감을 뜻한다."고 했다. 내가 생각하기에 이미 3차례 사양을 했다면 주인이 되는 군주는 수레에 타고 대문 밖으로 나가서 빈객을 맞이하고, 그가 보이면 수레에서 내려 그가 욕되게 찾아온 것에 대해 절을 하며, 빈객의 수레는 그 앞에 와서 수레에서 내려 답배를 한다. 3차례 읍을 한다는 것은 서로의 거리가 90보일 때 읍을 하여 앞으로 나오도록 하는 것이다. 또 이르게 되어 3차례 사양을 하는 것은 문으로 들어가는 것을 사양하는 것이다. '상(相)'은 주인이 되는 군주의 빈(擯)과 빈객의 개(介)를 뜻한다. 그를 '상(相)'이라 부르는 이유는 밖에서는 말을 전달만 할 뿐이지만, 문으로 들어와서는 마땅히 예법에 따라 알려주고 권해야 하기 때문이다. 개(介)가 연이어 늘어서서 명령을 주고받는 것은 군자는 존귀하게 높이는 대상에 대해 감히 마주할 수 없는 것이며, 이처럼 하는 것은 공경함을 지극히 나타내는 것이다. 매 문마다 1명의 상(相)을 멈추게 하는 것은 더욱 서로 친근하게 대하고자 하기 때문이다. 군주가 문으로 들어설 때 얼(闑)과 정(棖) 사이로 들어가며, 개(介)는 얼(闑)을 스칠 듯한 곳에 위치하고, 대부는 정(棖)과 얼(闑) 사이에 위치하며, 사 중의 개(介)가 된 자는 정(棖)을 스칠 듯한 곳에 위치하니, 이것은 개(介)가 기러기처럼 대형을 짜서 서로 뒤따르기 때문이다. 그치게 하는 것은 행동을 멈춰서 그 뒤에 있는 것일 따름이다. 빈객이 3차례 읍을 하고 3차례 사양을 하는 것은 계단으로 올라가는 것을 사양하는 것이다. 올라가서 재배를 하고 예물을 수(授)한다고 했는데, '수(授)'자는 마땅히 수(受)자가 되어야 하니, 주인이 도달한 것에 대해 절을 하고 또 옥을 받기 때문이다. 매 사안을 처음과 같이 한다는 것은 향(享)과 대화를 나눌 때를 뜻한다. '빈(賓)'자는 마땅히 빈(儐)자가 되어야 하니, 울창주로 빈객을 예우한다는 뜻이다. 윗사람이 아랫사람에게 해주는 것을 '예(禮)'라 부르고, 신분이 대등한 경우에는 '빈(儐)'이라 부른다. 『예기』「예기(禮器)」편에서는 "제후들끼리 서로 찾아가 만나볼 때에는 울창주를 이용해서 술을 따르지만, 변이나 두와 같은 그릇들에 음식물을 담아서 올리는 일은 없다."[52]라 했으니, 이러한 조례가 끝났을 때 빈객에게 빈(儐)하는 것을 뜻한다. 3차례 청하고 3차례 나아가는 것은 빈객에게 청하며 수레로 나아가는 것을 뜻한다. 주인인 군주가 매 번 한 차례 청할 때마다 수레는 한 차례 나아가

---

52) 『예기』「예기(禮器)」: 天子適諸侯, 諸侯膳以犢. <u>諸侯相朝, 灌用鬱鬯, 無籩豆之薦.</u> 大夫聘禮以脯醢.

게 되니, 멀리까지 그를 전송하고자 해서이다. 3차례 돌아가서 3차례 사양한다는 것은 주인인 군주가 한 차례 청하게 되면 빈객 또한 한 차례 돌아서서 한 차례 사양하는 것이다.

賈疏 ●“及將”至“告辭”. ○釋曰: 及, 至也. 至將幣, 謂賓初至館, 後日行朝禮之時. 故云至將幣. 幣卽圭璋也. 云“交擯, 三辭, 車逆, 拜辱, 賓車進, 答拜”者, 此並在主君大門外, 賓去門九十步而陳九介, 主君在大門外之東陳五擯. 上擯入受命, 出請事, 傳辭與承擯, 承擯傳與末擯, 末擯傳與末介, 末介傳與承介, 承介傳與上介, 上介傳與賓, 賓又傳與上介, 上介傳與承介, 承介傳與末介, 末介傳與末擯, 末擯傳與承擯, 承擯傳與上擯, 上擯入告君. 如是者三, 謂之交擯三辭. 諸交擯者, 例皆如此也. 車逆拜辱者, 傳辭旣訖, 主君乘車出大門, 至賓所下車, 拜賓屈辱來此也. 賓車進答拜者, 賓初升車進就主君, 主君下, 賓亦下車答主君拜也. “三揖”者, 主君遙揖賓使前, 北面三讓, 入大門也. 云“每門止一相”者, 旣入門, 迴面東至祖廟之時, 祖廟西仍有二廟. 以其諸侯五廟, 始祖廟在中, 兩廂各有二廟, 各別院爲之, 則有二門, 門傍皆有南北隔牆, 隔牆皆通門, 故得有每門. 若不然, 從大門內卽至祖廟之門, 何得有每門, 而云門止一相乎? 故爲此解也. 云“上相入”者, 相入, 卽上擯上介, 須詔禮, 故須入. 云“三揖”者, 亦謂入門揖・當曲揖・當碑揖也. 云“三讓, 登”者, 至階, 主君讓賓, 賓讓主君, 如是者三, 主君先升. 云“再拜, 授幣”者, 授當爲受. 賓主俱升, 主人在阼階上北面拜, 乃就兩楹間南面, 賓亦就主君, 賓授玉, 主君受之, 故云再拜受幣也. 云“賓拜送幣”者, 賓旣受, 乃退向西階上, 北面拜送幣, 乃降也.

● 經文: “及將”~“告辭”. ○ ‘급(及)’자는 “~에 이르다.”는 뜻이다. ‘지장폐(至將幣)’는 빈객이 처음에 숙소에 이르렀다가 이후 조례를 시행할 때를 뜻한다. 그렇기 때문에 예물을 가지고 갈 때가 되었다고 한 것이다. ‘폐

(幣)'는 규(圭)와 장(璋)에 해당한다. "교빈(交擯)하고 세 차례 사양을 하며 수레로 맞이하고 욕되이 찾아온 것에 대해 절을 하며, 빈객의 수레는 앞으로 나와서 답배를 한다."라 했는데, 이것은 모두 주인인 군주의 궁성 대문 밖에서 빈객이 문과 90보 떨어진 곳에서 9명의 개(介)를 나열시키고, 주인인 군주는 대문 밖의 동쪽에서 5명의 빈(擯)을 나열시킨 것에 해당한다. 상빈(上擯)이 안으로 들어가서 명령을 받고, 나와서 그 사안에 대해 청해 묻고, 말을 전달하여 승빈(承擯)에게 전하고, 승빈(承擯)은 말을 전달하여 말빈(末擯)에게 전하고, 말빈(末擯)은 말을 전달하여 말개(末介)에게 전하고, 말개(末介)는 말을 전달하여 승개(承介)에게 전하고, 승개(承介)는 말을 전달하여 상개(上介)에게 전하고, 상개(上介)는 말을 전달하여 빈객에게 전하면, 빈객은 또한 말을 전달하여 상개(上介)에게 전하고, 상개(上介)는 말을 전달하여 승개(承介)에게 전하고, 승개(承介)는 말을 전달하여 말개(末介)에게 전하고, 말개(末介)는 말을 전달하여 말빈(末擯)에게 전하고, 말빈(末擯)은 말을 전달하여 승빈(承擯)에게 전하고, 승빈(承擯)은 말을 전달하여 상빈(上擯)에게 전하고, 상빈(上擯)은 들어가서 군주에게 그 사실을 아뢴다. 이와 같이 하길 세 차례 반복하는 것을 '교빈삼사(交擯三辭)'라고 부른다. 여러 경우에 교빈(交擯)하는 것들은 그 예시가 모두 이와 같다. '거역배욕(車逆拜辱)'은 말 전달하는 일이 끝나면, 주인인 군주는 수레에 타서 대문 밖으로 나오고 빈객이 있는 곳까지 와서 수레에서 내리며, 빈객이 욕되이 이곳까지 찾아온 것에 대해 절을 한다. '빈거진답배(賓車進答拜)'는 빈객은 최초 수레에 타서 주인인 군주가 있는 곳까지 나아가고 주인인 군주가 수레에서 내리면, 빈객 또한 수레에서 내려 주인인 군주가 절을 한 것에 대해 답배를 하는 것이다. '삼읍(三揖)'은 주인인 군주가 멀리서 빈객에게 읍을 하여 빈객으로 하여금 앞으로 나오게끔 하고, 북쪽을 바라보며 세 차례 사양을 하여 대문으로 들어가는 것이다. '매문지일상(每門止一相)'이라고 했는데, 문으로 들어가고 나면 몸을 돌려 동쪽으로 가서 조묘에 당

도했을 때, 조묘의 서쪽에는 곧 2개의 묘가 있게 된다. 제후에게는 5개의 묘가 있는데, 시조묘가 중앙에 있고, 양쪽 행랑에 각각 2개의 묘가 있는데, 각각에 대해서는 별도로 담장을 둘러서 만들게 되니, 2개의 문이 있게 되며, 문 측면에는 모두 남북 방향으로 가로막는 담장이 있고, 가로막는 담장에는 모두 통문이 있다. 그렇기 때문에 '매문(每門)'이라 할 수 있는 것이다. 만약 그렇지 않다면 대문 안에서는 곧바로 조묘의 문으로 가게 되는데 어떻게 '매문(每門)'이라는 것이 있어 문마다 1명의 상(相)을 멈추게 한다고 말할 수 있겠는가? 그렇기 때문에 이와 같이 풀이되는 것이다. '상상입(上相入)'이라고 했는데, 상(相)이 들어간다는 것은 곧 상빈(上擯)과 상개(上介)에 해당하는 것으로, 예법에 대해 일러주어야 하기 때문에 들어가야 한다. '삼읍(三揖)'이라고 했는데, 이 또한 문으로 들어가며 읍을 하고 굽어지는 지점에 도달하여 읍을 하고 비(碑)가 있는 곳에 당도하여 읍하는 것을 뜻한다. "세 차례 사양하고 올라간다."라 했는데, 계단에 도달하면 주인인 군주는 빈객에게 사양하고, 빈객은 주인인 군주에게 사양하는데, 이와 같이 하길 세 차례 반복하면 주인인 군주가 먼저 올라가게 된다. "재배를 하고 예물을 수(授)한다."라 했는데, '수(授)'자는 마땅히 수(受)자가 되어야 한다. 빈객과 주인이 모두 올라가게 되면, 주인은 동쪽 계단 위에서 북쪽을 바라보며 절을 하고, 곧 양쪽 기둥 사이로 나아가서 남쪽을 바라보며, 빈객 또한 주인인 군주에게 나아가며, 빈객이 옥을 건네면 주인인 군주가 그것을 받는다. 그렇기 때문에 "재배를 하고 예물을 받는다."라고 한 것이다. '빈배송폐(賓拜送幣)'라고 했는데, 빈객이 수(受)를 하게 되면 물러나서 서쪽 계단 위로 가며 북쪽을 바라보고 절을 하며 예물을 건네고 곧 내려간다.

賈疏 ◎注"鄭司"至"一辭". ○釋曰: 先鄭云"賓車進答拜, 賓上車進, 主人乃答其拜也", 後鄭不從者, 車送拜辱, 已是主人, 今云車進答, 當是客, 何得主人再度拜? 故不從也. 云"及出, 車送三請, 主人三請,留賓也”, 後鄭亦不從者, 行朝享禮賓訖, 送賓出, 禮既有限, 何因更有留賓之事? 故不從也. 云“介紹而傳命”者, 此聘義文. 按彼介紹而傳命, 謂聘者旅擯法. 引證此交擯者, 但紹繼也, 謂介相繼而陳, 則交擯旅擯皆得爲紹, 故此交擯亦得紹介而傳命也. 按彼注, 質謂正自相當, 賓主不敢正自相當, 故須擯介通情也. 云“君入門, 介拂闑, 大夫中棖與闑之間, 士介拂棖”者, 玉藻文. 君入門不言所拂者, 朝君入由闑西亦拂闑, 不言之者, 君特行, 不與介連類, 故不言也. 介拂闑者, 上介隨君后, 與大夫士介自爲鴈行於後也. 云“止之者, 絶行在後耳”者, 知不全入而爲絶行在後者, 以聘禮介皆入廟門門西, 北面西上, 故知此君介, 亦入門門西北面西上可知, 故云絶行在後, 後亦入廟也. 云“登再拜授幣, 授當爲受”者, 欲見登再拜受玉者, 主君止得爲受, 不得爲授之義故也. 云“拜至且受玉也”者, 拜中含此二事故也. 云“每事如初, 謂享及有言也”者, 按聘禮享夫人下云“若有言, 束帛如享禮”, 是也. 云“上於下曰禮, 敵者曰擯”者, 大行人云“王禮再祼而酢”之屬, 是上於下曰禮. 此諸侯云擯, 是敵者曰擯也. 云“禮器曰: 諸侯相朝, 灌用鬱鬯, 無籩豆之薦”, 引之者, 證擯亦用鬱鬯也. 云“主君一請, 賓亦一還一辭”者, 則主君三請三進, 其賓三還三辭, 一一相將, 但別言之耳.

◎鄭注: “鄭司”~“一辭”. ○ 정사농은 “빈객의 수레가 나아가 답배를 하니, 빈객이 수레에 타서 나아가면 주인은 그가 절한 것에 대해 답배를 한다.”라 했는데, 정현이 그 말에 따르지 않은 것은 수레를 보내 욕되게 찾아온 것에 대해 절을 하는 것은 주인에게 해당하고, 지금 수레가 나아가 답배를 한다고 했으니, 이것은 빈객에게 해당하는 일인데, 어떻게 주인이 재차 절을 할 수 있는가? 그러므로 따르지 않은 것이다. 정사농은 “떠나게 되면 수레를 보내 3차례 청을 하니, 주인이 3차례 청을 하여 빈객이 머물도록 하는 것이다.”라고 했는데, 정현은 또한 이 말에도 따르지 않았으니, 조향(朝享)을 하여 빈객을 예우하는 일이 끝나서 빈객을 전송

하여 밖으로 나갔고, 예법에는 이미 제한이 있는데, 어떻게 다시 빈객을 머물게 하는 사안이 있겠는가? 그러므로 따르지 않은 것이다. 정현이 "개(介)가 연이어 늘어서서 명령을 주고받는다."고 했는데, 이것은 『예기』 「빙의(聘義)」편의 기록이다.53) 「빙의」편의 기록을 살펴보면, "개가 연이어 늘어서서 명령을 주고받는다."는 것은 빙문을 하는 자가 여빈54)하는 방법을 뜻한다. 이 문장을 인용하여 이곳에 나온 '교빈(交擯)'이라는 말이 단지 연이어 늘어선다는 것임을 증명한 것으로, 개(介)가 서로 연이어 나열한다는 의미로, 교빈(交擯)과 여빈(旅擯) 모두 연이어 늘어서는 뜻이 될 수 있다. 그렇기 때문에 교빈(交擯)에 대해서도 개(介)가 연이어 늘어서서 명령을 주고받는다고 할 수 있는 것이다. 「빙의」편의 주를 살펴보면, '질(質)'자는 정면으로 서로 마주한다는 뜻이라고 했으니, 빈객과 주인은 감히 정면으로 서로 마주할 수 없는 것이다. 그렇기 때문에 빈(擯)과 개(介)를 두어서 그 정감을 소통시켜야만 한다. 정현이 "군주가 문으로 들어설 때 얼(闑)과 정(棖) 사이로 들어가며, 개(介)는 얼(闑)을 스칠 듯한 곳에 위치하고, 대부는 정(棖)과 얼(闑) 사이에 위치하며, 사중의 개(介)가 된 자는 정(棖)을 스칠 듯한 곳에 위치한다."라 했는데, 이것은 『예기』 「옥조(玉藻)」편의 기록이다.55) 군주가 문으로 들어설 때 스치는 곳에 대해 언급하지 않은 것은 조회를 온 군주가 들어설 때에는 얼(闑)의 서쪽을 경유하기 때문에 얼(闑)을 스치게 되는데, 이러한 사실을 언급하지 않은 것은 군주는 홀로 이동하니, 연이어 서게 되는 개(介)들과 함께 가지 않는다. 그렇기 때문에 언급하지 않은 것이다. 개(介)는 얼(闑)을 스칠 듯한 곳에 위치한다고 했는데, 상개(上介)는 군주의 뒤를

---

53) 『예기』 「빙의(聘義)」: 介紹而傳命, 君子於其所尊弗敢質, 敬之至也.

54) 여빈(旅擯)은 빙문(聘問) 등의 의례에서, 상대방이 도착했을 때, 문 앞에 부관에 해당하는 개(介)나 빈(擯) 등이 도열하는 것을 뜻한다. 그러나 개나 빈을 통해 말을 전달하지는 않는다.

55) 『예기』 「옥조(玉藻)」: 君入門, 介拂闑, 大夫中棖與闑之間, 士介拂棖.

따르게 되어, 대부나 사 중 개가 된 자들과 제 스스로 기러기처럼 대형을 짜서 그 뒤에서 이동하는 것이다. 정현이 "그치게 하는 것은 행동을 멈춰서 그 뒤에 있는 것일 따름이다."라 했는데, 완전히 들어가지 않고 행동을 멈춰서 그 뒤에 있게 된다는 사실을 알 수 있는 것은 『의례』「빙례(聘禮)」편에서 개(介)는 모두 묘문으로 들어서면 문의 서쪽으로 이동하여 북쪽을 바라보며 서쪽 끝에서부터 차례대로 정렬한다. 그렇기 때문에 이곳에서 말한 군주의 개(介) 또한 문으로 들어서면 문의 서쪽으로 가서 북쪽을 바라보며 서쪽 끝에서부터 차례대로 정렬한다는 사실을 알 수 있다. 그렇기 때문에 행동을 멈춰서 그 뒤에 있다고 했는데, 이후에는 또한 묘로 들어가게 된다. 정현이 "올라가서 재배를 하고 예물을 수(授)한다고 했는데, '수(授)'자는 마땅히 수(受)자가 되어야 한다."라 했는데, 올라가서 재배를 하고 옥을 받는데, 주인인 군주는 단지 받기만 할 수 있고 줄 수 있는 뜻이 성립되지 않는다는 사실을 드러내고자 했기 때문이다. 정현이 "찾아온 것에 대해 절을 하고 또 옥을 받는다."라 했는데, 절하는 가운데에는 이러한 두 가지 사안이 포함되어 있기 때문이다. 정현이 "매 사안을 처음과 같이 한다는 것은 향(享)과 대화를 나눌 때를 뜻한다."라고 했는데, 「빙례」편을 살펴보면, 부인에게 향(享)을 한다고 했고 그 뒤에서 "만약 할 말이 있다면 속백(束帛)을 사용하여 향례(享禮)와 같이 한다."[56]라고 한 말이 이러한 사실을 나타낸다. 정현이 "윗사람이 아랫사람에게 해주는 것을 '예(禮)'라 부르고, 신분이 대등한 경우에는 '빈(儐)'이라 부른다."라고 했는데, 『주례』「대행인(大行人)」편에서 "천자가 예우할 때에는 두 차례 관(祼)을 하고서 술잔을 돌린다."[57]라고 한 부류들이 바로

---

56) 『의례』「빙례(聘禮)」: 若有言, 則以束帛, 如享禮.

57) 『주례』「추관(秋官)·대행인(大行人)」: 上公之禮, 執桓圭九寸, 繅藉九寸, 冕服九章, 建常九斿, 樊纓九就, 貳車九乘, 介九人, 禮九牢, 其朝位, 賓主之間九十步, 立當車軹, 擯者五人, 廟中將幣三享, 王禮再祼而酢, 饗禮九獻, 食禮九擧, 出入五積, 三問三勞.

윗사람이 아랫사람에게 해주는 것을 '예(禮)'라 부른다는 사실을 나타낸다. 이곳에서는 제후에 대해 '빈(擯)'이라 했는데, 이것은 신분이 대등한 경우에는 '빈(儐)'이라 부른다는 사실을 나타낸다. 정현이 "『예기』「예기(禮器)」편에서는 제후들끼리 서로 찾아가 만나볼 때에는 울창주를 이용해서 술을 따르지만, 변이나 두와 같은 그릇들에 음식물을 담아서 올리는 일은 없다."라고 하여, 이 문장을 인용하고 있는데, 이것은 빈(擯)에서도 울창주를 사용한다는 사실을 증명하기 위한 것이다. 정현이 "군주가 한 차례 청하게 되면 빈객 또한 한 차례 돌아서서 한 차례 사양하는 것이다."라고 했는데, 주인인 군주가 세 차례 청하고 세 차례 나아가게 되면, 빈객은 세 차례 돌아서서 세 차례 사양하는데, 하나하나 서로 함께 하는 것이지만, 구별해서 언급한 것일 뿐이다.

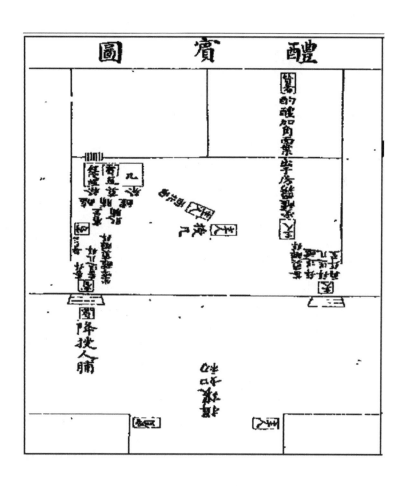

※ 출처: 『의례도(儀禮圖)』 2권

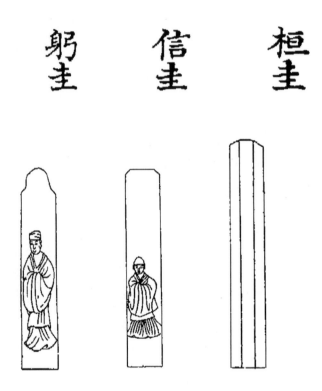

◎ 공작의 환규, 후작의 신규, 백작의 궁규
※ 출처: 『삼례도집주(三禮圖集注)』 10권

그림 3-3 ◾ 곡벽(穀璧)과 포벽(蒲璧)

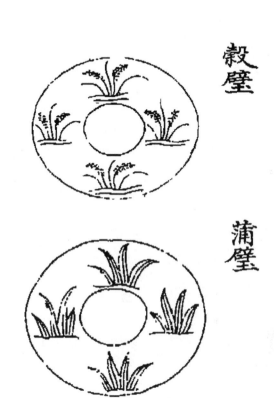

穀璧

蒲璧

◎ 자작의 곡벽, 남작의 포벽

※ 출처: 『삼례도집주(三禮圖集注)』 10권

圖 章 九 服 冕

◎ 종이(宗彛)=호유(虎蜼)

※ 출처: 『향당도고(鄕黨圖考)』 1권

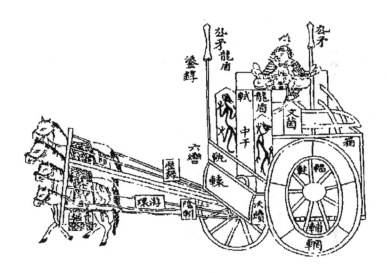

※ 출처: 『육경도(六經圖)』3권

그림 3-6　◼ 규찬(圭瓚)과 장찬(璋瓚)

瓚　　圭

瓚　　璋

※ 출처: 『삼례도집주(三禮圖集注)』 14권

弁　皮

※ 출처: 『삼례도집주(三禮圖集注)』 1권

※ 출처: 『삼례도집주(三禮圖集注)』 1권

그림 3-9   ▣ 상(常: =太常)과 기(旂: =龍旂)

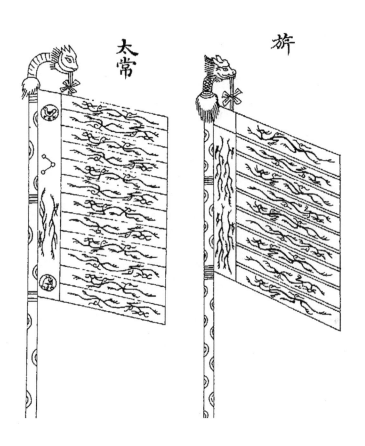

太常

旂

※ 출처: 『삼례도집주(三禮圖集注)』 9권

● 그림 3-10 ◼ 금로(金路)

金輅

※ 출처: 『삼재도회(三才圖會)』「기용(器用)」 5권

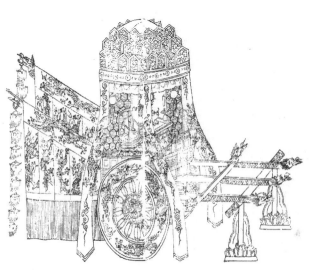

※ 출처: 『삼재도회(三才圖會)』「기용(器用)」 5권

革輅

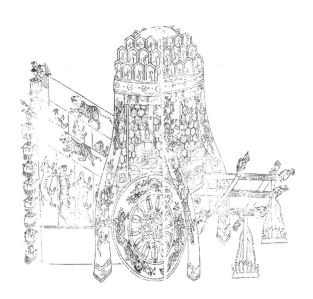

※ 출처:『삼재도회(三才圖會)』「기용(器用)」5권

그림 3-13 ▣ 목로(木路)

木輅

※ 출처: 『삼재도회(三才圖會)』「기용(器用)」 5권

墨車

※ 출처:『삼례도집주(三禮圖集注)』2권

■ 그림 3-15 ■ 오옥(五玉) : 황(璜)·벽(璧)·장(璋)·규(圭)·종(琮)

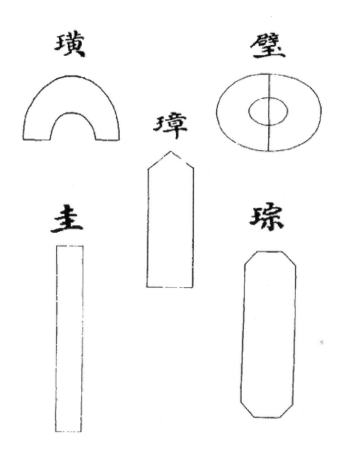

※ 출처 : 『주례도설(周禮圖說)』 하권

賓禮辭, 許.

직역 賓은 禮辭하고 許한다.

의역 빈객은 한 차례 사양만 하고서 수락한다.

鄭注 禮辭, 一辭.

'예사(禮辭)'[1]는 한 차례 사양하는 것이다.

賈疏 ●"賓禮辭許". ◎注"禮辭一辭". ○釋曰: 禮賓一辭許者, 主人禮賓之常法, 鄕已行納采·問名, 賓主之情已通矣, 故略行一辭而已.

● 經文: "賓禮辭許". ◎鄭注: "禮辭一辭". ○빈객을 예우하고자 할 때 빈객이 한 차례 사양을 하고서 수락을 하는 것은 주인이 빈객을 예우할 때의 일반적인 예법이며, 이전에 이미 납채(納采)와 문명(文名)을 시행하여, 빈객과 주인의 정감이 이미 소통된 상태이다. 그렇기 때문에 간략히 한 차례의 사양만 시행할 따름이다.

---

1) 예사(禮辭)는 빈객과 주인은 예법에 따라 세 번 사양을 하게 되는데, 처음 사양하는 것을 '예사'라고 부르며, 두 번째 사양하는 것을 '고사(固辭)'라고 부르고, 세 번째 사양하는 것을 '종사(終辭)'라고 부른다.

主人徹几改筵, 東上. 側尊甒醴于房中.

직역 主人이 徹几하고 改筵하되 東上한다. 房中에 側尊甒醴한다.

의역 신부의 부친이 안석을 치우고 자리를 고쳐서 다시 펴되 머리쪽을 동쪽으로 둔다. 방안에는 단독으로 단술을 담은 술동이만을 둔다.

鄭注 徹几改筵者, 鄕爲神, 今爲人. 側尊, 亦言無玄酒, 側尊於房中, 亦有篚有籩豆, 如冠禮之設.

안석을 치우고 자리를 고친다는 것은 이전의 자리는 신을 위한 것이었고 지금의 자리는 사람을 위한 것이기 때문이다. '측준(側尊)'이라는 것은 또한 현주[1]가 없음을 말하는 것으로, 방안에 술동이만 설치하지만 또한 광주리나 변(籩)과 두(豆)가 포함되며, 관례를 치를 때 설치하는 것처럼 한다.[2]

賈疏 ●"主人"至"房中". ○釋曰: 徹几改筵者, 於戶西禮神坐, 徹去

---

1) 현주(玄酒)는 고대의 제례(祭禮)에서 술 대신 사용한 물[水]을 뜻한다. '현주'의 '현(玄)'자는 물은 흑색을 상징하므로, 붙여진 글자이다. '현주'의 '주(酒)'자의 경우, 태고시대 때에는 아직 술이 없었기 때문에, 물을 술 대신 사용했다. 따라서 후대에는 이 물을 가리키며 '주'자를 붙이게 된 것이다. '현주'를 사용하는 것은 가장 오래된 예법 중 하나이므로, 후대에도 이러한 예법을 존숭하여, 제사 때 '현주' 또한 사용했던 것이며, '현주'를 술 중에서도 가장 귀한 것으로 여겼다. 『예기』「예운(禮運)」편에는 "故玄酒在室, 醴醆在戶."라는 기록이 있는데, 이에 대한 공영달(孔穎達)의 소(疏)에서는 "玄酒, 謂水也. 以其色黑, 謂之玄. 而太古無酒, 此水當酒所用, 故謂之玄酒."라고 풀이했다.

2) 『의례』「사관례(士冠禮)」: 側尊一甒醴, 在服北. 有篚實勺·觶·角柶, 脯醢, 南上.

其几, 於後授賓, 改設其筵, 設側尊甒醴在東房之中, 以禮賓也.

● 經文: "主人"~"房中". ○ 안석을 치우고 자리를 고치는 것은 방문의 서쪽에 마련한 자리는 신을 예우하기 위한 자리인데, 그곳에 놓인 안석을 치우고, 이후에 빈객에게 건네게 되어[3] 그 자리를 고쳐서 다시 까는 것이며, 동쪽 방안에 단술을 담은 술동이만을 두어, 이를 통해 빈객을 예우한다.

賈疏 ◎注"徹几"至"之設". ○ 釋曰: 經云"東上"者, 統於主人. 注云 "鄉爲神, 今爲人"者, 爲神則西上, 爲人則東上, 不同, 故辨之. 云"側 尊, 亦言無玄酒"者, 醴糟例無玄酒配之, 以其醴象大古質, 故士冠與 此昏禮之等皆無玄酒也. 鄭知此"亦有篚有籩豆如冠禮"者, 此下云 "贊者酌醴, 加角柶", 明有篚盛之, 又云"贊者薦脯醢", 則有籩豆可知. 但冠禮尊在服北, 南上, 則此尊與篚等亦南上, 故云"如冠禮之設"也.

◎ 鄭注: "徹几"~"之設". ○ 경문에서 "머리쪽을 동쪽으로 둔다."라고 했는데, 주인에게 통섭되기 때문이다. 주에서 "이전의 자리는 신을 위한 것이었고 지금의 자리는 사람을 위한 것이다."라고 했는데, 신을 위한 자리는 머리쪽을 서쪽으로 두고,[4] 사람을 위한 자리는 머리쪽을 동쪽으로 두어, 다르기 때문에 변별한 것이다. 정현이 "측준(側尊)이라는 것은 또한 현주가 없음을 말한다."라고 했는데, 단술과 지게미 조목에 현주를 짝해서 설치하지 않는 것은 단술은 태고 때의 질박함을 상징한다. 그렇기 때문에 사의 관례나 이곳 혼례 등의 의식에서는 모두 현주가 없다. 정현이 "또한 광주리나 변(籩)과 두(豆)가 포함되며, 관례를 치를 때 설치하는 것처럼 한다."라고 했는데, 이러한 사실을 알 수 있었던 것은 이곳

---

3) 『의례』「사혼례」: 主人迎賓于廟門外, 揖讓如初, 升. 主人北面, 再拜. 賓西階 上北面答拜. 主人拂几, 授校, 拜送. 賓以几辟, 北面設于坐, 左之, 西階上答 拜.

4) 『의례』「사혼례」: 主人筵于戶西, 西上, 右几.

아래문장에서 "혼례의 진행을 돕는 자가 잔에 단술을 따르고 그 위에 뿔수저를 올려둔다."[5]라고 했으니, 이것은 광주리를 두어 그것들을 담는다는 사실을 나타낸다. 또 "혼례의 진행을 돕는 자가 포와 젓갈을 올린다."[6]라고 했으니, 변과 두가 있다는 사실을 알 수 있다. 다만 관례 때 사용된 술동이는 의복의 북쪽에 두며 남쪽 끝에서부터 차례대로 정렬한다면,[7] 이곳에서 말한 술동이와 광주리 등 또한 남쪽 끝에서부터 차례대로 정렬한다. 그렇기 때문에 "관례를 치를 때 설치하는 것처럼 한다."라고 말한 것이다.

---

5) 『의례』「사혼례」: <u>贊者酌醴, 加角柶</u>, 面葉, 出于房.

6) 『의례』「사혼례」: 贊者薦脯醢.

7) 『의례』「사관례(士冠禮)」: <u>側尊一甒醴, 在服北</u>. 有篚實勺・觶・角柶, 脯醢, <u>南上</u>.

大筐

篚有盖

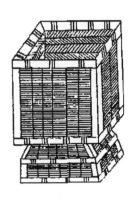

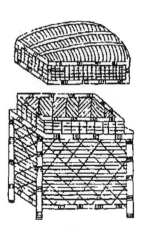

※ 출처: 『삼례도집주(三禮圖集注)』 12권

그림 3-17　◼ 준(尊)

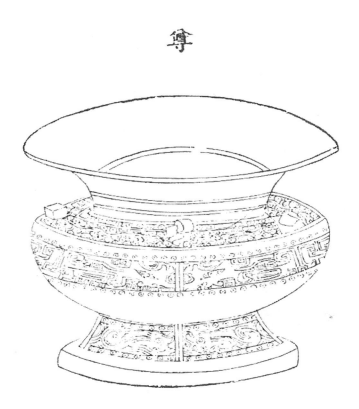

※ 출처: 『삼재도회(三才圖會)』「기용(器用)」 1권

※ 출처:
　　상좌-『삼례도집주(三禮圖集注)』13권 ; 상우-『삼례도(三禮圖)』4권
　　하좌-『육경도(六經圖)』6권 ; 하우-『삼재도회(三才圖會)』「기용(器用)」2권

※ 출처:
  상좌-『육경도(六經圖)』 6권; 상우-『삼례도(三禮圖)』 4권
  하좌-『삼례도집주(三禮圖集注)』 13권; 하우-『삼재도회(三才圖會)』「기용(器
    用)」 1권

主人迎賓于廟門外, 揖讓如初, 升. 主人北面, 再拜. 賓西
階上北面答拜. 主人拂几, 授校, 拜送. 賓以几辟, 北面設
于坐, 左之, 西階上答拜.

직역 主人은 廟門外에서 迎賓하고, 揖讓하길 初와 如하여 升한다. 主人은 北面하고
再拜한다. 賓은 西階上에서 北面하고 答拜한다. 主人이 几를 拂하고 校를 授하
며 拜送한다. 賓은 几로 辟하여 北面하고 坐에 設하되 左하고, 西階上에서 答拜
한다.

의역 신부의 부친은 묘문 밖에서 빈객을 맞이하고 묘문 안으로 들어와서는 읍하고
사양하길 처음에 했던 것처럼 하여 당상으로 올라간다. 신부의 부친은 북쪽을
바라보며 재배를 한다. 빈객은 서쪽 계단 위에서 북쪽을 바라보며 답배를 한다.
신부의 부친이 안석을 닦고 안석의 다리를 건네며 절하며 보낸다. 빈객은 안석
을 가지고 뒷걸음질로 자리를 피하고 북쪽을 바라보며 자리에 안석을 설치하는
데 좌측에 두고, 서쪽 계단 위에서 답배를 한다.

鄭注 拂, 拭也. 拭几者, 尊賓, 新之也. 校, 几足. 辟, 逡巡. 古文校
爲技.

'불(拂)'자는 닦는다는 뜻이다. 안석을 닦는 것은 빈객을 존귀하게 높여서
새롭게 하는 것이다. '교(校)'는 안석의 다리이다. '피(辟)'는 뒷걸음질로
물러난다는 뜻이다. 고문에는 '교(校)'자가 기(技)자로 기록되어 있다.

賈疏 ●"主人"至"答拜". ○釋曰: 云"主人迎賓于廟門外. 揖讓如初,
升"者, 如納采時三揖三讓也. 云"主人北面再拜"者, 拜賓至此堂飲
之, 是以公食大夫·燕禮·鄉飲酒·鄉射·大射皆云"拜至", 並是拜
賓至此堂也. 但燕禮·大射·公食大夫皆云"至, 再拜", 先言至者, 欲
見賓至乃拜之, 是有尊卑不敵之義. 餘皆言拜至, 至在拜下者, 體敵
之義也. 若然, 此爲禮賓, 有拜至者, 前雖有納采·問名之事, 以昏禮

有相親之義, 故雖後亦拜至也. 聘禮享禮及禮賓不拜至者, 聘禮不取相親之義, 故不拜至. 是以彼鄭注云: "以賓不於此始至也." 云"主人拂几"者, 此拂几雖不言外拂·內拂, 又不言三, 按有司徹: "主人西面, 左手執几, 縮之, 以右袂推拂几三, 二手橫執几, 進, 授尸于筵前." 注云: "衣袖謂之袂. 推拂, 去塵示新." 云拂者, 外拂之也, 則此亦外拂之三也. 凡行敵禮者, 拂几皆若此. 卑於尊者, 則內拂之. 故聘禮云: "宰夫內拂几三, 奉兩端以進." 鄭云"內拂几, 不欲塵坋尊者", 是也. 若然, 冠禮禮賓無几者, 冠禮比昏爲輕, 故無几. 鄕飮酒·鄕射及燕賓, 賓輕, 故無几. 聘賓及公食大夫賓重, 故有几也. 云"授校"者, 凡授几之法, 卑者以兩手執几兩端, 尊者則以兩手於几間執之, 授皆然. 是以聘禮宰夫奉兩端以進, 有司徹云: "尸進, 二手受于手間." 注云: "受從手間, 謙也." 雖不言兩手, 兩手授之可知. 又按聘禮云: "公東南鄕, 外拂几三, 卒, 振袂, 中攝之, 進, 西鄕. 賓進, 訝受几于筵前." 以此言之, 公尊, 中執几以一手, 則賓以兩手於几兩端執之也. 而此亦賓主不敵授校者, 昏禮異於餘禮. 云"拜送"者, 此當再拜送君, 於聘賓則一拜, 故聘禮云"公一拜送", 鄭注云"公, 尊也", 是也. 此几以安體, 非己所得, 故賓受訖, 然後答拜. 下經受醴之時, 先拜乃受者, 彼是入口之物, 己所當得, 故先拜乃受之. 云"賓以几辟"者, 以賓卑, 故以几辟. 聘禮賓卑, 亦云以几辟. 有司徹不云以几辟者, 尊尸故也. 覲禮不云以几辟者, 尊王使也. 凡設几之法, 受時或受其足, 或受于手間, 皆橫受之. 及其設之, 皆旋几縱執, 乃設之於坐南, 北面陳之, 位爲神則右之, 爲人則左之, 爲異. 不坐設之者, 几輕, 故也.

● 經文: "主人"~"答拜". ○ "신부의 부친은 묘문 밖에서 빈객을 맞이하고 묘문 안으로 들어와서는 읍하고 사양하길 처음에 했던 것처럼 하여 당상으로 올라간다."라고 했는데, 납채(納采)를 할 때 세 차례 읍을 하고 세 차례 사양을 했던 것처럼 한다는 뜻이다.[1] "신부의 부친은 북쪽을 바라보며 재배를 한다."라고 했는데, 빈객이 이곳 당에 이르러 술을 마시게 된

것에 대해 절을 하는 것이다. 이러한 까닭으로 『의례』「공사대부례(公食大夫禮)」2)·「연례(燕禮)」3)·「향음주례(鄕飮酒禮)」4)·「향사례(鄕射禮)」5)·「대사례(大射禮)」6)편에서는 모두 "이르른 것에 대해 절을 한다."라고 말했는데, 이 모두는 빈객이 이곳 당에 이르른 것에 대해 절을 하는 것이다. 다만 「연례」·「대사례」·「공사대부례」에서는 모두 "이르른 것에 대해 재배를 한다."라고 하여, 먼저 지(至)라고 말한 것은 빈객이 이르른 뒤에야 곧 절을 하게 됨을 드러내고자 한 것이니, 여기에는 신분이 대등하지 않다는 뜻이 포함되어 있다. 나머지 기록들에서는 모두 '배지(拜至)'라고 말하여 지(至)자가 배(拜)자 뒤에 기록되어 있는데, 이것은 신분이 대등하다는 뜻이다. 그렇다면 이곳의 경우는 빈객을 예우하는 것인데, 배지(拜至)가 포함된 것은 앞에서 비록 납채(納采)와 문명(文名)의 사안이 있었더라도, 혼례에는 서로 친근하게 여긴다는 뜻이 포함되어 있다. 그렇기 때문에 비록 그 뒤의 절차라도 배지(拜至)를 하는 것이다. 『의례』「빙례(聘禮)」편에서 향례 및 빈객을 예우할 때 배지(拜至)를 하지 않는 것은 빙례에서는 서로 친근하게 여긴다는 뜻을 취하지 않기 때문에 배지를 하지 않는 것이다. 이러한 까닭으로 그 문장에 대한 정현의 주에서는 "빈객이 이곳에 처음 이르른 것이 아니기 때문이다."7)라고 했다. "신부의 부친이 안석을 닦는다."라고 했는데, 이곳에서 안석을 닦는

---

1) 『의례』「사혼례」: 至于廟門, 揖入. 三揖, 至于階, 三讓.

2) 『의례』「공사대부례(公食大夫禮)」: 公當楣, 北鄉. 至再拜. 賓降也, 公再拜.

3) 『의례』「연례(燕禮)」: 賓升自西階. 主人亦升自西階. 賓右北面至再拜, 賓答再拜.

4) 『의례』「향음주례(鄕飮酒禮)」: 主人與賓三揖, 至於階. 三讓, 主人升, 賓升. 主人阼階上當楣, 北面再拜. 賓西階上當楣, 北面答拜.

5) 『의례』「향사례(鄕射禮)」: 主人揖·讓, 以大夫升. 拜至.

6) 『의례』「대사례(大射禮)」: 賓升自西階. 主人從之, 賓右北面至再拜. 賓答再拜.

7) 이 문장은 『의례』「빙례(聘禮)」편의 "禮, 不拜至."에 대한 정현의 주이다.

다고 했을 때 비록 바깥쪽으로 닦는다거나 안쪽으로 닦는다거나를 말하지 않았고 또 세 번이라고 말하지 않았다.[8] 『의례』「유사철(有司徹)」편을 살펴보면, "주인은 서쪽을 바라보며 좌측 손으로 안석을 잡고 세로로 향하게 하며 우측 소매로 안석의 먼지를 밀어서 닦어내길 세 차례하고, 두 손으로 안석을 가로로 잡고 나아가 자리 앞에서 시동에게 건넨다."[9]라 했고, 주에서는 "옷의 소매를 몌(袂)라고 부른다. 밀어서 닦어내는 것은 먼지를 제거해 새롭게 했음을 보여주는 것이다."라 했다. '불(拂)'이라 말한 것이 바깥쪽으로 닦어내는 것이니, 이곳의 경우 또한 바깥쪽으로 닦어내길 세 차례하는 것이다. 무릇 신분이 대등했을 때의 예법을 시행하는 경우 안석을 닦어내는 것은 모두 이와 같다. 신분이 미천한 자가 존귀한 자를 대하는 경우라면 안쪽으로 닦어낸다. 그렇기 때문에 「빙례」편에서 "재부가 안석을 안쪽으로 닦어내길 세 차례 하고, 양쪽 끝단을 받들고서 나아간다."라 하고, 정현이 "안석을 안쪽으로 닦는 것은 먼지가 존귀한 자에게 날리게 하고자 하지 않기 때문이다."라 말한 것이 이러한 사실을 나타낸다. 그렇다면 『의례』「사관례(士冠禮)」편에서 빈객을 예우할 때 안석이 없었던 것은 관례는 혼례와 비교하면 상대적으로 가벼운 의례이기 때문에 안석이 없는 것이다. 「향음주례」·「향사례」 및 「연례」에서 빈객을 예우할 때 빈객은 상대적으로 덜 중요하기 때문에 안석이 없다. 「빙례」편의 빈객과 「공사대부례」편에서의 빈객은 상대적으로 중요하기 때문에 안석이 있는 것이다. "안석의 다리를 건넨다."라고 했는데, 무릇 안석을 건넬 때의 법도는 미천한 자의 경우에는 양쪽 손으로 안석의 양쪽 끝단을 잡고, 존귀한 자는 안석 사이에서 양손으로 잡는데, 건넬 때에는 모두 이러하다. 이러한 까닭으로 「빙례」편에서 재부는 양쪽 끝단을 받들

---

8) 『의례』「빙례(聘禮)」: 宰夫內拂几三, 奉兩端以進. 公東南鄕, 外拂几三, 卒, 振袂, 中攝之, 進, 西鄕.

9) 『의례』「유사철(有司徹)」: 主人西面, 左手執几, 縮之, 以右袂推拂几三, 二手橫執几, 進授尸于筵前.

고서 나아간 것이다. 「유사철」편에서는 "시동은 나아가 두 손으로 주인의 두 손 사이로 안석을 받는다."[10]라 했고, 주에서는 "주인의 양손 사이로 받는 것은 겸손한 것이다."라고 했다. 비록 양손을 말하지 않았지만 양손으로 건넨다는 사실을 알 수 있다. 또 「빙례」편을 살펴보면 "공이 동남쪽을 향하여 안석을 바깥쪽으로 닦아내고, 그 일이 끝나면 옷소매를 털고, 안석의 가운데를 잡고 나아가 서쪽을 바라본다. 빈객이 나아가 자리 앞에서 안석을 마주하며 받는다."[11]라 했다. 이를 통해 말하자면, 공은 존귀한 신분이므로 한 손으로 안석의 가운데를 잡는다면, 빈객은 두 손으로 안석의 양쪽 끝단을 잡는다. 이곳의 경우 또한 빈객과 주인의 신분이 대등하지 않은 경우인데 안석의 다리를 건네는 것은 혼례는 다른 의례들과 다르기 때문이다. "절하며 보낸다."라고 했는데, 이것은 재배하여 군에게 보내면 빙문으로 온 빈객에 대해서 한 번 절하는 것에 해당한다. 그렇기 때문에 「빙례」편에서 "공은 한 번 절하고 보낸다."[12]라 했고, 정현의 주에서 "공은 존귀하기 때문이다."라고 한 것이다. 이곳의 안석은 몸을 편안하게 해주는 것인데 본래 본인이 얻을 수 있는 것이 아니다. 그렇기 때문에 빈객이 받는 것을 마친 뒤에야 답배를 한다. 아래 경문에서 단술을 받을 때 먼저 절하고서 받는 것[13]은 그것은 입으로 들어가는 사물이니, 본인이 마땅히 얻어야 하는 것이다. 그렇기 때문에 먼저 절하고서 받는다. "빈객은 안석을 가지고 뒷걸음질로 자리를 피한다."라고 했는데, 빈객의 신분이 미천하기 때문에 안석을 가지고 피하는 것이다. 「빙례」편의 빈객은 신분이 미천하다. 그렇기 때문에 또한 안석을 가지고 피

---

10) 『의례』「유사철(有司徹)」: 尸進, 二手受于手間.
11) 『의례』「빙례(聘禮)」: <u>公東南鄉, 外拂几三, 卒, 振袂, 中攝之, 進, 西鄉.</u> 擯者告. <u>賓進, 訝受几于筵前</u>, 東面俟.
12) 『의례』「빙례(聘禮)」: 公壹拜送.
13) 『의례』「사혼례」: 主人受醴, 面枋, 筵前西北面. <u>賓拜受醴</u>, 復位. 主人阼階上拜送.

한다고 말했다.[14] 「유사철」편에서는 안석을 가지고 피한다고 말하지 않았는데, 시동을 존귀하게 높이기 때문이다. 『의례』「근례(覲禮)」편에서는 안석을 가지고 피한다고 말하지 않았는데, 왕의 사신을 존귀하게 높이기 때문이다. 무릇 안석을 설치하는 법도에 있어 받을 때에는 간혹 그 다리를 잡기도 하고 또 양손 사이에서 받기도 하는데, 모두 가로로 받는다. 그것을 설치할 때에는 모두 안석을 돌려 세로로 잡고, 그런 뒤에 자리의 남쪽에 설치하는데, 북쪽을 바라보며 설치하고, 그 자리가 신을 위한 경우라면 우측에 두고, 사람을 위한 경우라면 좌측에 두어 차이를 둔다. 무릎을 꿇고 설치하지 않는 것은 안석은 상대적으로 덜 중요한 기물이기 때문이다.

賈疏 ◎注"拂拭"至"爲枝". ○釋曰: 鄭知"校, 几足"者, 既夕記云"綴足用燕几, 校在南, 御者坐持之", 故知校是几足也.

◎鄭注: "拂拭"~"爲枝". ○정현이 "교(校)는 안석의 다리이다."라고 했는데, 이러한 사실을 알 수 있었던 이유는 『의례』「기석례(旣夕禮)」편에서 "다리를 묶으며 연궤[15]를 사용하는데 교(校)는 남쪽으로 두고, 시종하는 자가 앉아서 붙잡는다."[16]라 했다. 그렇기 때문에 교(校)가 안석의 다리에 해당함을 알 수 있다.

---

14) 『의례』「빙례(聘禮)」: 賓以几辟.
15) 연궤(燕几)는 휴식을 취할 때 몸을 기댈 수 있도록 만든 안석이다.
16) 『의례』「기석례(旣夕禮)」: 綴足用燕几, 校在南, 御者坐持之.

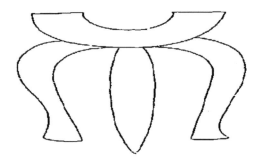

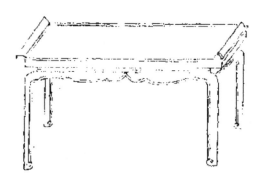

※ 출처:
   상단-『삼례도(三禮圖)』 3권
   하단-『삼재도회(三才圖會)』「기용(器用)」 12권

贊者酌醴, 加角柶, 面葉, 出于房.

직역 贊者가 醴를 酌하고 角柶를 加하되 葉을 面하고 房에서 出한다.

의역 혼례의 진행을 돕는 자가 잔에 단술을 따르고 그 위에 뿔수저를 올려두되 숟가락의 넓고 큰 부분이 앞을 향하도록 하고, 방에서 나간다.

鄭注 贊, 佐也, 佐主人酌事也. 贊者亦洗酌, 加角柶, 覆之, 如冠禮矣. 出房南面, 待主人迎受. 古文葉作擖.

'찬(贊)'는 돕는다는 뜻이니, 주인이 술따르는 일을 돕는 것이다. 혼례의 진행을 돕는 자 또한 술잔을 씻고 술을 따라서 뿔수저를 올려두어 덮으니, 관례처럼 하는 것이다. 방에서 나와 남쪽을 바라보며 주인이 맞이하여 받는 것을 기다린다. 고문에는 '엽(葉)'자가 갈(擖)자로 기록되어 있다.

賈疏 ●"贊者"至"于房". ◎注"贊佐"至"作擖". ○釋曰: 云"贊者亦洗酌, 加角柶, 覆之, 如冠禮矣"者, 按冠禮云: "贊者洗於房中, 側酌醴, 加柶覆之." 此與冠禮同, 故知如冠禮矣.

● 經文: "贊者"~"于房". ◎鄭注: "贊佐"~"作擖". ○ 정현이 "혼례의 진행을 돕는 자 또한 술잔을 씻고 술을 따라서 뿔수저를 올려두어 덮으니, 관례처럼 하는 것이다."라고 했는데, 『의례』「사관례(士冠禮)」편을 살펴보면, "관례의 진행을 돕는 자는 방안에서 손과 술잔을 씻고 홀로 단술을 따르고 숟가락을 올려서 덮는다."[1]라고 했으니, 이곳의 내용은 관례를 치를 때와 동일하다. 그렇기 때문에 관례처럼 한다는 사실을 알 수 있다.

---

1) 『의례』「사관례(士冠禮)」: <u>贊者洗于房中, 側酌醴, 加柶, 覆之, 面葉.</u>

主人受醴, 面枋, 筵前西北面. 賓拜受醴, 復位. 主人阼階
上拜送.

직역 主人은 醴를 受하고 枋을 面하여 筵前에서 西北面한다. 賓은 拜하고 醴를 受하
여 復位한다. 主人은 阼階上에서 拜送한다.

의역 신부의 부친은 단술을 받고서 숟가락의 자루 부분이 앞을 향하도록 하여 자리
앞에서 서북쪽을 바라본다. 빈객은 절을 하며 단술을 받고 자리로 되돌아온다.
신부의 부친은 동쪽 계단 위에서 절을 하며 건넨다.

鄭注 主人西北面疑立, 待賓卽筵也. 賓復位於西階上北面, 明相尊
敬. 此筵不主爲飮食起.

신부의 부친은 서북쪽을 바라보며 의립[1]하여 빈객이 자리로 나아가기를
기다린다. 빈객이 서쪽 계단 위의 자리로 되돌아와서 북쪽을 바라보는
것은 서로 존경한다는 뜻을 나타내기 위해서이다. 이 자리는 먹고 마시는
것을 주됨으로 삼지 않기 때문이다.

賈疏 ●"主人"至"拜送". ◎注"主人"至"食起". ○釋曰: 經唯云主人
西北面, 知"疑立"者, 鄕飮酒云"主人阼階東疑立", 明此亦然也. 凡主
人將授酒醴, 於筵前待賓, 卽筵前乃授之. 此鄭云"卽筵", 謂就筵前,
與下賓卽筵別也. 是以冠禮禮子及下禮婦皆於筵西受禮[2]. 然禮賓進

---

1) 의립(疑立)은 본래 응립(凝立)을 뜻한다. '의(疑)'자와 '응(凝)'자가 통용되기 때문
에, '응립'을 '의립'이라고도 부르는 것이다. 똑바로 서서 움직이지 않는 모습을
뜻한다. 『의례』「사혼례(士昏禮)」편에는 側尊甒醴于房中, 婦疑立于席西."라는
기록이 있는데, 이에 대한 정현의 주에서는 "疑, 正立自定之貌."라고 풀이했다.
2) 예(禮) : 『십삼경주소』 북경대 출판본에서는 "포당은 예(醴)자를 잘못하여 예(禮)
자로 기록한 것이라고 했다."라고 했다.

筵前受醴, 是不躐席之事也. 云"賓復位於西階上北面, 明相尊敬. 此
筵不主爲飮食起"者, 但此筵爲行禮, 故拜及啐皆於西階也.

● 經文: "主人"~"拜送". ◎ 鄭注: "主人"~"食起". ○ 경문에서는 단지 주
인이 서북쪽을 바라본다고 했는데, 의립(疑立)을 한다는 사실을 알 수
있는 이유는 『의례』「향음주례(鄕飮酒禮)」편에서는 "주인은 동쪽 계단
의 동쪽에서 의립을 한다."³⁾라 했으니, 이곳에서도 이처럼 한다는 사실을
나타낸다. 무릇 주인이 장차 술이나 단술을 건넬 때에는 자리 앞에서 빈
객을 기다리니, 자리 앞으로 나아간 뒤에 주는 것이다. 이곳에서 정현이
'즉연(卽筵)'이라고 한 것은 자리 앞으로 나아간다는 뜻으로, 아래에서
빈객이 자리로 나아간다고 한 것과는 구별된다. 이러한 까닭으로 관례에
서 자식을 예우하거나 아래에서 부인을 예우할 때에는 모두 자리의 서쪽
에서 예우를 받게 된다.⁴⁾ 그렇다면 빈객을 예우하며 자리 앞으로 나아가
서 술을 받는 것은 자리를 밟지 않는 사안에 해당한다. 정현이 "빈객이
서쪽 계단 위의 자리로 되돌아와서 북쪽을 바라보는 것은 서로 존경한다
는 뜻을 나타내기 위해서이다. 이 자리는 먹고 마시는 것을 주됨으로 삼
지 않기 때문이다."라고 했는데, 다만 이 자리는 의례를 진행하기 위한
것이다. 그렇기 때문에 절하고 맛보는 것을 모두 서쪽 계단에서 한다.

---

3) 『의례』「향음주례(鄕飮酒禮)」: 主人阼階東疑立. 賓坐, 左執爵, 祭脯醢.
4) 『의례』「사관례(士冠禮)」: 冠者筵西拜受觶, 賓東面答拜.

贊者薦脯醢.

직역 贊者가 脯醢를 薦한다.

의역 혼례의 진행을 돕는 자가 포와 젓갈을 올린다.

鄭注 薦, 進.

'천(薦)'은 올린다는 뜻이다.

賓卽筵坐, 左執觶, 祭脯醢, 以柶祭醴三, 西階上北面坐,
啐醴, 建柶, 興, 坐奠觶, 遂拜. 主人答拜.

직역 賓은 筵에 卽하여 坐하고 左로 觶를 執하고 脯醢에 祭하되 柶로 醴를 祭하길 三하며 西階上에서 北面하고 坐하여 醴를 啐하고 柶를 建하고 興하고 坐하여 觶를 奠하고 遂히 拜한다. 主人은 答拜한다.

의역 빈객은 자리로 나아가 앉아서 좌측 손으로 술잔을 잡고 우측 손으로 포와 젓갈이 담긴 두(豆) 사이에서 제사를 지내는데 수저로 단술을 제사지내길 세 차례 하며, 서쪽 계단 위에서 북쪽을 바라보며 앉아서 단술을 맛보고 수저를 술잔에 세우고서 일어나며 다시 앉아서 술잔을 놓아두고 마침내 절을 한다. 신부의 부친은 답배를 한다.

鄭注 卽, 就也. 左執觶, 則祭以右手也. 凡祭於脯醢之豆間, 必所爲祭者, 謙敬, 示有所先也. 啐, 嘗也. 嘗之者, 成主人意. 建猶扱也. 興, 起也. 奠, 停也.

'즉(卽)'자는 나아간다는 뜻이다. 좌측 손으로 술잔을 잡았다면 제사는 우측 손으로 지내는 것이다. 무릇 포와 젓갈을 담은 두(豆) 사이에서 제사를 지내는 것은 반드시 제사를 지내야 할 대상에 대해 겸손과 공경을 표하는 것으로, 처음으로 이러한 음식을 만든 자가 있음을 보이기 위해서이다. '쇄(啐)'자는 맛본다는 뜻이다. 그것을 맛보는 것은 주인의 뜻을 이루어주는 것이다. '건(建)'자는 꽂는다는 뜻이다. '흥(興)'자는 일어난다는 뜻이다. '전(奠)'자는 멈춘다는 뜻이다.

賈疏 ●"賛者"至"答拜". ○釋曰: 此經云"坐奠觶, 遂拜", 言遂者, 因事曰遂, 因建柶興, 坐奠觶, 不復興, 遂因坐而拜. 冠禮禮子幷醮子, 及此下禮婦, 不言坐奠觶遂者, 皆文不具. 聘禮賓不言拜者, 理中有拜可知也.

● 經文: "贊者"~"答拜". ○ 이곳 경문에서 "앉아서 술잔을 놓아두고 마침 내 절을 한다."라고 했는데, '수(遂)'라고 말한 것은 어떠한 사안으로 인해 서 하는 경우에 '수(遂)'라고 말하니, 수저를 꽂아두고 일어나는 것으로 인해 앉아서 술잔을 놓아두며 다시 일어나지 않는데, 마침내 앉는 것으로 인해서 절을 하는 것이다. 『의례』「사관례(士冠禮)」편에서는 자식을 예 우하거나 자식에게 초[1]를 할 때, 그리고 이곳 아래문장에서 부인을 예우 할 때에는 "앉아서 술잔을 내려놓고 마침내"라고 말하지 않았는데, 모두 문장을 자세히 갖춰서 기록하지 않았기 때문이다. 『의례』「빙례(聘禮)」 편에서 빈객을 예우할 때 절을 한다고 말하지 않은 것은 이치상 절을 한다는 것을 알 수 있기 때문이다.

賈疏 ◎注"卽就"至"停也". ○釋曰: 鄭云"祭以右手", 出于鄕射也. 云"凡祭於脯醢之豆間"者, 謂祭脯醢組豆皆於豆間, 此及冠禮·鄕飮 酒·鄕射·燕禮·大射, 皆有脯醢, 則在籩豆之間. 此注不言籩直言 豆者, 省文. 公食大夫及有司徹豆多者, 則言祭於上豆之間也. 云"必 所爲祭者, 謙敬, 示有所先也"者, 按曲禮云"主人延客祭", 注云: "祭, 祭先也. 君子有事不忘本也." 此云謙敬, 示有所先. 先卽本, 謂先世 造此食者也. 云"啐, 嘗也. 嘗之者, 成主人意"者, 主人設饌, 望賓爲 美之, 今客嘗之告旨, 是成主人意也.

◎鄭注: "卽就"~"停也". ○ 정현이 "제사는 우측 손으로 지내는 것이다." 라고 했는데, 『의례』「향사례(鄕射禮)」편에서 도출한 내용이다.[2] 정현이

---

1) 초(醮)는 관례(冠禮)나 혼례(婚禮)에서 술과 관련된 의식 절차를 뜻하며, 례(醴) 와 상대된다. 존귀한 자가 신분이 낮은 자에게 술을 따라주게 되는데, 술잔을 받은 자는 그 술을 다 마시게 되지만, 서로 술을 권하지는 않는 것을 '초'라고 부른다. 『의례』「사관례(士冠禮)」편에는 "若不醴, 則醮, 用酒."라는 기록이 있고, 이에 대한 정현의 주에서는 "酌而無酬酢曰醮."라고 풀이했다.

2) 『의례』「향사례(鄕射禮)」: 主人阼階東疑立, 賓坐, 左執爵, 右祭脯醢, 奠爵于

"무릇 포와 젓갈을 담은 두(豆) 사이에서 제사를 지낸다."라고 했는데, 포와 젓갈, 도마와 두(豆)에 대해서 제사를 지낼 때에는 모두 두 사이에서 한다는 뜻이다. 이곳 기록과 『의례』「사관례(士冠禮)」[3]·「향음주례(鄕飮酒禮)」[4]·「향사례(鄕射禮)」[5]·「연례(燕禮)」[6]·「대사례(大射禮)」[7]편에는 모두 포와 젓갈이 포함되니, 변(籩)과 두 사이에서 하게 된다. 이곳 주에서 변(籩)을 언급하지 않고 단지 두(豆)만을 언급한 것은 문장을 생략했기 때문이다. 『의례』「공사대부례(公食大夫禮)」편과 「유사철(有司徹)」편에는 두가 많이 차려지니, 윗자리의 두 사이에서 제사를 지낸다고 말했다.[8] 정현이 "반드시 제사를 해야 할 대상에 대해 겸손과 공경을 표하는 것으로, 처음으로 이러한 음식을 만든 자가 있음을 보이기 위해서이다."라고 했는데, 『예기』「곡례(曲禮)」편을 살펴보면 "주인이 빈객을 인도하여 제사를 지낸다."[9]라 했고, 주에서는 "제(祭)는 선대의 사

薦西, 興取肺, 坐絶祭, 尙左手嚌之, 興加于俎, 坐挩手, 執爵, 遂祭酒, 興席末坐, 啐酒, 降席坐, 奠爵, 拜告旨, 執爵興.

3) 『의례』「사관례(士冠禮)」: 冠者卽筵坐, 左執觶, 右祭脯醢, 以柶祭醴三, 興. 筵末坐, 啐醴, 建柶, 興. 降筵, 坐奠觶, 拜. 執觶興. 賓答拜.

4) 『의례』「향음주례(鄕飮酒禮)」: 賓坐, 左執爵, 祭脯醢, 奠爵于薦西, 興右手取肺, 卻左手執本, 坐, 弗繚, 右絶末以祭, 尙左手嚌之, 興加于俎, 坐, 挩手, 遂祭酒, 興, 席末坐, 啐酒, 降席坐, 奠爵, 拜告旨, 執爵興.

5) 『의례』「향사례(鄕射禮)」: 主人阼階東疑立, 賓坐, 左執爵, 右祭脯醢, 奠爵于薦西, 興取肺, 坐絶祭, 尙左手嚌之, 興加于俎, 坐挩手, 執爵, 遂祭酒, 興席末坐, 啐酒, 降席坐, 奠爵, 拜告旨, 執爵興.

6) 『의례』「연례(燕禮)」: 賓坐, 左執爵, 右祭脯醢, 奠爵于薦右, 興取肺, 坐絶祭, 嚌之, 興加于俎, 坐挩手, 執爵, 遂祭酒, 興席末坐, 啐酒, 降席坐, 奠爵, 拜告旨, 執爵興.

7) 『의례』「대사례(大射禮)」: 賓坐, 左執觚, 右祭脯醢, 奠爵于薦右, 興取肺, 坐絶祭, 嚌之, 興加于俎, 坐挩手, 執爵, 遂祭酒, 興席末坐, 啐酒, 降席坐, 奠爵, 拜告旨.

8) 『의례』「공사대부례(公食大夫禮)」: 賓升席, 坐取韭菹, 以辯擩于醢, 上豆之間祭.

람에게 제사를 지내는 것이다. 군자는 어떤 일이 있을 때 근본을 잊지 않기 때문이다."라고 했다. 이곳에서는 "겸손과 공경을 표하는 것으로, 처음으로 이러한 음식을 만든 자가 있음을 보이기 위해서이다."라고 했다. '선(先)'은 곧 근본에 해당하니, 선대에 이러한 음식을 처음으로 만들었던 자를 뜻한다. 정현이 "쵀(啐)'자는 맛본다는 뜻이다. 그것을 맛보는 것은 주인의 뜻을 이루어주는 것이다."라고 했는데, 주인이 음식을 진설하면 빈객이 그것들을 맛있게 여기기를 희망한다. 지금 빈객이 그것을 맛보고 맛있다고 알리는 것은 주인의 뜻을 이루어주는 것이다.

참고 3-5 『예기』 「곡례상(曲禮上)」 기록

경문 主人延客祭, 祭食, 祭所先進. 殽之序, 徧祭之.

주인은 빈객을 인도하여 제사를 지내니, 음식에 대한 제사의 법도에서는 먼저 올라온 음식들부터 제사를 지낸다. 그리고 음식이 차려지는 순서에 따라 두루 제사를 지낸다.

鄭注 延, 道也. 祭, 祭先也, 君子有事, 不忘本也. 客不降等則先祭. 主人所先進先祭之, 所後進後祭之, 如其次. 謂菹·炙·膾也, 以其本出於牲體也. 公食大夫禮: "魚·腊·湆·醬不祭也."

'연(延)'자는 인도한다는 뜻이다. '제(祭)'자는 선대의 사람에게 제사를 지낸다는 뜻이니, 군자는 어떤 일이 있을 때 근본을 잊지 않기 때문이다. 빈객이 계단으로 내려가지 않는다면 먼저 제사부터 지내게 된다. 주인은 먼저 올라온 음식에 대해서 우선적으로 제사를 지내고, 뒤에 올라온 음식들에 대해서는 그 이후에 제사지내니, 음식들이 올라온 순서대로 지낸다.

---

9) 『예기』 「곡례상(曲禮上)」 : <u>主人延客祭</u>, 祭食, 祭所先進. 殽之序, 徧祭之.

"두루 제사지낸다."는 말은 자(胾)·적(炙)·회(膾) 등으로 두루 제사를 지낸다는 뜻으로, 이 음식들은 같은 희생물의 몸체에서 나온 부위들이기 때문이다. 『의례』「공사대부례(公食大夫禮)」편에서는 "물고기·말린 고기·국·장 등으로는 제사를 지내지 않는다."[10]라고 하였다.

孔疏 ●"主人延客祭"者, 延, 道也. 祭者, 君子不忘本, 有德必酬之, 故得食而種種出少許, 置在豆間之地, 以報先代造食之人也. 若敵客則得自祭, 不須主人之延道. 今此卑客聽主人先祭道之, 己乃從之, 故云"延客祭"也.

● 經文: "主人延客祭". ○ '연(延)'자는 인도한다는 뜻이다. 제사를 지내는 것은 군자는 근본을 잊을 수가 없어서, 이전 세대의 유덕한 자에게는 반드시 보답을 하게 된다. 그렇기 때문에 음식이 올라오면 종류별로 조금씩 덜어내어, 두(豆) 사이에 두고서, 선대의 음식을 처음 만든 자에게 보답하는 것이다. 만약 주인과 신분이 대등한 빈객의 경우라면, 빈객 스스로 이러한 제사를 지낼 수 있으며, 주인이 인도해줄 때까지 기다릴 필요가 없다. 그러나 이곳 문장에서 말하는 빈객은 주인보다 신분이 낮으므로, 주인이 먼저 제사를 지내며 인도하는 것을 기다렸다가 자신 또한 주인을 뒤따라 하게 된다. 그렇기 때문에 "빈객을 인도하여 제사를 지낸다."라고 말한 것이다.

孔疏 ●"祭食, 祭所先進", 凡祭食之法, 隨主人所設前後次第種種而次祭之, 故主人所先進, 先祭之, 所後進, 後祭之, 所從如其次也.

● 經文: "祭食, 祭所先進". ○ 무릇 음식에 대한 제사의 예법은 주인이 차려내는 음식들이 올라온 순서에 따라 종류별로 제사를 지내게 된다. 그렇기 때문에 주인이 먼저 올라온 음식으로 우선적으로 제사를 지내는

---

10) 『의례』「공사대부례(公食大夫禮)」: 祭飮酒於上豆之間. 魚·腊·醬·涪不祭.

것이며, 이후에 올라온 음식들은 그 후에 제사를 지내는 것이니, 빈객이 제사를 지내며 따르는 순서도 주인이 했던 순서와 같다.

孔疏 ●“骰之序, 徧祭之”者, 序, 次序也, 謂膾炙臧之屬也. 徧, 帀也. 炙臧之屬, 雖同出於牲, 今祭之, 故種種次序, 徧帀祭之.

● 經文: “骰之序, 徧祭之”. ○ ‘서(序)’자는 순서를 뜻한다. 즉 차려지는 음식들은 회(膾) · 적(炙) · 자(臧) 등의 음식들을 가리킨다. ‘편(徧)’자는 두루라는 뜻이다. 적이나 자 등의 음식들은 비록 같은 희생물의 몸체에서 나온 것이지만, 현재 음식에 대한 제사를 지내는 것이기 때문에, 종류별로 차례대로 제사를 지내서, 음식들에 대해 두루 제사지내는 것이다.

孔疏 ◎注“謂臧”至“祭也”. ○ 正義曰: 按公食大夫禮云: “三牲之肺不離, 賛者辯取之, 壹以授賓. 賓興受, 坐祭, 挩手.” 又云: “魚 · 腊 · 醬 · 湆不祭也.”

◎ 鄭注: “謂臧”~“祭也”. ○『의례』「공사대부례(公食大夫禮)」편을 살펴보면, “삼생(三牲)에서 나온 폐(肺)는 이폐[11]하지 않고, 의례의 진행을 돕는 자가 그것들을 변별하여, 하나를 집어서 빈객에게 준다. 빈객은 자리에서 일어나서 폐의 한 조각을 받고, 자리에 앉아서 제사를 지내고, 손을 씻는다.”[12]라고 했다. 또한 「공사대부례」편에서는 “물고기 · 말린 고기 · 장 · 국 등으로는 제사를 지내지 않는다.”라고 하였다.

---

11) 이폐(離肺)는 희생물의 폐(肺)를 제사용으로 잘라낸다는 뜻이다. ‘이(離)’자는 “잘라낸다[割].”는 뜻이다. 제사용으로 사용되지 않을 때에는 폐를 잘게 자르게 된다. 『의례』「사관례(士冠禮)」편에는 “若殺, 則特豚, 載合升, 離肺, 實于鼎.”이라는 기록이 있고, 이에 대한 정현의 주에서는 “離, 猶割也. 割肺者, 使可祭也, 可嚌也.”라고 풀이했다.

12)『의례』「공사대부례(公食大夫禮)」: 三牲之肺不離, 賛者辯取之, 壹以授賓. 賓興受, 坐祭, 挩手.

※ 출처:
　좌-『삼재도회(三才圖會)』「기용(器用)」1권
　상우-『삼례도집주(三禮圖集注)』12권 ; 하우-『육경도(六經圖)』9권

그림 3-22 ◨ 조(俎)

※ 출처: 『삼례도집주(三禮圖集注)』 13권

賓卽筵, 奠于薦左, 降筵, 北面坐取脯, 主人辭.

직역 賓은 筵에 卽하여 薦左에 奠하고 筵에서 降하여 北面하고 坐하여 脯를 取하면 主人이 辭한다.

의역 빈객은 자리로 나아가 포와 젓갈이 차려진 곳 좌측에 술잔을 내려놓고, 자리에서 내려와 북쪽을 바라보며 앉아서 포를 취한다. 그러면 신부의 부친은 빈객이 직접 치우는 것을 사양한다.

鄭注 薦左, 籩豆之東. 降, 下也. 自取脯者, 尊主人之賜, 將歸執以反命. 辭者, 辭其親徹.

'천좌(薦左)'는 변(籩)과 두(豆)의 동쪽을 뜻한다. '강(降)'자는 내려간다는 뜻이다. 직접 포를 취하는 것은 주인이 준 것을 존귀하게 여겨서 장차 되돌아가 그것을 가지고서 복명(復命)하고자 해서이다. 사양을 한다는 것은 직접 치우는 일을 사양하는 것이다.

賈疏 ●"賓卽"至"人辭". ○釋曰: 此奠於薦左, 不言面位, 下贊禮婦 "奠于薦東", 注云: "奠于薦東, 升席奠之." 此云奠于薦東, 升席奠之, 明皆升席, 南面奠也. 必南面奠者, 取席之正. 又祭酒亦皆南面, 並因祭酒之而奠之, 則冠禮禮子亦南面奠之. 聘禮禮賓, 賓北面奠者, 以公親執束帛待賜, 已不敢稽留, 故由便疾北面奠之也. 鄉飲酒・鄉射酬酒不祭不擧, 不得因祭而奠于薦東也. 燕禮・大射重君物, 君祭酬酒, 故亦南面奠. 云"降, 下也. 自取脯者, 尊主人之賜, 將歸執以反命"者, 按下記云"賓右取脯, 左奉之, 乃歸, 執以反命", 是也.

● 經文: "賓卽"~"人辭". ○ 이곳에서 천(薦)의 좌측에 술잔을 내려놓는다고 하면서 바라보는 자리를 언급하지 않았는데, 아래에서 혼례의 진행

을 돕는 자가 부인을 예우하며 "천(薦)의 동쪽에 놓아둔다."[1]라 했고, 주에서는 "천의 동쪽에 놓아두는 것은 자리에 올라가서 술잔을 놓아두는 것이다."라 했다. 여기에서 천의 동쪽에 놓아두는 것이 자리에 올라가서 놓아두는 것이라고 말했다면, 모두 자리에 올라가서 남쪽을 바라보며 놓아둔다는 사실을 나타낸다. 반드시 남쪽을 바라보며 놓아두는 것은 자리의 바른 위치에 따르기 때문이다. 또 술로 제사를 지낼 때에도 모두 남쪽을 바라보고, 아울러 술로 제사를 지내는 것에 연유하여 놓아두는 것이라면, 『의례』「사관례(士冠禮)」편에서 자식을 예우할 때에도 남쪽을 바라보며 놓아두는 것이다.[2] 『의례』「빙례(聘禮)」편에서 빈객을 예우할 때 빈객이 북쪽을 바라보며 놓아두는 것[3]은 공이 직접 속백을 잡고 있고 하사해주기를 기다리니 감히 지체시킬 수 없기 때문에, 편리함과 빠른 것에 따라 북쪽을 바라보며 놓아두는 것이다. 『의례』「향음주례(鄉飲酒禮)」편과 「향사례(鄉射禮)」편에서 술잔을 돌릴 때에는 제사를 지내지 않고 들지 않으니, 제사로 인해서 천의 동쪽에 놓아둘 수 없기 때문이다. 『의례』「연례(燕禮)」[4]편과 「대사례(大射禮)」[5]편에서는 군주의 물건을 중시하고 군주가 제사를 지내고 술잔을 돌리기 때문에 또한 남쪽을 바라

---

1) 『의례』「사혼례」: 婦升席, 左執觶, 右祭脯醢, 以柶祭醴三, 降席, 東面坐, 啐醴, 建柶, 興, 拜. 贊答拜. 婦又拜, <u>奠于薦東</u>, 北面坐取脯, 降, 出, 授人于門外.

2) 『의례』「사관례(士冠禮)」: 冠者即筵坐, 左執觶, 右祭脯醢, 以柶祭醴三, 興. 筵末坐, 啐醴, 建柶, 興. 降筵, 坐奠觶, 拜. 執觶興. 賓答拜.

3) 『의례』「빙례(聘禮)」: 降筵, 北面, 以柶兼諸觶, 尙擪, 坐, 啐醴. 公用束帛. 建柶, 北面奠于薦東.

4) 『의례』「연례(燕禮)」: 司正降自西階, 南面坐, 取觶, 升, 酌散, 降, <u>南面坐奠觶</u>, 右還, 北面少立, 坐, 取觶, 興, 坐, 不祭, 卒觶奠之, 興, 再拜稽首, 左還, 南面坐, 取觶洗, 南面反奠於其所, 升自西階, 東楹之東請徹俎.

5) 『의례』「대사례(大射禮)」: 司正降自西階, 南面坐, 取觶升, 酌散, 降, <u>南面坐, 奠觶</u>, 興, 右還, 北面少立, 坐, 取觶興, 坐, 不祭, 卒觶奠之, 興, 再拜稽首, 左還, 南面坐, 取觶洗, 南面反奠于其所, 北面立.

보며 놓아두는 것이다. 정현이 "강(降)자는 내려간다는 뜻이다. 직접 포를 취하는 것은 주인이 준 것을 존귀하게 여겨서 장차 되돌아가 그것을 가지고서 복명(復命)하고자 해서이다."라고 했는데, 아래 기문을 살펴보면 "빈객은 우측 손으로 포를 잡고 좌측 손으로 이것을 함께 받들고 이에 되돌아간다. 되돌아가서는 이것을 들고서 복명을 한다."[6]라 했다.

---

6) 『의례』「사혼례」: 祭醴, 始扱壹祭, 又扱再祭. <u>賓右取脯, 左奉之, 乃歸, 執以反命</u>.

77上

賓降, 授人脯, 出. 主人送于門外, 再拜.

직역 賓은 降하여 人에 脯를 授하고 出한다. 主人은 門外에서 送하며 再拜한다.

의역 빈객은 계단을 내려와 종자에게 포를 건네고 밖으로 나간다. 주인은 대문 밖에서 전송하며 재배를 한다.

鄭注 人, 謂使者從者, 授於階下西面, 然後出去.

'인(人)'은 심부름꾼의 종자를 뜻하니, 계단 아래 서쪽을 바라보는 곳에서 건네고, 그런 뒤에 문밖으로 나와 떠나는 것이다.

賈疏 ●"賓降"至"再拜". ◎注"人謂"至"出去". ○釋曰: 鄭知"人, 謂使者從者"者, 以其此脯使者將歸, 故授從者也. 又知"授於階下西面, 然後出去"者, 以其賓位在西, 授脯文在出上, 故知西階下西面授之, 然後出去也.

●經文: "賓降"~"再拜". ◎鄭注: "人謂"~"出去". ○정현이 "인(人)은 심부름꾼의 종자를 뜻한다."라고 했는데, 이 말이 사실임을 알 수 있는 이유는 여기에서 말한 포는 심부름꾼이 가지고 되돌아가는 것이다. 그렇기 때문에 종자에게 준다. 또 "계단 아래 서쪽을 바라보는 곳에서 건네고, 그런 뒤에 문밖으로 나와 떠나는 것이다."라고 했는데, 이 말이 사실임을 알 수 있는 이유는 빈객의 자리는 서쪽에 있고 포를 건넨다는 문장은 밖으로 나간다는 말 앞에 있다. 그렇기 때문에 서쪽 계단 아래의 서쪽을 바라보는 자리에서 건네고, 그런 뒤에 밖으로 나가 떠난다는 사실을 알 수 있다.

제 4 절
납길(納吉)의 절차

77上

納吉, 用鴈, 如納采禮.

직역 納吉하며 鴈을 用하고 納采의 禮와 如한다.

의역 납길을 하며 기러기를 예물로 사용하는데, 납채(納采)의 의례와 동일하게 한다.

鄭注 歸卜於廟, 得吉兆, 復使使者往告, 昏姻之事於是定.

심부름꾼이 되돌아와 묘에서 점을 쳐 길한 조짐을 얻게 되면, 다시 심부름꾼을 시켜서 찾아가 아뢰게 하니, 혼인의 사안은 여기에서 확정된다.

賈疏 ●"納吉"至"采禮". ○釋曰: 按上文納采在前, 問名在後, 今此不云如問名而云如納采者, 問名賓不出大門, 故此納吉如其納采也.

●經文: "納吉"~"采禮". ○앞 문장을 살펴보면 납채가 앞에 있고 문명이 뒤에 있다. 그런데 이곳에서 문명과 동일하게 한다고 말하지 않고 납채와 동일하게 한다고 말한 것은 문명을 할 때 빈객은 대문 밖으로 나가지 않는다. 그렇기 때문에 이곳의 납길은 납채를 할 때와 동일하게 하는 것이다.

賈疏 ◎注"歸卜"至"是定". ○釋曰: 鄭知義然者, 按下記云: "納吉曰吾子有貺命, 某加諸卜, 占吉, 使某也敢告." 凡卜並皆於禰廟, 故然也. 未卜時恐有不吉, 婚姻不定, 故納吉乃定也.

◎鄭注: "歸卜"~"是定". ○ 정현이 그 의미가 이와 같음을 알았던 것은 아래 기문을 살펴보면 "그대께서 따님의 이름을 알려주셔서 아무개가 점을 쳤는데 점괘에서 길하다고 했습니다. 그래서 아무개를 시켜서 감히 아룁니다."[1]라고 했다. 무릇 점을 칠 때에는 모두 부친의 묘에서 시행한다. 그러므로 이러한 사실을 알았다. 아직 점을 치지 않았을 때에는 불길함이 생길까를 염려하여 혼인을 확정하지 않는다. 그렇기 때문에 납길을 한 뒤에야 확정하는 것이다.

---

1) 『의례』「사혼례」: 納吉, 曰, "吾子有貺命, 某加諸卜, 占曰吉, 使某也敢告."

77上

納徵, 玄纁束帛·儷皮, 如納吉禮.

직역 納徵하며 玄纁束帛과 儷皮하고 納吉의 禮와 如한다.

의역 납징을 하며 현색과 훈색의 속백1)과 한 쌍의 사슴 가죽을 예물로 사용하는데, 납길(納吉)의 의례와 동일하게 한다.

鄭注 徵, 成也. 使使者納幣以成昏禮. 用玄纁者, 象陰陽備也. 束帛, 十端也. 周禮曰: "凡嫁子取妻, 入幣純帛無過五兩." 儷, 兩也. 執束帛以致命. 兩皮爲庭實. 皮, 鹿皮. 今文纁皆作熏.

'징(徵)'자는 완성한다는 뜻이다. 심부름꾼을 시켜서 납폐를 하여 혼례를 성사시킨다. 현색과 훈색을 사용하는 것은 음양이 갖춰졌음을 상징하기 위해서이다. '속백(束帛)'은 비단 10단2)이다. 『주례』에서는 "무릇 딸자식을 시집보내고 아들의 처를 들일 때 예물에 순색의 비단을 포함시키되

---

1) 속백(束帛)은 한 묶음의 비단으로, 그 수량은 다섯 필(匹)이 된다. 빙문(聘問)을 하거나 증여를 할 때 가져가는 예물(禮物) 등으로 사용되었다. '속(束)'은 10단(端)을 뜻하는데, 1단의 길이는 1장(丈) 8척(尺)이 되며, 2단이 합쳐서 1권(卷)이 되므로, 10단은 총 5필이 된다. 『주례』「춘관(春官)·대종백(大宗伯)」편에는 "孤執皮帛."이라는 기록이 있고, 이에 대한 가공언(賈公彦)의 소(疏)에서는 "束者十端, 每端丈八尺, 皆兩端合卷, 總爲五匹, 故云束帛也."라고 풀이했다.

2) 단(端)은 견직물에 대한 단위이다. 1단의 길이는 1장(丈) 8척(尺)이다.

5양[3])을 넘지 못하도록 한다."[4])라고 했다. '여(儷)'자는 한 쌍을 뜻한다. 속백을 들고 가서 명령을 전달한다. 한 쌍의 가죽은 마당에 놓아두는 예물이다. '피(皮)'는 사슴의 가죽을 뜻한다. 금문에는 '훈(纁)'자가 모두 '훈(熏)'자로 기록되어 있다.

賈疏 ●"納徵"至"吉禮". ○釋曰: 此納徵無鴈者, 以有束帛爲贄故也. 是以孝經鉤命決云"五禮用鴈", 是也. 按春秋左氏莊公二十二年: "冬, 公如齊納幣." 不言納徵者, 孔子制春秋, 變周之文從殷之質, 故指幣體[5])而言周文, 故以義言之. 徵, 成也, 納此則昏禮成, 故云"徵"也.

●經文: "納徵"~"吉禮". ○이곳에서 납징을 할 때 기러기가 포함되지 않은 것은 속백을 예물로 삼기 때문이다. 이러한 까닭으로 『효경구명결』에서는 "다섯 가지 의례 절차에서는 기러기를 예물로 사용한다."라고 했다. 『춘추좌씨전』을 살펴보면 장공 22년에 "겨울에 장공이 제나라로 가서 납폐(納幣)를 하였다."[6])라고 하여 납징(納徵)이라고 말하지 않은 것은 공자가 『춘추』를 산정했을 때 주나라의 화려한 예법을 고쳐 은나라의 질박한 예법에 따랐기 때문에, 폐(幣)라는 예법을 지목하여 주나라의 화려한 예법을 말한 것이다. 그렇기 때문에 의미에 따라 언급한 것이다. '징(徵)'자는 완성한다는 뜻이니, 이러한 예물을 들인다면 혼례가 성사된다. 그렇기 때문에 '징(徵)'이라고 말한 것이다.

---

3) 양(兩)은 길이를 재는 단위이다. 필(匹)과 같다. 8척(尺)은 1심(尋)이 되고, 5심은 1양(兩)이 된다.

4) 『주례』「지관(地官)·매씨(媒氏)」: 凡嫁子娶妻, 入幣純帛, 無過五兩.

5) 체(體): 『십삼경주소』북경대 출판본에서는 "완원의 『교감기』에서는 '『요의』에는 동일하게 기록되어 있는데, 『모본』에서는 체(體)자를 예(禮)자로 기록했으니 이 기록이 옳다.'라고 했고, 손이양의 『교기』에서는 '체(體)자는 잘못 기록한 것이 아니니, 『모본』의 기록이 잘못되었다.'"라고 했다.

6) 『춘추』「장공(莊公) 22년」: 冬, 公如齊納幣.

賈疏 ◎注"徵成"至"作熏". ○釋曰: 云"用玄纁者, 象陰陽備也. 束帛, 十端也"者, 周禮: "凡嫁子娶妻, 入幣緇帛無過五兩." 鄭彼注云: "納幣帛緇, 婦人陰也. 凡於娶禮, 必用其類. 五兩, 十端也. 必言兩者, 欲得其配合之名, 十象五行十日相成也. 士大夫乃以玄纁束帛, 天子加以穀圭, 諸侯加以大璋. 雜記云: '納幣一束, 束五兩, 兩五尋.' 然則每端二丈." 若彼據庶人空用緇色, 無纁, 故鄭云用緇婦人陰, 此玄纁俱有, 故云象陰陽備也. 按玉人, 穀圭, 天子以聘女; 大璋, 諸侯以聘女. 故鄭據而言焉. "玄纁束帛"者, 合言之, 陽奇陰耦, 三玄二纁也. 其大夫無冠禮而有昏禮, 若試爲大夫及幼爲大夫者, 依士禮. 若五十而爵, 改娶者, 大夫昏禮, 玄纁及鹿皮則同於士. 餘有異者, 無文以言也.

◎鄭注: "徵成"~"作熏". ○정현이 "현색과 훈색을 사용하는 것은 음양이 갖춰졌음을 상징하기 위해서이다. 속백(束帛)은 비단 10단이다."라고 했는데, 『주례』에서는 "무릇 딸자식을 시집보내고 아들의 처를 들일 때 예물에 순색의 비단을 포함시키되 5양(兩)을 넘지 못하도록 한다."라 했고, 『주례』에 대한 정현의 주에서는 "납폐를 할 때 비단은 치색으로 하니, 부인은 음에 해당하기 때문이다. 무릇 아내를 들이는 예법에서는 반드시 해당하는 부류의 것을 사용한다. 5양(兩)은 10단(端)이다. 기어코 양(兩)이라고 말한 것은 짝이 된다는 명칭에 따르고자 했기 때문이며, 10은 5행이 10일 동안 서로 이루어주는 것을 상징한다. 사와 대부는 현색과 훈색의 속백을 사용하고, 천자는 곡규(穀圭)를 더하게 되며 제후는 대장(大璋)을 더하게 된다. 『예기』「잡기(雜記)」편에서는 '납폐를 할 때에는 1속(束)[7]의 비단을 사용하니, 1속은 5양(兩)이 되고, 1양은 5심(尋)[8]이 된

---

7) 속(束)은 견직물을 헤아리는 단위이다. 1'속'은 10단(端)을 뜻하는데, 1단의 길이는 1장(丈) 8척(尺)이 되며, 2단이 합쳐서 1권(卷)이 되므로, 10단은 총 5필이된다. 『주례』「춘관(春官)·대종백(大宗伯)」편에는 "孤執皮帛."이라는 기록이있고, 이에 대한 가공언(賈公彦)의 소(疏)에서는 "束者十端, 每端丈八尺, 皆兩

다.'9)라고 했다. 그렇다면 매 단은 2장(丈)이 된다."라고 했다. 이러한 주석은 서인은 치색만 사용하고 훈색을 사용하지 않는 것에 근거한 것이다. 그렇기 때문에 정현은 치색을 사용하는 것은 부인이 음의 부류에 해당한다고 했는데, 이곳에서는 현색과 훈색을 모두 갖춘다. 그렇기 때문에 음양이 갖춰졌음을 상징한다고 했다. 『주례』「옥인(玉人)」편을 살펴보면 '곡규(穀圭)'에 대해서 천자는 이를 통해 아내될 여자 측을 빙문한다고 했고,10) '대장(大璋)'에 대해서 제후는 이를 통해 아내될 여자 측을 빙문한다고 했다.11) 그렇기 때문에 정현이 이러한 기록에 근거해서 설명한 것이다. '현색과 훈색의 속백'이라고 했는데, 이것은 종합해서 말한 것으로, 양은 홀수이고 음은 짝수이니, 현색은 3양이고 훈색은 2양이다. 대부에게는 대부 계층만의 관례가 없지만 혼례는 있는데, 시험을 통해 대부가 되었거나 어렸을 때 대부가 된 자들은 사 계층의 예법에 따르게 된다. 만약 50세가 되어 작위를 받은 자가 재취를 하게 되면 대부의 혼례에 따르게 되는데, 현색과 훈색 및 사슴 가죽을 사용하는 것은 사 계층이 따르는 예법과 동일하다. 나머지 차이점에 있어서는 남아 있는 기록이 없어 설명할 수 없다.

端合卷, 總爲五匹, 故云束帛也."라고 풀이했다.

8) 심(尋)은 길이가 반상(半常)인 것으로, 8척(尺)이 되는 것을 뜻한다. 『의례』「공사대부례(公食大夫禮)」편에는 "司宮具几與蒲筵常, 緇布純. 加萑席尋, 玄帛純. 皆卷自末."이라는 기록이 있는데, 이에 대한 정현의 주에서는 "半常曰尋."이라고 풀이했다.

9) 『예기』「잡기하(雜記下)」: 納幣一束, 束五兩, 兩五尋.

10) 『주례』「동관고공기(冬官考工記)·옥인(玉人)」: 穀圭七寸, 天子以聘女.

11) 『주례』「동관고공기(冬官考工記)·옥인(玉人)」: 大璋亦如之, 諸侯以聘女.

경문 凡嫁子娶妻, 入幣純帛, 無過五兩.

무릇 딸자식을 시집보내고 아들의 처를 들일 때, 납폐를 하며 순백(純帛)
을 사용하되 5양(兩)을 넘지 못하도록 한다.

鄭注 純, 實緇字也. 古緇以才爲聲. 納幣用緇, 婦人陰也. 凡於娶
禮, 必用其類. 五兩, 十端也. 必言兩者, 欲得其配合之名. 十者, 象
五行十日相成也. 士大夫乃以玄纁束帛, 天子加以穀圭, 諸侯加以大
璋. 雜記曰: "納幣一束, 束五兩, 兩五尋." 然則每端二丈.

'순(純)'자는 실제로는 치(緇)자이다. 고자에서 '치(緇)'자는 재(才)자를
소리부로 삼는다. 납폐를 하며 치색의 것을 사용하는 것은 부인은 음에
해당하기 때문이다. 무릇 아내를 들이는 예법에서는 반드시 해당 부류의
것을 사용한다. 5양(兩)은 10단(端)이다. 기어코 '양(兩)'이라 말한 것은
짝이 된다는 명칭에 따르고자 했기 때문이다. '십(十)'이라는 것은 오행이
10일이 되어 서로 이루어주는 것을 상징한다. 사와 대부는 현색과 훈색
의 속백(束帛)을 사용하고, 천자는 곡규(穀圭)를 더하게 되며, 제후는
대장(大璋)을 더하게 된다. 『예기』「잡기(雜記)」편에서는 "납폐를 할 때
에는 1속(束)의 비단을 사용하니, 1속은 5양(兩)이 되고, 1양은 5심(尋)
이 된다."라고 했다. 그렇다면 매 단(端)은 2장(丈)이 된다.

賈疏 ◎注"純實"至"二丈". ○釋曰: 凡嫁子娶妻, 含尊卑, 但云緇帛,
文主庶人耳. 注"純實緇字也, 古緇以才爲聲"者, 緇以絲爲形, 才爲
聲, 故誤爲純字. 但古之緇有二種: 其緇布之緇, 糸旁甾, 後不誤, 故
禮有緇布冠 · 緇布衣, 存古字; 若以絲帛之緇, 則糸旁才, 此字諸處
不同. 絲理明者卽破爲色, 此純帛及祭統蠶事以爲純服, 故論語云:

"麻冕, 禮也, 今也純儉." 如此之類, 皆絲理自明, 卽爲色解之. 昏禮云: "女次純衣", 鄭云: "純衣, 絲衣." 以昏禮直云純衣, 絲理不明, 故爲絲衣解之也. 云"五兩十端"者, 古者二端相向卷之, 共爲一兩, 五兩故十端也. 云"十者象五行十日相成"者, 左傳云"天有六氣", 降生五行, 行各有二日. 東方木爲甲乙, 南方火爲丙丁, 中央土爲戊己, 西方金爲庚辛, 北方水爲壬癸, 是十日. 言相成者, 木八爲金九妻, 火七爲水六妻, 土十爲木八妻, 金九爲火七妻, 水六爲土五妻, 所克者爲妻, 是夫妻相成之數. 云"士大夫乃以玄纁束帛"者, 按: 士昏禮玄纁束帛, 大夫昏禮而有改娶者, 依士禮用玄纁, 故云士大夫用玄纁. 云"天子加以穀圭, 諸侯加以大璋"者, 玉人文. 謂加於玄纁束帛之上以行禮. 引雜記者, 證五兩, 兩五尋四十尺之意. 云"納幣一束, 束五兩, 兩五尋"者, 尋八尺, 則一兩四十尺. 五兩, 四五二十, 總二百尺, 故鄭玄云: "然則每端二丈." 若餘行禮, 則用制幣丈八尺, 取儉易共, 此昏禮每端二丈, 取誠實之義, 故以二丈整數爲之也.

◎鄭注: "純實"~"二丈". ○"무릇 딸자식을 시집보내고 아들의 처를 들인다."는 말은 존귀한 신분이나 미천한 신분을 모두 포함하는 것이다. 다만 '치백(緇帛)'이라고 했으니, 이 문장은 서인에 주안점을 둔 것일 따름이다. 주에서 "순(純)자는 실제로는 치(緇)자이다. 고자에서 치(緇)자는 재(才)자를 소리부로 삼는다."라고 했는데, '치(緇)'자는 사(絲)자를 형체로 삼고 재(才)자를 소리부로 삼는다. 그렇기 때문에 잘못하여 순(純)자로 기록한 것이다. 다만 고자에서 치(緇)자는 두 종류가 있으니, 그 중 하나는 치포(緇布)라고 할 때의 치(緇)자로, 사(糸)자 변에 치(甾)자를 붙인 것으로, 후대에는 이에 대해 잘못 표기하지 않았다. 그렇기 때문에 『예』에서 치포관(緇布冠)이나 치포의(緇布衣)라는 말이 나오니, 이것은 고자를 보존하고 있는 것이다. 만약 사백(絲帛)의 치(緇)라고 한다면, 사(糸)자 변에 재(才)자를 붙인 것으로, 이 글자는 여러 곳에서 동일하지 않게 나타난다. 사(絲)라는 것이 분명한 경우에는 파자하여 색깔을 나타

내게 되니, 이곳의 순백(純帛)과 『예기』 「제통(祭統)」편에서 누에를 쳐서 순복(純服)을 만든다고 한 것12)에 해당한다. 그렇기 때문에 『논어』에서는 "마(麻)로 만든 면류관은 본래의 예법이다. 그런데 지금은 순(純)으로 만들고 있으니, 검소하다."13)라고 한 것이다. 이와 같은 부류들은 모두 사(絲)라는 것이 저절로 드러나니 색깔로 풀이를 한 것이다. 『의례』 「사혼례」편에서는 "신부는 머리에 차(次)라는 장식을 올리고 순의(純衣)를 착용한다."14)라 했고, 주에서는 "순의(純衣)는 사의(絲衣)이다."라고 했는데, 「사혼례」편에서는 단지 '순의(純衣)'라고만 하여 사(絲)라는 것이 드러나지 않기 때문에 사의(絲衣)로 풀이한 것이다. 정현이 "5양(兩)은 10단(端)이다."라고 했는데, 고대에는 2단을 서로를 향하는 방향으로 접어서 이를 함께 1양(兩)으로 삼았으니, 5양(兩)이므로 10단(端)이 된다. 정현이 "'십(十)'이라는 것은 오행이 10일이 되어 서로 이루어주는 것을 상징한다."라고 했는데, 『좌전』에서는 "하늘에는 육기15)가 있다."16)

---

12) 『예기』 「제통(祭統)」: 是故天子親耕於南郊, 以共齊盛; 王后蠶於北郊, 以共純服; 諸侯耕於東郊, 亦以共齊盛; 夫人蠶於北郊, 以共冕服. 天子·諸侯非莫耕也, 王后·夫人非莫蠶也, 身致其誠信, 誠信之謂盡, 盡之謂敬, 敬盡然後可以事神明, 此祭之道也.

13) 『논어』 「자한(子罕)」: 子曰, 麻冕, 禮也, 今也純, 儉, 吾從衆. 拜下, 禮也, 今拜乎上, 泰也. 雖違衆, 吾從下.

14) 『의례』 「사혼례(士昏禮)」: 女次, 純衣纁袡, 立于房中, 南面.

15) 육기(六氣)는 자연 기후의 변화 속에 나타나는 여섯 가지 주요 현상을 뜻한다. 음기(陰氣), 양기(陽氣), 바람[風], 비[雨], 어둠[晦], 밝음[明]을 뜻한다. 『춘추좌씨전』 「소공(昭公) 1년」편에는 "六氣曰陰·陽·風·雨·晦·明也."라는 기록이 있고, 『장자(莊子)』 「재유(在宥)」편에는 "天氣不和, 地氣鬱結, 六氣不調, 四時不節."이라는 기록이 있는데, 이에 대한 성현영(成玄英)의 소(疏)에서는 "陰·陽·風·雨·晦·明, 此六氣也."라고 풀이했으며, 또 『국어(國語)』 「주어하(周語下)」편에 대한 위소(韋昭)의 주에서는 "六氣, 陰陽風雨晦明也."라고 풀이했다.

16) 『춘추좌씨전』 「소공(昭公) 1년」: 天有六氣, 降生五味, 發爲五色, 徵爲五聲. 淫生六疾.

라 했는데, 이것이 내려와서 오행을 낳고, 오행은 각각 2일을 거느리게
된다. 동방에 해당하는 목(木)은 갑일과 을일이 되고, 남방에 해당하는
화(火)는 병일과 정일이 되며, 중앙에 해당하는 토(土)는 무일과 기일이
되고, 서방에 해당하는 금(金)은 경일과 신일이 되며, 북방에 해당하는
수(水)는 임일과 계일이 되니, 이것이 10일이다. '상성(相成)'이라고 말한
것은 목(木)의 8은 금(金) 9의 처가 되고, 화(火)의 7은 수(水) 6의 처가
되며, 토(土)의 10은 목(木) 8의 처가 되고, 금(金)의 9는 화(火) 7의 처
가 되며, 수(水)의 6은 토(土) 5의 처가 되니, 이기는 바의 것은 처가
되어, 이것이 바로 남편과 아내가 서로를 완성시키는 수에 해당한다. 정
현이 "사와 대부는 현훈의 속백(束帛)을 사용한다."라고 했는데,『의례』「
사혼례」편을 살펴보면, 현훈의 속백을 사용하고, 대부의 혼례 중 재취를
하는 경우에는 사의 예법에 따라서 현훈을 사용한다. 그렇기 때문에 사와
대부가 현훈을 사용한다고 말한 것이다. 정현이 "천자는 곡규(穀圭)를
더하게 되며, 제후는 대장(大璋)을 더하게 된다."라고 했는데, 이것은『
주례』「옥인(玉人)」편의 기록이다.[17] 즉 현훈의 속백 위에 이것들을 추
가하여 해당 의례를 시행한다는 뜻이다. 정현이『예기』「잡기(雜記)」편
의 문장을 인용한 것은 5양(兩)에서 1양(兩)이 5심(尋) 40척(尺)이라는
뜻을 증명하기 위해서이다. "납폐를 할 때에는 1속(束)의 비단을 사용하
니, 1속은 5양(兩)이 되고, 1양은 5심(尋)이 된다."라고 했는데, 1심(尋)
은 8척이 되니, 1양(兩)은 40척(尺)이 되어, 총 200척(尺)이 된다. 그렇기
때문에 정현이 "그렇다면 매 단(端)은 2장(丈)이 된다."라고 말한 것이다.
만약 나머지 다른 의례를 시행하는 경우라면, 제폐[18]인 1장 8척의 것을

---

17)『주례』「동관고공기(冬官考工記)·옥인(玉人)」: 穀圭七寸, 天子以聘女. ……
大璋亦如之, 諸侯以聘女.

18) 제폐(制幣)는 고대의 제사 때 바치게 되는 비단을 뜻한다. 제물로 사용되는 비단
에는 일정한 규격이 있었기 때문에 '제(制)'자를 붙여서 부른 것이다.『의례』「기석
례(旣夕禮)」편에는 "贈用制幣玄纁束."이라는 기록이 있는데, 이에 대한 정현의

사용하니, 검소하여 쉽게 공급할 수 있는 뜻에 따르는 것이다. 그런데 이러한 혼례에서는 매 단마다 2장의 것을 사용하니 성실의 뜻에 따르기 때문이다. 그래서 2장이라는 가지런한 수로 만드는 것이다.

참고 5-2 『춘추』 장공(莊公) 22년 기록

* 참고: 1-2 참조

참고 5-3 『예기』「잡기하(雜記下)」 기록

경문 納幣一束, 束五兩, 兩五尋.

납폐(納幣)를 할 때에는 1속(束)의 비단을 사용하니, 1속(束)은 5양(兩)이 되고, 1양(兩)은 5심(尋)이 된다.

정주 納幣, 謂昏禮納徵也. 十个爲束, 貴成數. 兩兩者合其卷, 是謂五兩. 八尺曰尋, 五兩五尋, 則每卷二丈也, 合之則四十尺. 今謂之匹, 猶匹偶之云與.

'납폐(納幣)'는 혼례의 납징(納徵)을 뜻한다. 10개가 1속(束)이 되니, 성수를 존귀하게 여기기 때문이다. 한 쌍의 양(兩)을 합하여 한 묶음이 되는데, 이것을 '오량(五兩)'이라고 부른다. 8척(尺)을 1심(尋)이라고 부르는데, 5양(兩)과 5심(尋)이라고 한다면, 매 권(卷)은 2장(丈)이 되고, 그것을 합하면 40척(尺)이 된다. 현재 이것을 '필(匹)'이라고 부르는 것은

주에서는 "丈八尺曰制."라고 풀이했다. 즉 1장(丈) 8척(尺)의 길이로 재단한 비단을 '제(制)'라고 부른다.

배필이라고 부르는 뜻과 같을 것이다.

孔疏 ●"納幣一束"者, 謂昏禮納財幣之時, 其幣一束, 謂十个也.

● 經文: "納幣一束". ○ 혼례를 치르며 예물을 여자 집안에 들이는 때, 예물은 1속(束)의 비단을 사용한다는 뜻으로, 10개를 의미한다.

孔疏 ●"束五兩"者, 兩个合爲一卷, 取配偶之義, 是束五兩也. 一兩有四十尺, 八尺曰尋, 五八四十, 是兩五尋也. 今謂之匹, 由匹偶也.

● 經文: "束五兩". ○ 양쪽 끝단의 2개가 합하여 1권(卷)이 되니, 배필의 뜻에서 취한 것으로, 이것은 1속(束)이 5양(兩)이라는 말에 해당한다. 1양(兩)은 40척(尺)이고, 8척(尺)은 1심(尋)이라고 하니, 5 곱하기 8은 40이 된다. 이것이 1양(兩)이 5심(尋)이라는 뜻이다. 현재는 '필(匹)'이라고 부르니, 배필이라는 뜻에서 연유한다.

참고 5-4 『주례』「동관고공기(冬官考工記)·옥인(玉人)」기록

경문 穀圭七寸, 天子以聘女.

곡규(穀圭)는 7촌으로 하며, 천자는 이를 통해 아내될 여자 측을 빙문한다.

鄭注 納徵加於束帛.

납징(納徵)을 할 때 속백(束帛)에 추가하게 된다.

賈疏 ◎注"納徵加於束帛". ○ 釋曰: 自士已上, 皆用玄纁束帛, 但天子加以穀圭, 諸侯加以大璋也.

◎鄭注: "納徵加於束帛". ○ 사 계층으로부터 그 이상은 모두 현색과 훈

색의 속백을 사용하는데, 다만 천자는 거기에 곡규(穀圭)를 추가하고, 제후는 대장(大璋)을 추가하게 된다.

참고 5-5 『주례』「동관고공기(冬官考工記)·옥인(玉人)」 기록

경문 大璋亦如之, 諸侯以聘女.

대장(大璋) 또한 이처럼 만들며, 제후는 이를 통해 아내될 여자 측을 빙문한다.

鄭注 亦納徵加於束帛也. 大璋者, 以大璋之文飾之也. 亦如之者, 如邊璋七寸, 射四寸.

또한 납징(納徵)을 할 때 속백(束帛)에 추가하게 된다. '대장(大璋)'이라는 것은 대장의 무늬로 장식을 하는 것이다. "또한 이처럼 만든다."는 것은 변장(邊璋)을 7촌으로 하고 사(射)를 4촌으로 하는 것처럼 한다[19]는 뜻이다.

賈疏 ◎注"亦納"至"四寸". ○釋曰: 鄭知"以大璋之文飾之"者, 以其與上大璋同名, 明以大璋之文飾之也. 又知"如邊璋七寸, 射四寸"者, 以其天子穀圭七寸以聘女, 諸侯不可過於天子爲九寸. 旣文承邊璋之下, 而言"亦如之", 明知如邊璋七寸, 射四寸也.

◎鄭注: "亦納"~"四寸". ○정현이 "대장의 무늬로 장식을 하는 것이다."라고 했는데, 이 말이 사실임을 알 수 있는 이유는 이것이 앞에 나온 '대

---

19) 『주례』「동관고공기(冬官考工記)·옥인(玉人)」: 大璋·中璋九寸, 邊璋七寸, 射四寸, 厚寸, 黃金勺, 靑金外, 朱中, 鼻寸, 衡四寸, 有繅, 天子以巡守, 宗祝以前馬.

장(大璋)'[20]이라는 것과 명칭이 동일하니, 대장의 무늬로 장식하게 됨을 나타낸다. 또 정현이 "변장(邊璋)을 7촌으로 하고 사(射)를 4촌으로 하는 것처럼 한다."라고 했는데, 천자는 7촌으로 된 곡규(穀圭)를 가지고 아내 될 여자 측을 빙문하고, 제후는 천자의 것을 초과하여 9촌으로 만들 수 없다. 이미 이 문장은 앞의 변장(邊璋)이라고 한 기록 뒤에 있고, "또한 이처럼 만든다."라고 했으니, 변장을 7촌으로 하고 사를 4촌으로 하는 것처럼 한다는 사실을 알 수 있다.

---

20) 『주례』「동관고공기(冬官考工記) · 옥인(玉人)」 : 大璋 · 中璋九寸, 邊璋七寸, 射四寸, 厚寸, 黃金勺, 靑金外, 朱中, 鼻寸, 衡四寸, 有繅, 天子以巡守, 宗祝 以前馬.

그림 5-1 ▣ 납징예도(納徵禮圖)

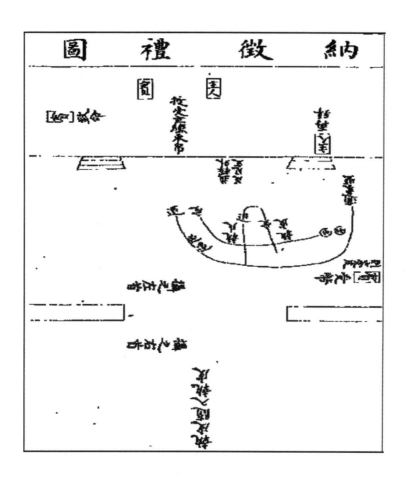

※ 출처: 『의례도(儀禮圖)』 2권

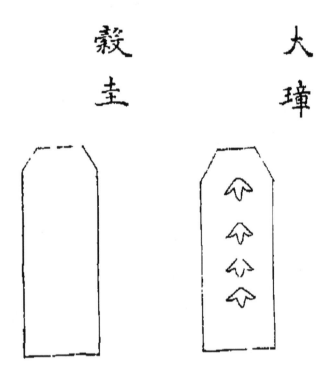

※ 출처: 『육경도(六經圖)』 5권

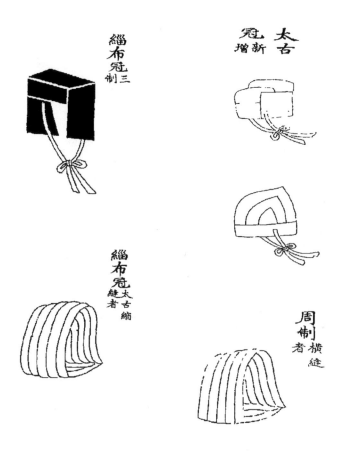

冠 太
增新 古

緇布冠制三

緇布冠太古縮者

周制者橫縫

※ 출처: 『삼례도집주(三禮圖集注)』 3권

그림 5-3   ▣ 순의(純衣)

※ 출처: 『삼례도집주(三禮圖集注)』 2권

제6절

청기(請期)의 절차

請期, 用鴈. 主人辭, 賓許, 告期, 如納徵禮.

직역 請期하며 鴈을 用한다. 主人이 辭하면 賓이 許하며 期를 告하고, 納徵의 禮와 如한다.

의역 청기를 하며 기러기를 예물로 사용한다. 신부의 부친이 기일 정하기를 사양하면 빈객이 수락하고, 미리 정해두었던 기일을 아뢰주는데, 납징(納徵)의 의례와 동일하게 한다.

鄭注 主人辭者, 陽倡陰和, 期日宜由夫家來也. 夫家必先卜之, 得吉日, 乃使使者往, 辭卽告之.

신부의 부친이 사양하는 것은 양이 부르면 음이 화답하니, 기일은 마땅히 신랑 집안에서 정해 와야한다. 신랑 집안에서는 반드시 먼저 점을 쳐서 길한 날을 얻은 뒤에야 심부름꾼을 시켜서 신부측으로 보내고, 신부측에서 사양하면 정한 날짜를 알려준다.

賈疏 ●"請期"至"徵禮". ○釋曰: 請期如納徵禮, 納吉禮如納采禮. 按上納采之禮下至主人拜送於門外, 其中揖讓升降及禮賓迎送之事, 此皆如之.

●經文: "請期"~"徵禮". ○ 청기(請期)를 할 때에는 납징(納徵)을 할 때의 예법처럼 하고, 납길(納吉)을 할 때의 예법은 납채(納采)를 할 때의

예법처럼 한다.1) 앞에서 납채의 예를 시행하는 것으로부터 주인이 문밖에서 절을 하며 전송한다고 한 문장까지 살펴보면, 중간에 읍하고 사양하며 당상에 오르고 내리며 빈객을 예우하고 맞이하고 전송하는 일들이 나오는데, 이 모두 이와 동일하게 따른다.

賈疏 ◎注"主人"至"告之". ○釋曰: 婚之父使使納徵訖, 乃下卜婚月, 得吉日, 又使使往女家告日, 是期由男家來. 今以男家執謙, 故遣使者請女家. 若云期由女氏, 故云"請期". 女氏知陽倡陰和, 當由男家出, 故主人辭之. 使者旣見主人辭, 遂告主人期日也. 是以下記云: "使者曰: 某使某受命, 吾子不許, 某敢不告! 期曰某日." 注云: "某, 吉日之甲乙." 是告期之辭, 故鄭云"辭卽告"也.

◎鄭注: "主人"~"告之". ○신랑의 부친은 심부름꾼을 보내 납징(納徵)을 하고 그 절차가 끝나면 혼례를 치를 달에 대해 점을 쳐서 길일을 택하고, 재차 심부름꾼을 신부 집안으로 보내 그 날짜를 알려주는데, 이것은 기일이 신랑 집안으로부터 나왔음을 뜻한다. 현재 신랑 집안에서는 겸손하게 처신했기 때문에 심부름꾼을 보내 신부 집안에 기일을 청해서 물은 것이다. 이것은 마치 기일이 신부 집안으로부터 정해지는 것처럼 말한 것이다. 그렇기 때문에 '청기(請期)'라고 했다. 신부 집안에서도 양이 부르면 음이 화답하니, 마땅히 신랑 집안으로부터 기일이 정해져야 함을 안다. 그렇기 때문에 신부의 부친이 사양하는 것이다. 심부름꾼은 신부의 부친이 사양하는 것을 보게 되면 마침내 신부의 부친에게 정해진 기일을 알려주게 된다. 이러한 까닭으로 아래 기문에서는 "심부름꾼은 '아무개께서 아무개를 시켜 명령을 받도록 하셨는데, 그대께서 허락하지 않으시니, 아무개는 감히 고하지 않을 수 있겠습니까!'라고 하며, 혼사를 치르기로 정한 날은 '아무개 일입니다.'라고 한다."2)라 했고, 주에서는 "아무개라는

---

1) 『의례』「사혼례」: 納吉, 用鴈, 如納采禮.

것은 길일로 택한 갑일이나 을일 등을 뜻한다."라고 했다. 이것은 기일을
알려주는 말에 해당한다. 그렇기 때문에 정현은 "사양하면 정한 날짜를
알려준다."라고 했다.

---

2) 『의례』「사혼례」: 對曰: "某固唯命是聽." <u>使者曰: "某使某受命, 吾子不許, 某
   敢不告期!"</u> 曰某日.

제 **7** 절

동뢰(同牢)를 준비하는 절차

期, 初昏, 陳三鼎于寢門外東方, 北面, 北上. 其實特豚, 合升, 去蹄. 擧肺脊二, 祭肺二, 魚十有四, 腊一肫, 髀不升. 皆飪. 設扃鼏.

직역 期에 初昏에 寢門外의 東方에 三鼎을 陳하되 北面하고 北上한다. 其實은 特豚인데 合升하고 蹄를 去한다. 擧肺와 脊은 二이고 祭肺는 二이며 魚는 十四이고 腊은 一肫이며 髀는 不升한다. 皆히 飪한다. 扃鼏을 設한다.

의역 아내를 얻는 날 초저녁에 신랑의 집에서는 침문 밖 동쪽에 3개의 솥을 진열하며 북쪽을 바라보게 하고 북쪽 끝에서부터 차례대로 정렬한다. 그 안에 채우는 것은 한 마리의 새끼돼지로 좌우측 몸체를 합해서 담고 발톱은 제거한다. 거폐와 등골뼈 각각 2점, 제폐 2점, 물고기 14마리, 토끼 육포 1장을 두는데, 넓적다리는 올리지 않는다. 모두 익힌다. 걸개와 덮개를 설치한다.

鄭注 期, 取妻之日. 鼎三者, 升豚・魚・腊也. 寢, 婿之室也. 北面, 鄕內也. 特猶一也. 合升, 合左右胖升於鼎也. 去蹄, 蹄甲不用也. 擧肺・脊者, 食時所先擧也. 肺者, 氣之主也, 周人尙焉. 脊者, 體之正也, 食時則祭之, 飯必擧之, 貴之也. 每皆二者, 夫婦各一耳. 凡魚之正, 十五而鼎, 減一爲十四者, 欲其敵偶也. 腊, 兎腊也. 肫, 或作純, 純, 全也, 凡腊用全. 髀不升者, 近竅, 賤也. 飪, 孰也. 扃, 所以扛鼎. 鼏, 覆之. 古文純爲鈞, 髀爲脾. 今文扃作鉉, 鼏皆作密.

'기(期)'는 아내를 얻는 날이다. 정(鼎) 3개는 새끼돼지고기와 물고기와 포를 담은 것이다. '침(寢)'은 신랑의 실을 뜻한다. 북쪽을 바라본다는 것은 안쪽을 향하도록 하는 것이다. '특(特)'은 하나라는 뜻이다. '합승(合升)'은 좌측 몸체와 우측 몸체를 합쳐서 솥에 담는다는 뜻이다. 발톱을 제거하는 것은 발톱은 사용하지 않기 때문이다. 거폐와 등골뼈는 식사를 할 때 우선적으로 드는 것이다. 폐는 기를 주관하는 장기로 주나라 사람들은 이것을 높였다. 등골뼈는 몸의 중앙으로 식사를 할 때에는 그것으로 제사를 지내고, 밥을 뜰 때에도 반드시 이것을 드니, 이것을 귀하게 여기기 때문이다. 매양 모두 2개씩 하는 것은 남편과 아내가 각각 하나씩 먹기 때문이다. 무릇 물고기를 사용하는 바른 규정에서는 15마리를 솥에 담는데 1개를 줄여서 14개로 하는 것은 짝을 맞추고자 했기 때문이다. '석(腊)'은 토끼고기를 말린 것이다. '순(肫)'은 순(純)자로도 쓰는데, '순(純)'은 전체라는 뜻으로, 무릇 포를 사용할 때에는 자르지 않은 전체를 사용한다. 넓적다리를 올리지 않는 것은 항문과 가까워 천하게 여기기 때문이다. '임(飪)'자는 익힌다는 뜻이다. '경(扃)'은 솥을 들 때 사용하는 것이다. '멱(鼏)'은 덮는 것이다. 고문에는 '순(純)'자가 균(鈞)자로 기록되어 있고, '비(髀)'자가 비(脾)자로 기록되어 있다. 금문에는 '경(扃)'자가 현(鉉)자로 기록되어 있고, '멱(鼏)'자가 모두 밀(密)자로 기록되어 있다.

賈疏 ●"期初"至"扃鼏". ○釋曰: 此文下盡"合卺"一節, 論夫家欲迎婦之時, 豫陳同牢之饌也. 云"陳三鼎於寢門外東方, 北面北上"者, 謂在夫寢門外也. 言"東方"·"北面", 是禮之正. 但數鼎, 故云"北面, 北上", 則此及少牢皆是也. 特牲"陳鼎於門外, 北面北上", 當門而不在東方者, 辟大夫故也. 今此亦東方, 不辟大夫者, 重昏禮, 攝盛也. 鼎不言"北上", 直言"北面", 士冠所云是也. 凡鼎陳於外者, 北面爲正. 阼階下, 西面爲正. 士喪禮小斂陳一鼎於門外西面者, 喪禮少變, 在東方者, 未忍異於生. 於大斂大奠及朔月奠, 旣夕陳鼎, 皆如大斂奠. 門外皆西面者, 亦是喪禮·旣夕變也. 士虞陳三鼎于門外之右, 北面,北上, 入設于西階前, 東面, 北上. 不在東者, 旣葬, 鬼事之反吉故也. 公食陳鼎七, 當門南面西上者, 以賓是外人, 向外統之.

● 經文: "期初"~"扃鼏". ○ 이 문장으로부터 아래로 '합근(合卺)'[1]까지의 한 문단은 남편 집안에서 아내를 맞이하고자 할 때 미리 부부가 함께 먹을 음식을 진설하는 것을 논의하고 있다. "침문 밖 동쪽에 3개의 솥을 진열하며 북쪽을 바라보게 하고 북쪽 끝에서부터 차례대로 정렬한다."라고 했는데, 신랑의 침문 밖에 둔다는 뜻이다. 동쪽이라 했고 북쪽을 바라보게 한다고 했는데, 이것은 예의 바른 규정이다. 다만 여러 솥이 사용되기 때문에 "북쪽을 바라보게 하고 북쪽 끝에서부터 차례대로 정렬한다."라고 했으니, 이곳 기록과 『의례』「소뢰궤식례(少牢饋食禮)」편의 기록[2]이 모두 이러한 경우에 해당한다. 『의례』「특생궤식례(特牲饋食禮)」편에서는 "문밖에 솥을 진설하며 북쪽을 바라보게 하고 북쪽 끝에서 차례대로 정렬한다."[3]라고 하여, 문에 해당하지만 동쪽에 두지 않는 것은 대부의 예법을 피했기 때문이다. 지금 이곳에서도 동쪽에 둔다고 하여 대부의 예법을 피하지 않은 것은 혼례를 중시하여 융성한 예를 빌려서 사용하기 때문이다. 솥에 대해 북쪽 끝에서부터 차례대로 정렬한다고 말하지 않고 단지 북쪽을 바라보게 한다고만 말했는데, 『의례』「사관례(士冠禮)」편에서 언급한 것[4]이 이러한 경우에 해당한다. 무릇 솥을 밖에 진설할 때에는 북쪽을 바라보게 두는 것을 바른 규정으로 삼는다. 동쪽 계단 아래에서는 서쪽을 바라보게 하는 것을 바른 규정으로 삼는다. 『의례』「사상례(士喪禮)」편에서는 소렴[5]을 할 때 문밖에 1개의 솥을 진설하며 서쪽을 바라보

---

1) 『의례』「사혼례」: 尊于房戶之東, 無玄酒. 篚在南, 實四爵合卺.
2) 『의례』「소뢰궤식례(少牢饋食禮)」: 卒脅, 皆設扃鼏, 乃擧, 陳鼎于廟門之外東方, 北面北上.
3) 『의례』「특생궤식례(特牲饋食禮)」: 厥明夕, 陳鼎于門外, 北面, 北上, 有鼏.
4) 『의례』「사관례(士冠禮)」: 若殺, 則擧鼎陳于門外, 直東塾, 北面.
5) 소렴(小斂)은 상례(喪禮) 절차 중 하나이다. 죽은 자의 시신을 목욕시키고, 의복

게 한다고 했는데,[6] 상례이므로 작은 변화를 준 것이고, 동쪽에 두는 것은 생시와 차이를 두는 것을 차마 할 수 없기 때문이다. 대렴[7] 때의 성대한 전제[8]와 초하루에 지내는 전제, 『의례』 「기석례(旣夕禮)」에서 솥을 진설할 때에는 모두 대렴 때의 전제처럼 한다. 문밖에 대해 모두 서쪽을 바라보게 한다고 했는데, 이것은 「사상례」와 「기석례」에서의 변화에 해당한다. 『의례』 「사우례(士虞禮)」편에서 문밖의 우측에 3개의 솥을 진설하며 북쪽을 바라보게 하고 북쪽 끝에서부터 차례대로 진열하며,[9] 들어와 서쪽 계단 앞에 진설하며 동쪽을 바라보게 하고 북쪽 끝에서부터 차례대로 진열한다고 했다.[10] 동쪽에 두지 않는 것은 이미 장례를 치러서 귀신에 대한 일이 길한 때와 반대가 되기 때문이다. 『의례』 「공사대부례(公食大夫禮)」편에서 솥 7개를 진설하며 문과 마주하여 남쪽을 바라보게 하며 서쪽 끝에서부터 차례대로 정렬한다고 한 것[11]은 빈객이 외인이니 밖을 향하게 해서 통솔되게 한 것이다.

賈疏 ◎注"期取"至"作密". ○釋曰: 云"期, 娶妻之日"者, 此陳同牢之饌. 下云親迎之禮, 其中無厥明之文, 明是娶婦之日也. 云"鼎三

을 착용시키며, 그 위에 이불 등으로 감싸는 절차를 뜻한다.

6) 『의례』 「사상례(士喪禮)」: <u>陳一鼎于寢門外, 當東塾, 少南, 西面. 其實特豚, 四䰛, 去蹄, 兩胉・脊・肺. 設扃鼏, 鼏西末. 素俎在鼎西, 西順, 覆匕, 東柄.</u>

7) 대렴(大斂)은 상례(喪禮) 절차 중 하나이다. 소렴(小斂)을 끝낸 뒤, 의복과 이불 등으로 재차 시신을 감싸 관에 안치하는 절차이다.

8) 전제(奠祭)는 죽은 자 및 귀신들에게 음식을 현상하는 제사이다. 상례(喪禮)를 치를 때, 빈소를 차리고 나면, 매일 아침과 저녁에 음식을 바치며 제사를 지내게 되는데, '전제'는 주로 이러한 제사를 뜻한다.

9) 『의례』 「사우례(士虞禮)」: <u>陳三鼎于門外之右, 北面, 北上, 設扃鼏.</u>

10) 『의례』 「사우례(士虞禮)」: <u>鼎入, 設于西階前, 東面北上, 匕俎從設. 左人抽扃・鼏, 匕, 佐食及右人載.</u>

11) 『의례』 「공사대부례(公食大夫禮)」: <u>甸人陳鼎七, 當門, 南面, 西上, 設扃鼏. 鼏若束若編.</u>

者, 升豚·魚·腊也"者, 卽經文自顯也. 云"寢, 婿之室也"者, 命士以上之父子異宮, 自然別有寢. 若不命之士, 父子同宮, 雖大院同居, 其中亦隔別, 各有門戶, 故經總云"寢門外"也. 云"合升, 合左右胖升於鼎也"者, 以夫婦各一, 故左右胖俱升, 若祭, 則升右也. 云"去蹄, 蹄甲不用也"者, 以其踐地, 穢惡也. 云"擧肺·脊者, 食時所先擧"者, 按下文"贊者告具, 揖婦, 卽對筵, 皆坐祭, 祭薦·黍·稷·肺", 卽此祭肺也. 下又云"贊爾黍稷, 授肺脊, 皆食, 以涪醬, 皆祭擧, 食擧也", 卽此擧肺·脊也. 祭時二肺俱有, 生人唯有擧肺, 皆祭. 今此得有祭肺者, 禮記·郊特牲論娶婦"玄冕齊戒, 鬼神陰陽也", 故與祭祀同二肺也. 據下文先用祭肺, 後用擧肺, 此經先言擧肺, 後言祭肺者, 以擧肺脊長大, 故先言. 是以特牲·少牢入鼎時擧肺脊在前. 云"肺者, 氣之主也, 周人尙焉"者, 按禮記·明堂位云: "有虞氏祭首, 夏后氏祭心, 殷祭肝, 周祭肺." 鄭注云: "氣主盛也." 但所尙不同, 故云周人尙焉. 云"脊者, 體之正也, 食時則祭之"者, 對祭肺未食時祭也. 云"飯必擧之, 貴之也"者, 但一身之上體總有二十一節, 前有肩·臂·臑, 後有肫·胳·脊, 在中央有三脊: 正·脡·橫脊, 而取中央正脊, 故云體之正. 凡云先以對後, 按特牲擧肺脊後食幹骼, 注云: "肺, 氣之主也. 脊, 正體之貴者, 先食啗之, 所以導食通氣." 此不言先食啗之, 從彼可知也. 云"每皆二者, 夫婦各一耳"者, 釋經多之義. 云"凡魚之正, 十五而鼎, 減一爲十四"者, 據特牲記云"魚十有五", 注云: "魚, 水物, 以頭枚數, 陰中之物, 重[12]數於月十有五日而盈. 少牢饋食禮亦云十有五而俎. 尊卑同." 則是尊卑同用十五而同鼎也. 云"欲其敵偶也"者, 夫婦各有七也. 此夫婦鬼神陰陽, 故同祭禮十五而去一, 若平生人則與此異, 故公食大夫一命者七魚, 再命者九魚, 三命者十有一魚, 天

---

12) 중(重): 『십삼경주소』 북경대 출판본에서는 "중(重)자를 『요의』에서는 동일하게 기록하고 있는데, 『모본』과 「특생궤식례」편의 기문에서는 취(取)자로 기록했다." 라고 했다.

子諸侯無文, 或諸侯十三魚, 天子十五魚也. 云"腊, 兎腊也"者, 少牢
用麋腊, 士兎腊可知, 故曲禮云"兎曰明視"也. 云"胜, 或作純. 純, 全
也, 凡腊用全"者, 此或少牢文, 按少牢"腊一純", 注云: "純猶全也."
凡牲體則用一胖不得云全, 其腊則左右體脅相配, 共爲一體, 故得全
名也. 特牲‧少牢亦用全, 士喪大斂與士虞皆用左胖, 不全者, 喪禮
略文. 今文鼏皆作密者, 鄭以省文, 故兼下紿冪總疊之, 故云"皆"也.

◎ 鄭注: "期取"~"作密". ○ 정현이 "기(期)는 아내를 얻는 날이다."라고
했는데, 이 내용은 부부가 함께 먹을 음식을 진설하는 것이다. 아래에서
친영의 의례를 언급할 때,13) 그 가운데에는 '그 다음날[厥明]'이라는 문장
이 없으니, 이것은 아내를 얻는 날에 해당함을 나타낸다. 정현이 "정(鼎)
3개는 새끼돼지고기와 물고기와 포를 담은 것이다."라고 했는데, 경문 자
체에 드러난다. 정현이 "침(寢)은 신랑의 실을 뜻한다."라고 했는데, 명
사14) 이상의 계층에서는 부모와 자식이 다른 건물에 거주하여 자연스럽
게 별도로 침을 가지게 된다. 만약 명의 등급을 받지 못한 사인 경우라면
부모와 자식이 같은 건물에 거주하는데, 비록 큰 집에 함께 거주하는 경
우라 하더라도 그 가운데에는 또한 막고 구별하여 각각의 문호가 있게
된다. 그렇기 때문에 경문에서는 총괄적으로 '침문 밖'이라고 했다. 정현
이 "합승(合升)은 좌측 몸체와 우측 몸체를 합쳐서 솥에 담는다는 뜻이
다."라고 했는데, 남편과 아내가 각각 하나씩을 취하기 때문에 좌우의
몸체를 함께 올리는 것이며, 만약 제사를 지내는 경우라면 우측 몸체를
올린다. 정현이 "발톱을 제거하는 것은 발톱은 사용하지 않기 때문이다."
라고 했는데, 땅을 밟아 더럽기 때문이다. 정현이 "거폐와 등골뼈는 식사

---

13) 『의례』「사혼례」: 主人爵弁, 纁裳, 緇袘. 從者畢玄端. 乘墨車, 從車二乘, 執
燭前馬.

14) 명사(命士)는 사(士) 중에서도 작명(爵命)을 받은 자를 뜻한다. 『예기』「내칙(內
則)」편에는 "由命士以上, 父子皆異官, 昧爽而朝, 慈以旨甘."이라는 용례가 나
온다.

를 할 때 우선적으로 드는 것이다."라고 했는데, 아래문장을 살펴보면 "혼례의 진행을 돕는 자는 음식들이 모두 갖춰졌다고 아뢴다. 신랑은 신부에게 읍을 하고 신부로 하여금 자신과 마주하는 자리로 나아가게 하며 둘 모두 자리에 앉고 둘 모두 제사를 지낸다. 절임과 젓갈, 찰기장밥과 메기장밥, 희생물의 폐로 제사를 지낸다."[15]라고 했으니, 이것은 폐로 제사지내는 것에 해당한다. 아래문장에서는 또 "혼례의 진행을 돕는 자는 찰기장밥을 옮겨서 자리 위에 놓아주고 희생물의 폐와 등골뼈를 건네준다. 신랑과 신부는 모두 그것들을 먹으며 고깃국과 장을 곁들여서 먹고, 둘 모두 희생물의 폐를 들어 제사지내고 희생물의 폐를 들어 먹는다."[16]라고 했으니, 이것은 거폐와 등골뼈에 해당한다. 제사를 지낼 때에는 두 가지 폐를 모두 갖추고, 살아있는 사람에 대한 경우에는 오직 거폐만을 갖추는데 모두 음식에 대한 제사를 지낸다. 지금 이곳에서 제폐를 둘 수 있는 이유는 『예기』「교특생(郊特牲)」편에서 아내를 들이는 일을 논하며 "현면(玄冕)을 착용하고 재계를 하는 것은 부부가 되는 것을 귀신을 섬기 듯 대하기 때문이다."[17]라고 했다. 그러므로 제사와 동일하게 2가지 폐를 두는 것이다. 아래문장에 근거해보면 먼저 제폐를 사용하고 이후에 거폐를 사용하는데, 이곳 경문에서는 우선적으로 거폐를 언급했고 이후에 제폐를 언급했다. 그 이유는 거폐와 등골뼈는 길고 크기 때문에 먼저 말한 것이다. 이러한 까닭으로 『의례』「특생궤식례(特牲饋食禮)」편과 「소뢰궤식례(少牢饋食禮)」편에서는 솥을 들일 때 거폐와 등골뼈에 대한 것이 앞에 있는 것이다. 정현이 "폐는 기를 주관하는 장기로 주나라 사람들은 이것을 높였다."라고 했는데, 『예기』「명당위(明堂位)」편을 살펴보면 "유우씨 때에는 우선적으로 희생물의 머리를 바쳐서 제사를 지냈고, 하후

---

15) 『의례』「사혼례」: 贊告具. 揖婦, 卽對筵, 皆坐, 皆祭. 祭薦·黍·稷·肺.
16) 『의례』「사혼례」: 贊爾黍, 授肺脊. 皆食, 以湆·醬, 皆祭擧·食擧也.
17) 『예기』「교특생(郊特牲)」: <u>玄冕齊戒, 鬼神陰陽也.</u> 將以爲社稷主, 爲先祖後, 而可以不致敬乎?

씨 때에는 우선적으로 희생물의 심장을 바쳐서 제사를 지냈으며, 은나라 때에는 우선적으로 희생물의 간을 바쳐서 제사를 지냈고, 주나라 때에는 우선적으로 희생물의 폐를 바쳐서 제사를 지냈다."[18]라 했고, 정현의 주에서는 "해당 기운에 대해 융성해지는 작용을 주관하기 때문이다."라고 했다. 다만 높이는 바가 달랐기 때문에 "주나라 사람들은 이것을 높였다."라고 했다. 정현이 "등골뼈는 몸의 중앙으로 밥을 먹을 때에는 그것으로 제사를 지낸다."라고 했는데, 제폐로는 아직 식사를 하기 이전에 그것으로 제사를 지내는 것과 대비한 것이다. 정현이 "밥을 뜰 때에도 반드시 이것을 드니, 이것을 귀하게 여기기 때문이다."라고 했는데, 다만 희생물한 몸의 상체에는 총괄적으로 21개의 마디가 있는데, 전면에는 견·비·노가 있고, 후면에는 순·각·척이 있고, 중앙에는 3개의 척이 있으니, 정척(正脊)·정척(脡脊)·횡척(橫脊)이고, 중앙에 있는 정척(正脊)을 취했기 때문에 "몸의 중앙이다."라고 했다. 무릇 언급을 할 때에는 앞의 것을 제시해서 뒤의 것과 대비한다. 「특생궤식례」편을 살펴보면, 거폐와 등골뼈를 언급하고 이후에 간(幹)[19]과 격(骼)[20]을 먹는다고 했고, 정현의 주에서는 "폐는 기를 주관하는 장기이다. 등골뼈는 중앙 몸체 중에서도 귀한 것으로, 우선적으로 이것을 먹게 하는 것은 식사를 인도하고 기를 통하게 하기 위해서이다."[21]라 했다. 이곳에서 먼저 먹게 한다고 언급하지 않은 것은 저 기록들을 통해서 알 수 있기 때문이다. 정현이 "매양 모두 2개씩 하는 것은 남편과 아내가 각각 하나씩 먹기 때문이다."라고

---

18) 『예기』「명당위(明堂位)」: 有虞氏祭首, 夏后氏祭心, 殷祭肝, 周祭肺.

19) 『의례』「특생궤식례(特牲饋食禮)」: 佐食舉幹, 尸受, 振祭, 嚌之. 佐食受, 加于肵俎. 舉獸幹·魚一, 亦如之.

20) 『의례』「특생궤식례(特牲饋食禮)」: 舉骼及獸·魚如初. 尸又三飯, 告飽. 祝侑之如初.

21) 이 문장은 『의례』「특생궤식례(特牲饋食禮)」편의 "舉肺·脊以授尸. 尸受, 振祭, 嚌之, 左執之."라는 기록에 대한 정현의 주이다.

했는데, 경문에서 음식들을 많이 두는 뜻을 풀이한 것이다. 정현이 "무릇
물고기를 사용하는 바른 규정에서는 15마리를 솥에 담는데 1개를 줄여서
14개로 했다."라고 했는데, 「특생궤식례」편의 기문에서 "물고기는 15마
리이다."[22]라고 한 말에 근거한 것이고, 주에서는 "물고기는 물에 사는
생물이며, 머리를 기준으로 수를 셈하고, 음에 해당하는 생물로, 달이 15
일이 지나 차게 되는 것에서 수를 취한 것이다. 「소뢰궤식례」편에서도
15마리를 도마에 올려둔다고 했는데, 신분에 상관없이 동일하다."라고 했
다. 그렇다면 이것은 신분에 상관없이 동일하게 15마리를 사용하고 사용
하는 솥이 동일하다는 사실을 나타낸다. 정현이 "짝을 맞추고자 했기 때
문이다."라고 했는데, 남편과 아내를 위해 각각 7마리씩 두는 것이다. 이
곳에 나온 남편과 아내는 귀신을 섬기는 도리에 해당하기 때문에 제례와
동일하게 15마리로 하되 1마리를 제거한 것이니, 만약 평상시 살아있는
사람의 경우라면 이곳과는 차이를 보인다. 그렇기 때문에 『의례』「공사대
부례(公食大夫禮)」편에서는 1명의 등급에는 물고기 7마리, 2명의 등급
에는 물고기 9마리, 3명의 등급에는 물고기 11마리를 차리고, 천자와 제
후에 대한 경우에는 관련 기록이 없지만 아마도 제후에 대해서는 물고기
13마리, 천자에 대해서는 물고기 15마리를 차렸을 것이다. 정현이 "석
(腊)은 토끼고기를 말린 것이다."라고 했는데, 「소뢰궤식례」편에서 큰 사
슴고기의 육포를 사용했으니, 사에 대해서 토끼고기 육포를 사용한다는
사실을 알 수 있다. 그렇기 때문에 『예기』「곡례(曲禮)」편에서는 "희생물
중 토끼를 명시(明視)라고 부른다."[23]라고 한 것이다. 정현이 "순(肫)은
순(純)자로도 쓰는데, 순(純)은 전체라는 뜻으로, 무릇 포를 사용할 때에
는 자르지 않은 전체를 사용한다."라고 했는데, 이것은 아마도 「소뢰궤식
례」편의 기록에 근거한 말인 것 같다. 「소뢰궤식례」편을 살펴보면 "포는

---

22) 『의례』「특생궤식례(特牲饋食禮)」 : 魚十有五.
23) 『예기』「곡례하(曲禮下)」 : 兔曰明視.

1순(純)이다."[24]라 했고, 주에서는 "순(純)은 전(全)과 같다."라 했다. 무릇 희생물의 몸체인 경우라면 한쪽 절반 몸체를 사용하니, 전(全)이라 말할 수 없는데, 포의 경우에는 좌우 몸체의 옆쪽이 서로 짝이 되어 함께 하나의 몸체가 된다. 그렇기 때문에 전(全)이라는 명칭을 사용할 수 있다. 「특생궤식례」편과 「소뢰궤식례」편에서도 전(全)을 사용하는데, 『의례』「사상례(士喪禮)」편과 「사우례(士虞禮)」편에서는 모두 좌반(左胖)을 사용하여 전체를 사용하지 않는 것은 상례에서는 격식을 약소화하기 때문이다. 금문에는 '멱(鼏)'자가 모두 밀(密)자로 기록되어 있는데, 정현이 문장을 생략했기 때문에, 아래 격멱(綌鼏)[25]이라고 한 것까지 겸해서 총괄적으로 풀이를 했다. 그렇기 때문에 '모두[皆]'라고 말한 것이다.

참고 7-1 『예기』「교특생(郊特牲)」 기록

경문 玄冕齊戒, 鬼神陰陽也. 將以爲社稷主, 爲先祖後, 而可以不致敬乎?

현면(玄冕)을 착용하고 재계를 하는 것은 부부가 되는 것을 귀신을 섬기듯 대하기 때문이다. 혼례를 치르는 자는 장차 사직(社稷)의 제사를 주관하는 자가 되는데, 선조의 후손이 되는 자가 공경을 다하지 않을 수 있겠는가?

鄭注 玄冕, 祭服也. 陰陽, 謂夫婦也.

'현면(玄冕)'은 제사를 지낼 때 착용하는 복장이다. '음양(陰陽)'은 부부

---

24) 『의례』「소뢰궤식례(少牢饋食禮)」 : 司士又升魚·腊, 魚十有五而鼏, 腊一純而鼏, 腊用麋.

25) 『의례』「사혼례」 : 尊于室中北墉下, 有禁. 玄酒在西, 綌鼏, 加勺, 皆南枋.

(夫婦)를 뜻한다.

●"玄冕"至"敬乎", 玄冕齊戒, 廣陳敬事也. 玄冕, 謂助祭服也, 五冕通玄, 故合爲玄冕也. 今用助祭之服, 以親迎也. "齊戒"者, 齊戒自整敕也.

● 經文: "玄冕"~"敬乎". ○ 현면(玄冕)을 착용하고 재계를 한다는 것은 공경을 나타내야 할 일들에 대해서 폭넓게 진술한 것이다. '현면(玄冕)'은 제사를 도울 때 착용하는 복장을 뜻하니, 오면26)은 모두 검은색으로 만든다. 그렇기 때문에 이 모두를 '현면(玄冕)'이라고 한 것이다. 현재의 상황은 제사를 돕는 자들이 착용하는 복장을 이용하여 친영(親迎)을 한 것이다. 경문의 "齊戒"에 대하여. 재계를 하여 제 스스로 정결하게 하고 조심한다는 뜻이다.

●"鬼神陰陽也"者, 陰陽謂夫婦也. 著祭服而齊戒親迎, 是敬此夫婦之道, 如事鬼神, 故云"鬼神陰陽也".

● 經文: "鬼神陰陽也". ○ '음양(陰陽)'은 부부(夫婦)를 뜻한다. 제사 복장을 착용하고 재계를 하여 친영(親迎)을 하는 것은 부부의 도(道)에 대해 공경하길, 마치 귀신을 섬기는 것처럼 한다는 뜻이다. 그렇기 때문에 "부부가 되는 것을 귀신을 섬기듯 대하기 때문이다."라고 말한 것이다.

---

26) 오면(五冕)은 고대의 제왕이 제사를 지낼 때 착용하는 다섯 종류의 관(冠)을 뜻하니, 구면(裘冕)·곤면(袞冕)·별면(鷩冕)·취면(毳冕)·치면(絺冕)을 가리킨다. 본래 면복(冕服)에는 여섯 종류가 잇지만, 대구(大裘)의 경우, 그 때 착용하는 면(冕)에는 류(旒)가 달려 있지 않기 때문에, '오면'에는 포함시키지 않는다. 『주례』「하관(下官)·변사(弁師)」편에는 "掌王之五冕, 皆玄冕朱裏延紐."라는 기록이 있고, 이에 대한 정현의 주에서는 "冕服有六, 而言五冕者, 大裘之冕蓋無旒, 不聯數也."라고 풀이했다.

孔疏 ●"將以爲社稷主, 爲先祖後, 而可以不致敬乎"者, 釋所爲者重, 故宜用敬, 所以冕而親迎也. 妻爲內主, 故有國者, 是爲社稷內主也. 始此嗣廣後世, 故云先祖後也. 明如此之重, 可以不致敬乎, 言宜敬也.

● 經文: "將以爲社稷主, 爲先祖後, 而可以不致敬乎". ○ 시행하는 바가 중요하기 때문에, 마땅히 공경함을 다하여, 면(冕)을 착용하고 친영(親迎)을 하는 의미를 풀이한 것이다. 아내는 안주인이 된다. 그렇기 때문에 국가를 소유한 자에게 있어서, 그의 아내는 사직(社稷)에 대한 내주(內主)가 된다. 이로부터 그 후손을 후세에 널리 퍼트리기 때문에, "선조의 후손이다."라고 말한 것이다. 이처럼 중요한 대상에 대해서 공경함을 지극히 하지 않을 수 있겠느냐고 나타낸 것이니, 이 말은 마땅히 공경을 다해야 한다는 뜻이다.

孔疏 ◎注"玄冕, 祭服也". ○正義曰: 按昏禮士昏用上服以爵弁, 爵弁是士服之上者, 則天子以下皆用上服. 以五冕色俱玄, 故總稱"玄冕"也.

◎ 鄭注: "玄冕, 祭服也". ○『의례』「사혼례」편을 살펴보면, 사가 혼인을 할 때에는 상등의 복장을 착용하여, 작변(爵弁)을 착용하는데, '작변(爵弁)'이라는 것은 사 계층이 착용하는 복장 중 상등의 복장이 되므로, 천자로부터 그 이하의 계층들은 모두 자신이 입을 수 있는 상등의 복장을 이용하는 것이다. 오면(五冕)의 색깔은 모두 검은색이기 때문에, 총괄하여 '현면(玄冕)'이라고 지칭한 것이다.

참고 7-2 『예기』「명당위(明堂位)」기록

경문 有虞氏祭首, 夏后氏祭心, 殷祭肝, 周祭肺.

노나라에는 사대(四代) 때 희생물의 중요하게 여겼던 부위에 대한 제도를 갖추고 있었다. 유우씨(有虞氏) 때에는 우선적으로 희생물의 머리를 바쳐서 제사를 지냈고, 하후씨(夏后氏) 때에는 우선적으로 희생물의 심장을 바쳐서 제사를 지냈으며, 은(殷)나라 때에는 우선적으로 희생물의 간을 바쳐서 제사를 지냈고, 주(周)나라 때에는 우선적으로 희생물의 폐를 바쳐서 제사를 지냈다.

鄭注 氣主盛也.

각각의 장기들은 해당 기운에 대해 융성해지는 작용을 주관하기 때문이다.

참고 7-3 『예기』「곡례하(曲禮下)」기록

경문 兎曰明視.

무릇 종묘(宗廟)의 제례에 있어서, 사용되는 희생물 중 토끼의 경우에는 '시야가 밝은 토끼[明視]'라고 부른다.

孔疏 ●"兎曰明視"者, 兎肥則目開而視明也. 故王云: "目精明, 皆肥貌也." 然自牛至兎, 凡有八物, 唯有牛云一頭, 而豕以下不云數者, 皆從其所用而言數也, 則並宜云若干也. 雞雉爲膳及腊, 則不數也.

● 經文: "兎曰明視". ○ 토끼가 살찌게 되면 미간 사이가 벌어지게 되어 시야가 밝아진다. 그렇기 때문에 왕씨는 "시야가 밝다는 뜻으로, 이 모든 말들은 살찐 모양을 뜻한다."라고 한 것이다. 그런데 소에 대한 기록부터 이곳 토끼에 대한 기록까지, 모두 여덟 종류의 희생물들이 기록되어 있는데, 오직 소에 대해서만 '한 마리[一頭]'라고 언급하고, 돼지 및 그 이하의 동물들에 대해서는 그 숫자를 언급하지 않았다. 따라서 모든 경우에 있어

서 그 가축들은 사용되는 양에 따라 그 수를 부르게 되므로, 소를 제외한 나머지 동물들에 대해서는 마땅히 '약간(若干)'이라는 말을 붙여서 언급 해야 한다. 그러나 닭이나 꿩의 경우, 그 고기들을 이용해서 요리를 만들 거나 포로 바치게 된다면, 수치를 붙여서 부르지 않는다.

※ 출처: 『의례도(儀禮圖)』 2권

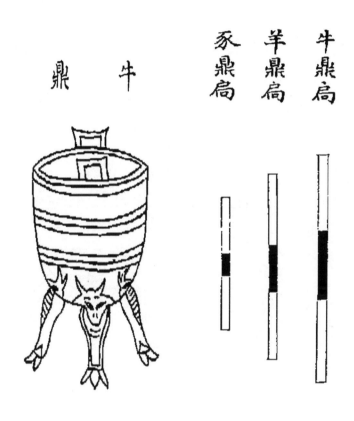

牛鼎扃

羊鼎扃

豕鼎扃

鼎　牛

※ 출처: 『삼례도집주(三禮圖集注)』 13권

그림 7-3 ▣ 양정(羊鼎)과 시정(豕鼎)

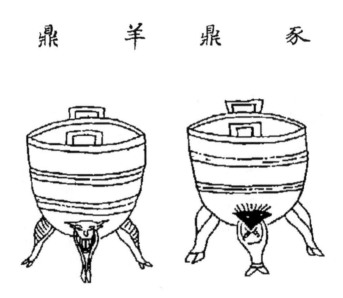

鼎 羊 鼎 豕

※ 출처: 『삼례도집주(三禮圖集注)』 13권

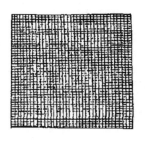

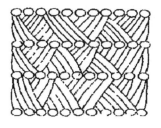

※ 출처:

상좌-『삼례도집주(三禮圖集注)』 13권 ; 상우-『삼례도(三禮圖)』 4권

하좌-『육경도(六經圖)』 9권 ; 하우-『삼재도회(三才圖會)』「기용(器用)」 2권

그림 7-5 ▣ 현면(玄冕)

※ 출처:『삼례도집주(三禮圖集注)』 1권

設洗于阼階.

직역 阼階의 東南에 洗를 設한다.

의역 동쪽 계단 동남쪽에 물대야를 설치한다.

鄭注 洗, 所以承盥洗之器棄水者.

'세(洗)'는 손을 씻고 술잔을 씻는 그릇에서 버리는 물을 받는 것이다.

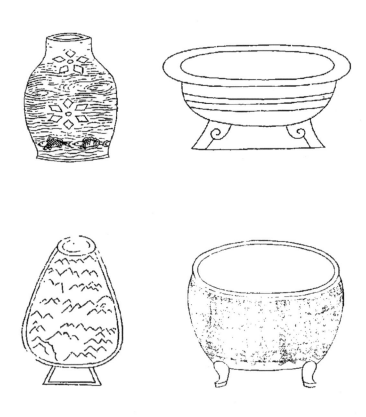

※ 출처:
　　상좌-『삼례도집주(三禮圖集注)』13권 ; 상우-『삼례도(三禮圖)』4권
　　하좌-『육경도(六經圖)』6권 ; 하우-『삼재도회(三才圖會)』「기용(器用)」1권

饌于房中, 醯醬二豆, 菹醢四豆, 兼巾之. 黍稷四敦, 皆蓋.

직역 房中에 饌하며, 醯醬은 二豆하고, 菹醢는 四豆하되, 兼히 巾한다. 黍稷은 四敦하되 皆히 蓋한다.

의역 방안에 음식을 차려두는데 식초와 장을 섞은 것은 2개의 두에 담고, 절임과 젓갈은 4개의 두에 담는데, 하나의 천으로 덮는다. 찰기장밥과 메기장밥은 4개의 돈에 담는데, 모두 뚜껑을 덮는다.

鄭注 醯醬者, 以醯和醬, 生人尙褻味. 兼巾之者, 六豆共巾也. 巾爲禦塵, 蓋爲尙溫. 周禮曰: "食齊視春時."

'혜장(醯醬)'이라는 것은 식초를 장에 섞은 것으로, 살아있는 사람의 입장에서는 친숙한 맛을 높이기 때문이다. 겸건(兼巾)한다는 것은 6개의 두를 하나의 천으로 함께 덮는 것이다. 천을 덮는 것은 먼지를 막기 위해서이고, 덮개를 덮는 것은 따뜻한 것을 높이기 때문이다. 『주례』에서는 "조제한 밥은 봄 기후에 견준다."[1]라 했다.

賈疏 ●"饌于"至"皆蓋". ◎注"醯醬"至"春時". ○釋曰: 鄭知"以醯和醬"者, 得醯者無醬, 得醬者無醯, 若和之, 則夫妻皆有, 是以知以醯和醬也. 云"生人尙褻味"者, 此文與公食皆以醯和醬, 少牢·特牲不言之, 故云然也. 引周禮釋敦皆有蓋者, 飯宜溫, 比春時故也.

● 經文: "饌于"~"皆蓋". ◎鄭注: "醯醬"~"春時". ○정현이 "식초를 장에 섞은 것이다."라고 했는데, 이러한 사실을 알 수 있었던 것은 식초를 얻는 경우에는 장이 없게 되고, 장을 얻는 경우에는 식초가 없게 되는데,

---

1) 『주례』「천관(天官)·식의(食醫)」: 凡食齊眡春時, 羹齊眡夏時, 醬齊眡秋時, 飮齊眡冬時.

만약 둘을 섞게 된다면 남편과 아내가 모두 갖추게 된다. 이러한 까닭으로 식초를 장에 섞게 됨을 알 수 있다. 정현이 "살아있는 사람의 입장에서는 친숙한 맛을 높이기 때문이다."라고 했는데, 이곳 문장과 『의례』「공사대부례(公食大夫禮)」편에서는 모두 식초를 장에 섞고,[2] 『의례』「소뢰궤식례(少牢饋食禮)」편과 「특생궤식례(特牲饋食禮)」편에서는 언급하지 않았다. 그렇기 때문에 그렇다고 말한 것이다. 정현이 『주례』를 인용하여 돈(敦)에 모두 뚜껑이 있다는 것을 풀이했는데, 밥은 따뜻해야 하니, 봄 기후에 맞추기 때문이다.

참고 7-4 『주례』「천관(天官)·식의(食醫)」 기록

경문 凡食齊眂春時①, 羹齊眂夏時②, 醬齊眂秋時③, 飮齊眂冬時④.

무릇 조제한 밥은 봄 기후에 견주고, 조제한 국은 여름 기후에 견주며, 조제한 장은 가을 기후에 견주고, 조제한 음료는 겨울 기후에 견준다.

鄭注 ① 飯宜溫.

밥은 마땅히 따뜻해야 하기 때문이다.

鄭注 ② 羹宜熱.

국은 마땅히 뜨거워야 하기 때문이다.

鄭注 ③ 醬宜涼.

장은 마땅히 서늘해야 하기 때문이다.

---

2) 『의례』「공사대부례(公食大夫禮)」: 宰夫自東房授醯醬.

鄭注 ④ 飮宜寒.

음료는 마땅히 차가워야 하기 때문이다.

賈疏 ●“凡食”至“冬時”. ○釋曰: 言“凡食齊眂春時”者, 言“凡”者, 總
與下四時爲目, 故言凡以該之. 言“食”者, 卽上六食, 則內則所云食
齊一也. 言飯之齊和. 眂, 猶比也. 四時常溫, 比於春時, 故鄭云“飯宜
溫”. “羹齊眂夏時”者, 謂大羹·鉶羹·菜羹等其所齊和, 四時常熱,
故云眂夏時, 羹宜熱故也. 云“醬齊眂秋時”者, 按醢人·醯人唯有醢
醯, 不言醬, 卽豆醬也. 按公食大夫“公親設醬”. 醬者, 食之主, 言醬則
該諸豆實. 四時皆須涼, 故言醬齊眂秋時. 又云“飮齊眂冬時”者, 謂若
漿人六飮水漿之等. 四時皆須寒, 故言飮齊眂冬時, 飮宜寒故也.

●經文: “凡食”~“冬時”. ○“무릇 조제한 밥은 봄 기후에 견준다.”라고
했는데, ‘범(凡)’이라 말한 것은 총괄적으로 아래 네 시후와 함께 항목이
된다. 그렇기 때문에 ‘범(凡)’이라는 말을 덧붙여서 포괄한 것이다. 앞에
나온 육사(六食)[3]에 해당하니,[4] 『예기』「내칙(內則)」편에서 말한 ‘사제
(食齊)’[5]라는 것과 동일하다. 밥의 맛을 적절히 조절한 것을 말한다. ‘시
(眂)’자는 견준다는 뜻이다. 사계절 동안 항상 따뜻해야 하니, 봄의 기후
에 견준다. 그렇기 때문에 정현이 “밥은 마땅히 따뜻해야 하기 때문이다.”
라고 말한 것이다. “조제한 국은 여름 기후에 견준다.”라고 했는데, 대갱
(大羹)·형갱(鉶羹)·나물국 등의 맛을 적절히 조절한 것들은 사계절 동
안 항상 뜨거워야 한다. 그렇기 때문에 “여름 기후에 견준다.”고 말하고,

---

3) 육사(六食)는 여섯 가지 곡물로 지은 밥을 뜻한다. 여섯 가지 곡물은 쌀[稻], 메기
장[黍], 차기장[稷], 조[粱], 보리[麥], 줄[苽]을 뜻한다.

4) 『주례』「천관(天官)·식의(食醫)」 : 食醫; 掌和王之六食·六飮·六膳·百
羞·百醬·八珍之齊.

5) 『예기』「내칙(內則)」: 凡食齊眂春時, 羹齊眂夏時, 醬齊眂秋時, 飮齊眂冬時.

"국은 마땅히 뜨거워야 하기 때문이다."라고 한 것이다. "조제한 장은 가을 기후에 견준다."라고 했는데,『주례』「해인(醢人)」편과 「혜인(醯人)」편에는 오직 혜(醯)와 해(醢)만 나오고, 장(醬)을 언급하지 않았으니, 곧 두(豆)에 담는 장에 해당한다.『의례』「공사대부례(公食大夫禮)」편을 살펴보면, "공이 직접 장을 진설한다."라 했다. '장(醬)'이라는 것은 음식들의 중심이 되니, 장(醬)을 언급했다면 두에 담는 여러 음식들을 포괄한다. 사계절 동안 모두 서늘해야 하기 때문에 "조제한 장은 가을 기후에 견준다."고 했다. 또 "조제한 음료는 겨울 기후에 견준다."라고 했는데,『주례』「장인(漿人)」편에서 말한 육음(六飮)에 해당하는 수(水)나 장(漿)과 같은 부류를 뜻한다.[6] 사계절 동안 모두 차가워야 하기 때문에 "조제한 음료는 겨울 기후에 견준다."라 말하고, "음료는 마땅히 차가워야 하기 때문이다."라고 한 것이다.

---

6)『주례』「천관(天官)·장인(漿人)」 : 漿人; 掌共王之六飮, 水·漿·醴·涼·醫·酏, 入于酒府.

그림 7-7　■ 돈(敦)

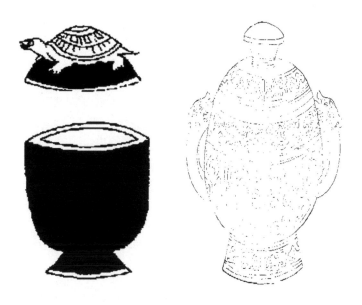

※ 출처:
　　좌-『삼례도집주(三禮圖集注)』13권
　　우-『삼재도회(三才圖會)』「기용(器用)」1권

大羹湆在爨.

직역 大羹湆은 爨에 在한다.

의역 고깃국은 부뚜막에서 끓인다.

鄭注 大羹湆, 煮肉汁也. 大古之羹無鹽菜. 爨, 火上. 周禮曰: "羹齊
視夏時." 今文湆皆作汁.

'대갱읍(大羹湆)'은 고기를 삶은 국물이다. 태고 때의 국에는 소금과 채
소를 넣지 않았다. '찬(爨)'은 불 위를 가리킨다. 『주례』에서는 "국물은
여름 기후에 견준다."[1]라 했다. 금문에는 '읍(湆)'자가 모두 즙(汁)자로
기록되어 있다.

賈疏 ●"大羹湆在爨". ◎注"大羹"至"作汁". ○釋曰: 湆與汁一也.
知"大古之羹無鹽菜"者, 左傳桓二年臧哀伯云: "大羹不致." 禮記·郊
特牲云"大羹不和", 謂不致五味, 故知不和鹽菜. 唐虞以上曰大古,
有此羹. 三王以來更有鉶羹, 則致以五味. 雖有鉶羹, 猶存大羹, 不
忘古也. 引周禮者, 證大羹須熱, 故在爨, 臨食乃取也.

● 經文: "大羹湆在爨". ◎鄭注: "大羹"~"作汁". ○읍(湆)과 즙(汁)은
동일한 것이다. 정현이 "태고 때의 국에는 소금과 채소를 넣지 않았다."
라고 했는데, 이 말이 사실임을 알 수 있는 것은 『좌전』환공 2년에 장애
백은 "대갱[2]은 조미를 하지 않는다."[3]라 했고, 『예기』「교특생(郊特牲)」

---

1) 『주례』「천관(天官)·식의(食醫)」: 凡食齊眡春時, <u>羹齊眡夏時</u>, 醬齊眡秋時,
飮齊眡冬時.
2) 대갱(大羹)은 조미료를 첨가하지 않은 고깃국이다. 『예기』「악기(樂記)」편에는

편에서는 "대갱에는 조미를 하지 않는다."⁴⁾라고 했으니, 오미⁵⁾를 지극히 하지 않은 것이다. 그렇기 때문에 소금과 채소를 첨가하지 않는다는 사실을 알 수 있다. 당우⁶⁾ 이상의 시기를 '대고(大古)'라고 부르는데, 이 때 이러한 국이 있었다. 삼왕⁷⁾ 이래로 형갱⁸⁾이 생겨났으니, 오미로 맛을

大饗之禮, 尙玄酒而俎腥魚, 大羹不和, 有遺味者矣."라는 기록이 있고, 이에 대한 정현의 주에서는 "大羹, 肉湇, 不調以鹽菜."라고 풀이했다.

3) 『춘추좌씨전』「환공(桓公) 2년」: 臧哀伯諫曰, 君人者, 將昭德塞違, 以臨照百官, 猶懼或失之, 故昭令德以示子孫, 是以淸廟茅屋, 大路越席, 大羹不致, 粢食不鑿, 昭其儉也.

4) 『예기』「교특생(郊特牲)」: 酒醴之美, 玄酒明水之尙, 貴五味之本也. 黼黻文繡之美, 疏布之尙, 反女功之始也. 莞簟之安, 而蒲越稾鞂之尙, 明之也. 大羹不和, 貴其質也. 大圭不琢, 美其質也. 丹漆雕幾之美, 素車之乘, 尊其樸也. 貴其質而已矣. 所以交於神明者, 不可同於所安褻之甚也. 如是而后宜.

5) 오미(五味)는 다섯 가지 맛을 뜻한다. 맛의 종류를 총칭하는 용어로도 사용된다. '오미'는 구체적으로 산(酸: 신맛), 고(苦: 쓴맛), 신(辛: 매운맛), 함(鹹: 짠맛), 감(甘: 단맛)을 가리킨다. 『예기』「예운(禮運)」편에는 "五味, 六和, 十二食, 還相爲質也."라는 기록이 있는데, 이에 대한 정현의 주에서는 "五味, 酸, 苦, 辛, 鹹, 甘也."라고 풀이하였다.

6) 당우(唐虞)는 당요(唐堯)와 우순(虞舜)을 병칭하는 용어이다. 요순(堯舜)시대를 가리키며, 의미상으로는 태평성세(太平盛世)를 뜻한다. 『논어』「태백(泰伯)」편에는 "唐虞之際, 於斯爲盛."이라는 용례가 있다.

7) 삼왕(三王)은 하(夏), 은(殷), 주(周) 삼대(三代)의 왕을 뜻한다. 『춘추곡량전』「은공(隱公) 8年」편에는 "盟詛不及三王."이라는 기록이 있고, 이에 대한 범녕(範寧)의 주에서는 '삼왕'을 하나라의 우(禹), 은나라의 탕(湯), 주나라의 무왕(武王)을 지칭한다고 풀이했다. 그리고 『맹자』「고자하(告子下)」편에는 "五霸者, 三王之罪人也."라는 기록이 있고, 이에 대한 조기(趙岐)의 주에서는 '삼왕'을 범녕의 주장과 달리, 주나라의 무왕 대신 문왕(文王)을 지칭한다고 풀이했다.

8) 형갱(鉶羹)은 형(鉶)이라는 그릇에 담는 국으로, 조미료나 야채 등을 가미하여 맛을 풍부하게 낸 국이다. 소고기 국에는 콩잎을 가미하였고, 양고기 국에는 씀바귀를 가미하였으며, 돼지고기 국에는 고비를 가미하기도 하였다. 『주례』「천관(天官)·형인(亨人)」편에는 "祭祀, 共大羹·鉶羹. 賓客亦如之."라는 기록이 있고, 이에 대한 가공언(賈公彦)의 소(疏)에서는 "云鉶羹者, 皆是陪鼎臐膮膮, 牛用

낸 것이다. 비록 형갱이 있었지만 여전히 대갱을 남겨두는 것은 옛 것을 잊지 않기 위해서이다. 『주례』를 인용한 것은 대갱은 따뜻하게 해야 함을 증명한 것이다. 그렇기 때문에 부뚜막에 두는 것인데, 음식을 먹을 때가 되어서야 가져온다.

참고 7-5 『주례』「천관(天官)·식의(食醫)」 기록

* 참고: 7-4 참조

참고 7-6 『춘추좌씨전』 환공(桓公) 2년 기록

전문 大羹不致.

대갱은 조미를 하지 않는다.

杜注 大羹, 肉汁. 不致五味.

'대갱(大羹)'은 고깃국이다. 오미를 지극히 하지 않는 것이다.

孔疏 ◎注"大羹"至"五味". ○正義曰: 郊特牲云: "大羹不和, 貴其質也." 儀禮·士虞·特牲皆設大羹湆, 鄭玄云: "大羹湆, 煮肉汁也. 不和, 貴其質, 設之所以敬尸也." 是祭祀之禮有大羹也. 大羹者, 大古初, 食肉者煮之而已, 未有五味之齊, 祭神設之, 所以敬而不忘本也. 記言"大羹不和", 故知不致者, 不致五味. 五味, 卽洪範所云酸·苦·辛·鹹·甘也.

◎杜注: "大羹"~"五味". ○『예기』「교특생(郊特牲)」편에서는 "대갱에는

藿, 羊用苦, 豕用薇, 調以五味, 盛之於鉶器, 卽謂之鉶羹."이라고 풀이했다.

조미를 하지 않으니, 그 질박함을 존귀하게 여기기 때문이다."⁹⁾라 했다.
『의례』「사우례(士虞禮)」¹⁰⁾편과 「특생궤식례(特牲饋食禮)」¹¹⁾편에서는
모두 대갱읍(大羹湆)을 진설한다고 했고, 정현은 "대갱읍(大羹湆)은 고
기를 삶은 국물이다. 조미를 하지 않는 것은 질박함을 귀하게 여기기 때
문이며, 이것을 진설하는 것은 시동을 공경하기 위해서이다."¹²⁾라 했으
니, 이것은 제사의 의례에 대갱이 포함됨을 나타낸다. '대갱(大羹)'이라는
것은 태고 초기에 고기를 먹을 경우 이것을 삶기만 할 뿐 아직까지 오미
로 정제함이 없었는데, 신에게 제사를 지내며 이것을 진설하는 것은 공경
하고 근본을 잊지 않기 위해서이다. 『예기』에서 "대갱에는 조미를 하지
않는다."라고 했다. 그렇기 때문에 불치(不致)라는 것이 오미를 지극히
하지 않는 것임을 알 수 있다. '오미(五味)'는 곧 『서』「홍범(洪範)」에서
말한 신맛·쓴맛·매운맛·짠맛·단맛에 해당한다.¹³⁾

참고 7-7 『예기』「교특생(郊特牲)」 기록

경문 酒醴之美, 玄酒明水之尙, 貴五味之本也. 黼黻文
繡之美, 疏布之尙, 反女功之始也. 莞簟之安, 而蒲越稾鞂之尙, 明之也. 大羹

---

9) 『예기』「교특생(郊特牲)」: 酒醴之美, 玄酒明水之尙, 貴五味之本也. 黼黻文
   繡之美, 疏布之尙, 反女功之始也. 莞簟之安, 而蒲越稾鞂之尙, 明之也. 大羹
   不和, 貴其質也. 大圭不琢, 美其質也. 丹漆雕幾之美, 素車之乘, 尊其樸也.
   貴其質而已矣. 所以交於神明者, 不可同於所安褻之甚也. 如是而后宜.
10) 『의례』「사우례(士虞禮)」: 泰羹湆自門入, 設于鉶南, 葅豆, 設于左.
11) 『의례』「특생궤식례(特牲饋食禮)」: 設大羹湆于醢北.
12) 이 문장은 『의례』「특생궤식례(特牲饋食禮)」편의 "設大羹湆于醢北."이라는 기
    록에 대한 정현의 주이다.
13) 『서』「주서(周書)·홍범(洪範)」: 潤下作鹹, 炎上作苦, 曲直作酸, 從革作辛,
    稼穡作甘.

不和, 貴其質也. 大圭不琢, 美其質也. 丹漆雕幾之美, 素車之乘, 尊其樸也. 貴其質而已矣. 所以交於神明者, 不可同於所安褻之甚也. 如是而后宜.

술과 단술을 맛좋은 것으로 여기지만, 현주(玄酒)와 명수(明水)를 숭상하는 것은 오미의 근본이 되는 물을 존귀하게 여기기 때문이다. 보불(黼黻)과 같은 무늬와 화려한 수들을 아름답게 여기지만, 거친 포를 숭상하는 것은 여자들이 견직물을 만들기 시작한 시초를 반추하기 때문이다. 완점(莞簟)과 같은 것은 편안하지만, 포월(蒲越)이나 고갈(藁鞂)과 같이 조악한 것들을 숭상하는 것은 그 예법의 차이점을 드러내기 위해서이다. 대갱(大羹)에는 조미를 하지 않으니, 그 질박함을 존귀하게 여기기 때문이다. 대규(大圭)에는 별도의 조각을 새기지 않으니, 그 질박함을 아름답게 여기기 때문이다. 단색이나 옻칠을 하며 무늬를 조각하는 것을 아름답게 여기지만, 소박한 소거[14]에 타는 것은 그 소박함을 존귀하게 여기기 때문이다. 이러한 것들은 모두 그 질박함을 귀하게 여기기 때문일 따름이다. 신명과 교감하는 방법은 매우 안락하게 여기며 친숙하게 여기는 것들과 동일하게 할 수 없다. 이처럼 한 이후에야 합당하게 되는 것이다.

鄭注 尙質貴本, 其至如是, 乃得交於神明之宜也. 明水, 司烜以陰鑑所取於月之水也. 蒲越·稿鞂, 藉神席也. 明之者, 神明之也. 琢當爲"篆", 字之誤也. 幾, 謂漆飾沂鄂也.

질박함을 숭상하고 근본을 존귀하게 여기는데, 그 지극함이 이와 같다면 신명과 교감하는 합당함을 얻게 된다. '명수(明水)'는 사훤(司烜)이 음감(陰鑑)을 이용해서 달이 비친 우물의 물을 뜬 것이다. 포월(蒲越)과 고갈(稿鞂)은 신을 위해 까는 자리이다. '명지(明之)'라는 말은 신명스럽게

---

14) 소거(素車)는 상사(喪事) 때 사용하던 수레로, 백색 흙으로 회칠을 한 것이다. 악거(堊車)라고도 부른다.

여긴다는 뜻이다. '탁(琢)'자는 전(篆)자가 되어야 하니, 글자가 비슷해서 생긴 오자이다. '기(幾)'자는 옻칠로 장식을 하며 튀어나오고 들어간 부분이다.

孔疏 ◎注"尙質"至"鄂也". ○正義曰: 尙質則"大羹不和", "大圭不琢", "素車之乘", 是也. 貴本則"玄酒·明水之尙", 及"疏布之尙", 是也. 云"明水, 司烜以陰鑑所取於月之水也"者, 周禮·秋官·司烜氏文也. 云"蒲越·稾鞂, 藉神席也"者, 今禮及隋禮稾鞂爲祭天席, 蒲越爲配帝席, 俱藉神也. 云"幾, 謂漆飾沂鄂也"者, 幾與畿字相涉, 畿是畿限之所, 故以幾爲沂鄂也.

◎鄭注: "尙質"~"鄂也". ○질박함을 숭상하는 것은 "대갱(大羹)에는 조미를 하지 않는다."라는 말과 "대규(大圭)에는 조각을 하지 않는다."라는 말과 "소거(素車)를 탄다."라는 말이 해당한다. 근본을 중시하는 것은 "현주(玄酒)와 명수(明水)를 숭상한다."라는 말과 "소포(疏布)를 숭상한다."라는 말이 해당한다. 정현이 "명수(明水)는 사훤(司烜)이 음감(陰鑑)을 이용해서 달이 비친 우물의 물을 뜬 것이다."라고 했는데, 이것은 『주례』「추관(秋官)·사훤씨(司烜氏)」편의 문장이다.[15] 정현이 "포월(蒲越)과 고갈(稾鞂)은 신을 위해 까는 자리이다."라고 했는데, 현재의 예 및 수나라 때의 예에서는 고갈(稾鞂)은 하늘에 대한 제사를 지낼 때 사용하는 자리로 삼았고, 포월(蒲越)은 함께 배향하는 제(帝)를 위해 사용하는 자리로 삼았으니, 이 모두는 신을 위해 까는 자리에 해당한다. 정현이 "기(幾)자는 옻칠로 장식을 하며 튀어나오고 들어간 부분이다."라고 했는데, 기(幾)자는 기(畿)자와 서로 관련이 되며, 기(畿)자는 경계를 뜻하는 장소이다. 그렇기 때문에 기(幾)자를 튀어나오고 들어간 부분으로 여긴 것이다.

---

15) 『주례』「추관(秋官)·사훤씨(司烜氏)」: 司烜氏; 掌以夫遂取明火於日, <u>以鑒取明水於月</u>, 以共祭祀之明齍·明燭, 共明水.

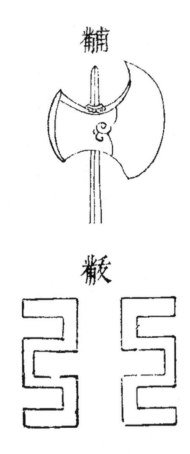

※ 출처: 『삼재도회(三才圖會)』「의복(衣服)」 1권

蒲席

繢純

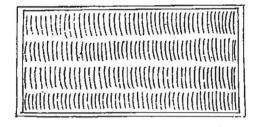

莞席

紛純

※ 출처: 『삼례도(三禮圖)』 2권

疏　布　巾

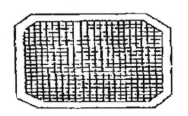

※ 출처: 『삼례도집주(三禮圖集注)』 14권

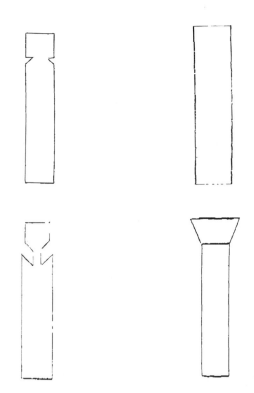

※ 출처:
　　상우 『주례도설(周禮圖說)』 하권; 상좌 『삼례도집주(三禮圖集注)』 10권
　　하우 『삼례도(三禮圖)』 3권; 하좌 『삼재도회(三才圖會)』 「기용(器用)」 2권

尊于室中北墉下, 有禁. 玄酒在西. 綌冪, 加勺, 皆南枋.

직역 室中의 北墉下에 尊하되 禁을 有한다. 玄酒는 西에 在한다. 綌冪하되 勺을 加하고, 皆히 枋을 南한다.

의역 실 안 북쪽 벽 아래에 술동이를 두되 받침대를 설치한다. 현주는 서쪽에 둔다. 거친 갈포로 만든 덮개를 덮고 술국자를 올려두는데 모두 자루가 남쪽을 향하도록 한다.

鄭注 墉, 牆也. 禁, 所以庪甒者. 玄酒, 不忘古也. 綌, 麤葛. 今文枋作柄.

'용(墉)'은 담장이다. '금(禁)'은 술동이를 올려두기 위한 것이다. 현주는 옛 것을 잊지 않기 위해서이다. '격(綌)'은 거친 갈포이다. 금문에는 '방(枋)'자가 병(柄)자로 기록되어 있다.

賈疏 ●"尊于"至"南枋". ◎注"墉牆"至"作柄". ○釋曰: 云"禁所以庪甒"者, 士冠云甒, 此亦士禮, 雖不言甒, 然此尊亦甒也. 庪承於甒. 云"禁"者, 因爲酒戒, 故以禁言之也. 云"玄酒不忘古也"者, 古謂黃帝已前, 以禮運云"汙尊而抔飲", 謂神農時雖有黍稷未有酒醴, 則神農以上以水爲玄酒也. 禮運又云: "後聖有作, 以爲醴酪." 據黃帝以後, 雖有酒醴, 猶是不忘古也.

●經文: "尊于"~"南枋". ◎鄭注: "墉牆"~"作柄". ○정현이 "금(禁)은 술동이를 올려두기 위한 것이다."라고 했는데, 『의례』「사관례(士冠禮)」편에서는 술동이[甒]라 했고,[1] 이곳의 기록 또한 사 계층의 예법이니, 비록

---

1) 『의례』「사관례(士冠禮)」: 側尊一甒醴, 在服北. 有篚實勺・觶・角柶, 脯醢, 南上.

술동이를 언급하지 않았지만 이곳의 술동이[尊] 또한 술동이[甒]에 해당한다. 이것은 술동이를 받치기 위한 것이다. '금(禁)'이라고 부르는 것은 이를 통해 술에 대한 경계를 하기 위해서이다. 그렇기 때문에 금(禁)이라고 부른 것이다. 정현이 "현주는 옛 것을 잊지 않기 위해서이다."라고 했는데, '고(古)'는 황제2) 이전의 시기를 뜻하니, 『예기』「예운(禮運)」편에서 "구덩이를 파서 물을 고이게 만들어 손으로 떠서 마셨다."3)라고 했는데, 이것은 신농4) 때 비록 서직이 있었지만 아직까지 술이나 단술이 없었

2) 황제(黃帝)는 헌원씨(軒轅氏), 유웅씨(有熊氏)이라고도 부른다. 전설시대에 존재했다고 전해지는 고대 제왕(帝王)이다. 소전(少典)의 아들이고, 성(姓)은 공손(公孫)이다. 헌원(軒轅)이라는 땅의 구릉 지역에 거주하였기 때문에, 그를 '헌원씨'라고도 부르는 것이다. 또한 '황제'는 희수(姬水) 지역에도 거주를 하였기 때문에, 이 지역의 이름을 따서 성(姓)을 희(姬)로 고치기도 하였다. 그리고 수도를 유웅(有熊) 땅에 마련하였기 때문에, 그를 '유웅씨'라고도 부르는 것이다. 한편 오행(五行) 관념에 따라서, 그는 토덕(土德)을 바탕으로 제왕이 되었다고 여겼는데, 흙[土]이 상징하는 색깔은 황(黃)이므로, 그를 '황제'라고 부르는 것이다. 『역』「계사하(繫辭下)」편에는 "神農氏沒, 黃帝·堯·舜氏作, 通其變, 使民不倦."이라는 기록이 있는데, 이에 대한 공영달(孔穎達)의 소(疏)에서는 "黃帝, 有熊氏少典之子, 姬姓也."라고 풀이했다. 한편 '황제'는 오제(五帝) 중 하나를 뜻한다. 오행(五行)으로 구분했을 때 토(土)를 주관하며, 계절로 따지면 중앙 계절을 주관하고, 방위로 따지면 중앙을 주관하는 신(神)이다. 『여씨춘추(呂氏春秋)』「계하기(季夏紀)」편에는 "其帝黃帝, 其神后土."라는 기록이 있고, 이에 대한 고유(高誘)의 주에서는 "黃帝, 少典之子, 以土德王天下, 號軒轅氏, 死託祀爲中央之帝."라고 풀이했다.

3) 『예기』「예운(禮運)」: 夫禮之初, 始諸飮食, 其燔黍捭豚, 汙尊而抔飮, 蕢桴而土鼓, 猶若可以致其敬於鬼神.

4) 신농씨(神農氏)는 신농(神農)이라고도 부른다. 전설시대에 존재했다고 전해지는 고대 제왕(帝王)의 이름이다. 처음으로 백성들에게 농사짓는 방법을 가르쳤다는 뜻에서, '신농'이라고 부르게 되었다. 또한 약초를 발견하고 재배하여 사람들의 병을 치료했었다고 전해진다. 또한 '신농'은 염제(炎帝)라고도 부르는데, 그 이유는 오행(五行) 중 하나인 화(火)의 덕(德)을 통해서 제왕이 되었다고 믿었기 때문이다. 『회남자(淮南子)』「주술훈(主述訓)」편에는 "昔者, 神農之治天下也, 神不馳於胸中, 智不出於四域, 懷其仁誠之心, 甘雨時降, 五穀蕃植."이라는 기록이

음을 뜻하니, 신농 이전에는 물을 현주로 삼았던 것이다. 「예운」편에서는 또 "후대에 성인이 나타나 술과 식초를 만들었다."[5]라고 했으니, 이에 근거해보면 황제 이후에는 비록 술과 단술이 생겨났지만 여전히 옛 것을 잊지 않았던 것이다.

참고 7-8 『예기』「예운(禮運)」기록

경문 夫禮之初, 始諸飮食, 其燔黍捭豚, 汙尊而抔飮, 蕢桴而土鼓, 猶若可以致其敬於鬼神.

무릇 예의 기원은 음식에서 비롯되었으니, 이전에는 날로 먹었지만 예를 만들면서 기장을 볶아 먹었고, 돼지고기를 익혀 먹었으며, 웅덩이를 파서 물을 고이게 만들어 손으로 떠서 마셨고, 흙을 뭉쳐 북채를 만들어 흙으로 쌓아서 만든 북을 쳤으니, 이처럼 간소하고 보잘 것 없는 것들이지만, 이것들을 통해 귀신에게 공경함을 지극하게 표현할 수 있었다.

鄭注 言其物雖質略, 有齊敬之心, 則可以薦羞於鬼神, 鬼神饗德不饗味也. 中古未有釜·甑, 釋米捭肉, 加於燒石之上而食之耳, 今北狄猶然. 汙尊, 鑿地爲尊也. 抔飮, 手掬之也. 蕢讀爲凷, 聲之誤也. 凷, 堛也, 謂搏土爲桴也. 土鼓, 築土爲鼓也.

그 물건들이 비록 질박하고 간소하더라도 정숙하고 공경하는 마음을 가

있다. 한편 '신농'은 토신(土神)을 뜻하는 용어로도 사용되었다. 이것은 농사와 땅과의 관계가 밀접하기 때문이며, 이러한 뜻에서 농사를 주관했던 관리를 또한 '신농'으로 칭하기도 하였다.

5) 『예기』「예운(禮運)」: 後聖有作, 然後修火之利, 范金合土, 以爲臺榭宮室牖戶. 以炮, 以燔, 以亨, 以炙, 以爲醴酪. 治其麻絲, 以爲布帛. 以養生送死, 以事鬼神上帝, 皆從其朔.

지고 있다면, 귀신에게 제수로 바칠 수 있다는 뜻이니, 귀신들은 그 사람의 덕을 흠향하는 것이지[6] 맛좋고 값비싼 제수들을 흠향하는 것이 아니기 때문이다. 중고시대에도 아직 가마솥 등의 취사도구가 없어서, 알곡을 털고 고기를 찢어서, 달궈진 돌 위에 올려서 조리해서 먹었을 따름인데, 오늘날에도 북적의 오랑캐들은 여전히 그처럼 조리를 해먹는다. '오준(汙尊)'은 땅을 파서 웅덩이를 만든다는 뜻이다. '부음(抔飮)'은 손으로 떠서 마신다는 뜻이다. '괴(蕢)'자는 괴(凷)자로 풀이하니, 소리가 비슷한 데에서 비롯된 오류이다. '괴(凷)'자는 흙덩이를 뜻하니, 흙덩이를 빚어서 북채를 만든다는 의미이다. '토고(土鼓)'는 흙을 쌓아 올려서 북을 만든다는 뜻이다.

孔疏 ●"汙尊而抔飮"者, 謂鑿池汙下而盛酒, 故云"汙尊", 以手掬之而飮, 故云"抔飮".

● 經文: "汙尊而抔飮". ○ 땅을 파서 웅덩이를 만든 다음 그곳에 술을 담는다는 뜻이다. 그렇기 때문에 '오준(汙尊)'이라고 말한 것이며, 손으로 떠서 마셨기 때문에 '부음(抔飮)'이라고 말한 것이다.

참고 7-9 『예기』「예운(禮運)」 기록

경문 後聖有作, 然後修火之利, 范金合土, 以爲臺榭宮室牖戶. 以炮, 以燔, 以亨, 以炙, 以爲醴酪. 治其麻絲, 以爲布帛. 以養生送死, 以事鬼神上帝, 皆從其朔.

후대에 성인이 나타나 천하를 다스린 이후에야 불을 이용할 수 있었으니, 금속을 주조하여 철제 도구를 만들고 흙을 이겨 도기 등을 만들어서, 이

---

6) 『예기』「예기(禮器)」: 故物無不懷仁, 鬼神饗德.

러한 것들로써 대사[7] · 궁실 · 들창 · 문 등을 만들었다. 그리고 불을 이용하여 음식을 싸서 익히기 시작했고, 불 위에서 굽기 시작했으며, 솥에서 삶기 시작했고, 꼬치구이를 하기 시작했으며, 또한 불을 이용해서 술과 식초를 제조하였다. 그리고 천을 가공하여 옷감을 만들었다. 또한 이렇게 만들어진 물건들로써 살아있는 자가 편안하게 생활할 수 있도록 보살피게 하였고, 죽은 자에 대해서는 장례를 잘 치르도록 하였으며, 귀신 및 상제를 잘 섬기게 하였으니, 이것들은 모두 옛 성인이 처음으로 만든 것을 그대로 본받아 따르는 것이다.

鄭注 作, 起. 孰冶萬物. 鑄作器用. 瓦瓴 · 甓及瓵 · 大. 椸, 器之所藏也. 裹燒之也. 加於火上. 煮之鑊也. 貫之火上. 烝醸之也. 酪, 酢載. 朔亦初也, 亦謂今行之然.

'작(作)'자는 일어난다는 뜻이다. 불을 지펴서 만물을 가공할 수 있었다. 주조를 하여 기물과 용기를 만들었다. 흙을 이겨서 독이나 벽돌, 술동이나 큰 술동이 등을 만들었다. '사(椸)'자는 기물들을 보관하는 곳을 뜻한다. '포(炮)'자는 싸서 익힌다는 뜻이다. '번(燔)'자는 불 위에 올려서 익힌다는 뜻이다. '형(亨)'자는 솥에 담아서 삶는다는 뜻이다. '자(炙)'자는 꼬치에 꺼서 불 위에 굽는다는 뜻이다. 불을 지펴서 술을 담는다는 뜻이다. '낙(酪)'은 초재(酢載)이다. '삭(朔)'자 또한 초(初)자의 뜻이 되니, 이 문장은 오늘날에도 시행하길 이처럼 한다는 뜻이다.

---

7) 대사(臺榭)는 대(臺)와 사(榭)를 합해 부르는 말이다. 흙을 쌓아올려서 관망대로 쓰는 것이 '대'이고, '대' 위에 가옥이 있는 경우 그것을 '사'라고 부른다. 후대에는 이러한 건축물들을 범칭하여 '대사'라고 불렀다. 『서』「주서(周書) · 태서상(泰誓上)」편에는 "惟宮室臺榭, 陂池侈服, 以殘害于爾萬姓."이라는 기록이 있는데, 이에 대한 공영달(孔穎達)의 소(疏)에서는 이순(李巡)의 말을 인용하여, "臺, 積土爲之, 所以觀望也. 臺上有屋謂之榭."라고 풀이하였다.

孔疏 ● “後聖有作”者, 謂上古之後, 聖人作起.

● 經文: “後聖有作”. ○상고시대 이후에 성인이 나타났다는 뜻이다.

孔疏 ● “以炮, 以燔”·“以爲醴酪”及“治其麻絲, 以爲布帛”之屬, 亦五帝時也.

● 經文: “以炮, 以燔”·“以爲醴酪”·“治其麻絲, 以爲布帛”. ○이 구문들의 내용들 또한 오제[8]시대 때의 일들에 해당한다.

---

8) 오제(五帝)는 전설시대에 존재했다고 전해지는 다섯 명의 제왕(帝王)을 뜻한다. 그러나 다섯 명이 누구였는지에 대해서는 이설(異說)이 많다. 첫 번째 주장은 황제(黃帝: =軒轅), 전욱(顓頊: =高陽), 제곡(帝嚳: =高辛), 당요(唐堯), 우순(虞舜)으로 보는 견해이다. 『사기정의(史記正義)』「오제본기(五帝本紀)」편에는 “太史公依世本·大戴禮, 以黃帝·顓頊·帝嚳·唐堯·虞舜爲五帝. 譙周·應劭·宋均皆同.”이라는 기록이 있고, 『백호통(白虎通)』「호(號)」편에도 “五帝者, 何謂也? 禮曰, 黃帝·顓頊·帝嚳·帝堯·帝舜也.”라는 기록이 있다. 두 번째 주장은 태호(太昊: =伏羲), 염제(炎帝: =神農), 황제(黃帝), 소호(少昊: =摯), 전욱(顓頊)으로 보는 견해이다. 이 주장은 『예기』「월령(月令)」편에 나타난 각 계절별 수호신들의 내용을 종합한 것이다. 세 번째 주장은 소호(少昊), 전욱(顓頊), 고신(高辛), 당요(唐堯), 우순(虞舜)으로 보는 견해이다. 『서서(書序)』에는 “少昊·顓頊·高辛·唐·虞之書, 謂之五典, 言常道也.”라는 기록이 있다. 또 『제왕세기(帝王世紀)』에는 “伏羲·神農·黃帝爲三皇, 少昊·高陽·高辛·唐·虞爲五帝.”라는 기록이 있다. 네 번째 주장은 복희(伏羲), 신농(神農), 황제(黃帝), 당요(唐堯), 우순(虞舜)으로 보는 견해이다. 이 주장은 『역』「계사하(繫辭下)」편의 내용에 근거한 주장이다.

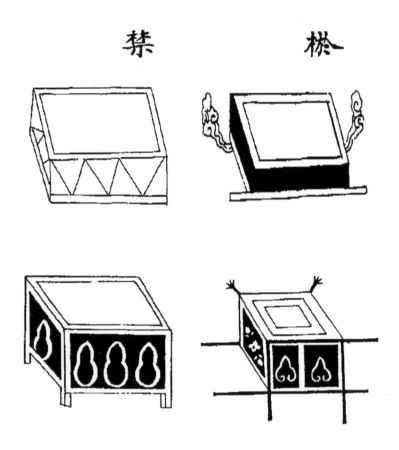

※ 출처:
　　상단-『삼례도집주(三禮圖集注)』 12권
　　하단-『육경도(六經圖)』 9권

그림 7-13 ▣ 와무(瓦甒)

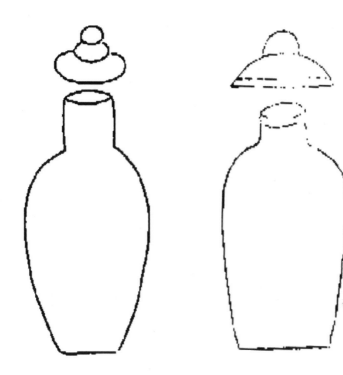

※ 출처:

　우-『삼재도회(三才圖會)』「기용(器用)」 2권

　좌-『삼례도집주(三禮圖集注)』 12권

그림 7-14 ▣ 작(勺)

勺龍　　　疏勺　　　　　蒲勺

※ 출처: 『삼례도집주(三禮圖集注)』 12권; 14권

尊于房戶之東, 無玄酒. 簾在南, 實四爵合巹.

직역 簾를 房戶의 東에 尊하되 玄酒는 無한다. 簾는 南에 在하되 四爵과 합巹을 實한다.

의역 방문 동쪽에 술동이를 두되 현주는 두지 않는다. 광주리는 남쪽에 두는데 4개의 작과 한 쌍의 근을 담아둔다.

鄭注 無玄酒者, 略之也. 夫婦酌於內尊, 其餘酌於外尊. 合巹, 破匏也. 四爵兩巹凡六, 爲夫婦各三酳. 一升曰爵.

현주를 두지 않는 것은 간략히 했기 때문이다. 남편과 부인은 안쪽의 술동이에서 술을 따르고, 그 나머지 사람들은 바깥의 술동이에서 술을 따른다. '합근(合巹)'은 하나의 박을 2개로 가른 것이다. 4개의 작과 한 쌍의 근은 모두 6개인데, 남편과 부인이 각각 3차례 입가심을 하기 위해서 차린 것이다. 1승[1]이 되는 술잔을 '작(爵)'이라 부른다.

賈疏 ●"尊于"至"合巹". ◎注"無玄"至"曰爵". ○釋曰: 云"無玄酒者, 略之"者, 此對上文夫婦之尊有玄酒, 此尊非爲夫婦, 故略之也. 云"夫婦酌於內尊, 其餘酌於外尊"者, 據上文玄酒知之. 云"一升曰爵"者, 韓詩內傳云"一升曰爵, 二升曰觚, 三升曰觶, 四升曰角, 五升曰散", 是也.

● 經文: "尊于"~"合巹". ◎鄭注: "無玄"~"曰爵". ○정현이 "현주를 두지 않는 것은 간략히 했기 때문이다."라고 했는데, 이것은 앞 문장에서 남편

---

1) 승(升)은 용량을 재는 단위이다. 지역 및 각 시대마다 다소 차이를 보이는데, 고대에는 10합(合)을 1승(升)으로 여겼고, 10승(升)을 1두(斗)로 여겼다. 『한서(漢書)』「율력지상(律曆志上)」편에는 "合龠爲合, 十合爲升."이라는 기록이 있다.

과 아내를 위한 술동이에는 현주가 포함된 것과 대비한 것으로, 이곳의 술동이는 남편과 아내를 위한 것이 아니다. 그렇기 때문에 간략히 한 것이다. 정현이 "남편과 부인은 안쪽의 술동이에서 술을 따르고, 그 나머지 사람들은 바깥의 술동이에서 술을 따른다."라고 했는데, 앞 문장에 현주가 있는 것에 근거해서 이러한 사실을 알았던 것이다. 정현이 "1승이 되는 술잔을 작(爵)이라 부른다."라고 했는데, 『한시내전』[2]에서는 "1승이 되는 것을 작(爵)이라 부르고, 2승이 되는 것을 고(觚)라 부르며, 3승이 되는 것을 치(觶)라 부르고, 4승이 되는 것을 각(角)이라 부르며, 5승이 되는 것을 산(散)이라 부른다."라고 했으니, 바로 이러한 사실을 나타낸다.

---

2) 『한시내전(韓詩內傳)』은 한(漢)나라 때 한영(韓嬰)이 지은 책이다. 한영은 내전(內傳) 4권과 외전(外傳) 6권을 지었는데, 내전은 산일되어 없어졌고, 외전만이 남아 있다. 이것을 『한시외전(韓詩外傳)』이라고 부른다.

그림 7-15 ▣ 작(爵)

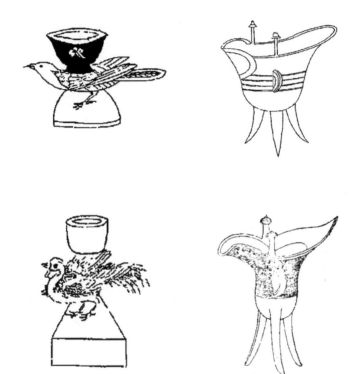

※ 출처:
  상좌-『삼례도집주(三禮圖集注)』12권 ; 상우-『삼례도(三禮圖)』3권
  하좌-『육경도(六經圖)』6권 ; 하우-『삼재도회(三才圖會)』「기용(器用)」1권

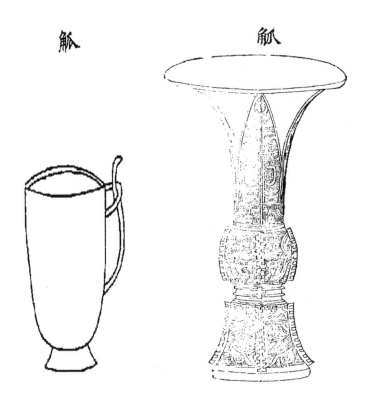

※ 출처:
   우『삼재도회(三才圖會)』「기용(器用)」 1권
   좌『삼례도집주(三禮圖集注)』 12권

※ 출처:
  좌-『삼재도회(三才圖會)』「기용(器用)」1권
  상우-『삼례도집주(三禮圖集注)』12권 ; 하우-『육경도(六經圖)』9권

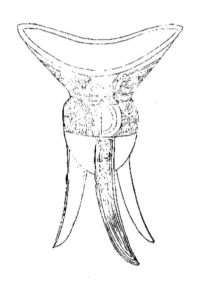

※ 출처:
　　상-『삼례도집주(三禮圖集注)』12권
　　하-『삼재도회(三才圖會)』「기용(器用)」1권

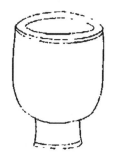

※ 출처:

　상좌-『삼례도집주(三禮圖集注)』12권 ; 상우-『삼례도(三禮圖)』3권

　하좌-『육경도(六經圖)』6권 ; 하우-『삼재도회(三才圖會)』「기용(器用)」2권

제 8 절
친영(親迎)의 절차

主人爵弁, 纁裳, 緇袘. 從者畢玄端. 乘墨車, 從車二乘, 執
燭前馬.

직역 主人은 爵弁하고 纁裳하며 緇袘한다. 從者는 畢히 玄端한다. 墨車에 乘하고,
從車는 二乘이며, 燭을 執하여 馬에 前한다.

의역 신랑은 작변을 쓰고 훈색의 하의를 입으며 치색의 가선을 두른다. 뒤따르는
자들은 모두 현단을 착용한다. 신랑은 묵거에 타고 뒤따르는 수레는 2대이며,
노역하는 자들은 횃불을 들고 말 앞에서 길을 밝힌다.

鄭注 主人, 婿也, 婿爲婦主. 爵弁而纁裳, 玄冕之次. 大夫以上親迎
冕服. 冕服迎者, 鬼神之. 鬼神之者, 所以重之親之. 纁裳者, 衣緇衣.
不言衣與帶而言袘者, 空其文, 明其與袘俱用緇. 袘, 謂緣. 袘之言
施, 以緇緣裳, 象陽氣下施. 從者, 有司也. 乘貳車, 從行者也. 畢猶
皆也. 墨車, 漆車, 士而乘墨車, 攝盛也. 執燭前馬, 使徒役持炬火居
前炤道.

'주인(主人)'은 신랑을 뜻하니, 신랑은 신부의 주인이 되기 때문이다. 작
변을 쓰고 훈색의 하의를 착용하는 것은 현면[1]의 바로 아래 등급 복장이

---

1) 현면(玄冕)은 현의(玄衣)와 면류관을 뜻한다. 본래 천자 및 제후의 제사복장으로,
   비교적 중요성이 덜한 제사 때 입는다. '현의' 중 상의에는 무늬가 들어가지 않고,
   하의에만 불(黻)을 수놓는다. 『주례』 「춘관(春官) · 사복(司服)」편에는 "祭群小

다. 대부 이상의 계층은 친영을 하며 면복2)을 착용한다. 면복을 착용하고
맞이하는 이유는 귀신을 섬기듯 대하기 때문이다. 귀신을 심기듯 대하는
것은 중시하고 친근히 하기 위해서이다. 훈색의 하의를 착용하는 경우에
는 치색의 상의를 착용한다. 상의와 대를 언급하지 않고 가선을 언급한
것은 문장을 비워두어 그것이 가선과 함께 모두 치색의 천을 사용함을
나타내기 위해서이다. '이(袘)'는 가선을 뜻한다. 이(袘)자는 늘린다는 뜻
으로, 치색의 천으로 하의에 가선을 대어 양기가 아래로 펴짐을 상징하기
위해서이다. '종자(從者)'는 유사를 뜻한다. 이거3)에 타는 것은 뒤따라
가는 자들이다. '필(畢)'자는 모두라는 뜻이다. '묵거(墨車)'4)는 옻칠을
한 수레로, 사 계층임에도 묵거에 타는 것은 섭성5)을 하기 때문이다. 횃
불을 들고 말 앞에 선다는 것은 노역하는 자들로 하여금 횃불을 들고
앞에 위치하여 길을 밝히게 하는 것이다.

祀則<u>玄冕</u>."이라는 기록이 있고, 이에 대한 정현의 주에서는 "玄者, 衣無文,
裳刺黻而已, 是以謂玄焉."이라고 풀이했다.

2) 면복(冕服)은 대부(大夫) 이상의 계층이 착용하는 예관(禮冠)과 복식을 뜻한다.
무릇 길례(吉禮)를 시행할 때에는 모두 면류관(冕冠)을 착용하는데, 복장의 경우에
는 시행하는 사안에 따라서 달라진다.

3) 이거(貳車)는 해당 주인이 타는 수레를 뒤따르는 수레이다. '부거(副車)'라고 부른
다. 조회나 제사 등에 사용하는 부거를 '이거'라고 부르며, 전쟁과 사냥 등에 사용
하는 부거를 '좌거(佐車)'라고 부른다. 『예기』「소의(少儀)」편에는 "乘<u>貳車</u>則式,
佐車則否."라는 기록이 있고, 이에 대한 정현의 주에서는 "貳車·佐車, 皆副車
也. 朝祀之副曰貳, 戎獵之副曰佐."라고 풀이했다.

4) 묵거(墨車)는 별다른 장식을 하지 않고, 흑색으로 칠하기만 한 수레를 뜻한다.
주(周)나라 때에는 주로 대부(大夫)들이 탔다. 『주례』「춘관(春官)·건거(巾車)」
편에는 "大夫乘<u>墨車</u>."라는 기록이 있고, 이에 대한 정현의 주에서는 "墨車, 不畫
也."라고 풀이했다.

5) 섭성(攝盛)은 고대에 혼례를 시행할 때, 사용되는 수레와 의복에 있어서 일반적인
규정보다 한 등급을 높여서 치르는 것을 뜻한다.

●"主人"至"前馬". ○釋曰: 此至"俟于門外", 論婿親迎之節.

●經文: "主人"~"前馬". ○이곳 문장으로부터 "문밖에서 기다린다."[6]라는 문장까지는 신랑이 친영(親迎)하는 절차를 논의하고 있다.

◎注"主人"至"炤道". ○釋曰: 云"主人, 婿也"者, 以其親迎向女家. 女父稱主人, 男稱婿, 已下皆然. 今此未至女家, 仍據男家而言, 故云主人是婿. 爲婦主, 故下親迎至男家, 婿還稱主人也. 云"爵弁而纁裳"者, 下爵弁亦冕之類, 故亦纁裳也. 云"玄冕之次"者, 鄭注周禮·弁師云: "一命之大夫冕而無旒, 士變冕爲爵弁." 故云冕之次也. 云"大夫以上親迎冕服"者, 士家自祭, 服玄端; 助祭, 用爵弁. 今爵弁用助祭之服親迎, 一爲攝盛, 則卿大夫朝服以自祭, 助祭用玄冕, 親迎亦當玄冕, 攝盛也. 若上公有孤之國, 孤絺冕, 卿大夫同玄冕. 侯伯子男無孤之國, 卿絺冕, 大夫玄冕也. 孤卿大夫士爲臣卑, 復攝盛取助祭之服, 以親迎, 則天子諸侯爲尊, 則衰矣, 不須攝盛, 宜用家祭之服, 則五等諸侯玄冕, 以家祭, 則親迎不過玄冕, 天子親迎當服衮冕矣. 是以禮記·郊特牲云: "玄冕齋戒, 鬼神陰陽也. 將以爲社稷主." 以社稷言之, 據諸侯而說, 故知諸侯玄冕也. 其於孤卿, 雖絺冕以助祭, 至於親迎, 亦用玄冕, 臣乃不得過君故也. 云"冕服迎者, 鬼神之. 鬼神之者, 所以重之親之"者, 郊特牲文. 云"纁裳者, 衣緇衣. 不言衣與帶而言袡者, 空其文, 明其與袡俱用緇"者, 鄭言纁裳者, 衣緇衣, 言緇衣卽玄衣, 大同故也. 上士冠陳爵弁服云"緇衣緇帶", 此文有緇袡無"衣帶"二字, 故云空其文. 以袡著緇者, 欲見袡與衣帶色同, 故云"俱用緇"也. 云"袡謂緣"者, 謂純緣於裳, 故字從衣. 云"袡之言施"者, 義取施及於物, 故作施也. 云"以緇緣裳, 象陽氣下施"者, 男陽女陰, 男女相交接, 示行事有漸, 故云"象陽氣下施", 故以衣帶上體

---

6) 『의례』「사혼례」: 婿乘其車先, 俟于門外.

同色之物下緣於裳也. 云"從者, 有司也. 乘貳車, 從行者也"者, 以士
雖無臣, 其僕隸皆曰有司. 使乘貳車, 從婿. 大夫已下有貳車, 士無
貳車, 此有者, 亦是攝也. 云"墨車, 漆車"者, 按巾車注云: "棧車不革
鞔而漆之." 則士之棧車漆之, 但無革爲異耳. 按考工記云"棧車欲其
弇", 鄭云: "無革鞔." 又云"飾車欲其侈", 鄭云: "革鞔." 則大夫已上皆
以革鞔, 則得飾車之名. 飾者, 革上又有漆飾. 士卑無飾, 雖有漆, 不
得名墨車, 故唯以棧車爲名. 若然, 自卿已上更有異飾, 則又名玉金,
象夏篆‧夏縵之等也. 云"士乘墨車, 攝盛也"者, 按周禮‧巾車云: 一
曰玉路以祭祀. 又云: 金路, 同姓以封; 象路, 異姓以封; 革路, 以封
四衛; 木路, 以封蕃國; 孤乘夏篆, 卿乘夏縵, 大夫乘墨車, 士乘棧車,
庶人乘役車. 士乘大夫墨車爲攝盛, 則大夫當乘卿之夏縵, 卿當乘孤
之夏篆, 已上有木路, 質而無飾, 不可使孤乘之, 禮窮則同也. 孤還乘
夏篆. 又於臣之外特置, 亦是尊尊, 則尊矣, 不欲攝盛. 若然, 庶人當
乘士之棧車, 則諸侯天子尊則尊矣, 亦不假攝盛, 依巾車自乘本車
矣. 玉路祭祀, 不可以親迎, 當乘金路矣. 以攝言之, 士之子冠與父
同, 則昏亦同. 但尊適子, 皆與父同, 庶子宜降一等也.

◎鄭注: "主人"~"炤道". ○ 정현이 "주인(主人)은 신랑을 뜻한다."라고
했는데, 친영을 하기 위해 신부의 집으로 향하기 때문이다. 신부의 부친
을 '주인(主人)'이라 지칭하고 신랑을 '서(婿)'라고 지칭하는데, 이하의 기
록에서는 모두 이러하다. 그런데 지금은 아직 신부의 집에 도착하지 않은
상태이므로 신랑 집안에 기준을 두고 말했다. 그렇기 때문에 주인은 신랑
을 가리킨다고 말했다. 신랑은 신부의 주인이 되기 때문에 아래에서 친영
을 하여 신랑 집에 도착하게 되면 서(婿)를 다시 주인(主人)이라고 지칭
한다.[7] 정현이 "작변을 쓰고 훈색의 하의를 착용한다."라고 했는데, 아래

---

7) 『의례』 「사혼례」 : 婦至, 主人揖婦以入. 及寢門, 揖入, 升自西階. 媵布席于奧.
夫入于室, 卽席. 婦尊西, 南面, 媵‧御沃盥交.

등급에 해당하는 작변 또한 면류관의 부류이다. 그렇기 때문에 훈색의 하의를 착용한다. 정현이 "현면의 바로 아래 등급 복장이다."라고 했는데, 『주례』「변사(弁師)」편에 대한 정현의 주에서는 "1명(命) 등급의 대부가 쓰는 면류관에는 옥을 꿴 끈은 없고, 사는 면류관을 바꿔 작변을 착용한 다."[8]라고 했다. 그렇기 때문에 면류관의 다음 등급이라고 했던 것이다. 정현이 "대부 이상의 계층은 친영을 하며 면복을 착용한다."라고 했는데, 사는 자기 집에서 직접 제사를 지낼 때 현단을 착용하고, 제사를 도울 때에는 작변을 착용한다. 현재 작변을 착용하는 것은 제사를 도울 때의 복장을 착용하고서 친영을 하는 것인데, 이것이 섭성이 된다면, 경과 대 부는 조복[9]을 입고 자신의 제사를 지내며 제사를 도울 때에는 현면을 착용하니, 친영을 할 때에도 현면을 착용해야 하는 것으로, 섭성을 하기 때문이다. 만약 신하 중 고[10]를 둔 상공의 제후국이라면, 고는 치면[11]을 착용하고, 경과 대부는 동일하게 현면을 착용한다. 고가 없는 후작·백 작·자작·남작의 제후국이라면, 경은 치면을 착용하고 대부는 현면을

---

8) 이 문장은 『주례』「하관(夏官)·변사(弁師)」편의 "諸侯及孤卿大夫之冕·韋 弁·皮弁·弁絰, 各以其等爲之, 而掌其禁令."이라는 기록에 대한 정현의 주이 다.

9) 조복(朝服)은 군주와 신하가 조회를 열 때 착용하는 복장을 뜻한다. 중요한 의식 을 치를 때 착용하는 예복(禮服)을 가리키기도 한다.

10) 고(孤)는 고대의 작위이다. 천자에게 소속된 '고'는 삼공(三公) 밑의 서열에 해당 하며, 육경(六卿)보다 높았다. 고대에는 소사(少師)·소부(少傅)·소보(少保)를 삼고(三孤)라고 불렀다.

11) 치면(絺冕)은 희면(希冕)·치면(黹冕)이라고도 부른다. 치의(絺衣)와 면류관을 뜻한다. 천자 및 제후가 사직(社稷) 및 오사(五祀)에 대한 제사를 지낼 때 착용하 던 복장이다. '치의'에는 쌀 모양의 무늬를 수놓았고, 다른 그림을 그려 넣지 않았 다. 상의에는 1개의 무늬를 수놓고, 하의에는 2개의 무늬를 수놓게 되어, 총 3개의 무늬가 들어가게 된다. 『주례(周禮)』「춘관(春官)·사복(司服)」편에는 "祭社 稷·五祀則希冕."이라는 기록이 있고, 이에 대한 정현의 주에서는 "希刺粉米, 無畫也. 其衣一章, 裳二章, 凡三也."라고 풀이했다.

착용한다. 고 · 경 · 대부 · 사는 신하로 신분이 낮은데, 재차 섭성을 하여 제사를 도울 때의 복장을 착용하고 친영을 하게 된다면, 천자와 제후는 존귀한 신분이므로 곤면12)을 착용해야 한다. 그러나 섭성을 할 필요가 없기 때문에, 자신의 제사를 지낼 때의 복장을 착용해야 하니, 다섯 등급의 제후는 현면을 착용하고 자신의 제사를 지내므로 친영을 할 때에도 현면을 뛰어넘지 않는다. 다만 천자는 친영을 할 때 마땅히 곤면을 착용해야 한다. 이러한 까닭으로 『예기』「교특생(郊特牲)」편에서는 "현면을 착용하고 재계를 하는 것은 부부가 되는 것을 귀신을 섬기듯 대하기 때문이다. 혼례를 치르는 자는 장차 사직13)의 제사를 주관하는 자가 되기 때문이다."14)라고 한 것이다. '사직(社稷)'으로 말을 한 것은 제후를 기준으로 설명한 것이다. 그렇기 때문에 제후가 현면을 착용한다는 사실을 알 수 있다. 그들에게 속한 고와 경의 경우 비록 치면을 착용하고 제사를 돕지만, 친영을 하게 되면 또한 현면을 착용하니, 신하는 군주보다 지나치게 할 수 없기 때문이다. 정현이 "면복을 착용하고 맞이하는 이유는 귀신을 섬기듯 대하기 때문이다. 귀신을 섬기듯 대하는 것은 중시하고 친근히 하기 위해서이다."라고 했는데, 이것은 「교특생」편의 기록이다.

---

12) 곤면(袞冕)은 곤룡포와 면류관을 뜻한다. 본래 천자의 제사복장으로, 비교적 중요한 제사 때 입는다. 윗옷과 아랫도리에 새겨진 무늬 등은 9가지이다. 『주례』「춘관(春官) · 사복(司服)」편에는 "享先王則袞冕."이라는 기록이 있다. 이에 대한 정현의 주에서는 "冕服九章, 登龍於山, 登火於宗彝, 尊其神明也. 九章, 初一曰龍, 次二曰山, 次三曰華蟲, 次四曰火, 次五曰宗彝, 皆畫以爲績. 次六曰藻, 次七曰粉米, 次八曰黼, 次九曰黻, 皆希以爲繡. 則袞之衣五章, 裳四章, 凡九也."라고 풀이했다. 즉 '곤면'의 윗옷에는 용(龍), 산(山), 화충(華蟲), 화(火), 종이(宗彝) 등 5가지 무늬를 그려놓고, 아랫도리에는 조(藻), 분미(粉米), 보(黼), 불(黻) 등 4가지를 수놓았다.

13) 사직(社稷)은 토지신과 곡식신을 뜻한다. 천자와 제후가 지냈던 제사이다. '사직'에서의 '사(社)'자는 토지신을 가리키고, '곡(稷)'자는 곡식신을 뜻한다.

14) 『예기』「교특생(郊特牲)」: 玄冕齊戒, 鬼神陰陽也. 將以爲社稷主, 爲先祖後, 而可以不致敬乎?

정현이 "훈색의 하의를 착용하는 경우에는 치색의 상의를 착용한다. 상의
와 대를 언급하지 않고 가선을 언급한 것은 문장을 비워두어 그것이 가선
과 함께 모두 치색의 천을 사용함을 나타내기 위해서이다."라고 했는데,
정현이 훈색의 하의를 착용하면 치색의 상의를 착용한다고 했는데, 치색
의 상의는 곧 현색의 상의에 해당한다는 뜻으로, 치색과 현색은 대동소이
하기 때문이다. 앞의 『의례』「사관례(士冠禮)」편에서는 작변복을 진열
할 때 '치색의 상의와 치색의 대'[15]라 했고, 이곳 문장에는 '치색의 가선'
이라는 말은 있지만 상의와 대를 뜻하는 두 글자는 없다. 그렇기 때문에
그 문장을 비워두었다고 했다. 가선이라는 말을 통해서 치색이라는 것을
드러낸 것은 가선은 상의 및 대와 동일한 색으로 맞추게 됨을 드러내고자
한 것이다. 그렇기 때문에 "모두 치색의 천을 사용한다."라고 했다. 정현
이 "이(袘)는 가선을 뜻한다."라고 했는데, 하의의 가선으로 두른 것을
말한다. 그렇기 때문에 그 자형은 '의(衣)'자를 부수로 한다. 정현이 "이
(袘)자는 늘린다는 뜻이다."라고 했는데, 다른 사물에게 미치게 된다는
뜻에서 의미를 취한 것이다. 그렇기 때문에 시(施)자로 설명했다. 정현이
"치색의 천으로 하의에 가선을 대어 양기가 아래로 펴짐을 상징하기 위해
서이다."라고 했는데, 남자는 양에 해당하고 여자는 음에 해당하며, 남녀
가 서로 교제할 때에는 그 사안을 시행함에 점진적으로 진행됨을 드러낸
다. 그렇기 때문에 "양기가 아래로 펴을 상징하기 위해서이다."라고 했다.
그러므로 상의와 대 등 상반신에 해당하는 물체와 동일한 색깔로 하의의
가선을 두르는 것이다. 정현이 "종자(從者)는 유사를 뜻한다. 이거에 타
는 것은 뒤따라 가는 자들이다."라고 했는데, 사에게는 비록 신하가 없지
만 종이나 노예들에 대해서 모두 '유사(有司)'라고 부른다. 그들로 하여
금 이거에 타서 신랑을 뒤따르게 한다. 대부 이하의 계층은 이거를 두지
만 사는 본래 이거가 없다. 그런데도 이곳에서 있다고 한 것은 또한 섭성

15) 『의례』「사관례(士冠禮)」 : 爵弁服, 纁裳, 純衣, 緇帶, 韎韐.

에 해당한다. 정현이 "묵거(墨車)는 옻칠을 한 수레이다."라고 했는데,
『주례』「건거(巾車)」편에 대한 주를 살펴보면 "사가 타는 잔거16)에는 가
죽을 수레에 씌워 장식하지 않고 옻칠을 한다."17)라고 했다. 따라서 사의
잔거에는 옻칠을 하는데, 단지 가죽이 없는 것이 차이날 뿐이다. 『고공
기』를 살펴보면 "잔거는 가리고자 한다."라 했고, 정현의 주에서는 "가죽
을 씌워 장식함이 없다."라 했으며, 또 "장식한 수레는 치장을 드러내고자
한다."라 했고,18) 정현은 "가죽을 씌워 장식함이 있다."라고 했다. 따라서
대부 이상의 계층은 모두 그 수레에 가죽을 씌워 장식함이 있으니, '식거
(飾車)'라는 명칭을 붙일 수 있다. '식(飾)'이라는 것은 가죽 위에 옻칠
장식을 하는 것이다. 사는 계급이 미천하기 때문에 장식이 없고, 비록
옻칠을 했지만 묵거(墨車)라고 부를 수 없다. 그렇기 때문에 단지 잔거
(棧車)라고만 부른다. 만약 그렇다면 경으로부터 그 이상의 계층은 재차
다른 장식을 가미하게 되니, 옥거(玉車)나 금거(金車)로 부르며 하전(夏
篆)이나 하만(夏縵) 등의 수레를 상징한다. 정현이 "사 계층임에도 묵거
에 타는 것은 섭성을 하기 때문이다."라고 했는데, 『주례』「건거」편을 살
펴보면 첫 번째는 옥로19)이니 제사를 지낼 때 사용한다고 했다.20) 또

---

16) 잔거(棧車)는 나무로 만든 수레이며, 가죽 등을 붙이지 않고, 단지 옻칠만 한 것이
  다. 고대에는 사(士)가 이 수레를 탔다. 『주례』「춘관(春官)・건거(巾車)」편에는
  "服車五乘, 孤乘夏篆, 卿乘夏縵, 大夫乘墨車, 士乘棧車, 庶人乘役車."라는
  기록이 있고, 이에 대한 정현의 주에서는 "棧車不革鞔而漆之."라고 풀이했다.

17) 이 문장은 『주례』「춘관(春官)・건거(巾車)」편의 "服車五乘: 孤乘夏篆, 卿乘夏
  縵, 大夫乘墨車, 士乘棧車, 庶人乘役車."라는 기록에 대한 정현의 주이다.

18) 『주례』「동관고공기(冬官考工記)・여인(輿人)」: 棧車欲弇. 飾車多侈.

19) 옥로(玉路)는 '옥로(玉輅)'라고도 부른다. 천자가 사용하는 다섯 가지 수레 중 하
  나이다. 옥(玉)으로 수레를 치장했기 때문에, '옥로'라고 부르게 되었다. 대상(大
  常)이라는 깃발을 세웠고, 깃발에는 12개의 치술을 달았으며, 주로 제사 때 사용하
  였다. 『주례』「춘관(春官)・건거(巾車)」편에는 "王之五路, 一曰玉路, 錫, 樊纓,
  十有再就, 建大常, 十有二斿, 以祀."라는 기록이 있고, 이에 대한 정현의 주에서
  는 "玉路, 以玉飾諸末."이라고 풀이했다.

금로21)는 동성의 제후를 분봉할 때 사용하며,22) 상로23)는 이성의 제후를
분봉할 때 사용하고,24) 혁로25)는 사위를 분봉할 때 사용하며,26) 목로27)

---

20) 『주례』「춘관(春官)·건거(巾車)」: 王之五路: 一曰玉路, 錫, 樊纓, 十有再就,
建大常, 十有二斿, 以祀.

21) 금로(金路)는 금로(金輅)라고도 부른다. 천자가 사용하는 다섯 가지 수레 중 하나
이다. 금(金)으로 수레를 치장했기 때문에, '금로'라고 부르게 되었다. 대기(大旂)
라는 깃발을 세웠고, 빈객(賓客)을 접대하거나, 동성(同姓)인 자를 분봉할 때 사
용하였다. 『주례』「춘관(春官)·건거(巾車)」편에는 "金路, 鉤樊纓九就, 鉤, 樊
纓九就, 建大旂, 以賓, 同姓以封."라는 기록이 있고, 이에 대한 정현의 주에서는
"金路, 以金飾諸末."이라고 풀이했다.

22) 『주례』「춘관(春官)·건거(巾車)」: 金路, 鉤, 樊纓九就, 建大旂, 以賓, 同姓以封.

23) 상로(象路)는 상로(象輅)라고도 부른다. 천자가 사용하는 다섯 가지 수레 중 하나
이다. 상아로 수레를 치장했기 때문에, '상로'라고 부르게 되었다. 대적(大赤)이라
는 깃발을 세웠으며, 조회를 보거나, 이성(異姓)인 자를 분봉할 때 사용하였다.
『주례』「춘관(春官)·건거(巾車)」편에는 "象路, 朱, 樊纓, 七就, 建大赤, 以朝,
異姓以封."이라는 기록이 있고, 이에 대한 정현의 주에서는 "象路, 以象飾諸末."
이라고 풀이했다.

24) 『주례』「춘관(春官)·건거(巾車)」: 象路, 朱, 樊纓七就, 建大赤, 以朝, 異姓以封.

25) 혁로(革路)는 혁로(革輅)라고도 부른다. 천자가 사용하는 다섯 가지 수레 중 하나
이다. 전쟁용으로 사용했던 수레인데, 간혹 제후의 나라에 순수(巡守)를 갈 때
사용하기도 하였다. 가죽으로 겉을 단단하게 동여매서 고정시키고, 옻칠만 하고,
다른 장식을 하지 않았기 때문에, '혁로'라고 부르는 것이다. 『주례』「춘관(春官)·
건거(巾車)」편에는 "革路, 龍勒, 條纓五就, 建大白, 以卽戎, 以封四衛."라는
기록이 있고, 이에 대한 정현의 주에서는 "革路, 鞔之以革而漆之, 無他飾."이라
고 풀이했다.

26) 『주례』「춘관(春官)·건거(巾車)」: 革路, 龍勒, 條纓五就, 建大白, 以卽戎, 以
封四衛

27) 목로(木路)는 목로(木輅)라고도 부른다. 천자가 사용하는 다섯 가지 수레 중 하나
이다. 단지 옻칠만 하고, 가죽으로 덮지 않았으며, 다른 치장을 하지 않았기 때문
에, '목로'라고 부르게 되었다. 대휘(大麾)라는 깃발을 세웠고, 사냥을 하거나, 구
주(九州) 지역 이외의 나라를 분봉해줄 때 사용하였다. 『주례』「춘관(春官)·건거
(巾車)」편에는 "木路, 前樊鵠纓, 建大麾, 以田, 以封蕃國."이라는 기록이 있고,
이에 대한 정현의 주에서는 "木路, 不鞔以革, 漆之而已."라고 풀이했다.

는 번국[28]을 분봉할 때 사용하고,[29] 고는 하전(夏篆)을 타고 경은 하만(夏縵)을 타며 대부는 묵거(墨車)를 타고 사는 잔거(棧車)를 타며 서인은 역거(役車)를 탄다고 했다.[30] 사가 대부나 타는 묵거에 타는 것이 섭성이 된다면 대부는 마땅히 경이 타는 하만을 타고, 경은 마땅히 고가 타는 하전을 타야 하지만, 그 이상의 등급으로는 목거가 있고 질박하여 별다른 장식이 없으므로 고로 하여금 이 수레에 타게 하지 않으니, 예법이 다하게 되면 동일하게 맞추기 때문이다. 따라서 고는 다시 하전을 타게 된다. 신하 이외의 계층에 대해서는 특별한 규정을 두니, 이 또한 존귀한 자를 존귀하게 여기는 것이며, 존귀한 경우라면 섭성을 하고자 하지 않기 때문이다. 만약 그렇다면 서인은 사의 잔거를 타고, 제후와 천자는 존귀하므로 존귀하다면 또한 섭성을 빌리지 않으니, 「건거」편에 나온 대로 본래의 규정에 따른 수레를 사용하게 된다. 옥로는 제사에 사용하므로 이것으로 친영을 할 수 없으니 금로를 타야 한다. 섭성으로 말하자면, 사의 자식이 관례를 치르게 되면 부친의 계급과 동일하게 되니 혼례에 있어서도 동일하게 따른다. 다만 적자를 존귀하게 높여서 모든 경우 부친과 동일하게 하지만 서자의 경우라면 마땅히 한 등급을 낮춰야 한다.

---

28) 번국(蕃國)은 본래 주(周)나라 때의 구주(九州) 밖의 나라들을 지칭하는 말이다. 후대에는 오랑캐 나라들을 범칭하는 용어로도 사용되었다. 주나라 때에는 구복(九服)으로 천하의 땅을 구획하였는데, 구복 중 육복(六服)까지는 중원 지역으로 구분되며, 육복 이외의 세 개의 지역은 오랑캐 땅으로 분류하였다. 이 세 개의 지역은 이복(夷服)·진복(鎭服)·번복(藩服)이며, 이 지역에 세운 나라를 '번국'이라고 부른다. 『주례』「추관(秋官)·대행인(大行人)」편에는 "九州之外, 謂之蕃國."이라는 기록이 있는데, 이에 대한 손이양(孫詒讓)의 『정의(正義)』에서는 "職方氏九服, 蠻服以外, 有夷·鎭·藩三服. …… 是此蕃國卽職方外三服也." 라고 풀이했다.

29) 『주례』「춘관(春官)·건거(巾車)」: <u>木路</u>, 前樊鵠纓, 建大麾, 以田, <u>以封蕃國</u>.

30) 『주례』「춘관(春官)·건거(巾車)」: 服車五乘: <u>孤乘夏篆, 卿乘夏縵, 大夫乘墨車, 士乘棧車, 庶人乘役車</u>.

경문 諸侯及孤卿大夫之冕·韋弁·皮弁·弁絰, 各以其等爲之, 而掌其禁令.

제후·고·경·대부의 면(冕)·위변(韋弁)·피변(皮弁)·변질(弁絰)에 대해서는 각각 그들의 등급에 따라 만들고, 관련된 금령을 담당한다.

鄭注 各以其等, 繅斿玉瑱如其命數也. 冕則侯伯繅七就, 用玉九十八. 子男繅五就, 用玉五十, 繅玉皆三采. 孤繅四就, 用玉三十二. 三命之卿繅三就, 用玉十八. 再命之大夫藻再就, 用玉八, 藻玉皆朱綠. 韋弁·皮弁則侯伯瑱飾七, 子男瑱飾五, 玉亦三采. 孤則瑱飾四, 三命之卿瑱飾三, 再命之大夫瑱飾二, 玉亦二采. 弁絰之弁, 其辟積如冕繅之就然. 庶人弔者素委貌. 一命之大夫冕而無斿, 士變冕爲爵弁. 其韋弁皮弁之會無結飾, 弁絰之弁不辟積. 禁令者, 不得相僭踰也. 玉藻曰: "君未有命, 不敢卽乘服." 不言冠弁, 冠弁兼於韋弁·皮弁矣. 不言服弁, 服弁自天子以下, 無飾無等.

각각 그들의 등급에 따른다는 것은 소(繅)·유(斿)·옥(玉)·기(瑱)에 대해서 그들의 명(命) 등급의 수치와 같게 한다는 뜻이다. 면(冕)의 경우 후작과 백작의 소(繅)는 7취(就)로 하고 옥은 98개를 사용한다. 자작과 남작은 소(繅)는 5취(就)로 하고 옥은 50개를 사용하는데, 소(繅)의 옥은 모두 3가지 색깔을 사용한다. 고의 소(繅)는 4취(就)로 하고 옥은 32개를 사용한다. 3명(命)의 경은 소(繅)는 3취(就)로 하고 옥은 18개를 사용한다. 2명(命)의 대부는 조(藻)를 2취(就)로 하고 옥은 8개를 사용하며, 조(藻)의 옥은 모두 주색과 녹색만 사용한다. 위변(韋弁)과 피변(皮弁)의 경우 후작과 백작의 기(瑱) 장식은 7개이고, 자작과 남작의 기(瑱) 장식은 5개이며, 옥은 또한 3가지 색깔을 사용한다. 고의 경우 기(瑱) 장식은 4개이고 3명(命)의 경은 기(瑱) 장식이 3개이며, 2명(命)의 대부는 기

(璊) 장식이 2개인데, 옥은 또한 2가지 색깔을 사용한다. 변질(弁絰)의 변(弁)에 있어서, 그 주름은 면(冕)의 소(繅)에 하는 취(就)와 같게 한다. 서인은 조문을 할 때 흰색의 위모(委貌)를 착용한다. 1명(命)의 대부는 면(冕)을 쓰지만 유(斿)가 없고, 사는 면(冕)을 바꿔 작변(爵弁)을 착용한다. 위변(韋弁)과 피변(皮弁)의 봉합 부분에는 매듭의 장식이 없고, 변질(弁絰)의 변(弁)은 주름을 잡지 않는다. '금령(禁令)'이라는 것은 서로 참람되게 등급을 뛰어넘지 못하게 하는 것이다. 『예기』「옥조(玉藻)」편에서는 "군주가 그것을 사용해도 좋다는 명령을 아직 내리지 않았다면, 감히 하사받은 수레나 말을 타지 않고 하사받은 의복을 착용하지 않는다."[31]라 했다. 관변(冠弁)에 대해 언급하지 않은 것은 관변(冠弁)은 위변(韋弁)과 피변(皮弁)에 포함되기 때문이다. 복변(服弁)을 언급하지 않은 것은 복변(服弁)은 천자로부터 그 이하의 계층에 있어서 장식이 없고 등급에 따른 차이가 없기 때문이다.

賈疏 ●"諸侯"至"禁令". ○釋曰: "諸侯"者, 上已言公, 則此諸侯謂侯伯子男. 云"及孤卿大夫"者, 此文旣承諸侯之下, 故鄭以爲諸侯之孤卿大夫解之也. 旣不別見天子之臣, 文中可以兼之. 上天子與公不言韋弁, 此言之, 亦是互見之義. 云各以其等爲之, 不言爵而言等, 則依命數矣.

●經文: "諸侯"~"禁令". ○'제후(諸侯)'라고 했는데, 앞에서 이미 '공(公)'이라고 했으니, 여기에서 말한 제후(諸侯)는 후작·백작·자작·남작을 가리킨다. "고·경·대부"라고 했는데, 이 문장은 이미 제후라는 말 뒤에 있다. 그렇기 때문에 정현은 제후에게 소속된 고·경·대부로 여겨서 풀이한 것이다. 이미 천자에게 소속된 신하와 구별해서 드러내지 않았으니, 문장 중에서는 겸해서 말할 수 있다. 앞에서 천자와 공을 말하며

---

31) 『예기』「옥조(玉藻)」: 君未有命, 弗敢卽乘服也.

위변(韋弁)을 언급하지 않았는데, 이곳에서 언급을 했으니, 이것은 또한 상호 그 뜻을 드러내도록 한 것이다. 각각 그들의 등급에 따라 만든다고 했는데, 작(爵)이라 말하지 않고 등(等)이라 말했으니, 명(命)의 수에 따르는 것이다.

賈疏 ◎注"各以"至"無等". ○釋曰: 云"各以其等謂繅旒玉瑱如其命數也"者, 經云"冕", 故云旒; 經云"弁", 故云瑱; 如其命數, 釋經云"等"也. 侯伯子男之冕, 亦據一冕如上公矣. 侯伯子男繅玉皆三采者, 亦約聘禮記"藻三采, 朱白蒼"而言之. 四命已下, 皆據典命公之孤四命, 公侯伯之卿三命, 其大夫二命, 子男之卿再命, 大夫一命而言. 二采朱綠, 亦據聘禮記"聘臣藻皆二采朱綠"而言也. 云"弁絰之弁, 其辟積如冕繅之就然"者, 以其弔服非吉, 故無飾, 故辟積有就也. 云"庶人弔者素委貌"者, 此經不云庶人, 鄭云此者, 以有大夫已上, 因言庶人, 且欲從下向上, 因推出士變冕爲爵弁之意也. 云"一命之大夫冕而無旒"者, 此亦無文, 鄭知然者, 凡冕旒所以爲文飾, 一命若有, 則止一旒一玉而已, 非華美. 又見一命大夫衣無章, 士文避之, 變冕爲爵弁. 若一命大夫有旒, 士則不須變冕爲爵弁, 直服無旒之冕矣, 故知一命大夫無旒也. 若然, 爵弁制如冕, 但無旒爲異, 則無旒之冕亦與爵弁不殊. 得謂之冕者, 但無旒之冕亦前低一寸餘, 故亦得冕名也. 云"韋弁皮弁之會無結飾, 弁絰之弁不辟積"者, 一命大夫及士冕弁既無旒, 故知無此等. 云"禁令者, 不得相僭踰", 而引玉藻"君未有命, 不敢即乘服"者, 彼諸侯之卿大夫聘於天子, 天子賜之冕服, 歸國告君, 得君命乃服之, 未得君命, 則爲僭踰, 故引爲證也. 云"不言冠弁, 冠弁兼於韋弁·皮弁矣"者, 玄冠, 緇布衣, 緇帶, 素韠, 天子以爲田服, 即諸侯及臣之朝服, 亦皮弁之類. 不言之者, 兼於韋弁·皮弁也. 云"不言服弁", 服弁即衰絰喪服也. 云"不言之者, 自天子以下, 無飾無等"者, 則喪服自天子達士, 共一章是也. 自此一經, 總包諸侯及臣, 不言天

子之臣, 但天子三公八命, 卿六命, 大夫四命, 士三命以下, 冕弁之屬
亦各以其等爲之可知.

◎ 鄭注: "各以"~"無等". ○정현이 "각각 그들의 등급에 따른다는 것은
소(繰)·유(斿)·옥(玉)·기(璂)에 대해서 그들의 명(命) 등급의 수치와
같게 한다는 뜻이다."라 했는데, 경문에서 '면(冕)'이라 했기 때문에 유
(斿)를 언급한 것이며, 경문에서 '변(弁)'이라 했기 때문에 기(璂)를 언급
한 것인데, 명(命) 등급의 수치와 같게 한다는 것은 경문에 나온 '등(等)'
이라는 말을 풀이한 것이다. 후작·백작·자작·남작의 면(冕)은 또한
상공과 같이 1개의 면(冕)을 제시한 것이다. 후작·백작·자작·남작의
소(繰) 옥은 모두 3가지 색깔이라고 했는데, 이것은 또한 『의례』「빙례
(聘禮)」편의 기문에서 "조(藻)는 3가지 채색으로 주색·백색·청색이
다."32)라고 한 말을 요약해서 말한 것이다. 4명(命) 이하는 모두 『주례』「
전명(典命)」편의 기록에서 공에게 소속된 고는 4명(命)이고, 공작·후
작·백작에게 소속된 경은 3명(命)이며, 그들의 대부는 2명(命)이고, 자
작·남작에게 소속된 경은 2명(命)이고 대부는 1명(命)이라고 한 말에
근거해서 말한 것이다. 2가지 색깔이 주색과 녹색이라는 것 또한 「빙례」
편의 기문에서 "빙문을 온 신하의 조(藻)는 모두 2가지 색깔로 주색과
녹색이다."라고 한 말에 근거해서 말한 것이다. 정현이 "변질(弁絰)의 변
(弁)에 있어서, 그 주름은 면(冕)의 소(繰)에 하는 취(就)와 같게 한다."
라고 했는데, 조문하는 복장은 길복이 아니기 때문에 장식이 없다. 그래
서 주름을 잡으며 취(就)가 있게 된다. 정현이 "서인은 조문을 할 때 흰색
의 위모(委貌)를 착용한다."라 했는데, 이곳 경문에서 서인(庶人)을 언급
하지 않았는데 정현이 이것을 언급한 것은 대부 이상의 계층에 대해 언급
하여, 그에 따라 서인에 대해서도 언급했고, 또 이를 통해 밑에서부터

---

32) 『의례』「빙례(聘禮)」: 所以朝天子, 圭與繰皆九寸, 剡上寸半, 厚半寸, 博三寸,
繰三采六等, 朱白倉.

위로 향하고자 하고, 그에 따라 미루어 사가 면(冕)을 바꿔 작변(爵弁)을 착용하는 뜻을 도출한 것이다. 정현이 "1명(命)의 대부는 면(冕)을 쓰지만 유(旒)가 없다."라고 했는데, 이것과 관련해서도 경문의 기록이 없지만, 정현이 이러한 사실을 알 수 있었던 것은 면(冕)에 있는 유(旒)는 문식을 꾸미기 위한 것인데, 1명(命)의 등급에 만약 이러한 것이 있다면, 단지 1개의 유(旒)에 1개의 옥만 있게 될 따름이므로, 화려함과 아름다움이 아니다. 또 1명(命)의 대부가 착용하는 의복에는 무늬가 없다는 것을 보고, 사의 격식은 그것을 피하여 면(冕)을 바꿔 작변(爵弁)을 착용하는 것이다. 만약 1명(命)의 대부에게 유(旒)가 있다면, 사의 경우에는 면(冕)을 바꿔서 작변(爵弁)을 착용할 필요가 없으니, 단지 유(旒)가 없는 면(冕)을 착용할 따름이다. 그렇기 때문에 1명(命)의 대부에게는 유(旒)가 없다는 사실을 알 수 있다. 만약 그렇다면 작변(爵弁)을 만드는 제도는 면(冕)과 같은데, 단지 유(旒)가 없다는 차이만 있다면, 유(旒)가 없는 면(冕)은 또한 작변(爵弁)과 차이가 없게 된다. 따라서 이것을 '면(冕)'이라 부를 수 있지만, 유(旒)가 없는 면(冕)은 또한 앞 부분을 1촌 남짓 숙이기 때문에 면(冕)이라는 명칭을 쓸 수 있는 것이다. 정현이 "위변(韋弁)과 피변(皮弁)의 봉합 부분에는 매듭의 장식이 없고, 변질(弁絰)의 변(弁)은 주름을 잡지 않는다."라 했는데, 1명(命)의 대부와 사의 면(冕)과 변(弁)에는 이미 유(旒)가 없다. 그렇기 때문에 이러한 등급적 차이가 없다는 사실을 알 수 있다. 정현이 "금령(禁令)이라는 것은 서로 참람되게 등급을 뛰어넘지 못하게 하는 것이다."라 했고, 『예기』「옥조(玉藻)」편에서 "군주가 그것을 사용해도 좋다는 명령을 아직 내리지 않았다면, 감히 하사받은 수레나 말을 타지 않고 하사받은 의복을 착용하지 않는다."라고 한 문장을 인용했는데, 「옥조」편의 내용은 제후에게 소속된 경과 대부가 천자에게 빙문을 가서 천자가 그에게 면복(冕服)을 하사했고, 그가 본국으로 되돌아와 자신의 군주에게 그 사실을 아뢰었는데, 군주로부터 사용해도 된다는 명령을 받았다면 착용하지만, 군주의 명령을 아직 받지 못했는데 사용한다면 참람되게 등급을 뛰어넘은 것이 된다는 내용이다. 그렇기 때문에 이 문장을 인용해서 증명한 것이다. 정현이 "관변(冠弁)에 대해 언급하지 않은 것은 관변(冠弁)은 위변(韋弁)과 피변(皮弁)에 포함되기 때문이다."라 했는데, 현관(玄冠)에 치포의(緇布衣), 치대(緇帶), 소필(素韠)을 착용하는 것은 천자가 사냥할 때의 복장으로 삼으니, 제후 및 신하들의 조복(朝服) 또한 피변(皮弁)의 부류가 된다. 이것을 언급하지 않은 것은 위변(韋弁)과 피변(皮弁)에 포함되기 때문이다. 정현이 "복변(服弁)을 언급하지 않았다."라고 했는데, '복변(服弁)'은 최질(衰絰)의 상복에 해당한다. 정현이 "언급하지 않은 것은 천자로부터 그 이하의 계층에 있어서 장식이 없고 등급에 따른 차이가 없기 때문이다."라고 했는데, 『의례』「상복(喪服)」편에서 천자로부터 사 계층에 이르기까지 모두 하나의 장으로 엮은 것이 이것을 가리킨다. 이곳의 한 경문으로부터 총괄적으로 제후 및 신하들을 포함하고 있는데, 천자에게 소속된 신하를 언급하지 않았지만, 천자에게 소속된 삼공은 8명(命)의 등급이고, 경은 6명(命)의 등급이며, 대부는 4명(命)의 등급이고, 사는 3명(命)으로부터 그 이하의 등급이니, 면변(冕弁)의 부류 또한 각각 그들의 등급에 따라 만들게 됨을 알 수 있다.

참고 8-2 『예기』「교특생(郊特牲)」 기록

* 참고: 7-1 참조

참고 8-3 『주례』「춘관(春官)·건거(巾車)」 기록

경문 服車五乘: 孤乘夏篆, 卿乘夏縵, 大夫乘墨車, 士乘棧車, 庶人乘役車.

복종해 섬기는 자들이 타는 수레는 다섯 가지이니, 고는 하전(夏篆)을 타고, 경은 하만(夏縵)을 타며, 대부는 묵거(墨車)를 타고, 사는 잔거(棧車)를 타며, 서인은 역거(役車)를 탄다.

鄭注 服車, 服事者之車. 故書"夏篆"爲"夏緣". 鄭司農云: "夏, 赤色. 緣, 綠色. 或曰: 夏篆, 篆讀爲主琢之琢, 夏篆, 轂有約也." 玄謂夏篆, 五采畫轂約也. 夏縵, 亦五采畫, 無琢爾. 墨車不畫也. 棧車不革輓而漆之. 役車, 方箱, 可載任器以共役.

'복거(服車)'는 복종해 섬기는 자들이 타는 수레를 뜻한다. 고서에는 '하전(夏篆)'이 하연(夏緣)으로 되어 있다. 정사농은 "하(夏)는 적색을 뜻한다. 연(緣)은 녹색을 뜻한다. 혹자는 하전(夏篆)이라고 할 때의 전(篆)자는 규전(圭琢)이라고 할 때의 전(琢)자로 풀이해야 하니, 하전(夏篆)은 수레바퀴에 감싸 두른 것이 있는 것이다."라 했다. 내가 생각하기에 하전(夏篆)은 다섯 가지 채색으로 곡요(轂約)에 그림을 그린 것이다. 하만(夏縵) 또한 다섯 가지 채색으로 그림을 그리지만 아로새긴 것이 없을 따름이다. 묵거(墨車)에는 그림을 그리지 않는다. 잔거(棧車)는 가죽을 씌워 장식하지 않고 옻칠을 한다. 역거(役車)는 사각형의 상자와 같은 것으로, 사용할 기물을 싣고서 부역하는 일에 제공할 수 있다.

賈疏 ◎注"服車"至"共役". ○釋曰: 云"服車, 服事者之車"者, 其孤卿以下, 皆是輔佐之臣, 服事於上, 故以服事之車解之也. 先鄭云"夏, 赤也. 緣, 綠色", 後鄭不從者, 夏翟是采, 五采備乃爲夏, 而以夏爲赤, 而從古書篆爲色, 於義不可, 故後鄭解之以夏爲五采也. 云"或曰: 夏篆, 篆讀爲主琢之琢"者, 以篆爲轂約, 後鄭從之. 云"夏縵, 亦五采畫, 無琢爾"者, 言縵者, 亦如縵帛無文章, 故云無琢也. 以其篆爲轂約, 則言縵者無約也. 云"墨車不畫也"者, 言墨漆革車而已, 故知不畫也. "棧車, 不革輓而漆之"者, 此則冬官棧車欲弇, 恐有坼壞, 是不革鞅者也. 此已上尋常所乘, 若親迎, 則士有攝盛, 故士昏禮主人乘墨車, 婦車亦如之, 有裧爲異耳. 王后別見車五乘, 此卿孤已下不見婦人車者, 婦人車與夫同, 故昏禮云"婦車, 亦如之". 但大夫以上, 尊則尊矣, 親迎不假攝盛, 轉乘上車也. 知士車有漆飾者, 按唐傳云: "古之帝王必有命, 民於其君得命, 然後得乘飾車騈馬, 衣文騈錦." 注云: "飾, 漆之; 騈, 倂也." 是其事. 云"役車, 方箱, 可載任器以共役"者, 庶人以力役爲事, 故名車爲役車. 知方箱者, 按冬官乘車田車, 橫廣·前後短, 大車柏車羊車皆方, 故知庶人役車亦方箱, 是以唐傳云"庶人木車, 單馬衣布帛". 此役車亦名棧車, 以其同無革鞅故也, 是以何草不黃詩云: "有棧之車, 行彼周道." 注云: "棧車, 役車", 是也.

◎鄭注: "服車"~"共役". ○ 정현이 "'복거(服車)'는 복종해 섬기는 자들이 타는 수레를 뜻한다."라고 했는데, 고·경으로부터 그 이하는 모두 보좌하는 신하가 되며, 윗사람에게 복종해 섬긴다. 그렇기 때문에 복종해 섬기는 자들의 수레로 풀이한 것이다. 정사농은 "하(夏)는 적색을 뜻한다. 연(緣)은 녹색을 뜻한다."라고 했는데, 정현이 그 주장에 따르지 않은 것은 하적(夏翟)[33]은 채색을 나타낸 것으로, 다섯 가지 채색이 갖춰진다면 하(夏)가 되는데, 하(夏)를 적색으로 여기고, 고서에 따라 전(篆)이 색깔이 된다고 하였으니 의미상 불가능하다. 그렇기 때문에 정현은 풀이를 하며 하(夏)를 다섯 가지 채색으로 여긴 것이다. 정사농이 "혹자는 하전(夏篆)이라고 할 때의 전(篆)자는 규전(圭瑑)이라고 할 때의 전(瑑)자로 풀이해야 한다."라고 했는데, 전(篆)을 곡요(轂約)로 풀이한 것으로, 정현도 이에 따랐다. 정현이 "하만(夏縵) 또한 다섯 가지 채색으로 그림을 그리지만 아로새긴 것이 없을 따름이다."라고 했는데, 만(縵)이라고 말한 것은 또한 만백(縵帛)과 같이 무늬가 없는 것이다. 그렇기 때문에 아로새

---

33) 하적(夏翟)은 하적(夏狄)이라고도 기록한다. 날개와 털의 색깔이 다섯 가지인 야생 꿩을 뜻한다.

김이 없다고 했다. 전(篆)을 곡요(轂約)로 여긴다면 만(縵)이라 말한 것에는 요(約)가 없음을 말한다. 정현이 "묵거(墨車)에는 그림을 그리지 않는다."라고 했는데, 혁거에 묵색의 옻칠을 한 것을 뜻할 따름이다. 그렇기 때문에 그림을 그리지 않는다는 사실을 알 수 있다. 정현이 "잔거(棧車)는 가죽을 씌워 장식하지 않고 옻칠을 한다."라고 했는데, 이것은 「동관」에서 잔거(棧車)는 가리고자 한다는 것으로,[34] 터지고 망가질 것을 염려하는 것이니, 가죽을 씌워 장식하지 않았음을 나타낸다. 이상은 일상적으로 타게 되는 것들을 뜻하는데, 만약 친영(親迎)을 하게 된다면 사는 섭성(攝盛)을 하게 된다. 그렇기 때문에 『의례』「사혼례」편에서 신랑은 묵거를 타고, 신부의 수레 또한 이와 동일하게 하되, 휘장을 두르는 점이 차이날 따름이다.[35] 왕후에 대해서는 타게 되는 수레 다섯 종류가 별도로 나오는데,[36] 이곳에서 경과 고 이하에 부인의 수레가 나타나지 않는 것은 부인은 남편과 동일하게 따르기 때문에 「사혼례」편에서 "신부의 수레 또한 이처럼 한다."라고 말한 것이다. 다만 대부 이상의 계층은 신분이 존귀하니, 존귀하게 대하는데, 친영을 할 때 섭성을 빌리지 않고, 상등의 수레를 바꿔서 타게 된다. 사의 수레에 옻칠 장식이 있음을 알 수 있는 이유는 『상서대전』「당전」을 살펴보면 "고대에 제왕이 반드시 명령을 내리고, 백성이 그의 군주에게서 명령을 받은 뒤에야 장식한 수레에 타고 아울러 말을 늘어놓을 수 있으며, 의복에 무늬를 넣고 아울러 비단도 사용할 수 있다."라 했고, 주에서는 "식(飾)은 옻칠을 하는 것이다. 병(駢)은 아우른다는 뜻이다."라 했다. 이것이 그 사안에 해당한다. 정현이 "역거(役車)는 사각형의 상자와 같은 것으로, 사용할 기물을 싣고서 부역하

---

34) 『주례』「동관고공기(冬官考工記)·여인(輿人)」: 棧車欲弇.

35) 『의례』「사혼례」: 婦車亦如之, 有裧.

36) 『주례』「춘관(春官)·건거(巾車)」: 王后之五路: 重翟, 錫面朱總; 厭翟, 勒面績總; 安車, 彫面鷖總, 皆有容蓋. 翟車, 貝面, 組總, 有握; 輦車, 組輓, 有翣, 羽蓋.

는 일에 제공할 수 있다."라고 했는데, 서인은 힘을 들이는 노역을 일로 삼는다. 그렇기 때문에 수레의 명칭을 역거(役車)라고 한 것이다. 사각형의 상자와 같다는 사실을 알 수 있는 이유는 「동관」에 나온 승거와 전거는 가로 방향으로 넓고 앞뒤 방향으로는 짧으며, 대거·백거·양거 모두 사각형으로 되어 있다. 그렇기 때문에 서인이 타는 역거 또한 사각형의 상자처럼 생겼음을 알 수 있으니, 이러한 까닭으로 『상서대전』「당전」에서 "서인은 목거를 타는데 한 마리의 말을 사용하고 의복은 포백이다."라 했다. 이러한 역거는 또한 잔거(棧車)라고도 부르는데, 동일하게 가죽을 씌워 장식하는 것이 없기 때문이다. 이러한 까닭으로 「하초불황(何草不黃)」이라는 시에서 "잔(棧)이 있는 수레여, 저 큰 길을 가는구나."[37]라 했고, 주에서는 "잔거(棧車)는 역거(役車)이다."라고 한 말이 이러한 사실을 나타낸다.

참고 8-4 『주례』「동관고공기(冬官考工記)·여인(輿人)」 기록

경문 棧車欲弇,

잔거(棧車)는 가리고자 하며,

정주 爲其無革鞔, 不堅, 易坼壞也. 士乘棧車.

가죽으로 씌운 장식이 없기 때문에, 견고하지 못하여 쉽게 터지고 망가지기 때문이다. 사는 잔거에 탄다.

---

37) 『시』「소아(小雅)·하초불황(何草不黃)」: 有芃者狐, 率彼幽草. 有棧之車, 行彼周道.

●"棧車欲弇". ○釋曰: 棧車無革鞔輿, 易可坼壞, 故當弇向內
爲之. 云"士乘棧車"者, 巾車職文.

●經文: "棧車欲弇". ○잔거에는 수레에 가죽을 씌운 것이 없어서 쉽게
터지거나 망가질 수 있다. 그렇기 때문에 마땅히 가려서 안쪽을 향하도록
해서 만든다. 정현이 "사는 잔거에 탄다."라고 했는데, 『주례』「건거(巾
車)」편의 직무 기록이다.38)

飾車欲侈.

장식한 수레는 치장을 드러내고자 한다.

飾車, 謂革鞔輿也. 大夫以上革鞔輿. 故書"侈"作"移", 杜子春
云: "當爲侈."

'식거(飾車)'는 수레에 가죽을 씌운 것을 뜻한다. 대부 이상의 계층은 수
레에 가죽을 씌운다. 고서에서는 '치(侈)'자를 이(移)자로 기록했는데, 두
자춘39)은 "마땅히 치(侈)자가 되어야 한다."라고 했다.

◎注"飾車"至"爲侈". ○釋曰: 據大夫已上以革鞔輿, 不畏坼
壞, 故欲得向外侈也. 云"大夫以上"者, 則天子諸侯之車, 以革鞔輿
及轂約也. 但有異物之飾者, 則得玉金象之名號. 無名號者, 直以革
爲稱, 革路·墨車之等是也. 若木路, 亦以革鞔, 但不漆飾, 故以木爲
號. 孤卿轂上有篆飾, 卽以篆縵爲名也. 按殷傳云: "未命爲士者, 不
得乘飾車." 士得乘飾車者, 後異代法也.

---

38) 『주례』「춘관(春官)·건거(巾車)」: 服車五乘: 孤乘夏篆, 卿乘夏縵, 大夫乘墨
車, 士乘棧車, 庶人乘役車.
39) 두자춘(杜子春, B.C.30? ~ A.D.58?): 후한(後漢) 때의 학자이다. 유흠(劉歆)에
게서 수학하였다. 정중(鄭衆)과 가규(賈逵)에게 학문을 전수하였다.

◎鄭注: "飾車"~"爲侈". ○ 대부 이상의 계층이 수레에 가죽을 씌워서 터지거나 망가지는 것을 걱정하지 않는다는 것에 기준을 둔 것이다. 그렇기 때문에 바깥을 향하도록 하여 치장을 하고자 한 것이다. 정현이 '대부 이상'이라고 했는데, 천자와 제후의 수레는 수레에 가죽을 씌우고 곡요(轂約)를 하기 때문이다. 다만 다른 사물로 장식하는 것이 있다면, 옥로·금로·상로와 같은 명칭을 붙일 수 있다. 별다른 명칭이 없는 것들은 단지 혁(革)자를 명칭으로 삼으니, 혁로·묵거 등의 부류가 여기에 해당한다. 목로와 같은 경우에도 가죽을 씌우게 되는데, 단지 옻칠 장식을 하지 않는다. 그렇기 때문에 목(木)자를 칭호로 삼은 것이다. 고와 경의 수레바퀴통에는 전(篆)의 장식이 있으니, 전(篆)이나 만(縵)으로 명칭을 정한 것이다. 『상서대전』「은전」에서는 "아직 명의 등급을 받지 못한 사는 식거에 탈 수 없다."라 했다. 사가 식거에 탈 수 있는 것은 이후 다른 시대의 예법에 해당한다.

참고 8–5 『주례』「춘관(春官)·건거(巾車)」 기록

경문 王之五路: 一曰玉路, 錫, 樊纓, 十有再就, 建大常, 十有二斿, 以祀.

천자의 오로를 담당한다. 첫 번째 수레는 옥로(玉路)이니, 양(錫)을 하며, 반영(樊纓)은 12취(就)로 하고, 대상(大常)을 세우는데, 12개의 유(斿)를 달고, 제사를 지내는데 사용한다.

鄭注 王在焉曰路. 玉路, 以玉飾諸末. 錫, 馬面當盧, 刻金爲之, 所謂鏤錫也. 樊讀如鞶帶之鞶, 謂今馬大帶也. 鄭司農云: "纓謂當胸, 士喪禮下篇曰'馬纓三就'. 禮家說曰: 纓, 當胸, 以削革爲之; 三就, 三重三匝也." 玄謂纓, 今馬鞅. 玉路之樊及纓, 皆以五采罽飾之十二就. 就, 成也. 大常, 九旗之畫日月者, 正幅爲縿, 斿則屬焉.

천자가 있게 되는 곳에는 '노(路)'자를 붙여서 부른다. '옥로(玉路)'는 옥으로 끝부분들에 장식을 한 것이다. '양(鍚)'은 말 얼굴에 다는 당로(當盧)로, 금에 새겨서 만드는데, 이른바 누양(鏤鍚)이라는 것이다. '반(樊)'자는 반대(鞶帶)라고 할 때의 '반(鞶)'자처럼 풀이하니, 지금 말에 채우는 대대(大帶)를 뜻한다. 정사농은 "영(纓)은 가슴에 닿는 것을 뜻하니, 『의례』「사상례(士喪禮)」 하편에서는 '말의 영(纓)은 3취이다.'40)라 했다. 예학자들은 설명하길, 영(纓)은 가슴에 닿는 것으로, 가죽을 잘라서 만들게 되며, 삼취(三就)는 3중으로 3바퀴를 두른 것이다."라 했다. 내가 생각하기에, '영(纓)'이라는 것은 지금의 마앙(馬鞅)에 해당한다. 옥로에 다는 반(樊)과 영(纓)은 모두 다섯 가지 채색의 모직물로 장식한 12취(就)로 한다. '취(就)'는 이룬다는 뜻이다. '대상(大常)'은 구기(九旗)41) 중에서 해와 달을 그려넣은 것으로, 정폭인 것은 삼(縿)이 되고, 유(斿)는 거기에 붙어 있는 것이다.

賈疏 ●"王之"至"以祀". ○釋曰: 云"王之五路", 此言與下爲總目,

---

40) 『의례』「기석례(旣夕禮)」: 薦馬, 纓三就, 入門, 北面交轡, 圉人夾牽之.

41) 구기(九旗)는 고대에 사용하던 9종류의 깃발을 뜻한다. 무늬가 각각 달랐으며, 사용하는 용도 또한 달랐다. 해[日]와 달[月]을 수놓은 깃발을 상(常)이라고 부르며, 교룡(交龍)을 수놓은 깃발을 기(旂)라고 부르며, 순색의 비단을 이용하여 만든 깃발을 전(旃)이라고 부르며, 색이 섞여 있는 깃발을 물(物)이라고 부르며, 곰[熊]과 호랑이[虎]를 수놓은 깃발을 기(旗)라고 부르며, 새매를 수놓은 깃발을 여(旟)라고 부르며, 거북이[龜]와 뱀[蛇]을 수놓은 깃발을 조(旐)라고 부르며, 새의 온전한 날개를 오색(五色)으로 채색하여, 깃술처럼 장식한 깃발을 수(旞)라고 부르며, 가느다란 새의 깃털을 오색으로 채색하여, 깃술처럼 장식한 깃발을 정(旌)이라고 부른다. 『주례』「춘관(春官)・사상(司常)」편에는 "掌九旗之物名, 各有屬以待國事. 日月爲常, 交龍爲旂, 通帛爲旃, 雜帛爲物, 熊虎爲旗, 鳥隼爲旟, 龜蛇爲旐, 全羽爲旞, 析羽爲旌."이라는 기록이 있다.

"一曰"已下, 析別言之. 云"以祀"者, 以下諸路皆非祭祀之事, 則一名外內大小祭祀, 皆用此一路而已.

● 經文: "王之"~"以祀". ○ '천자의 오로'라고 했는데, 이 말은 아래문장과 함께 총괄적인 항목이 되며, '일왈(一曰)'로부터 그 이하의 기록은 나눠서 설명한 것이다. '이사(以祀)'라고 했는데, 아래에 나온 여러 수레들은 모두 제사 때 사용하는 것이 아니라는 뜻이니, 내외의 대소 제사에서는 모두 이 하나의 수레를 사용할 따름이다.

賈疏 ◎注"王在"至"屬焉". ○釋曰: 言"王在焉曰路"者, 謂若路門‧路寢‧路車‧路馬, 皆稱路, 故廣言之. 云王在焉曰路, 路, 大也. 王之所在, 故以大爲名, 諸侯亦然. 左氏義以爲行於道路, 故以路名之. 若然, 門寢之等, 豈亦行於路乎? 云"玉路以玉飾諸末"者, 凡言玉路‧金路‧象路者, 皆是以玉‧金‧象爲飾, 不可以玉‧金爲路, 故知玉‧金等飾之. 言諸末者, 凡車上之材, 於末頭皆飾之, 故云諸末也. 云"錫, 馬面當盧, 刻金爲之"者, 眉上曰錫, 故知當額盧. 按韓弈詩"鉤膺鏤錫", 金稱鏤, 故知刻金爲之, 故鄭引詩云"所謂鏤錫"也. 彼詩毛傳亦云"金鏤其錫", 鄭箋云"眉上曰錫, 刻金飾之". 云"樊讀如鞶帶之鞶"者, 按易‧訟卦上九云"或錫之鞶帶". 注云: "鞶帶, 佩鞶之帶." 但易之鞶謂鞶囊, 卽內則云"男鞶革", 是也. 此鞶謂馬大帶, 音字同, 故讀從之, 是以鄭卽云馬大帶也. 先鄭云"纓謂當胸", 引士喪禮下篇馬纓以削革爲之. 賈‧馬亦云鞶纓, 馬飾, 在膺前, 十有二匝, 以旄牛尾金塗十二重. 後鄭皆不從之者, 以鞶爲馬大帶, 明纓是夾馬頸, 故以今馬鞅解之也. 後鄭云"玉路之樊及纓, 皆以五采罽飾之"者, 按爾雅‧釋言云: "氂, 罽也." 郭氏云"毛氂所以爲罽."如是罽染毛爲之, 鄭必知罽飾之者, 蓋以今時所見擬之. 必知用五采者, 按典瑞云"鎭圭繅五采五就", 則知王者就飾用五采. 惟有外傳小采以朝月者用三采耳. 繅藉五采, 卽云五就, 則一采一匝爲一就. 此中樊纓十二就之屬,就數雖多, 亦一朵一疕爲一就, 如玉藻十二就然. 大常九旗之畫日月者, 按司常云"日月爲常", 是也. 云"正幅爲緣"者, 爾雅文. 知"斿則屬焉"者, 爾雅云"繼帛緣, 練旒九", 緣旒用物不同, 旒又有數, 明知別屬可知也.

◎ 鄭注: "王在"~"屬焉". ○ 정현이 "천자가 있게 되는 곳에는 '노(路)'자를 붙여서 부른다."라고 했는데, 마치 노문(路門)·노침(路寢)·노거(路車)·노마(路馬)와 같은 것들에 모두 노(路)자를 붙여서 부르고 있는 것과 같다. 그렇기 때문에 폭넓게 설명한 것이다. "천자가 있게 되는 곳에는 '노(路)'자를 붙여서 부른다."라고 했는데, '노(路)'자는 크다는 뜻이다. 천자가 있는 곳이기 때문에 크다는 뜻으로 명칭을 정했고, 제후의 경우에도 그러하다. 『좌씨전』의 의미는 도로에서 움직이기 때문에 노(路)자를 붙여서 이름을 정했다고 여겼다. 만약 그렇다면 문(門)이나 침(寢) 등에 있어서 어찌 또한 노(路)에서 움직이는 것이겠는가? 정현이 "옥로(玉路)는 옥으로 끝부분들에 장식을 한 것이다."라고 했는데, 무릇 옥로(玉路)·금로(金路)·상로(象路)라고 말하는 것들은 모두 옥·금·상아로 장식을 한 것이며, 옥이나 금으로 수레를 만들 수 없다. 그렇기 때문에 옥이나 금 등으로 장식한 것임을 알 수 있다. '제말(諸末)'이라고 말한 것은 무릇 수레상의 목재 중 말단에는 모두 장식을 한다. 그렇기 때문에 '제말(諸末)'이라고 말한 것이다. 정현이 "양(錫)은 말 얼굴에 다는 당로(當盧)로, 금에 새겨서 만든다."라고 했는데, 눈썹 위를 '양(錫)'이라 부른다. 그렇기 때문에 이마에 닿아 있는 노(盧)가 됨을 알 수 있다. 「한혁(韓奕)」이라는 시를 살펴보면, "구응(鉤膺)과 누양(鏤錫)이여."[42]라 했는데, 금에 조각한 것을 누(鏤)라 칭한다. 그렇기 때문에 금을 조각하여 만든다는 것을 알 수 있다. 그래서 정현이 『시』를 인용하여 "이른바 누양

---

42) 『시』「대아(大雅)·한혁(韓奕)」: 王錫韓侯, 淑旂綏章, 簟茀錯衡, 玄袞赤舃, 鉤膺鏤錫, 鞹鞃淺幭, 鞗革金厄.

(鏤錫)이라는 것이다."라 했다. 그 시에 대해 모씨의 전에서도 "금으로
그 양(錫)을 새긴 것이다."라 했고, 정현의 전에서는 "눈썹 위를 양(錫)이
라 부르고, 금을 새겨서 장식한다."라 했다. 정현이 "반(樊)자는 반대(鞶
帶)라고 할 때의 반(鞶)자처럼 풀이한다."라 했는데,『역』「송괘(訟卦)」
를 살펴보면 상구에서 "혹 반대(鞶帶)를 하사받더라도."[43]라 했고, 주에
서는 "반대(鞶帶)는 작은 주머니를 채운 대(帶)이다."라 했다. 다만『역』
에서 말한 반(鞶)이라는 것은 주머니를 뜻하니,『예기』「내칙(內則)」편
에서 "남자아이에게는 가죽으로 만든 작은 주머니를 채운다."[44]라고 한
것에 해당한다. 이곳에서 말한 반(鞶)은 말에 채우는 대대(大帶)인데,
음과 글자가 동일하기 때문에 풀이하며 그에 따른 것이다. 이러한 까닭으
로 정현은 곧바로 "말에 채우는 대대(大帶)를 뜻한다."라고 했다. 정사농
은 "영(纓)은 가슴에 닿는 것을 뜻한다."라 했고,『의례』「사상례(士喪禮)
」하편을 인용하여, 말의 영은 가죽을 잘라서 만든다고 했다. 가씨와 마
씨 또한 반영(鞶纓)은 말에 다는 장식으로 가슴 앞쪽에 있고 12번 두르는
데 모우의 꼬리털에 금칠을 한 12겹이라고 했다. 정현은 이 모두의 주장
에 따르지 않았는데, 반(鞶)은 말에 채우는 대대이니, 영(纓)이 말의 목을
양쪽에서 끼우게 됨을 나타낸다. 그렇기 때문에 지금의 마앙(馬鞅)으로
풀이를 한 것이다. 정현이 "옥로에 다는 반(樊)과 영(纓)은 모두 다섯
가지 채색의 모직물로 장식한다."라고 했는데,『이아』「석언(釋言)」편을
살펴보면 "이(氂)는 계(罽)이다."[45]라 했고, 곽박은 "꼬리털은 모직물을
만들기 위한 것이다."라 했다. 이와 같은 모직물은 꼬리털을 염색해서
만드는데, 정현이 모직물로 장식한다는 사실을 분명히 알 수 있었던 것은
아마도 그 당시에 보았던 것을 기준으로 헤아려 보았을 것이다. 다섯 가
지 채색을 사용한다는 사실을 분명히 알 수 있는 것은『주례』「전서(典

---

43)『역』「송괘(訟卦)」: 上九, 或錫之鞶帶, 終朝三褫之.
44)『예기』「내칙(內則)」: 子能食食, 敎以右手; 能言, 男唯女兪. 男鞶革, 女鞶絲.
45)『이아』「석언(釋言)」: 氂, 罽也.

瑞)」편을 살펴보면 "진규(鎭圭)46)의 조(繅)는 다섯 가지 채색으로 5취(就)를 한다."47)라고 했으니, 천자에게 적용되는 취의 장식에는 다섯 가지 채색을 사용한다는 사실을 알 수 있다. 다만 『외전』에서 소채로 조월(朝月)을 할 때에는 세 가지 채색을 사용할 따름이라고 했다. 조자(繅藉)를 다섯 가지 채색으로 한다는 것은 곧 오취(五就)를 말한 것이니, 1가지 채색으로 1바퀴를 두른 것은 1취(就)가 된다. 이러한 것들 중 반영의 12취라는 것들은 그 취(就)의 수가 비록 많지만 또한 1가지 채색으로 1바퀴를 두른 것이 1취(就)가 되며, 『예기』「옥조(玉藻)」편에 나온 12취(就)라는 것도 그러하다. 정현이 "대상(大常)은 구기(九旗) 중에서 해와 달을 그려넣은 것이다."라고 했는데, 『주례』「사상(司常)」편을 살펴보면, "해와 달을 그린 것은 상(常)이 된다."48)라고 한 말이 이것을 가리킨다. 정현이 "정폭인 것은 삼(縿)이 된다."라고 했는데, 『이아』의 기록이다. 정현이 "유(斿)는 거기에 붙어 있는 것이다."라고 했는데, 이것이 사실임을 알 수 있는 이유는 『이아』에서 "훈색 비단의 삼(縿), 누인 유(旒) 9개"49)라고 했는데, 삼(縿)과 유(旒)는 사용되는 재료도 다르고, 유(旒)는 또한 별도의 수치가 있으니, 이것은 별도로 붙이는 것임을 알 수 있다.

---

46) 진규(鎭圭)는 천자가 각종 의식 행사를 치를 때 잡게 되는 옥(玉)으로 만든 규(圭)이다. 길이는 1척(尺) 2촌(寸)으로 만들며, '진(鎭)'자는 안정시킨다는 뜻이다. '진규'의 네 면에는 사방에 있는 주요 네 개의 산을 각각의 방향에 조각해 넣었다. 따라서 이러한 장식을 통해 천자가 사방을 평안하게 안정시킨다는 뜻을 나타내었다.

47) 『주례』「춘관(春官)·전서(典瑞)」: 王晉大圭, 執鎭圭, 繅藉五采五就, 以朝日.

48) 『주례』「춘관(春官)·사상(司常)」: 司常; 掌九旗之物名, 各有屬, 以待國事. 日月爲常, 交龍爲旂, 通帛爲旜, 雜帛爲物, 熊虎爲旗, 鳥隼爲旟, 龜蛇爲旐, 全羽爲旞, 析羽爲旌.

49) 『이아』「석천(釋天)」: 素錦綢杠, 纁帛縿, 素陞龍于縿, 練旒九, 飾以組, 維以縷.

金路, 鉤, 樊纓九就, 建大旂, 以賓, 同姓以封.

두 번째 수레는 금로(金路)이니, 구(鉤)를 하며, 반영(樊纓)은 9취(就)로
하고, 대기(大旂)를 세우며, 빈객과 회동할 때 사용하고, 동성의 제후를
분봉할 때 사용한다.

鄭注 金路, 以金飾諸末. 鉤, 婁頷之鉤也. 金路無錫有鉤, 亦以金爲
之. 其樊及纓以五采罽飾之而九成. 大旂, 九旗之畫交龍者. 以賓,
以會賓客. 同姓以封, 謂王子母弟率以功德出封. 雖爲侯伯, 其畫服
猶如上公, 若魯·衛之屬. 其無功德, 各以親疏食采畿內而已. 故書
"鉤"爲"拘", 杜子春讀爲鉤.

'금로(金路)'는 금으로 끝부분들에 장식을 한 것이다. '구(鉤)'는 턱을 매
는 올가미이다. 금로에는 양(錫)이 없고 구(鉤)가 있는데, 또한 금으로
만든다. 반(樊)과 영(纓)은 다섯 가지 채색의 모직물로 장식하고 9바퀴를
두른다. '대기(大旂)'는 구기(九旗) 중에서 교차하는 용을 그린 것이다.
'이빈(以賓)'은 이것을 타고 빈객과 회동을 갖는다는 뜻이다. '동성이봉
(同姓以封)'이라고 했는데, 왕자의 동모제들이 공덕을 쌓아 밖으로 나가
분봉을 받는다는 뜻이다. 비록 그들이 후작이나 백작이 되더라도 그림을
그리고 복식을 갖춤에 있어서는 오히려 상공과 같이 하니, 노나라나 위나
라의 부류와 같다. 그들에게 공덕이 없다면 각각 친소 관계에 따라 식읍
을 천자의 수도 안에 마련해줄 따름이다. 고서에서는 '구(鉤)'자를 구(拘)
자로 기록했는데, 두자춘은 구(鉤)자로 풀이했다.

賈疏 ●"金路"至"以封". ○釋曰: 上五路云"一曰", 此已下皆不云"二
曰"·"三曰"之等者, 若據王而言, 玉路言一曰, 則金路已下二曰·三
曰之等可知. 若據諸侯言之, 從此金路已下, 所受得各自爲上, 故此
已下略不言二曰·三曰之等也. 云"同姓以封"者, 周人先同姓, 故得

金路. 賜異姓已下, 則用象路之等. 同姓雖尊, 仍不得玉路. 玉路以祭祀, 故不可分賜.

● 經文: "金路~"以封". ○ 앞의 오로(五路)에 대한 첫 부분에서는 '일왈(一曰)'이라고 했는데,[50] 이곳 구문으로부터 그 이하의 기록에서는 '이왈(二曰)'이나 '삼왈(三曰)' 등의 말을 언급하지 않았다. 그 이유는 천자를 기준으로 말을 하여, 옥로(玉路)에 대해 일왈(一曰)이라고 했다면, 금로(金路)로부터 그 이하의 대해서는 이왈(二曰)이나 삼왈(三曰) 등에 해당함을 알 수 있기 때문이다. 만약 제후를 기준으로 말한다면 이곳 금로로부터 그 이하는 받아서 얻게 된 것에 따라 각각 그 자체로 상등의 것이된다. 그렇기 때문에 이곳 수레로부터 그 이하의 수레에 대해서는 생략하여 이왈(二曰)이나 삼왈(三曰) 등을 언급하지 않았다. "동성의 제후를 분봉할 때 사용한다."라고 했는데, 주나라 사람들은 동성을 우선하였다. 그렇기 때문에 금로를 얻을 수 있었다. 이성의 제후로부터 그 이하의 계층에게 하사를 한다면 상로(象路) 등의 수레를 사용한다. 동성의 제후가 비록 존귀하더라도 옥로는 얻을 수 없다. 옥로는 이것을 이용해 제사를 지내기 때문에 나눠서 하사할 수 없다.

賈疏 ◎注"金路"至"爲鉤". ○釋曰: 云"金路, 以金飾諸末"者, 亦如玉路所飾也. 云"鉤, 婁頷之鉤也"者, 詩云"鉤膺鏤錫", 鉤連言膺, 明鉤在膺前. 以今驗古, 明鉤是馬婁頷也. 云"金路無錫有鉤"者, 以玉路・金路二者相參知之. 何者? 玉路云錫, 金路云鉤, 明知金路有鉤無錫. 上得兼下言之, 則玉路直言錫, 兼有鉤可知. 云"亦以金爲之"者, 錫用金, 明鉤亦用金爲飾也. 云"九成"者, 亦如上一采闕爲一成, 凡九就, 九成也. 云"大旂, 九旗之畫交龍"者, 司常職文. 云"以賓, 以

50) 『주례』「춘관(春官)・건거(巾車)」: 王之五路: 一曰玉路, 錫, 樊纓, 十有再就, 建大常, 十有二斿, 以祀.

會賓客"者, 按: 齊右"會同賓客, 前齊車", 故知以賓是以會賓客. 至於載主亦同焉, 故曾子問云: "天子巡守, 以遷廟主行, 載於齊車." 注云: "齊車, 金路." 若王弔, 亦乘金路, 是以士喪禮注云"君弔蓋乘象路", 謂得金路之賜者, 弔時降一等乘象路. 明知王有玉路, 弔時降一等乘金路可知. 云"同姓以封, 謂王子母弟率以功德出封, 雖爲侯伯, 其畫服猶如上公, 若魯·衛之屬"者, 周之法, 二王之後稱公, 王之同姓例稱侯伯而已, 若魯·衛稱侯, 鄭稱伯, 故棄云雖爲侯伯也. 知畫服如上公者, 典命云"上公九命, 車旗衣服, 以九爲節", 是上公九命服衮冕. 又云"侯伯七命, 車旗衣服, 以七爲節", 則服鷩冕爲異姓侯伯. 若魯·衛·鄭雖爲侯伯, 則服衮, 受五百里之封, 是以明堂位魯侯服衮冕, 是雖爲侯伯, 服如上公也. 言此者, 欲見二王後上公, 雖是異姓·庶姓, 乘金路. 今同姓王子母弟, 以衣服與上公同, 明乘金路亦同矣. 云"其無功德, 各以親疏食采畿內而已"者, 天工不可私, 非其才, 其無功德, 不可輒授之以職. 禮運云"天子有田, 以處其子孫", 故封之於畿內而已. 是以司裘云"諸侯則共熊侯·豹侯", 是王子母弟封於畿內者也. 言親疏食采者, 按載師職, 家邑任稍地, 小都任縣地, 大都任疆地, 其中非直有公卿大夫食采, 若親王母弟, 則與公同食大都百里. 稍疏者, 與卿同食小都五十里. 更疏者, 與大夫同食二十五里耳. 故云各以親疏食采畿內而已.

◎ 鄭注: "金路"~"爲鉤". ○ 정현이 "금로(金路)는 금으로 끝부분들에 장식을 한 것이다."라고 했는데, 이 또한 옥로(玉路)에서 장식한 것처럼 하는 것이다. 정현이 "구(鉤)는 턱을 매는 올가미이다."라고 했는데, 『시』에서는 "구응(鉤膺)과 누양(鏤錫)이여."[51]라 하여, '구(鉤)'자에 연이어 응(膺)자를 언급했으니, 구(鉤)가 가슴 앞으로 온다는 사실을 나타낸다.

---

51) 『시』「대아(大雅)·한혁(韓奕)」: 王錫韓侯, 淑旂綏章, 簟茀錯衡, 玄袞赤舃, <u>鉤膺鏤錫</u>, 鞹鞃淺幭, 鞗革金厄.

지금의 것으로 옛날 것을 증험해보면, 구(鉤)가 말의 턱을 매는 것에 해당함을 나타낸다. 정현이 "금로에는 양(錫)이 없고 구(鉤)가 있다."라고 했는데, 옥로와 금로 두 가지를 서로 비교해보면 알 수 있다. 어째서인가? 옥로에 대해서는 양(錫)을 말했고, 금로에 대해서는 구(鉤)를 말했으니, 금로에는 구(鉤)만 있고 양(錫)이 없음을 분명히 알 수 있다. 위의 것은 아래의 것을 겸할 수 있다는 사실로 말해본다면, 옥로에 대해서는 단지 양(錫)만 말했지만 함께 구(鉤)도 가지고 있었음을 알 수 있다. 정현이 "또한 금으로 만든다."라고 했는데, 양(錫)은 금을 이용해서 만드니, 이것은 구(鉤) 또한 금을 이용해서 장식하게 됨을 나타낸다. 정현이 '구성(九成)'이라고 했는데, 이것 또한 앞에서 1가지 채색의 모직물로 1성(成)을 만드는 것과 같으니, 무릇 9취(就)이므로 9성(成)이 된다. 정현이 "대기(大旂)는 구기(九旗) 중에서 교차하는 용을 그린 것이다."라고 했는데, 이것은 『주례』「사상(司常)」편의 직무기록이다.[52] 정현이 "이빈(以賓)은 이것을 타고 빈객과 회동을 갖는다는 뜻이다."라고 했는데, 살펴보면 『주례』「제우(齊右)」편에서는 "빈객과 회동[53]을 하게 되면 제거[54] 앞에 위

---

52) 『주례』「춘관(春官)·사상(司常)」: 司常; 掌九旗之物名, 各有屬, 以待國事. 日月爲常, 交龍爲旂, 通帛爲旜, 雜帛爲物, 熊虎爲旗, 鳥隼爲旟, 龜蛇爲旐, 全羽爲旞, 析羽爲旌.

53) 회동(會同)은 제후들이 천자를 찾아뵙는 예법을 통칭하는 용어이다. 또한 각 계절마다 정기적으로 찾아뵙는 것을 회(會)라고 부르고, 제후들이 대규모로 찾아뵙는 것을 동(同)이라고 불러서, 구분을 짓기도 한다. 또 '회'는 정해진 시기 없이 특별한 일이 발생했을 때 찾아뵙는 것을 뜻하기도 한다. 각종 회견 등을 가리키는 용어로도 사용된다. 『시』「소아(小雅)·거공(車攻)」편에는 "赤芾金舃, 會同有繹."이라는 기록이 있는데, 이에 대한 모전(毛傳)에서는 "時見曰會, 殷見曰同. 繹, 陳也."라고 풀이했다.

54) 제거(齊車)는 정갈하게 재계한 수레를 뜻한다. 금(金)으로 제작하기도 하였다. 제왕(帝王)은 순수(巡守), 조근(朝覲) 및 회동(會同) 때에 재계를 하게 되는데, 이 수레를 사용함으로써 재계를 했음을 나타낸다. 『주례』「하관(夏官)·제우(齊右)」편에는 "掌祭祀會同賓客前齊車."라는 기록이 있고, 이에 대한 정현의 주에

치한다."55)라 했다. 그렇기 때문에 '이빈(以賓)'이라는 것이 이것을 타고 빈객과 회동을 한다는 것임을 알 수 있다. 신주를 싣는 것에 있어서도 동일하게 한다. 그렇기 때문에『예기』「증자문(曾子問)」편에서는 "천자가 순수56)를 할 때에는 천묘57)의 신주를 모시고 행차를 했으니, 천묘의

서는 "齊車, 金路. 王自整齊之車也."라고 풀이했고, 손이양(孫詒讓)의『정의(正義)』에서는 "敍官齊僕注云, '古者王將朝覲會同必齊.' 是齊車以齊戒爲名."이라고 풀이하였다.

55)『주례』「하관(夏官)·제우(齊右)」: 齊右; 掌祭祀會同賓客前齊車, 王乘則持馬, 行則陪乘.

56) 순수(巡守)는 '순수(巡狩)'라고도 부른다. 천자가 수도를 벗어나 제후의 나라를 시찰하는 것을 뜻한다. '순수'의 '순(巡)'자는 그곳으로 행차를 한다는 뜻이고, '수(守)'자는 제후가 지키는 영토를 뜻한다. 제후는 천자가 하사해준 영토를 대신 맡아서 수호하는 것이기 때문에, 천자가 그곳에 방문하여, 자신의 영토를 어떻게 관리하고 있는지를 시찰하게 된다.『서』「우서(虞書)·순전(舜典)」편에는 "歲二月, 東巡守, 至于岱宗. 柴."라는 기록이 있고, 이에 대한 공안국(孔安國)의 전(傳)에서는 "諸侯爲天子守土, 故稱守. 巡, 行之."라고 풀이했으며,『맹자』「양혜왕하(梁惠王下)」편에서는 "天子適諸侯曰巡狩. 巡狩者, 巡所守也."라고 기록하였다. 한편『예기』「왕제(王制)」편에는 "天子, 五年, 一巡守."라는 기록이 있고,『주례』「추관(秋官)·대행인(大行人)」편에는 "十有二歲王巡守殷國."이라는 기록이 있다. 즉 「왕제」편에서는 천자가 5년에 1번 순수를 시행하고, 「대행인」편에서는 12년에 1번 순수를 시행한다고 기록하고 있는데, 이러한 차이점에 대해서 정현은 「왕제」편의 주에서 "五年者, 虞夏之制也. 周則十二歲一巡守."라고 풀이했다. 즉 5년에 1번 순수를 하는 제도는 우(虞)와 하(夏)나라 때의 제도이며, 주(周)나라에서는 12년에 1번 순수를 했다.

57) 천묘(遷廟)는 대수(代數)가 다한 신주(神主)를 모시는 묘(廟)를 뜻한다. 예를 들어 천자의 경우, 7개의 묘(廟)를 설치하는데, 가운데의 묘에는 시조(始祖) 혹은 태조(太祖)의 신주(神主)를 모시며, 이곳의 신주는 다른 곳으로 옮기지 않는 불천위(不遷位)에 해당한다. 그리고 좌우에는 각각 3개의 묘(廟)를 설치하여, 소목(昭穆)의 순서에 따라 6대(代)의 신주를 모신다. 현재의 천자가 죽게 되어, 그의 신주를 묘에 모실 때에는 소목의 순서에 따라 가장 끝 부분에 있는 묘로 신주가 들어가게 된다. 만약 소(昭) 계열의 가장 끝 묘에 새로운 신주가 들어서게 되면, 밀려나게 된 신주는 바로 위의 소 계열 묘로 들어가게 되고, 최종적으로 밀려나서 더 이상

신주를 제거에 실었다."58)라 했고, 주에서는 "제거는 금로이다."라 했다. 만약 천자가 조문을 하게 된다면 또한 금로에 타게 된다. 이러한 까닭으로 『의례』「사상례(士喪禮)」편의 주에서는 "군주가 조문을 하게 되면 아마도 상로(象路)에 탔을 것이다."59)라 했으니, 이것은 금로를 하사받아 얻은 자의 경우, 조문을 할 때에는 1등급을 낮춰서 상로를 타게 됨을 뜻한다. 따라서 천자에게는 옥로가 있으니, 조문을 할 때 1등급을 낮추어 금로에 타게 됨을 알 수 있다. 정현이 "동성이봉(同姓以封)이라고 했는데, 왕자의 동모제들이 공덕을 쌓아 밖으로 나가 분봉을 받는다는 뜻이다. 비록 그들이 후작이나 백작이 되더라도 그림을 그리고 복식을 갖춤에 있어서는 오히려 상공과 같이 하니, 노나라나 위나라의 부류와 같다."라고 했는데, 주나라의 법도에 따르면, 하나라와 은나라 두 왕조의 후손에 대해서는 공(公)이라 지칭하고, 천자의 동성에 대해서는 규정에 따라 후작·백작으로 지칭할 따름이다. 마치 노나라와 위나라의 군주에 대해 후작이라 지칭하고, 정나라의 군주에 대해 백작이라 지칭하는 것과 같다. 그렇기 때문에 이 두 경우를 겸해서 "비록 그들이 후작이나 백작이 된다."라고 말한 것이다. 그림을 그리고 복식을 갖춤에 있어서는 오히려 상공과 같게 한다고 했는데, 『주례』「전명(典命)」편에서는 "상공은 9명의 등급으로, 수레·깃발·의복은 9로 절도를 맞춘다."60)라 했으니, 이것은 상공

갈 곳이 없는 신주는 '천묘'로 들어가게 된다. 또한 '천묘'는 위에서 서술한 것처럼 신구(新舊)의 신주가 옮겨지게 되는 의식 자체를 지칭하기도 하며, '천묘'된 신주 자체를 가리키기도 한다.

58) 『예기』「증자문(曾子問)」: 曾子問曰: "古者師行, 必以遷廟主行乎?" 孔子曰: "天子巡守, 以遷廟主行, 載于齊車, 言必有尊也. 今也, 取七廟之主以行, 則失之矣."

59) 이 문장은 『의례』「사상례(士喪禮)」편의 "貳車畢乘, 主人哭, 拜送."이라는 기록에 대한 정현의 주이다.

60) 『주례』「춘관(春官)·전명(典命)」: 上公九命爲伯, 其國家·宮室·車旗·衣服·禮儀, 皆以九爲節; 侯伯七命, 其國家·宮室·車旗·衣服·禮儀, 皆以

이 9명의 등급이 되어 곤면(袞冕)을 착용한다는 사실을 나타낸다. 또 "후
작과 백작은 7명의 등급으로, 수레·깃발·의복은 7로 절도를 맞춘
다."[61]라고 했으니, 별면[62]을 착용하는 자는 이성인 후작과 백작이 된다.
만약 노나라·위나라·정나라가 비록 후작과 백작이 되지만 곤면을 착용
하는 것은 사방 500리의 땅을 봉지로 받았기 때문이다. 이러한 까닭으로
『예기』「명당위(明堂位)」편에서 노나라 후작은 곤면을 착용했던 것이
니,[63] 이것은 비록 후작이나 백작의 신분이 되더라도 그 복식은 상공과
같다는 사실을 나타낸다. 이러한 사실을 언급한 것은 두 왕주의 후손과
상공은 비록 이성이나 서성에 해당하지만 금로를 타게 됨을 나타내고자
해서이다. 지금 동성인 왕자의 동모제에 대해 그 의복을 상공과 동일하게
하는 것은 금로를 타는 것 또한 동일함을 나타낸다. 정현이 "그들에게
공덕이 없다면 각각 친소 관계에 따라 식읍을 천자의 수도 안에 마련해줄
따름이다."라고 했는데, 하늘의 직임을 사사롭게 할 수 없으니, 해당하는
재주가 없다면 공덕이 없으므로, 갑작스럽게 직임을 줄 수 없다. 『예기』「
예운(禮運)」편에서는 "천자에게는 수도 안의 경작지가 있어서, 이로써

七爲節; 子男五命, 其國家·宮室·車旗·衣服·禮儀, 皆以五爲節.

61) 『주례』「춘관(春官)·전명(典命)」: 上公九命爲伯, 其國家·宮室·車旗·衣
服·禮儀, 皆以九爲節; <u>侯伯七命</u>, 其國家·宮室·<u>車旗·衣服</u>·禮儀, <u>皆以
七爲節</u>; 子男五命, 其國家·宮室·車旗·衣服·禮儀, 皆以五爲節.

62) 별면(鷩冕)은 별의(鷩衣)와 면류관을 뜻한다. 천자 및 제후가 입던 복장으로, 선
공(先公)에 대한 제사 및 향사례(饗射禮)를 시행할 때 착용했다. '별의'에는 꿩의
무늬를 수놓게 되는데, 이 무늬를 화충(華蟲)이라고도 부른다. 상의에는 3종류의
무늬를 수놓고, 하의에는 4종류의 무늬를 수놓게 되어, 총 7가지의 무늬가 들어가
게 된다. 『주례(周禮)』「춘관(春官)·사복(司服)」편에는 "享先公, 饗射則鷩冕."
이라는 기록이 있고, 이에 대한 정현의 주에서는 "鷩, 畫以雉, 謂華蟲也. 其衣三
章, 裳四章, 凡七也."라고 풀이했다.

63) 『예기』「명당위(明堂位)」: <u>君卷冕立於阼</u>, 夫人副褘立於房中. 君肉袒迎牲於
門, 夫人薦豆籩, 卿大夫贊君, 命婦贊夫人, 各揚其職. 百官廢職, 服大刑, 而
天下大服.

자신의 자손들에게 나눠주어 살아가게끔 한다."⁶⁴⁾라고 했다. 그러므로
수도 안에 봉해줄 따름이다. 이러한 까닭으로『주례』「사구(司裘)」편에
서는 "제후의 경우라면 웅후(熊侯)·표후(豹侯)를 공급한다."⁶⁵⁾라 했는
데, 이것은 왕자의 동모제를 수도 안에 분봉해준 경우에 해당한다. "친소
관계에 따라 식읍을 준다."라고 했는데,『주례』「재사(載師)」편의 직무기
록을 살펴보면, 가읍⁶⁶⁾은 초지⁶⁷⁾에 두고, 소도⁶⁸⁾는 현지⁶⁹⁾에 두며, 대
도⁷⁰⁾는 강지⁷¹⁾에 둔다고 했다.⁷²⁾ 그 가운데에는 단지 공·경·대부의
식읍만 있는 것이 아니니, 만약 왕자와 관계가 가까운 동모제의 경우라
면, 공과 동일하게 대도 사방 100리의 땅을 분봉받는다. 조금 관계가 소
원한 경우라면 경과 동일하게 소도 사방 50리의 땅을 분봉받는다. 더 소
원한 관계라면 대부와 동일하게 사방 25리의 땅을 식읍으로 받을 따름이
다. 그렇기 때문에 "각각 친소 관계에 따라 식읍을 천자의 수도 안에 마련
해줄 따름이다."라고 말한 것이다.

---

64) 『예기』「예운(禮運)」 : <u>故天子有田, 以處其子孫</u>, 諸侯有國, 以處其子孫, 大夫
有采, 以處其子孫, 是謂制度.

65) 『주례』「천관(天官)·사구(司裘)」 : 王大射, 則共虎侯·熊侯·豹侯, 設其鵠.
<u>諸侯則共熊侯·豹侯</u>, 卿大夫則共麋侯, 皆設其鵠.

66) 가읍(家邑)은 대부(大夫)가 부여받는 채지(采地)를 뜻한다.

67) 초지(稍地)는 주(周)나라 때 도성에서 300리(理) 떨어진 지역을 일컫는 말이다.

68) 소도(小都)는 경(卿)이 부여받는 채지(采地)를 뜻한다.

69) 현지(縣地)는 주(周)나라 때 도성에서 400리(理) 떨어진 지역을 일컫는 말이다.

70) 대도(大都)는 공(公)이 부여받는 채지(采地)를 뜻한다.

71) 강지(畺地)는 주(周)나라 때 도성에서 500리(理) 떨어진 지역을 일컫는 말이다.

72) 『주례』「지관(地官)·재사(載師)」 : 以廛里任國中之地, 以場圃任園地, 以宅
田·士田·賈田任近郊之地, 以官田·牛田·賞田·牧田任遠郊之地, 以公邑
之田任甸地, <u>以家邑之田任稍地, 以小都之田任縣地, 以大都之田任畺地</u>.

象路, 朱, 樊纓七就, 建大赤, 以朝, 異姓以封.

세 번째 수레는 상로(象路)이니, 주색으로 장식하며, 반영(樊纓)은 7취(就)로 하고, 대적(大赤)을 세우며, 조정에 참관할 때 사용하고, 이성의 제후를 분봉할 때 사용한다.

象路, 以象飾諸末. 象路無鉤, 以朱飾勒而已. 其樊及纓以五采罽飾之而七成. 大赤, 九旗之通帛. 以朝, 以日視朝. 異姓, 王甥舅.

'상로(象路)'는 상아로 끝부분들에 장식을 한 것이다. 상로에는 구(鉤)가 없고 주색으로 말의 재갈을 장식할 따름이다. 반(樊)과 영(纓)은 다섯 가지 채색의 모직물로 장식하고 7바퀴를 두른다. '대적(大赤)'은 구기(九旗) 중에서 순색의 비단을 사용한 것이다. '이조(以朝)'는 이것을 타고 날마다 조정에 참관한다는 뜻이다. '이성(異姓)'은 천자의 생질이나 외숙 등을 뜻한다.

◎注"象路"至"甥舅". ○釋曰: "象路以象飾諸末"者, 此所飾亦如玉金矣, 但用象爲異. 此云"象路無鉤, 以朱飾勒而已"者, 經不云鉤, 明無鉤. 經直云朱, 鄭知以朱飾勒者, 見下文革路云龍勒, 明知此朱同爲飾勒也. 云"大赤, 九旗之通帛"者, 司常職文. 以日視朝者, 謂於路門外常朝之處乘之. 此雖據常朝而言, 至於三朝皆乘之. 按司常云"道車建旞". 鄭注云: "道車, 象路也, 王以朝夕燕出入." 乘此象路, 則建旞. 若在朝廷, 大赤也, 其車則同也. 云"異姓, 王甥舅"者, 謂先王及今王有舅甥之親, 若陳國·杞國, 則別於庶姓, 故乘象路之車也.

◎ 鄭注: "象路"~"甥舅". ○ 정현이 "상로(象路)는 상아로 끝부분들에 장식을 한 것이다."라고 했는데, 여기에서 장식을 하는 것은 또한 옥로(玉路)나 금로(金路)와 같이 하는 것이다. 다만 상아를 이용한다는 점이 차이난다. 이곳에서 "상로에는 구(鉤)가 없고 주색으로 말의 재갈을 장식할

따름이다."라고 했는데, 경문에는 구(鉤)를 언급하지 않았으니, 구(鉤)가 없다는 사실을 나타낸다. 경문에서는 단지 '주(朱)'라고만 말했는데, 정현이 이것이 주색으로 말의 재갈을 장식하는 것임을 알 수 있었던 것은 아래 혁로(革路)에 대한 기록을 살펴보면 용늑(龍勒)[73]이라고 했으니, 이곳에 나온 주(朱)자가 동일하게 재갈에 대한 장식이 됨을 알 수 있었던 것이다. 정현이 "대적(大赤)[74]은 구기(九旗) 중에서 순색의 비단을 사용한 것이다."라고 했는데, 이것은 『주례』「사상(司常)」편의 직무기록이다.[75] 날마다 조정에 참관한다는 것은 노문(路門) 밖에 있는 항상 조회를 보는 장소에서 이 수레를 탄다는 뜻이다. 이곳에서는 비록 항상 조회를 보는 곳에 기준을 두고 말했지만 3개의 조정에 있어서도 모두 타게 된다. 「사상」편을 살펴보면 "도거에는 수(旞)를 세운다."[76]라 했다. 정현의 주에서는 "도거(道車)는 상로이니, 천자가 조석으로 연회를 하며 출입할 때 사용한다."라 했다. 이러한 상로에 타게 된다면 수(旞)라는 깃발을

---

73) 『주례』「춘관(春官)·건거(巾車)」: 革路, <u>龍勒</u>, 條纓五就, 建大白, 以卽戎, 以封四衛

74) 대적(大赤)은 군주가 사용하는 깃발 중 하나이다. 구기(九旗) 중 순색의 비단을 이용하여 만든 깃발인 전(旃)에 해당한다. 천자가 사용하던 것이었으므로, 크다는 의미에서 '대(大)'자를 붙인 것이며, 붉은색의 비단을 사용하였기 때문에 '적(赤)'자를 붙여서, '대적'이라고 부른 것이다. 『주례』「춘관(春官)·건거(巾車)」편에는 "象路, 朱, 樊纓七就, 建<u>大赤</u>以朝."라는 기록이 있는데, 이에 대한 정현의 주에서는 "大赤, 九旗之通帛."이라고 풀이했다. 한편 『예기』「명당위(明堂位)」편에는 "殷之大白, 周之大赤."이라는 기록이 있는데, 이에 대한 공영달(孔穎達)의 소(疏)에서는 "殷之大白, 謂白色旗; 周之大赤者, 赤色旗."라고 풀이했다.

75) 『주례』「춘관(春官)·사상(司常)」: 司常; 掌九旗之物名, 各有屬, 以待國事. 日月爲常, 交龍爲旂, <u>通帛爲旃</u>, 雜帛爲物, 熊虎爲旗, 鳥隼爲旟, 龜蛇爲旐, 全羽爲旞, 析羽爲旌.

76) 『주례』「춘관(春官)·사상(司常)」: 及國之大閱, 贊司馬頒旗物: 王建大常, 諸侯建旂, 孤卿建旃, 大夫士建物, 師都建旗, 州里建旟, 縣鄙建旐, <u>道車載旞</u>, 斿車載旌.

세운다. 만약 조정에 있게 된다면 대적(大赤)을 세우게 되는데, 그 수레는 동일하다. 정현이 "이성(異姓)은 천자의 생질이나 외숙 등을 뜻한다."라고 했는데, 선왕 및 현재의 천자에게는 외숙이나 생질과 같은 친족이 있으니, 마치 진나라나 기나라와 같은 경우로, 이들은 서성과는 구별된다. 그렇기 때문에 상로라는 수레에 탈 수 있다.

경문 革路, 龍勒, 條纓五就, 建大白, 以卽戎, 以封四衛.

네 번째 수레는 혁로(革路)이니, 용늑(龍勒)을 하며, 조영(條纓)은 5취(就)로 하고, 대백(大白)을 세우며, 군대와 관련된 일을 처리할 때 사용하고, 사위(四衛)를 분봉할 때 사용한다.

鄭注 革路, 鞔之以革而漆之, 無他飾. 龍, 駹也. 以白黑飾韋雜色爲勒. 條讀爲絛. 其樊及纓, 以絛絲飾之而五成. 不言樊字, 蓋脫爾. 以此言絛, 知玉路 · 金路 · 象路飾樊纓皆不用金 · 玉 · 象矣. 大白, 殷之旗, 猶周大赤, 蓋象正色也. 卽戎, 謂兵事. 四衛, 四方諸侯守衛者, 蠻服以內.

'혁로(革路)'는 덮개를 가죽으로 만들고 옻칠을 하며 다른 장식은 없는 것이다. '용(龍)'자는 잡색을 뜻한다. 백색과 흑색으로 다룸가죽을 장식하여 잡색으로 재갈을 만든 것이다. '조(條)'자는 조(絛)자로 풀이한다. 반(樊)과 영(纓)은 실띠로 장식을 하여 5바퀴를 두른다. 반(樊)자를 언급하지 않은 것은 아마도 누락되었기 때문일 것이다. 이곳에서 조(絛)자를 언급했으니, 옥로(玉路) · 금로(金路) · 상로(象路)에서 반영(樊纓)을 장식할 때 모두 금 · 옥 · 상아를 사용하지 않았음을 알 수 있다. '대백(大白)'[77]은 은나라 때의 깃발로, 주나라 때의 대적(大赤)과 같은 것이니,

---

77) 대백(大白)은 대적(大赤)과 비슷한 것으로, 구기(九旗) 중 순색의 비단을 이용하여 만든 깃발인 전(旝)에 해당한다. 다만 백색의 비단을 사용하였기 때문에, '대백'

아마도 정색[78]을 상징할 것이다. '즉융(卽戎)'은 군대와 관련된 일을 뜻한다. '사위(四衛)'는 사방의 제후들 중 수도를 지키는 자들이니, 만복(蠻服) 안쪽에 있는 자들이다.

賈疏 ◎注"革路"至"以內". ○釋曰: 云"革路, 鞔之以革而漆之, 無他飾"者, 自玉路·金路·象路四者, 皆以革鞔, 則冬官云"飾車欲侈"者也. 但象路以上, 更有玉金象爲飾, 謂之他物, 則得玉金象之名. 此革路亦用革鞔, 以無他物飾, 則名爲革路也. 鄭知駹是白黑飾韋雜色爲勒者, 以繢人云"白與黑謂之黼", 黑白相形之物, 且下有駹車, 邊側有黑漆爲駹, 此革路旣素, 又有大白之旗, 故以白黑駹爲雜也. 云"以此言條, 知玉路·金路·象路飾樊纓皆不用金玉象矣"者, 上玉路鞶纓十有二就, 馬氏以爲旄牛尾金塗十二重, 有此嫌, 故微破之也. 云"大白, 殷之旗, 猶周大赤, 蓋象正色也"者, 明堂位云: "殷之大白, 周之大赤." 相對而言, 故云猶周大赤. 周以十一月爲正, 物萌色赤. 殷以十二月爲正, 物牙色白. 是象正色. 無正文, 故云"蓋". 云"卽戎, 謂

이라고 부른다. 은(殷)나라 때 사용하던 깃발이다. 정색(正色)을 사용해서 만들었다. 주(周)나라는 하(夏)나라 때의 역법을 기준으로 한다면 11월을 정월로 삼았는데, 그 시기에는 만물의 맹아들이 붉은색을 나타내기 때문에, 주나라에서는 '대적'이라는 깃발을 사용했던 것이다. 한편 은(殷)나라는 12월을 정월로 삼았는데, 그 시기에는 만물의 맹아들이 흰색을 나타내기 때문에, 은나라에서는 '대백'이라는 깃발을 사용했던 것이다. 『주례』「춘관(春官)·건거(巾車)」편에는 "革路, 龍勒, 條纓五就, 建大白."이라는 기록이 있는데, 이에 대한 정현의 주에서는 "大白, 殷之旗."라고 풀이했고, 가공언(賈公彦)의 소(疏)에서는 "明堂位云, 殷之大白, 周之大赤. 相對而言, 故云猶周大赤. 周以十一月爲正, 物萌色赤. 殷以十二月爲正, 物牙色白. 是象正色. 無正文, 故云蓋."라고 풀이했다. 한편 『예기』「명당위(明堂位)」편에서는 "殷之大白, 周之大赤."이라는 기록이 있는데, 이에 대한 공영달(孔穎達)의 소(疏)에서는 "殷之大白, 謂白色旗."라고 풀이했다.

78) 정색(正色)은 간색(間色)과 대비되는 말로, 청색(靑色)·적색(赤色)·황색(黃色)·백색(白色)·흑색(黑色) 등 순일한 다섯 종류의 색깔을 뜻한다.

兵事也"者, 司服"兵事, 韋弁服", 車服相配, 俱是卽戎, 故云謂兵事
也. 趙商問: "巾車職云'建大白以卽戎', 注云'謂兵事'. 司馬職仲秋辨
旗物以治兵, 王載大常. 下注云'凡班旗物, 以出軍之旗則如秋'. 不知
巾車'大白以卽戎'爲在何時?" 答曰: "白殷之正色. 或會事, 或勞師,
不親將, 故建先王之正色, 異於親自將." 又按司馬法云: "章, 夏以日
月, 上明. 殷以虎, 上威. 周以龍, 上文." 不用大常者, 周雖以日月爲
常, 以龍爲章, 故郊特牲云"龍章而設日月". 又按周本紀"武王遂入,
至紂之死所, 王射之, 三發, 而后下車, 以輕劍斬紂頭, 懸於大白之
旗". 不用大常者, 時未有周禮, 故武王雖親將, 猶用大白也. 云"四衛,
四方諸侯守衛者, 蠻服以內"者, 此四衛, 非謂在衛服者. 以其諸侯非
同姓, 與王無親, 卽是庶姓, 在四方六服已內衛守王. 大司馬以要服
爲蠻服, 故云蠻服以內也.

◎ 鄭注: "革路"~"以內". ○정현이 "혁로(革路)는 덮개를 가죽으로 만들
고 옻칠을 하며 다른 장식은 없는 것이다."라고 했는데, 옥로(玉路)·금
로(金路)·상로(象路)로부터 네 가지 것들은 모두 가죽으로 덮어 씌우
니, 『주례』「동관(冬官)」에서 "장식한 수레는 치장을 드러내고자 한
다."[79]라고 한 것에 해당한다. 다만 상로로부터 그 이상의 수레들은 재차
옥·금·상아로 장식을 하게 되는데, 이것을 타물(他物)이라고 했다면,
옥·금·상 등의 명칭을 쓸 수 있다. 이곳에 나온 혁로 또한 가죽의 덮개
를 사용하는데, 다른 사물로 장식함이 없으니, '혁로(革路)'라고 명칭한
것이다. 정현이 방(駹)이라는 것이 백색과 흑색으로 다룸가죽을 장식하
여 잡색으로 재갈을 만든 것임을 알 수 있었던 것은 『주례』「궤인(繢人)」
편에서 "백색과 흑색의 실로 수놓은 것을 보(黼)라고 부른다."[80]라고 했

---

79) 『주례』「동관고공기(冬官考工記)·여인(輿人)」: 飾車欲侈.
80) 『주례』「동관고공기(冬官考工記)·화궤(畫繢)」: 靑與赤謂之文, 赤與白謂之
    章, 白與黑謂之黼, 黑與靑謂之黻, 五采備謂之繡.

는데, 흑색과 백색이 서로를 형상하는 대상이 되고, 또 아래에 방거(駹車)라는 것이 나오는데,[81] 측면에 흑색의 옷칠을 한 것이 방(駹)이 된다고 했다. 그런데 이곳에 나온 혁로는 이미 흰색이고, 또 대백(大白)의 깃발을 둔다. 그렇기 때문에 흑색과 백색이 뒤섞인 것을 잡색으로 여긴 것이다. 정현이 "이곳에서 조(條)자를 언급했으니, 옥로(玉路)·금로(金路)·상로(象路)에서 반영(樊纓)을 장식할 때 모두 금·옥·상아를 사용하지 않았음을 알 수 있다."라고 했는데, 앞에 나온 옥로에서는 반영(鑿纓)이 12취(就)라 했고, 마씨는 모우의 꼬리털에 금칠을 한 12겹이라고 했다. 이러한 의심이 생길 수 있기 때문에 세세하게 설명해준 것이다. 정현이 "대백(大白)은 은나라 때의 깃발로, 주나라 때의 대적(大赤)과 같은 것이니, 아마도 정색을 상징할 것이다."라고 했는데, 『예기』「명당위(明堂位)」편에서는 "은나라 때의 대백, 주나라 때의 대적"[82]이라 했고, 이것은 서로 대비해서 말한 것이다. 그렇기 때문에 "주나라 때의 대적과 같다."라고 말했다. 주나라는 하력으로 11월을 정월로 삼았으니, 만물의 맹아 색깔은 이 시기에 적색이 된다. 은나라는 12월을 정월로 삼았으니, 만물의 맹아 색깔은 이 시기에 백색이 된다. 이것들은 정색을 상징하는 것이 된다. 그러나 관련 경문 기록이 없기 때문에 '개(蓋)'자를 덧붙여서 말했다. 정현이 "즉융(卽戎)은 군대와 관련된 일을 뜻한다."라고 했는데, 『주례』「사복(司服)」편에서는 "군사와 관련해서는 위변복(韋弁服)을 착용한다."[83]라고 했다. 수레와 의복은 서로 짝을 이루고, 둘 모두는 전쟁에 나아갈 때 사용하는 것이다. 그렇기 때문에 "군대와 관련된 일을 뜻한다."라고 말한 것이다. 조상이 질문하길, "『주례』「건거(巾車)」편의 직무 기록에서는 '대백(大白)을 세우며, 군대와 관련된 일을 처리할 때 사용한다.'라 했고, 주에서는 '군대와 관련된 일을 뜻한다.'라고 했습니다. 『주례』

---

81) 『주례』「춘관(春官)·건거(巾車)」: 駹車, 萑蔽, 然襖, 裧飾.
82) 『예기』「명당위(明堂位)」: 有虞氏之旂, 夏后氏之緌, 殷之大白, 周之大赤.
83) 『주례』「춘관(春官)·사복(司服)」: 凡兵事, 韋弁服.

「사마(司馬)」편의 직무기록에서는 중추에는 깃발에 그리는 사물들을 구별해서 군대를 다스린다고 했고, 천자는 대상을 싣는다고 했습니다.[84] 아래 주에서는 '무릇 깃발에 그리는 사물들을 나누어 군대를 출병시킬 때의 깃발로 삼는다면 가을처럼 한다.'[85]라 했습니다. 따라서 「건거」편에서 '대백을 세우고 군대와 관련된 일을 처리할 때 사용한다.'라고 한 것이 어느 시기에 해당하는지 모르겠습니다."라 했다. 답하길 "백색은 은나라의 정색에 해당한다. 간혹 회합을 가지거나 군대를 위로할 때 직접 군대를 통솔하지 않기 때문에 선왕 때의 정색을 세워서 직접 통솔할 때와 차이를 두는 것이다."라 했다. 또 『사마법』을 살펴보면, "무늬에 있어 하나라가 해와 달로 한 것은 밝음을 높인 것이다. 은나라가 호랑이로 한 것은 위엄을 높인 것이다. 주나라가 용으로 한 것은 문채를 높인 것이다."라 했다. 대상(大常)을 사용하지 않는다고 했는데, 주나라가 비록 해와 달을 그린 것을 상(常)으로 삼았으나 용을 무늬로 삼은 것이다. 그렇기 때문에 『예기』「교특생(郊特牲)」편에서는 "용의 무늬를 새기고, 해와 달의 모양을 새겼다."[86]라고 한 것이다. 또 『사기』「주본기(周本紀)」를 살펴보면 "무왕이 마침내 안으로 들어가 주임금이 죽은 장소에 이르자 무왕이 화살을 세 발 쏘고, 그런 뒤에 수레에서 내려 가벼운 검으로 주의 목을 참해 대백(大白)의 깃발에 걸었다."[87]라 했다. 대상(大常)을 사용하지 않은 것은 당시에는 아직 『주례』가 없었다. 그렇기 때문에 무왕이 비록

---

84) 『주례』「하관(夏官)·대사마(大司馬)」: 中秋, 敎治兵, 如振旅之陳. 辨旗物之用: 王載大常, 諸侯載旂, 軍吏載旗, 師都載旃, 鄕遂載物, 郊野載旐, 百官載旛, 各書其事與其號焉. 其他皆如振旅.

85) 이 문장은 『주례』「하관(夏官)·대사마(大司馬)」편의 "中冬, 敎大閱."이라는 기록에 대한 정현의 주이다.

86) 『예기』「교특생(郊特牲)」: 戴冕璪十有二旒, 則天數也. 乘素車, 貴其質也. 旂十有二旒, 龍章而設日月, 以象天也. 天垂象, 聖人則之, 郊所以明天道也.

87) 『사기』「주본기(周本紀)」: 商人皆再拜稽首, 武王亦答拜. 遂入, 至紂死所. 武王自射之, 三發而后下車, 以輕劍擊之, 以黃鉞斬紂頭, 縣大白之旗.

직접 통솔했지만 여전히 대백(大白)을 사용한 것이다. 정현이 "사위(四衛)는 사방의 제후들 중 수도를 지키는 자들이니, 만복(蠻服) 안쪽에 있는 자들이다."라고 했는데, 여기에서 말한 '사위(四衛)'는 위복[88]에 있는 자들을 뜻하는 것이 아니며,[89] 제후들 중 동성이 아니며, 천자와 친족 관계가 없어서 서성에 해당하는 자들로, 사방 육복(六服)[90] 이내에서 천

---

88) 위복(衛服)은 채복(采服)과 요복(要服: =蠻服) 사이에 있는 땅을 뜻한다. 천자의 수도 밖으로 사방 2000리(里)와 2500리 사이에 있었던 땅을 가리킨다. '위복'의 '위(衛)'자는 수호한다는 뜻으로, 천자를 위해서 외부의 침입을 막는다는 의미이다. '복(服)'자는 천자를 위해 복종한다는 뜻이다. 『주례』「하관(夏官)·직방씨(職方氏)」편에는 "又其外方五百里曰采服, 又其外方五百里曰衛服, 又其外方五百里曰蠻服."이라는 기록이 있고, 이에 대한 가공언(賈公彦)의 소(疏)에서는 "言衛者, 爲王衛禦."라고 풀이했다.

89) 본래 사위(四衛)는 사방의 위복(衛服)에 속한 제후국을 뜻한다. 위복은 채복(采服)과 요복(要服: =蠻服) 사이에 있는 땅을 뜻한다. 천자의 수도 밖으로 사방 2000리(里)와 2500리 사이에 있었던 땅을 가리킨다. '위복'의 '위(衛)'자는 수호한다는 뜻으로, 천자를 위해서 외부의 침입을 막는다는 의미이다. 따라서 이 지역에 속한 제후국들을 '사위'라고 부르는 것이다.

90) 육복(六服)은 천자의 수도를 제외하고, 그 이외의 땅을 9개의 지역으로 구분한 구복(九服) 중에서 6개 지역을 뜻하는데, 천자의 수도로부터 6개 복(服)까지는 주로 중국의 제후들에게 분봉해주는 지역이었고, 나머지 3개의 지역은 주로 오랑 캐들에게 분봉해주는 지역이었다. 따라서 중국(中國)이라는 개념을 거론할 때 주로 '육복'이라고 말한다. 천하의 정중앙에는 천자의 수도인 왕기(王畿)가 있고, 그 외에는 순차적으로 6개의 '복'이 있는데, 후복(侯服), 전복(甸服), 남복(男服), 채복(采服), 위복(衛服), 만복(蠻服)이 여기에 해당한다. '후복'은 천자의 수도 밖으로 사방 500리(里)의 크기이며, 이 지역에 속한 제후들은 1년에 1번 천자를 알현하며, 제사 때 사용하는 물건을 바친다. '전복'은 '후복' 밖으로 사방 500리의 크기이며, 이 지역에 속한 제후들은 2년에 1번 천자를 알현하고, 빈객(賓客)을 접대할 때 사용하는 물건을 바친다. '남복'은 '전복' 밖으로 사방 500리의 크기이며, 이 지역에 속한 제후들은 3년에 1번 천자를 알현하고, 각종 기물(器物)들을 바친다. '채복'은 '남복' 밖으로 사방 500리의 크기이며, 이 지역에 속한 제후들은 4년에 1번 천자를 알현하고, 의복류를 바친다. '위복'은 '채복' 밖으로 사방 500리의 크기이며, 이 지역에 속한 제후들은 5년에 1번 천자를 알현하고, 각종 재목들을 바친

자를 수호하는 자들이다. 「대사마」편에서는 요복(要服)을 만복(蠻服)이라고 했다. 그렇기 때문에 "만복 안쪽에 있는 자들이다."라고 했다.

경문 木路, 前樊鵠纓, 建大麾, 以田, 以封蕃國.

다섯 번째는 목로(木路)이니, 옅은 흑색으로 반(樊)을 만들고 흰색으로 영(纓)을 만들며, 대휘(大麾)를 세우고, 사냥을 할 때 사용하며, 번국(蕃國)을 분봉할 때 사용한다.

정주 木路, 不鞔以革, 漆之而已. 前, 讀爲緇翦之翦. 翦, 淺黑也. 木路無龍勒, 以淺黑飾韋爲樊, 鵠色飾韋爲纓. 不言就數, 飾與革路同. 大麾不在九旗中, 以正色言之則黑, 夏后氏所建. 田, 四時田獵. 蕃國, 謂九州之外夷服・鎭服・蕃服. 杜子春云: "鵠或爲結."

'목로(木路)'는 덮개를 가죽으로 만들지 않고, 옻칠만 할 따름이다. '전(前)'자는 치전(緇翦)[91]이라고 할 때의 전(翦)자로 풀이한다. '전(翦)'자는 옅은 흑색을 뜻한다. 목로에는 용늑(龍勒)이 없고 옅은 흑색으로 다룸가죽을 장식하여 반(樊)을 만들고, 고니에 해당하는 백색으로 다룸가죽을 장식하여 영(纓)을 만든다. 취(就)의 수를 언급하지 않은 것은 장식을 하는 것이 혁로(革路)와 동일하기 때문이다. '대휘(大麾)'[92]는 구기(九

다. '만복'은 '요복(要服)'이라고도 부르는데, '만복'이라는 용어는 변경 지역의 오랑캐들과 접해 있으므로, 붙여진 용어이다. '만복'은 '위복' 밖으로 사방 500리의 크기이며, 이 지역에 속한 제후들은 6년에 1번 천자를 알현하고, 각종 재화들을 바친다. 『주례』「추관(秋官)・대행인(大行人)」편에는 "邦畿方千里, 其外方五百里謂之侯服, 歲壹見, 其貢祀物, 又其外方五百里謂之甸服, 二歲壹見, 其貢嬪物, 又其外方五百里謂之男服, 三歲壹見, 其貢器物, 又其外方五百里謂之采服, 四歲壹見, 其貢服物, 又其外方五百里謂之衛服, 五歲壹見, 其貢材物, 又其外方五百里謂之要服, 六歲壹見, 其貢貨物."이라는 기록이 있다.
91) 『의례』「기석례(旣夕禮)」: 加茵, 用疏布, 緇翦, 有幅, 亦縮二橫三.
92) 대휘(大麾)는 군주가 사용하는 깃발 중 하나이다. 구기(九旗) 중에는 포함되지

旗) 중에는 포함되지 않으니, 정색을 기준으로 말한다면 흑색이 되며, 하후씨가 세우던 깃발이다. '전(田)'자는 사계절 동안 시행하는 사냥을 뜻한다. '번국(蕃國)'는 구주93) 밖의 이복94) · 진복95) · 번복96)을 뜻한다.

않는다. 정색(正色)으로 분류해보면, 흑색[黑]에 해당한다. 하후씨(夏后氏) 때 사용하던 깃발이다. 『주례』「춘관(春官) · 건거(巾車)」편에는 "木路, 前樊鵠纓, 建大麾."라는 기록이 있는데, 이에 대한 정현의 주에서는 "大麾不在九旗中, 以正色言之則黑, 夏后氏所建."이라고 풀이했다.

93) 구주(九州)는 9개의 주(州)를 뜻한다. 고대 중국에서는 중원 지역을 9개의 주로 구분하여, 다스렸다. 따라서 '구주'는 오랑캐 지역과 대비되는 중국 땅을 지칭하는 용어로 사용되었다. '구주'의 포함되는 '주'의 이름들은 각 기록마다 차이를 보인다. 『서』「우서(虞書) · 우공(禹貢)」편에는 "禹敷土, 隨山刊木, 奠高山大川. 冀州既載. …… 濟河惟兗州. 九河既道. …… 海岱惟青州. 嵎夷既略, 濰淄其道. …… 海岱及淮惟徐州, 淮沂其乂, 蒙羽其藝. …… 淮海惟揚州, 彭蠡其豬, 陽鳥攸居. …… 荊及衡陽惟荊州. 江漢朝宗于海. …… 荊河惟豫州, 伊洛瀍澗, 既入于河. …… 華陽黑水惟梁州. 岷嶓既藝, 沱潛既道. …… 黑水西河惟雍州. 弱水既西."라는 기록이 있다. 즉 『서』에 기록된 '구주'는 기주(冀州) · 연주(兗州) · 청주(青州) · 서주(徐州) · 양주(揚州) · 형주(荊州) · 예주(豫州) · 양주(梁州) · 옹주(雍州)이다. 한편 『이아』「석지(釋地)」편에는 "兩河間曰冀州. 河南曰豫州. 河西曰雝州. 漢南曰荊州. 江南曰楊州. 濟河間曰兗州. 濟東曰徐州. 燕曰幽州. 齊曰營州."라는 기록이 있다. 즉 『이아』에 기록된 '구주'는 『서』의 기록과 달리, '청주'와 '양주'에 대한 기록이 없고, 대신 유주(幽州)와 영주(營州)가 기록되어 있다. 또 『주례』「하관(夏官) · 직방씨(職方氏)」편에는 "乃辨九州之國使同貫利. 東南曰揚州. …… 正南曰荊州. …… 河南曰豫州. …… 正東曰青州. …… 河東曰兗州. …… 正西曰雍州. …… 東北曰幽州. …… 河內曰冀州. …… 正北曰幷州."라는 기록이 있다. 즉 『주례』에 기록된 '구주'는 『서』의 기록과 달리, '서주'와 '양주'에 대한 기록이 없고, 대신 '유주'와 병주(幷州)에 대한 기록이 있다. 이외에도 일부 차이를 보이는 기록들이 있다.

94) 이복(夷服)은 요복(要服)과 진복(鎭服) 사이에 있는 땅을 뜻한다. 천자의 수도 밖으로 사방 3000리(里)와 3500리 사이에 있었던 땅을 가리킨다. 이곳부터 중원과 구분되어, 오랑캐 지역으로 규정되었다. '이복'의 '이(夷)'자는 이 지역이 오랑캐 지역에 해당하기 때문에, 붙여진 글자이다. '복(服)'자는 천자를 위해 복종한다는 뜻이다. 『주례』「하관(夏官) · 직방씨(職方氏)」편에는 "又其外方五百里曰蠻服, 又其外方五百里曰夷服, 又其外方五百里曰鎭服."이라는 기록이 있고, 이에 대

두자춘은 "곡(鵠)자는 혹여 결(結)자가 될 것이다."라 했다.

賈疏 ◎注"木路"至"爲結". ○釋曰: 鄭知"木路, 不鞔以革"者, 以其言木, 則木上無革可知. 必知有漆者, 以其喪車尙有漆者, 況吉之乘車, 有漆可知. 云"前, 讀爲緇翦之翦"者, 讀從旣夕文也. 彼爲"加茵, 用疏布, 緇翦, 有幅, 亦縮二橫三". 鄭云: "翦, 淺也." 此前亦取淺義, 故讀從之. 知"木路無龍勒"者, 以經不云勒, 明降於革路, 無龍勒可知. 云"大麾不在九旗中"者, 上大白亦不在九旗之中, 而不言者, 九旗之中, 雖無大白, 仍有雜帛爲物, 兼在殷正色, 故此特言之. 云"以正色言之則黑, 夏后氏所建"者, 此亦以正色言之, 上文大赤據周, 大白據殷, 則此大麾當夏之正色黑, 故言夏后氏所建也. 按明堂位"有虞氏之旂, 夏后氏之綏", 鄭注云: "有虞氏當言綏, 夏氏當言旂." 若

한 가공언(賈公彦)의 소(疏)에서는 "諸言夷者, 以其在夷狄中, 故以夷言之."라고 풀이했다.

95) 진복(鎭服)은 이복(夷服)과 번복(藩服) 사이에 있는 땅을 뜻한다. 천자의 수도 밖으로 사방 3500리(里)리와 4000리 사이에 있었던 땅을 가리킨다. 오랑캐 지역에 해당한다. '진복'의 '진(鎭)'자는 이 지역이 오랑캐 지역 중에서도 깊숙한 곳에 위치하여, 그들을 진압하기 위해 보루를 만들어서 지킬 필요가 있기 때문에, 붙여진 글자이다. '복(服)'자는 천자를 위해 복종한다는 뜻이다. 『주례』「하관(夏官)·직방씨(職方氏)」편에는 "又其外方五百里曰夷服, 又其外方五百里曰鎭服, 又其外方五百里曰藩服."이라는 기록이 있고, 이에 대한 가공언(賈公彦)의 소(疏)에서는 "言鎭者, 以其入夷狄深, 故須鎭守之."라고 풀이했다.

96) 번복(藩服)은 번복(蕃服)이라고도 부른다. 진복(鎭服) 밖에 있는 땅으로, 가장 멀리 떨어진 지역이다. 천자의 수도 밖으로 사방 4000리(里)와 4500리 사이에 있었던 땅을 가리킨다. 오랑캐 지역에 해당한다. '번복'의 '번(藩)'자는 이 지역이 가장 멀리 떨어져서 있어서, 울타리가 둘러져 있으므로, 붙여진 글자이다. '복(服)'자는 천자를 위해 복종한다는 뜻이다. 『주례』「하관(夏官)·직방씨(職方氏)」편에는 "又其外方五百里曰鎭服, 又其外方五百里曰藩服."이라는 기록이 있고, 이에 대한 가공언(賈公彦)의 소(疏)에서는 "言藩者, 以其最在外爲藩籬, 故以藩爲稱."이라고 풀이했다.

然, 則夏后氏有旝無綏, 今此大麾則綏, 而爲夏后氏所建者, 彼以前代質後代文差之, 則綏當有虞氏, 旝當夏后氏. 但旌旝皆上有綏, 夏之旝去旒旐而用之卽是綏, 故以正色推之當夏也. 云"田, 四時田獵"者, 趙商問: "巾車職曰'建大麾以田', 注云'田, 四時田獵'. 商按大司馬職曰四時皆建大常, 今又云建大麾以田何?" 答曰: "麾, 夏之正色. 雖習戰, 春夏尙生, 其時宜入兵, 夏本不以兵得天下, 故建其正色以春田. 秋冬出兵之時, 乃建大常, 故雜問志云'四時治兵王自出', 禮記'天子殺則下大綏', 司馬職'王建大常', 足相參正." 云"蕃國, 謂九州之外夷服·鎭服·蕃服"者, 按司馬職, 要服已內爲九州, 其外更有三服, 夷·鎭·蕃, 總而言之, 皆號蕃國. 是以此文及大行人謂之蕃國也. 杜子春云"鵠或爲結"者, 按馬氏云, 前樊結纓謂再重, 樊纓在前有結, 在後往往結革以爲堅, 且飾節良, 以爲樊纓皆有采就, 則前與鵠亦可以爲飾. 而賈氏謂前纓有結, 其義非. 今子春爲結, 後鄭引之在下, 得通一義故也. 凡五等諸侯所得路者, 在國祭祀及朝天子皆乘之. 但朝天子之時, 乘至天子館, 則舍之於館, 是以覲禮記云"偏駕不入王門". 謂舍之於客館, 乘墨車龍旂以朝. 鄭云: "在旁與己同曰偏." 若兩諸侯自相朝, 亦應乘之. 若齊弔及朝幷朝夕燕出入, 可降一等. 若在軍, 皆乘廣車. 若以田以鄙, 則乘木路也. 若五等諸侯親迎, 皆乘所賜路. 以其士親迎攝盛, 乘大夫車, 則大夫已上, 尊則尊矣, 不可更攝盛, 轉乘在上之車, 當乘所賜車, 與祭祀同, 則王乘玉路可也. 若然, 同姓金路無錫. 韓侯受賜, 得有鏤錫者, 正禮雖不得, 後有功, 特賜有之也. 若如鄭注, 同姓雖爲侯伯, 畫服如上公, 得乘金路. 若爲子男, 似不得, 當與異姓同乘象路也. 異姓象路, 則降上公, 以其上公雖庶姓, 亦乘金路. 其異姓侯伯子男皆乘象路也. 言四衛革路者, 亦謂庶姓侯伯子男. 蕃國木路者, 夷狄惟有子男, 同木路也, 無問祀賓已下皆乘之.

◎鄭注: "木路"~"爲結". ○ 정현이 "목로(木路)는 덮개를 가죽으로 만들

지 않는다."라고 했는데, 그 수레를 목(木)이라 불렀다면, 목재 위에 가죽이 없었음을 알 수 있다. 옻칠을 한다는 것을 분명히 알 수 있는 것은 상거97)에도 오히려 옻칠을 하는데, 하물며 길례에 사용되는 수레이니, 옻칠을 한다는 사실을 알 수 있다. 정현이 "전(前)자는 치전(緇翦)이라고 할 때의 전(翦)자로 풀이한다."라고 했는데, 이것은 『의례』「기석례(旣夕禮)」편의 문장에 따라 풀이한 것이다. 『의례』에서는 "인(茵)을 포개는데 거친 포를 사용하는데 치전(緇翦)을 사용하고, 가선이 있으며, 또한 세로로 2줄 가로로 3줄이다."라 했다. 정현은 "전(翦)자는 엷다는 뜻이다."라 했다. 이곳에 나온 전(前)자에서도 엷다는 뜻을 취했다. 그렇기 때문에 그에 따라 풀이한 것이다. 정현이 "목로에는 용늑(龍勒)이 없다."라고 했는데, 이 말이 사실임을 알 수 있는 것은 경문에서 늑(勒)을 언급하지 않았으니, 혁로(革路)보다 낮추게 되어 용늑이 없다는 사실을 알 수 있다. 정현이 "대휘(大麾)는 구기(九旗) 중에는 포함되지 않는다."라고 했는데, 앞에 나온 대백(大白) 또한 구기 중에 포함되지 않는데도 언급을 하지 않았던 것은 구기 중에 비록 대백이 없지만 잡색의 비단으로 만든 물(物)이란 것이 있으니,98) 함께 은나라 때의 정색에 해당한다. 그렇기 때문에 이곳에서 특별히 언급한 것이다. 정현이 "정색을 기준으로 말한다면 흑색이 되며, 하후씨가 세우던 깃발이다."라고 했는데, 이 또한 정색을 기준으로 말한 것이니, 앞 문장에 나온 대적(大赤)이 주나라를 기준으로 하고 대백(大白)이 은나라를 기준으로 한다면 이곳의 대휘(大麾)는 하나

---

97) 상거(喪車)는 악거(惡車)라고도 부른다. 장례(葬禮)를 치를 때 사용되는 수레이다. 다만 시신의 관을 싣는 용도로 사용되는 것이 아니라, 그의 자식이 타게 되는 수레이다. 『예기』「잡기상(雜記上)」편에는 "端衰・喪車皆無等."이라는 기록이 있는데, 이에 대한 공영달(孔穎達)의 소(疏)에서는 "喪車者, 孝子所乘惡車也."라고 풀이했다.

98) 『주례』「춘관(春官)・사상(司常)」: 掌九旗之物名, 各有屬以待國事. 日月爲常, 交龍爲旂, 通帛爲旜, 雜帛爲物, 熊虎爲旗, 鳥隼爲旟, 龜蛇爲旐, 全羽爲旞, 析羽爲旌.

라의 정색인 흑색에 해당한다. 그렇기 때문에 하후씨가 세우던 깃발이라
고 말했다. 『예기』「명당위(明堂位)」편을 살펴보면 "유우씨 때의 기(旂),
하후씨 때의 수(綏)"[99]라 했고, 정현의 주에서는 "유우씨에 대해서는 마
땅히 수(綏)라 해야 하고, 하후씨에 대해서는 마땅히 기(旂)라 해야 한
다."라 했다. 만약 그렇다면 하후씨 때에는 기(旂)가 있었고 수(綏)는 없
었는데, 지금 이곳에 나온 대휘(大麾)는 수(綏)가 되고, 하후씨 때 세웠
던 것이라 했다. 그 이유는 「명당위」편의 기록은 이전 시대의 질박함과
이후 시대의 화려함을 기준으로 차등을 주어 수(綏)는 유우씨에 해당하
고 기(旂)는 하후씨에 해당한다고 했다. 다만 깃발에는 모두 그 위에 깃
대 장식 끈[綏]이 있으니, 하나라 때의 기(旂)가 깃발 끈과 정폭을 제거하
고 이것을 사용하였다면 수(綏)에 해당한다. 그렇기 때문에 정색으로 미
루어 보면 하나라에 해당한다. 정현이 "전(田)자는 사계절 동안 시행하는
사냥을 뜻한다."라고 했는데, 조상이 질문하길, "「건거」편의 직무기록에
서 '대휘(大麾)를 세우고, 사냥을 할 때 사용한다.'라 했고, 주에서는 '전
(田)자는 사계절 동안 시행되는 사냥을 뜻한다.'라 했습니다. 제가 살펴
보니 『주례』「대사마(大司馬)」편의 직무기록에서는 사계절 모두 대상
(大常)을 세운다고 했는데, 지금 재차 대휘를 세우고서 사냥을 한다는
것은 어째서입니까?"라 했다. 답하길 "휘(麾)는 하나라의 정색에 해당한
다. 비록 사냥이 전투를 익히는 일이더라도 봄과 여름에는 생장함을 숭상
하고, 그 시기에는 마땅히 병장기를 안으로 들여야 하며, 하나라는 본래
병장기로 천하를 획득하지 않았다. 그렇기 때문에 정색에 해당하는 깃발
을 세우고서 봄사냥을 한다. 가을과 겨울은 병장기를 내놓는 시기에 해당
하니, 대상을 세운다. 그렇기 때문에 『잡문지』에서는 '사계절 동안 병사
를 다스릴 때에는 천자가 직접 나선다.'라 했고, 『예기』에서는 '천자가
짐승을 포획하면 대수(大綏)를 내린다.'[100]라 했으며, 「대사마」편의 직

---

99) 『예기』「명당위(明堂位)」: <u>有虞氏之旂, 夏后氏之綏,</u> 殷之大白, 周之大赤.

무기록에서는 '천자는 대상(大常)을 세운다.'라 했으니, 서로 참고하여 바로잡기에 충분하다."라 했다. 정현이 "번국(蕃國)는 구주 밖의 이복·진복·번복을 뜻한다."라고 했는데, 「대사마」편의 직무기록을 살펴보면, 요복(要服)이내는 구주가 되고, 그 밖에는 다시 3개의 복(服)이 있으니, 이복·진복·번복이며, 이들을 총괄해서 말한다면 모두 '번국(蕃國)'이라 부른다. 이러한 까닭으로 이 문장과 『주례』「대행인(大行人)」편에서는 번국(蕃國)이라고 했던 것이다.[101] 두자춘은 "곡(鵠)자는 혹여 결(結)자가 될 것이다."라 했는데, 살펴보면 마씨는 전번결영(前樊結纓)은 두 겹을 뜻하니, 반영(樊纓) 중 앞에 있는 것에는 매듭이 있고, 뒤에 있는 것은 종종 가죽과 묶어서 견고하게 하며 또한 절량(節良)을 장식하여, 반영에는 모두 채색과 취(就)가 있으니, 전(前)과 곡(鵠) 또한 장식으로 여길 수 있다고 했다. 그런데 가씨는 전영(前纓)에 매듭이 있다는 것은 그 의미가 잘못되었다고 했다. 현재 두자춘은 결(結)이라 했는데, 정현은 그 말을 인용하면서 뒤에 수록하였으니, 하나의 의미로 통하게 하고자 했기 때문이다. 무릇 다섯 등급의 제후들이 얻게 되는 수레의 경우, 본인의 나라에 있으며 제사를 지내거나 천자에게 조회를 할 때에는 모두 이 수레를 타게 된다. 다만 천자를 조회할 때 그것을 타고 천자가 마련해준 숙소에 이르게 되면 숙소에 이것을 놔두게 된다. 이러한 까닭으로 『의례』「근례(覲禮)」편의 기문에서는 "편가(偏駕)는 왕성의 문으로 들어가지 않는다."[102]라고 했다. 이것은 곧 빈객의 숙소에 놔두고 묵거(墨車)를 타고 용기(龍旂)를 세우고서 조회를 한다는 뜻이다. 정현은 "곁에 있으며 자신과 함께 있는 것을 편(偏)이라 부른다."라 했다. 만약 두 제후가 직접

---

100) 『예기』「왕제(王制)」: <u>天子殺, 則下大綏</u>, 諸侯殺, 則下小綏, 大夫殺, 則止佐車, 佐車止, 則百姓田獵.

101) 『주례』「추관(秋官)·대행인(大行人)」: <u>九州之外謂之蕃國</u>, 世壹見, 各以其所貴寶爲摯.

102) 『의례』「근례(覲禮)」: 偏駕不入王門.

서로를 조회할 때에도 마땅히 수레를 타야 한다. 만약 재계를 하여 조문을 하거나 조회에 나가거나 아침 저녁으로 연회를 하며 출입하는 경우에는 1등급을 낮출 수 있다. 만약 군대에 있게 되면 모두 큰 수레에 타게 된다. 만약 사냥을 하거나 현비(縣鄙)103)를 순행(循行)하는 경우라면 목로를 탄다. 만약 다섯 등급의 제후가 친영(親迎)을 하게 되면 모두 하사받은 수레를 타게 된다. 사가 친영을 하며 섭성(攝盛)을 해서 대부의 수레를 타게 된다면, 대부 이상의 계층은 신분이 존귀하니 존귀하게 높이지만, 재차 섭성을 할 수 없어서 바꿔서 상등의 수레를 타게 되니, 마땅히 하사받은 수레를 타게 되며, 이것이 제사 때 타게 되는 수레와 동일하다면, 천자가 옥로(玉路)에 타는 것도 가능하다. 만약 그렇다면 동성의 제후가 타는 금로(金路)에는 양(錫)이 없다. 그런데 한나라 후작이 하사받은 수레에 누양(鏤錫)이 있을 수 있었던 것104)은 정규 예법에서는 비록 얻지 못하지만 이후에 공을 세워서 특별히 하사하여 있게 된 것이다. 만약 정현의 주대로라면 동성의 제후가 비록 후작이나 백작이 되더라도 그림을 그리고 의복을 갖출 때에는 상공과 같이 하여 금로에 탈 수 있다. 만약 자작이나 남작의 신분이 된다면 아마도 탈 수 없을 것이니, 마땅히 이성의 제후와 동일하게 상로를 타야 할 것이다. 이성의 제후가 상로를 탄다면 상공보다 낮추니, 상공은 비록 서성에 해당하더라도 금로에 타기 때문이다. 이성의 제후가 후작·백작·자작·남작인 경우라면 모두 상로

---

103) 현비(縣鄙)는 현(縣)과 비(鄙)를 합쳐 부르는 말로, 고대에 설치되었던 행정구역들이다. 『주례』「지관(地官)·수인(遂人)」편에는 "五家爲鄰, 五鄰爲里, 四里爲酇, 五酇爲鄙, 五鄙爲縣, 五縣爲遂."라는 기록이 있다. 즉 5개의 가(家)가 1개의 린(鄰)이 되고, 5개의 '린'이 1개의 리(里)가 되며, 4개의 '리'가 1개의 찬(酇)이 되며, 5개의 '찬'이 1개의 '비'가 되고, 5개의 '비'가 1개의 '현'이 되며, 5개의 '현'이 1개의 수(遂)가 된다. '가'를 기준으로 설명하면, 1'린'은 5가, 1'리'는 25가, 1'찬'은 100가, 1'비'는 500가, 1'현'은 2500가, 1'수'는 12500가의 규모가 된다.

104) 『시』「대아(大雅)·한혁(韓奕)」: 王錫韓侯, 淑斾綏章, 簟茀錯衡, 玄袞赤舄, 鉤膺鏤錫, 鞹鞃淺幭, 鞗革金厄.

에 탄다. 사위의 제후가 혁로를 탄다고 말한 것은 또한 서성에 해당하는 제후 중 후작·백작·자작·남작인 경우를 뜻한다. 번국의 제후가 목로를 탄다고 한 것은 오랑캐에게는 오직 자작과 남작만 있고, 이들은 동일하게 목로를 타니, 제사나 빈객과 회동 등으로부터 그 이하의 경우를 따지지 않고 모두 이 수레를 타게 된다.

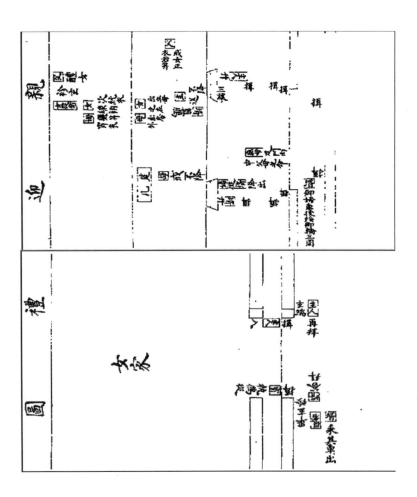

※ 출처: 『의례도(儀禮圖)』 2권

그림 8-2 ▣ 작변(爵弁)

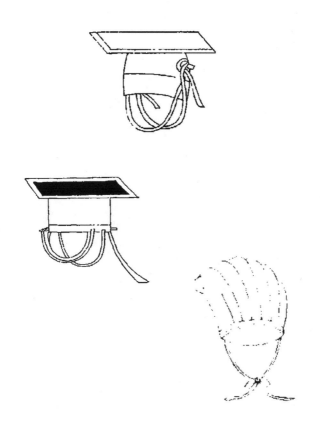

※ 출처:
　상단-『삼례도집주(三禮圖集注)』 3권
　중단-『육경도(六經圖)』 8권
　하단-『삼재도회(三才圖會)』「의복(衣服)」 1권

그림 8-3 ▣ 작변복(爵弁服)

弁 爵

※ 출처: 『삼례도집주(三禮圖集注)』 1권

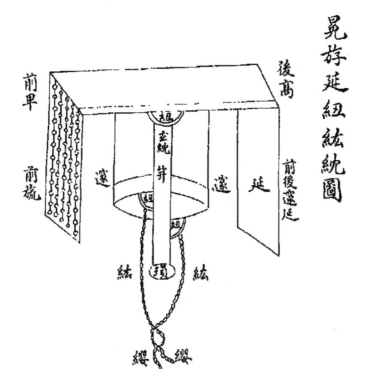

晃桥延紐紘統圖

前甲

前旒

後高

前後遂延

延

退

玄紞

笄

紞

遂

遂

紞

紞

紘

環

紘

纓　纓

※ 출처:『주례도설(周禮圖說)』 하권

그림 8-5 ▣ 제후의 조복(朝服)

諸侯

朝服

※ 출처: 『삼례도집주(三禮圖集注)』 1권

그림 8-6　　◙ 치면(締冕)

※ 출처:『삼례도집주(三禮圖集注)』1권

그림 8-7 ▣ 대(帶)·혁대(革帶)·대대(大帶)

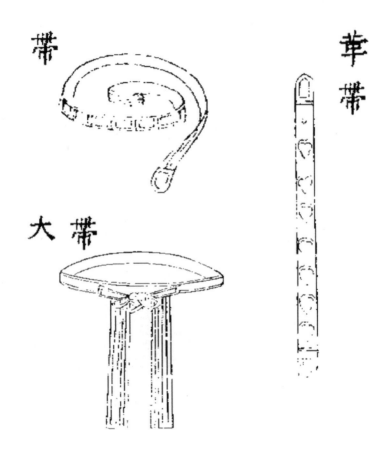

※ 출처: 『삼재도회(三才圖會)』「의복(衣服)」2권

◎ 혁대(革帶): 가죽으로 만든 허리띠로, 대(帶)와 혁대는 옷과 연결하여 결속함

　대대(大帶): 주로 예복(禮服)에 착용하는 것으로, 혁대에 결속함

玉輅

常 維 祭 服 人 節
　 王 祀 袞 與 服
　 之 朝 冕 王 氏
　 太 覲 掌 同 六

※ 출처: 『삼례도집주(三禮圖集注)』 9권

※ 출처: 『삼례도집주(三禮圖集注)』 1권

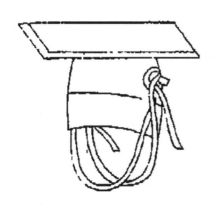

※ 출처: 『삼례도집주(三禮圖集注)』 3권

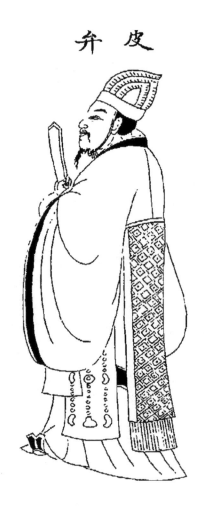

弁 皮

※ 출처: 『삼례도집주(三禮圖集注)』 1권

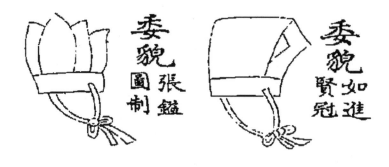

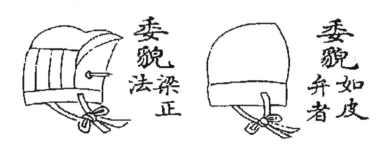

※ 출처:『삼례도집주(三禮圖集注)』3권

그림 8-13 ◼ 관변복(冠弁服)

弁冠

※ 출처: 『삼례도집주(三禮圖集注)』1권

그림 8-14 ◨ 현관(玄冠)

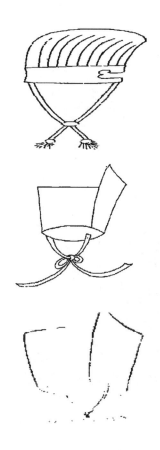

※ 출처:
　상단-『삼례도(三禮圖)』 2권
　중단-『육경도(六經圖)』 8권
　하단-『삼재도회(三才圖會)』「의복(衣服)」 1권

※ 출처: 『삼례도집주(三禮圖集注)』 8권

그림 8-16 ◼ 진규(鎭圭)

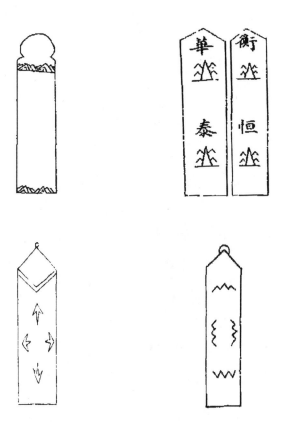

※ 출처:
　상우 『주례도설(周禮圖說)』 하권; 상좌 『삼례도집주(三禮圖集注)』 10권
　하우 『육경도(六經圖)』 5권; 하좌 『삼재도회(三才圖會)』 「기용(器用)」 2권

鷩冕

※ 출처: 『삼례도집주(三禮圖集注)』 1권

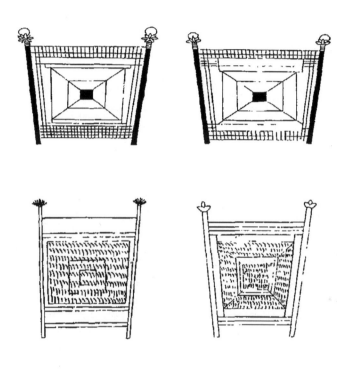

※ 출처: 상-『삼례도집주(三禮圖集注)』 6권 ; 하-『육경도(六經圖)』 7권

周禮以豹皮飾侯
側以豹皮方制鵠
王大射賓射用之
侯道五十弓

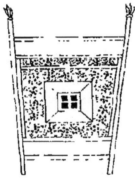

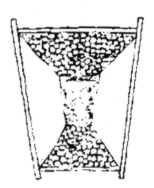

※ 출처:
    상좌-『삼례도집주(三禮圖集注)』6권 ; 하좌-『육경도(六經圖)』7권
    우-『삼재도회(三才圖會)』「기용(器用)」4권

그림 8-20 ▣ 대적(大赤)과 대백(大白)

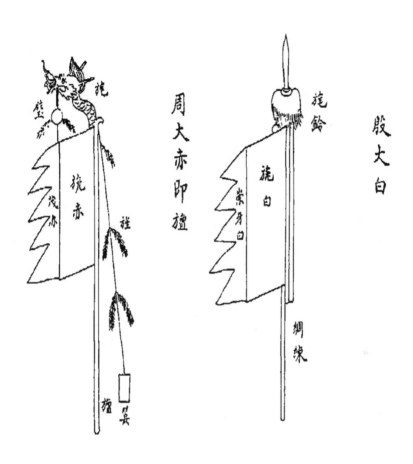

※ 출처: 『삼례도(三禮圖)』 2권

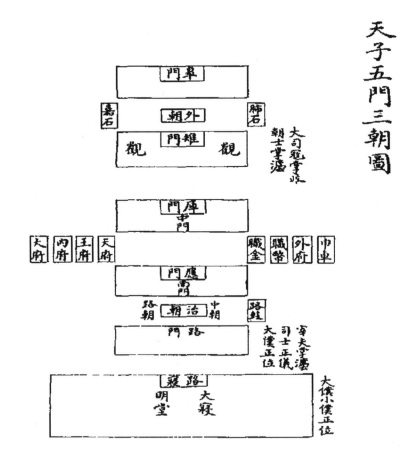

天子五門三朝圖

※ 출처:『주례도설(周禮圖說)』상권
◎ 노침(路寢)의 앞마당=연조(燕朝)

그림 8-22 ◼ 수(旞)와 정(旌)

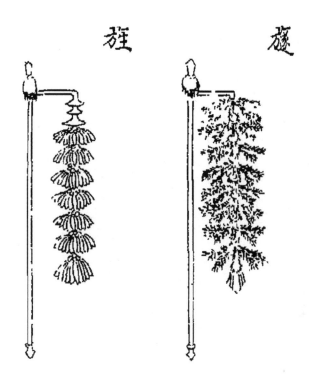

旌   旞

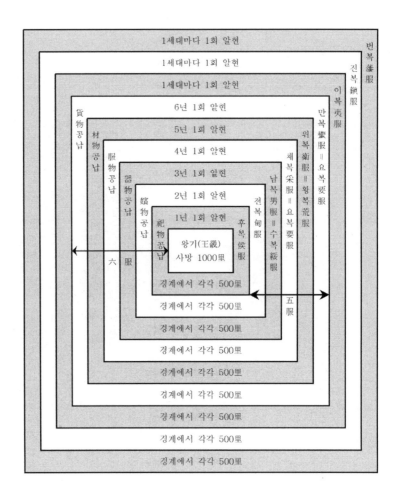

※ 출처: 『삼재도회(三才圖會)』 「지리(地理)」 14권

※ 출처: 『흠정사고전서(欽定四庫全書)』「도서편(圖書編)」 31권

■ 그림 8-25 ▣ 구주(九州)-『주례』

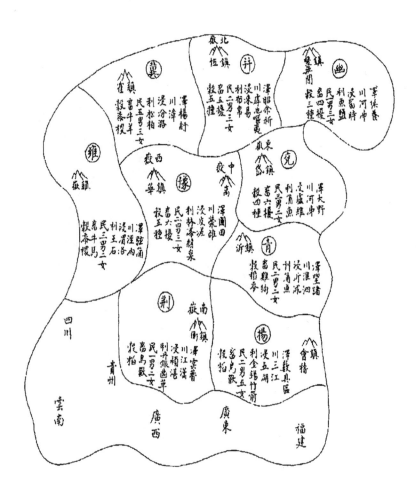

※ 출처: 『주례도설(周禮圖說)』 상권

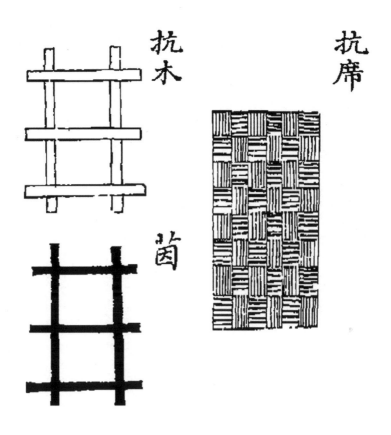

※ 출처: 『삼례도집주(三禮圖集注)』 18권

그림 8-27 ▣ 물(物)

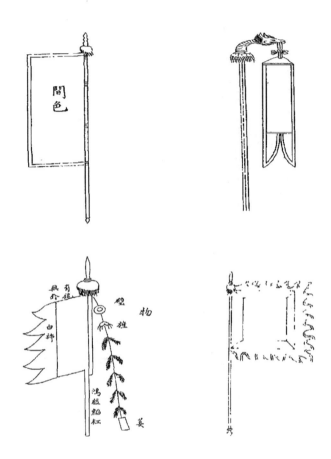

※ 출처:
　상좌『주례도설(周禮圖說)』하권 ; 상우『삼례도집주(三禮圖集注)』9권
　하좌『삼례도(三禮圖)』2권 ; 하우『육경도(六經圖)』7권

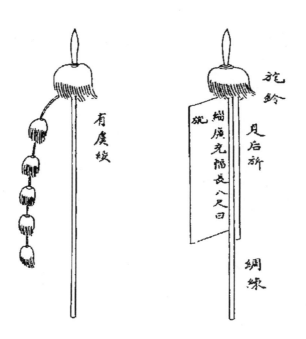

※ 출처: 『삼례도(三禮圖)』 2권

婦車亦如之, 有裧.

직역 婦車도 亦히 如하되, 裧이 有하다.

의역 신부가 탈 수레 또한 이처럼 하는데 휘장이 있다.

鄭注 亦如之者, 車同等, 士妻之車, 夫家共之. 大夫以上嫁女, 則自以車送之. 裧, 車裳幃, 周禮謂之容. 車有容, 則固有蓋.

'역여지(亦如之)'는 수레를 동등하게 한다는 뜻으로, 사의 신부가 타는 수레는 신랑 집안에서 공급한다. 대부 이상의 계층이 딸을 시집보내게 되면 신부 집안에서 직접 수레를 마련하여 전송한다. '첨(裧)'은 수레를 가리는 휘장으로, 『주례』에서는 '용(容)'이라고 했다.[1] 수레에 용(容)이 있다면 진실로 덮개도 있는 것이다.

賈疏 ●"婦車"至"有裧". ◎注"亦如"至"有蓋". ○釋曰: 婦車亦墨車, 但有裧爲異耳. 曰"士妻之車, 夫家共之"者, 卽此是也. 云"大夫以上嫁女, 則自以車送之"者, 按宣公五年冬左傳云, 齊高固及子叔姬來, 反馬也. 休以爲禮無反馬, 而左氏以爲得禮. 禮, 婦人謂嫁曰歸, 明無大, 故不反於家. 經書高固及子叔姬來, 故譏乘行匹至也. 士昏皆異, 據士禮無反馬, 蓋失之矣. 士昏禮曰: "主人爵弁, 纁裳緇袘. 從者畢玄端, 乘墨車, 從車二乘, 執燭前馬. 婦車亦如之, 有裧." 此婦乘夫家之車. 鵲巢詩曰: "之子于歸, 百兩御之." 又曰: "之子于歸, 百兩將之." 國君之禮, 夫人始嫁, 自乘其車也. 何彼穠矣篇曰: "曷不肅雝,

---

1) 『주례』「춘관(春官)·건거(巾車)」: 王后之五路: 重翟, 錫面朱總; 厭翟, 勒面 繢總; 安車, 彫面鷖總, 皆有<u>容</u>蓋.

王姬之車." 言齊侯嫁女, 以其母王姬始嫁之車遠送之, 則天子‧諸侯女嫁, 留其車. 可知今高固大夫反馬, 大夫亦留其車. 禮雖散亡, 以詩論之, 大夫以上至天子, 有反馬之禮. 留車, 妻之道; 反馬, 婿之義. 高固秋月逆叔姬, 冬來反馬, 則婦人三月祭行, 故行反馬禮也. 以此鄭箋膏肓言之, 則知大夫已上嫁女, 自以其車送之. 若然, 詩注以爲王姬嫁時自乘其車, 箋膏肓以爲齊侯嫁女, 乘其母王姬始嫁時車送之, 不同者, 彼取三家詩, 故與毛詩異也. 凡婦車之法, 自士已上至孤卿皆與夫同, 有袗爲異, 至於王后及三夫人幷諸侯夫人皆乘翟車. 按周禮‧巾車王后之五路, 重翟‧厭翟‧安車皆有容蓋, 又云翟車‧輦車, 鄭注云: 詩‧國風‧碩人曰"翟蔽以朝", 謂諸侯夫人始來乘翟蔽之車, 以朝見於君, 成之也. 此翟蔽蓋厭翟也, 然則王后始來乘重翟矣. 又詩序云: 王姬下嫁於諸侯, 車服不繫其夫, 下王后一等. 以此差之, 王后始來乘重翟, 則上公夫人用厭翟, 侯伯子男夫人用翟車. 若然, 巾車‧安車次厭翟, 在翟車之上者, 以其安車在宮中所乘, 有容蓋, 與重翟‧厭翟同. 翟車有屋, 退之在下, 其實安車無翟飾, 不用爲嫁時所乘也. 三夫人與三公夫人當用翟車, 九嬪與孤妻同用夏篆, 世婦與卿大夫妻同用夏縵, 女御與士妻同用墨車也. 其諸侯夫人姪娣及二媵幷姪娣, 依次下夫人以下一等爲差也. 云"袗, 車裳幃, 周禮謂之容"者, 按巾車職重翟‧厭翟‧安車皆有容蓋, 鄭司農云: "容謂幨車, 山東謂之裳幃, 或謂之潼容." 後鄭從之. 衛詩云"漸車帷裳", 是山東名幃裳也. 云"車有容, 則固有蓋"者, 巾車云"有容蓋", 容‧蓋相配之物, 此旣有袗之容, 明有蓋可知, 故云固有蓋矣.

● 經文: "婦車"~"有袗". ◎ 鄭注: "亦如"~"有蓋". ○ 신부가 탈 수레 또한 묵거(墨車)로 준비하는데 휘장이 있다는 점이 차이날 뿐이다. 정현이 "사의 신부가 타는 수레는 신랑 집안에서 공급한다."라고 했는데, 바로 이곳의 기록이 이러한 사실을 나타낸다. 정현이 "대부 이상의 계층이 딸을 시집보내게 되면 신부 집안에서 직접 수레를 마련하여 전송한다."라고

했는데, 선공(宣公) 5년 겨울에 대한 『좌전』의 기록에서는 제나라 고고와 자숙희가 찾아와서 말을 돌려주었다고 했다.[2] 하휴는 예법에는 말을 돌려주는 일이 없다고 여겼지만, 『좌전』에서는 예법에 맞다고 했다. 예법에 따르면 부인이 시집가는 것을 '귀(歸)'라고 부르는데, 큰 잘못이 없기 때문에 본가로 돌려보내지 않음을 나타낸다. 경문에서는 고고와 자숙희가 찾아왔다고 했다. 그렇기 때문에 함께 타고 온 것을 기록한 것이다. 「사혼례」편의 기록은 모두 이것과 차이를 보이는데, 사의 예법에 근거해보면 말을 돌려주는 절차가 없으니, 아마도 대부 이상의 계층에 대한 예법이 망실되었기 때문일 것이다. 「사혼례」편에서는 "신랑은 작변을 쓰고 훈색의 하의를 입으며 치색의 가선을 두른다. 뒤따르는 자들은 모두 현단을 착용한다. 신랑은 묵거에 타고 뒤따르는 수레는 2대이며, 노역하는 자들은 횃불을 들고 말 앞에서 길을 밝힌다. 신부가 탈 수레 또한 이처럼 하는데 휘장이 있다."라고 했는데, 이것은 신부가 신랑 집에서 마련한 수레에 타게 됨을 나타낸다. 『시』「작소(鵲巢)」편에서는 "저 부인이 시집을 옴에 100대의 수레로 맞이하는구나."[3]라 했고, 또 "저 부인이 시집을 감에 100대의 수레로 전송하는구나."[4]라 했다. 이것은 제후의 예법에서 부인이 처음 시집을 올 때 직접 마련한 수레에 타게 됨을 뜻한다. 『시』「하피농의(何彼襛矣)」편에서는 "어찌 엄숙하고 화락하지 않겠는가, 왕희의 수레로다."[5]라 했는데, 제나라 후작이 여식을 시집보낼 때 그녀의 모친인 왕희가 처음 시집올 때 타고 왔던 수레를 이용해서 멀리까지 전송을 했다는 뜻으로, 천자와 제후의 여식이 시집을 오게 되면 타고 왔던 수레를 보관해둔다. 이를 통해 현재 고고는 대부의 신분인데 말을 돌려주었다

---

2) 『춘추좌씨전』「선공(宣公) 5년」: 冬, 來, 反馬也.

3) 『시』「소남(召南)・작소(鵲巢)」: 維鵲有巢, 維鳩居之. <u>之子于歸, 百兩御之.</u>

4) 『시』「소남(召南)・작소(鵲巢)」: 維鵲有巢, 維鳩方之. <u>之子于歸, 百兩將之.</u>

5) 『시』「소남(召南)・하피농의(何彼襛矣)」: 何彼襛矣, 唐棣之華. <u>曷不肅雝, 王姬之車.</u>

고 했으니, 대부 또한 신부가 타고 온 수레를 보관해둠을 알 수 있다. 관련 예법이 비록 망실되었지만 『시』의 내용으로 논의해보자면, 대부 이상으로부터 천자에 이르기까지 말을 돌려주는 예법이 있었던 것이다. 수레를 보관하는 것은 아내의 도에 해당하고, 말을 돌려주는 것은 남편의 의에 해당한다. 고고는 가을에 숙희를 맞이하였는데 겨울에 찾아와서 말을 돌려주었으니, 부인의 경우 3개월이 지나면 종묘에 제사를 시행한다. 그렇기 때문에 말을 돌려주는 예법을 시행하게 된다. 정현의 『잠고황』을 통해 말해보자면, 대부 이상의 계층에게는 딸을 시집보낼 때 직접 마련한 수레로 전송하게 됨을 알 수 있다. 만약 그렇다면 『시』의 주에서는 왕희가 시집올 때 직접 마련한 수레에 탔다고 여겼고, 『잠고황』에서는 제나라 후작이 딸을 시집보낼 때 그의 모친 왕희가 처음 시집올 때 타고 왔던 수레를 이용해서 전송하는 것이라 여겨 동일하지 않다. 그 이유는 『잠고황』에서는 삼가의 『시』[6]에서 의미를 취했기 때문에, 『모시』와 차이를 보인 것이다. 부인의 수레에 대한 법도에 있어서 사로부터 그 이상 고나 경에 이르기까지 모두 남편과 동급으로 하는데 휘장이 있다는 점만 차이가 있다. 그리고 왕후[7]와 천자의 첩인 세 명의 부인(夫人) 및 제후의 부인(夫人)[8]에 있어서는 모두 적거(翟車)를 타게 된다. 『주례』 「건거(巾

---

6) 삼가시(三家詩)는 『노시(魯詩)』, 『제시(齊詩)』, 『한시(韓詩)』를 가리킨다.

7) 왕후(王后)는 천자의 본부인을 뜻한다. 후대에는 황후(皇后)라고 부르기도 하였다. 고대에는 천자(天子)를 왕(王)이라고 불렀기 때문에, 천자의 부인을 '왕후'라고 부른다. 또한 '왕'자를 생략하여 '후(后)'라고도 부른다.

8) 부인(夫人)은 제후의 부인을 뜻한다. 『예기』 「곡례하(曲禮下)」편에는 "公侯有夫人, 有世婦, 有妻, 有妾."이라는 기록이 있다. 즉 공작과 후작은 정부인인 부인(夫人)을 두고, 그 외에 세부(世婦), 처(妻), 첩(妾)을 둔다. 또한 『논어』 「계씨(季氏)」편에는 "邦君之妻, 君稱之曰夫人. 夫人自稱曰小童."이라는 기록이 있다. 즉 군주의 처를 군주가 직접 부를 때에는 부인(夫人)이라고 부르며, 부인(夫人)이 자신을 지칭할 때에는 소동(小童)이라고 부른다. 참고적으로 천자의 부인은 후(后)라고 부르고, 대부(大夫)의 부인은 유인(孺人)이라고 부르며, 사(士)의 부인은 부인(婦人)이라고 부르고, 서인(庶人)의 부인은 처(妻)라고 부른다. 그러나

車)」편을 살펴보면, 왕후의 오로(五路) 중 중적(重翟)·염적(厭翟)·안거(安車)에는 모두 휘장과 덮개가 있다고 했고,[9] 또 적거와 연거(輦車)에 대해 정현의 주에서는 『시』「국풍(國風)·석인(碩人)」편에서 "적폐(翟蔽)를 하고서 조회를 한다."[10]라고 했으니, 제후의 부인이 처음 찾아오게 되면 적폐에 타고 군주를 조건하며, 이를 통해 완성한다고 했다. 여기에서 말한 적폐(翟蔽)는 아마도 염적(厭翟)에 해당할 것이다. 그렇다면 왕후가 처음 찾아올 때에는 중적에 타게 된다. 또 『시』의 「모서」에서는 왕희가 신분을 낮춰 제후에게 시집을 갔으니, 수레와 의복은 남편의 신분에 얽매이지 않지만 왕후보다 1등급을 낮춘다고 했다.[11] 이를 통해 차등을 두자면 왕후가 처음 찾아올 때 중적을 탔다면, 상공의 부인은 염적을 이용하고, 후작·백작·자작·남작의 부인은 적거를 이용하는 것이다. 만약 그렇다면 「건거」편에서 안거는 염적 다음에 있고 적거 앞에 기술되어 있는데, 안거는 궁중에서 타는 것이나 휘장과 덮개가 있다는 점에서 중적·염적과 동일하다. 적거의 경우 지붕이 있어서 그 뒤로 물린 것인데 실제로 안거에는 꿩장식이 없어 시집을 갈 때 타는 용도로 사용할 수 없다. 천자에게 소속된 3명의 부인과 삼공[12]의 부인은 마땅히 적거를

이러한 구분은 일률적으로 적용되는 것은 아니다.

9) 『주례』「춘관(春官)·건거(巾車)」: 王后之五路: 重翟, 錫面朱總; 厭翟, 勒面繢總; 安車, 彫面鷖總; 皆有容蓋.

10) 『시』「위풍(衛風)·석인(碩人)」: 碩人敖敖, 說于農郊. 四牡有驕, 朱幩鑣鑣, 翟茀以朝. 大夫夙退, 無使君勞.

11) 『시』「소남(召南)·하피농의(何彼襛矣)」의 「모서」: 何彼襛矣, 美王姬也. 雖則王姬, 亦下嫁於諸侯, 車服不繫其夫, 下王后一等, 猶執婦道, 以成肅雝之德也.

12) 삼공(三公)은 중앙정부의 가장 높은 관직자 3명을 합쳐서 부르는 말이다. '삼공'에 속한 관직명에 대해서는 각 시대별로 차이가 있다. 『사기(史記)』「은본기(殷本紀)」편에는 "以西伯昌, 九侯, 鄂侯, 爲三公."이라는 기록이 있다. 즉 은나라 때에는 서백(西伯)인 창(昌), 구후(九侯), 악후(鄂侯)들을 '삼공'으로 삼았다. 또한 주(周)나라 때에는 태사(太師), 태부(太傅), 태보(太保)를 '삼공'으로 삼았다. 『서』「주서(周書)·주관(周官)」편에는 "立太師·太傅·太保, 玆惟三公, 論道經

사용해야 하고, 천자에게 소속된 9명의 빈[13]과 고(孤)의 아내는 동일하게 하전(夏篆)을 사용해야 하며, 천자에게 소속된 27명의 세부와 경·대부의 아내는 동일하게 하만(夏縵)을 사용해야 하고, 천자에게 소속된 81명의 여어와 사의 처는 동일하게 묵거를 사용해야 한다. 제후의 부인이 데려오는 조카와 여동생 및 2명의 잉첩과 그들이 데려오는 조카와 여동생은 순차에 따라 부인 이하로 1등급씩 낮추는 것을 차등으로 삼게 된다. 정현이 "첨(袗)은 수레를 가리는 휘장으로, 『주례』에서는 용(容)이라고 했다."라고 했는데, 「건거」편의 직무 기록을 살펴보면, 중적·염적·안거에 대해서 모두 용(容)과 개(蓋)가 있다고 했고, 정사농[14]은 "용(容)은 수레를 가리는 휘장으로, 산동지역에서는 상위(裳幃)라고 부르며 혹은 동용(潼容)으로 부르기도 한다."라고 했다. 정현도 그 주장에 따랐다. 위나라의 시에서는 "수레의 휘장을 적시도다."[15]라고 했는데, 이것은 산동지역에서 휘장을 위상(幃裳)으로 불렀음을 뜻한다. 정현이 "수레에 용

邦, 燮理陰陽."이라는 기록이 있다. 한편 『한서(漢書)』「백관공경표서(百官公卿表序)」에 따르면 사마(司馬), 사도(司徒), 사공(司空)을 '삼공'으로 삼았다는 기록이 있다.

13) 구빈(九嬪)은 천자의 빈궁들이다. 『예기』「혼의(昏義)」편에는 "古者天子后立六宮, 三夫人, 九嬪, 二十七世婦, 八十一御妻, 以聽天下之內治, 以明章婦順, 故天下內和而家理."라는 기록이 있다. 즉 천자는 한 명의 왕후(王后)를 두고 6개의 궁(宮)을 두는데, 그 안에는 3명의 부인(夫人), 9명의 빈(嬪), 27명의 세부(世婦), 81명의 어처(御妻)를 두는 것이다.

14) 정중(鄭衆, ? ~ A.D.83) : =정사농(鄭司農). 후한(後漢) 때의 경학자이다. 자(字)는 중사(仲師)이다. 부친은 정흥(鄭興)이다. 부친에게 『춘추좌씨전(春秋左氏傳)』의 학문을 전수받았다. 또한 그는 대사농(大司農) 등의 관직을 역임하였기 때문에, '정사농'이라고도 불렀다. 한편 정흥과 그의 학문은 정현(鄭玄)에게 많은 영향을 주었기 때문에, 후대에서는 정현을 후정(後鄭)이라고 불렀고, 정흥과 그를 선정(先鄭)이라고도 불렀다. 저서로는 『춘추조례(春秋條例)』, 『주례해고(周禮解詁)』 등을 지었다고 하지만, 현재는 전해지지 않았다.

15) 『시』「위풍(衛風)·맹(氓)」: 桑之落矣, 其黃而隕. 自我徂爾, 三歲食貧. 淇水湯湯, 漸車帷裳. 女也不爽, 士貳其行. 士也罔極, 二三其德.

(容)이 있다면 진실로 덮개도 있는 것이다."라고 했는데, 「건거」편에서는 "용(容)과 개(蓋)가 있다."라고 했으니, 휘장과 덮개는 서로 짝을 이루는 물건이며, 이곳에서는 이미 휘장에 해당하는 첨(襜)이 있다고 했으니, 덮개 또한 있었음을 알 수 있다. 그렇기 때문에 "진실로 덮개가 있다."고 했다.

참고 8-6 『주례』「춘관(春官)·건거(巾車)」 기록

경문 王后之五路: 重翟, 錫面朱總; 厭翟, 勒面繢總; 安車, 彫面鷖總, 皆有容蓋.

왕후의 오로(五路)를 담당한다. 첫 번째 수레는 중적(重翟)으로, 양면(錫面)을 하고 적색의 총(總)을 단다. 두 번째 수레는 염적(厭翟)으로, 늑면(勒面)을 하고 무늬를 그린 총(總)을 단다. 세 번째 수레는 안거(安車)로, 조면(彫面)을 하고 청색과 흑색의 총(總)을 단다. 이 모두에는 휘장과 덮개가 있다.

정주 重翟, 重翟雉之羽也. 厭翟, 次其羽使相迫也. 勒面, 謂以如玉龍勒之韋, 爲當面飾也. 彫者, 畫之, 不龍其韋. 安車, 坐乘車, 凡婦人車皆坐乘. 故書"朱總"爲"絼", "鷖"或作"繄". 鄭司農云: "錫, 馬面錫. 絼當爲總, 書亦或爲總. 鷖讀爲鳧鷖之鷖. 鷖總者, 靑黑色以繒爲之, 總著馬勒直兩耳與兩鑣. 容謂襜車, 山東謂之裳幃, 或曰幢容." 玄謂朱總·繢總, 其施之如鷖總, 車衡輈亦宜有焉. 繢, 畫文也. 蓋, 如今小車蓋也. 皆有容有蓋, 則重翟厭翟謂蔽也. 重翟, 后從王祭祀所乘. 厭翟, 后從王賓饗諸侯所乘. 安車無蔽, 后朝見於王所乘, 謂去飾也. 詩·國風·碩人曰"翟蔽以朝", 謂諸侯夫人始來, 乘翟蔽之車, 以朝見於君, 盛之也. 此翟蔽蓋厭翟也. 然則王后始來乘重翟乎.

'중적(重翟)'은 적치의 깃털을 겹친 것이다. '염적(厭翟)'은 그 깃털을 차
례대로 늘어놓아 서로 겹쳐지도록 한 것이다. '늑면(勒面)'은 옥로(玉路)
나 용늑(龍勒)에 사용하는 가죽과 같은 것으로 말 얼굴에 대는 장식으로
삼은 것을 뜻한다. '조(彫)'는 그림을 그리는 것이지만 그 가죽을 잡색으
로 만들지 않는다. '안거(安車)'는 앉아서 타는 수레인데, 무릇 부인들의
수레는 모두 앉아서 타는 것이다. 고서에서는 '주총(朱總)'을 귀(繐)자로
기록했고, '예(鷖)'자는 판본에 따라 예(繄)자로 기록하기도 한다. 정사농
은 "양(錫)은 말의 얼굴에 대는 양(錫)이다. 귀(繐)자는 마땅히 총(總)자
가 되어야 하니, 기록에 따라 간혹 총(總)으로 되어 있기도 한다. 예(鷖)
는 부예(鳧鷖)라고 할 때의 예(鷖)자로 풀이한다. 예총(鷖總)이라는 것
은 청색과 흑색의 비단으로 만드는데, 총(總)은 말의 재갈에 붙이고 양쪽
귀와 양쪽 재갈을 닿게 한다. 용(容)은 수레에 휘장을 친 것으로, 산동지
역에서는 상위(裳幃)라 부르고, 혹은 당용(幢容)이라고도 부른다."라 했
다. 내가 생각하기에, '주총(朱總)'과 '궤총(繢總)'은 그것을 설치한 것이
예총(鷖總)과 같은데, 수레의 형(衡)과 관(輨)에도 마땅히 있어야 한다.
'궤(繢)'는 무늬를 그린 것이다. '개(蓋)'는 지금의 소거에 있는 덮개와 같
은 것이다. 모두 휘장이 있고 덮개가 있다면 중적(重翟)과 염적(厭翟)이
라는 것은 가린다는 의미를 뜻한다. '중적(重翟)'은 왕후가 천자를 따라
제사를 지내게 될 때 타게 되는 수레이다. '염적(厭翟)'은 왕후가 천자를
따라 제후들에게 빈례에 따라 향례를 베풀 때 타게 되는 수레이다. '안거
(安車)'에는 가림막이 없으니, 왕후가 천자를 조현할 때 타는 수레로, 장
식을 제거한다는 의미이다. 『시』「국풍(國風)·석인(碩人)」편에서 "적폐
(翟蔽)를 타고서 조현한다."16)라 했는데, 제후의 부인이 처음 시집을 와
서 꿩의 깃털로 가림막을 설치한 수레를 타고 군주를 조현하는 것을 뜻하

---

16) 『시』「위풍(衛風)·석인(碩人)」: 碩人敖敖, 說于農郊. 四牡有驕, 朱幩鑣鑣,
翟茀以朝. 大夫夙退, 無使君勞.

니, 융성하게 치른 것이다. 여기에서 말한 적폐(翟蔽)라는 것은 아마도 염적(厭翟)에 해당할 것이다. 그렇다면 왕후가 처음 시집을 왔을 때에는 중적(重翟)을 탔을 것이다.

釋文 重, 直龍反, 注同. 總, 作動反. 厭, 於涉反, 注同. 績, 戶對反. 鷖, 烏兮反, 劉烏計反. 乘, 繩證反, 下"皆坐乘"同, 或如字. 繐, 戚云: "檢字林·蒼雅·及說文, 皆無此字, 衆家亦不見有音者, 惟昌宗音廢, 以形聲·會意求之, 實所未了, 當是廢而不用乎? 非其音也. 李兵廢反, 本或作緫, 恐是意改也." 鷖, 音烏兮反. 著, 直略反. 鑣, 表驕反. 襜, 昌廉反. 潼, 本亦作潼, 詩注作童, 皆音同. 輨, 劉音管, 一音胡瞎反. 蔽, 劉音弗, 下及文並同, 一音必世反. 見, 賢遍反, 下同. 去, 起呂反, 下"去戈"·"去毛"同.

'重'자는 '直(직)'자와 '龍(룡)'자의 반절음이며, 주에 나오는 글자도 이와 같다. '總'자는 '作(작)'자와 '動(동)'자의 반절음이다. '厭'자는 '於(어)'자와 '涉(섭)'자의 반절음이며, 주에 나오는 글자도 이와 같다. '績'자는 '戶(호)'자와 '對(대)'자의 반절음이다. '鷖'자는 '烏(오)'자와 '兮(혜)'자의 반절음이며, 유음은 '烏(오)'자와 '計(계)'자의 반절음이다. '乘'자는 '繩(승)'자와 '證(증)'자의 반절음이며, 아래 '皆坐乘'에서의 '乘'자도 이와 같으며, 혹은 글자대로 읽기도 한다. '繐'자에 대해 척씨는 "『자림』[17]·창아[18] 및 『설문』[19]에는 모두 이 글자가 없고, 여러 학자들 또한 그 음가가 드러난 것을 보지 못했다. 오직 유창종[20]만이 그 음은 '廢(폐)'라고 했는

---

17) 『자림(字林)』은 고대의 자서(字書)이다. 진(晉)나라 때 학자인 여침(呂忱)이 지었다. 원본은 일실되어 전해지지 않고, 다른 문헌들 속에 일부 기록들만 남아 있다.
18) 창아(蒼雅)는 『삼창(三蒼)』과 『이아(爾雅)』 등의 자서들을 총칭하는 말이다.
19) 『설문해자(說文解字)』는 후한(後漢) 때의 학자인 허신(許愼)이 찬(撰)했다고 전해지는 자서(字書)이다. 『설문(說文)』이라고도 칭해진다. A.D.100년경에 완성되었다고 전해진다. 글자의 형태, 뜻, 음운(音韻)을 수록하고 있다.

데, 형성과 회의로 찾아보았으나 실제로는 아직 끝내 찾지 못한 것으로, 폐지되어 사용되지 않는다는 뜻이지 그 음이 아니다. 이씨는 '兵(병)'자와 '廢(폐)'자의 반절음이라고 했고, 판본에 따라서는 '緫'자로도 기록한다고 했는데, 아마도 제 마음대로 고친 것 같다."라 했다. '鷩'자의 음은 '烏(오)'자와 '兮(혜)'자의 반절음이다. '著'자는 '直(직)'자와 '略(략)'자의 반절음이다. '鑣'자는 '表(표)'자와 '驕(교)'자의 반절음이다. '幨'자는 '昌(창)'자와 '廉(렴)'자의 반절음이다. '潼'자는 판본에 따라서 또한 '潼'자로도 기록하고, 『시』의 주에서는 '童'자로 기록했는데, 모두 그 음이 같다. '輨'자의 유음은 '管(관)'이며, 다른 음은 '胡(호)'자와 '瞎(할)'자의 반절음이다. '蔽'자의 유음은 '弗(불)'이며, 아래 문장들에 나오는 글자도 모두 같고, 다른 음은 '必(필)'자와 '世(세)'자의 반절음이다. '見'자는 '賢(현)'자와 '遍(편)'자의 반절음이며, 아래에 나오는 글자도 이와 같다. '去'자는 '起(기)'자와 '呂(려)'자의 반절음이며, 아래 '去戈'와 '去毛'에서의 '去'자도 이와 같다.

賈疏 ● "王后"至"容蓋". ○ 釋曰: 言王后之五路, 亦是總目之言也. 凡言"翟"者, 皆謂翟鳥之羽, 以爲兩旁之蔽. 言"重翟"者, 皆二重爲之. "厭翟"者, 謂相次以厭其本, 下有翟車者, 又不厭其本也. 凡言總者, 謂以總爲車馬之飾, 若婦人之總, 亦旣繫其本, 又垂爲飾, 故皆謂之總也. 按下翟車, 尊於安車而進安車在上者, 以其翟車有幄無蓋, 安車重翟, 同無幄而有容蓋, 故進安車與重厭之車同在上也.

● 經文: "王后"~"容蓋". ○ '왕후지오로(王后之五路)'라고 말한 것 또한 총괄적인 항목을 말한 것이다. 무릇 '적(翟)'이라 말한 것들은 모두 꿩의 깃털을 가리키니, 이것으로 양 옆의 가림막을 만든 것이다. '중적(重翟)'

---

20) 유창종(劉昌宗, ? ~ ?) : 자세한 이력은 남아 있지 않다. 동진(東晉) 때의 학자이다. 삼례(三禮)에 대한 주를 달아서 이름을 떨쳤다.

이라 말한 것은 모두 2중으로 만든 것이다. '염적(厭翟)'이라는 것은 서로 차례대로 늘어놓아 그 뿌리를 가린 것을 뜻하는데, 아래에 나온 적거(翟車)라는 것은 또한 그 뿌리를 가리지 않은 것이다. 무릇 '총(總)'이라 말한 것들은 총(總)으로 수레와 말의 장식을 한 것을 말하니, 부인들의 머리 묶음이 또한 이미 그 뿌리에 연결되어 있으면서 또 늘어뜨려 장식으로 삼는 것과 같다. 그렇기 때문에 모두에 대해 '총(總)'이라 말한 것이다. 아래를 살펴보면 적거(翟車)는 안거(安車)보다 존귀하지만 안거를 당겨서 그 앞에 기록한 것은 적거에는 악(幄)이 있고 덮개가 없는데, 안거와 중적에는 모두 악(幄)이 없고 용(容)과 개(蓋)가 있다. 그렇기 때문에 안거와 중적·염적의 수레를 당겨서 모두 그 앞에 둔 것이다.

賈疏 ◎注"重翟"至"翟乎". ○釋曰: 云"勒面, 謂以如玉龍勒之韋, 爲當面飾也"者, 按: 上龍勒不言面, 此勒言面, 則所施之處不同. 則上言勒者, 馬之轡飾, 皆是不在面, 此言勒面, 則在面矣. 用物則同, 故鄭引龍勒以釋此也. 云"安車, 坐乘車, 凡婦人車皆坐乘"者, 按曲禮上云"婦人不立乘", 是婦人坐乘, 男子立乘. 曲禮上"大夫七十而致事, 若不得謝, 則必賜之几杖, 乘安車", 則男子坐乘亦謂之安車也. 若然, 則王后五路, 皆是坐乘, 獨此得安車之名者, 以餘者, 有重翟·厭翟·翟車·輦車之名可稱, 此無異物之稱, 故獨得安車之名也. 云"鷖讀爲鳧鷖之鷖"者, 從毛詩·鳧鷖之篇名. 鷖者, 取鳥之鷖色靑黑爲義. 如"以繒爲之, 總著馬勒直兩耳與兩鑣"者, 先鄭蓋見當時以況古也. 云"容謂幨車, 山東謂之裳幃, 或曰潼容"者, 按昏禮云"婦車亦如之有裧". 注云"裧, 車裳幃, 周禮謂之容". 又衛詩云"漸車幃裳", 毛氏亦云童容, 是容·潼容與幨及裳幃爲一物也. "玄謂朱總·纁總, 其施之如鷖總, 車衡軛亦宜有焉"者, 後鄭取先鄭"總著馬勒直兩耳與兩鑣"爲本, 其於車之衡軛亦宜有焉, 以其皆是革飾之事, 故幷施於車也. 云"蓋, 如今小車蓋也"者, 此擧漢法小車有蓋以況周. 凡蓋所以

表尊, 亦所以禦雨, 故三者皆有之也. 云"皆有容有蓋, 則重翟厭翟謂
蔽也"者, 按馬氏等云"重翟爲蓋, 今之羽蓋是也". 爲有此嫌, 故微破
之. 若重翟厭翟是蓋, 何須下文云皆有容蓋乎? 是以後鄭約下王之喪
車五乘皆有蔽, 明后之車言翟者, 亦謂蔽也. 云"重翟, 后從王祭祀所
乘"者, 此約王之五路, 則重翟當王路. 后無外事, 惟祭先王 · 先公 ·
群小祀, 皆乘此重翟也. 云"厭翟, 后從王賓饗諸侯所乘"者, 按內宰
職云"賓客之祼獻瑤爵, 皆贊". 注云: "謂王同姓及二王之後, 王祼賓
客, 亞王而禮賓. 獻謂王饗燕, 亞王獻賓也." 此時后則乘厭翟, 故云
從王賓饗諸侯也. 不言祼者, 文略耳. 云"安車無蔽, 后朝見於王所
乘, 謂去飾也"者, 以其安車不言翟, 明無蔽. 以其朝王, 質, 故去飾
也. 引詩 · 國風 · 碩人曰"翟蔽以朝", 謂"諸侯夫人始來, 乘翟蔽之車,
以朝見於君, 盛之也. 此翟蔽蓋厭翟也"者, 彼是衛侯之夫人, 當乘厭
翟, 則上公夫人亦厭翟. 以其王姬下嫁於諸侯, 車服不繫於其夫, 下
王后一等, 不得乘重翟, 則上公與侯伯夫人皆乘厭翟可知. 若子男夫
人, 可以乘翟車, 至於祭祀及嫁皆乘之. 云"然則王后始來乘重翟乎"
者, 王姬下嫁, 下后一等, 及諸侯夫人皆乘厭翟, 則王后自然始來乘
重翟可知. 若然, 王之三夫人與三公夫人同乘翟車, 九嬪與孤妻同乘
夏篆, 二十七世婦與卿妻同乘夏縵, 女御與大夫妻同乘墨車, 士之妻
攝盛亦乘墨車, 非嫁攝盛則乘棧車也. 諸侯已下夫人, 祭祀 · 賓饗 ·
出桑 · 朝君, 差之皆可知也. 若然, 諸侯夫人亦當有安車以朝君也.

◎ 鄭注: "重翟"~"翟乎". ○ 정현이 "늑면(勒面)은 옥로(玉路)나 용늑(龍
勒)에 사용하는 가죽과 같은 것으로 말 얼굴에 대는 장식으로 삼은 것을
뜻한다."라고 했는데, 살펴보면 앞에서 용늑(龍勒)이라고 할 때에는 면
(面)을 언급하지 않았고, 이곳에서는 늑(勒)을 말하며 면(面)을 언급했으
니, 설치하는 곳이 다른 것이다. 따라서 앞에서 말한 늑(勒)이라는 것은
말의 재갈에 하는 장식인데, 모두 말의 얼굴쪽에 있는 것이 아니며, 이곳
에서 늑면(勒面)이라고 했다면 얼굴에 있는 것이다. 사용되는 재료가 같

기 때문에 정현이 용능에 대한 것을 인용해서 이 문장을 풀이한 것이다. 정현이 "안거(安車)는 앉아서 타는 수레인데, 무릇 부인들의 수레는 모두 앉아서 타는 것이다."라고 했는데, 『예기』「곡례상(曲禮上)」편을 살펴보면, "부인들은 수레에 탈 때 서서 타지 않는다."[21]라 했으니, 이것은 부인은 앉아서 타고 남자는 서서 탄다는 사실을 나타낸다. 「곡례상」편에서는 "대부가 70세가 되어 관직에서 물러났는데, 만약 사직을 허락받지 못했다면 반드시 그에게 안석과 지팡이를 하사하고, 안거(安車)에 탄다."[22]라 했으니, 남자가 앉아서 타는 수레 또한 '안거(安車)'라고 부른다. 만약 그렇다면 왕후의 오로는 모두 앉아서 타는 것인데, 유독 이 수레만이 '안거(安車)'라는 명칭을 얻었던 것은 나머지 것들은 중적(重翟)·염적(厭翟)·적거(翟車)·연거(輦車) 등의 명칭이 있어 지칭할 수 있는데, 이 수레는 남다른 사물로 지칭할 것이 없다. 그렇기 때문에 홀로 안거라는 명칭을 얻은 것이다. 정사농이 "예(鷖)는 부예(鳧鷖)라고 할 때의 예(鷖)자로 풀이한다."라고 했는데, 『모시』「부예(鳧鷖)」편의 편명에 따른 것이다. '예(鷖)'라는 것은 새 중 갈매기의 색깔이 청색과 흑색으로 된 것에 따라 의미를 삼은 것이다. 예를 들어 "비단으로 만드는데, 총(總)은 말의 재갈에 붙이고 양쪽 귀와 양쪽 재갈을 닿게 한다."라고 한 말의 경우, 정사농은 아마도 당시의 것을 보고서 옛 것을 견주어본 것 같다. 정사농이 "용(容)은 수레에 휘장을 친 것으로, 산동지역에서는 상위(裳幃)라 부르고, 혹은 당용(幢容)이라고도 부른다."라고 했는데, 「사혼례」편을 살펴보면 "신부가 탈 수레 또한 이처럼 하는데 휘장이 있다."라 했다. 주에서는 "첨(襜)은 수레를 가리는 휘장으로, 『주례』에서는 용(容)이라고 했다."라 했다. 또 위나라의 시에서는 "수레의 휘장을 적시도다."[23]라 했고,

---

21) 『예기』「곡례상(曲禮上)」: 客車不入大門. <u>婦人不立乘</u>. 犬馬不上於堂.
22) 『예기』「곡례상(曲禮上)」: <u>大夫七十而致事. 若不得謝, 則必賜之几杖</u>. 行役以婦人. 適四方, <u>乘安車</u>.
23) 『시』「위풍(衛風)·맹(氓)」: 桑之落矣, 其黃而隕. 自我徂爾, 三歲食貧. 淇水

모씨 또한 '동용(童容)'이라 했으니, 이것은 용(容)·동용(潼容)·첨(襜)·상위(裳幃)가 같은 사물임을 나타낸다. 정현이 "내가 생각하기에, '주총(朱總)'과 '궤총(繢總)'은 그것을 설치한 것이 예총(鷖總)과 같은데, 수레의 형(衡)과 관(輨)에도 마땅히 있어야 한다."라고 했는데, 정현은 정사농이 "총(總)은 말의 재갈에 붙이고 양쪽 귀와 양쪽 재갈을 닿게 한다."라고 한 말을 가져다 근본으로 삼은 것이고, 수레의 형(衡)과 관(輨)에도 마땅히 있어야 한다고 했으니, 이 모두는 가죽으로 장식하는 사안이 되기 때문에 수레에 함께 설치한 것이다. 정현이 "개(蓋)는 지금의 소거에 있는 덮개와 같은 것이다."라고 했는데, 이것은 한나라의 예법에서 소거에 덮개가 있던 것을 들어 주나라의 것을 견준 것이다. 무릇 덮개라는 것은 존귀함을 드러내는 것이며, 또한 비를 막기 위한 것이다. 그렇기 때문에 세 수레에 모두 이것을 설치한 것이다. 정현이 "모두 휘장이 있고 덮개가 있다면 중적(重翟)과 염적(厭翟)이라는 것은 가린다는 의미를 뜻한다."라고 했는데, 살펴보면 마씨 등은 "중적(重翟)은 덮개가 되니, 지금의 우개(羽蓋)가 이것에 해당한다."라 했다. 이러한 의심들이 생기기 때문에 세세하게 설명한 것이다. 만약 중적(重翟)과 염적(厭翟)이 덮개에 해당한다면 어찌 아래문장에 모두 용(容)과 개(蓋)가 있다고 말할 필요가 있겠는가? 이러한 까닭으로 정현은 아래 천자의 상거 다섯 수레에 모두 가림막이 있는 것을 요약하여, 왕후의 수레에서 적(翟)이라 이름 붙인 것 또한 가림막의 의미를 뜻한다고 나타낸 것이다. 정현이 "중적(重翟)은 왕후가 천자를 따라 제사를 지내게 될 때 타게 되는 수레이다."라 했는데, 이것은 천자의 오로에 대한 것을 요약해보면, 중적(重翟)은 옥로(玉路)에 해당한다. 왕후에게는 바깥일이라는 것이 없고, 오직 선왕·선공[24]에

湯湯, <u>漸車帷裳</u>. 女也不爽, 士貳其行. 士也罔極, 二三其德.

24) 선공(先公)은 본래 천자 및 제후의 선조들을 존귀하게 높여 부르는 말이다. 따라서 '선왕(先王)'이라는 말과 동일하게 사용된다. 그러나 주(周)나라에 대해 선왕과 대비해서 사용하게 되면, 후직(后稷)의 후손 중 태왕(太王) 이전의 선조를 지칭한

게 제사를 지내거나 뭇 소사[25]에 제사를 지낼 때에는 모두 이 중적(重翟)을 타게 된다. 정현이 "염적(厭翟)은 왕후가 천자를 따라 제후들에게 빈례에 따라 향례를 베풀 때 타게 되는 수레이다."라고 했는데, 『주례』「내재(內宰)」편의 직무기록을 살펴보면, "빈객이 관헌을 하고 술잔을 되갚을 때 모두 해당 절차를 돕는다."[26]라 했고, 주에서는 "천자와 동성의 제후 및 두 왕조의 후손들로, 천자가 빈객에게 관을 하면 천자 다음으로 빈객을 예우한다. 헌(獻)은 천자가 향연을 하면 천자 다음으로 빈객에게 헌하는 것을 뜻한다."라 했다. 이 시기에 왕후는 염적(厭翟)에 탄다. 그렇기 때문에 천자를 따라 제후들에게 향례를 베풀 때 탄다고 말한 것이다. '관(祼)'을 언급하지 않은 것은 문장을 생략한 것일 뿐이다. 정현이 "안거(安車)에는 가림막이 없으니, 왕후가 천자를 조현할 때 타는 수레로, 장식을 제거한다는 의미이다."라고 했는데, 안거(安車)에 대해서는 적(翟)자를 붙여서 부르지 않았으니, 가림막이 없다는 것을 나타낸다. 천자를 조현하는 것은 질박함에 해당하기 때문에 장식을 제거한다. 정현이 『시』「국풍(國風)·석인(碩人)」편에서 "적폐(翟蔽)를 타고서 조현한다."라고 한 말을 인용하고, 이 말을 "제후의 부인이 처음 시집을 와서 꿩의 깃털로 가림막을 설치한 수레를 타고 군주를 조현하는 것을 뜻하니, 융성하게 치른 것. 여기에서 말한 적폐(翟蔽)라는 것은 아마도 염적(厭

다. 주나라는 건립 이후 자신의 선조에 대해 추왕(追王)을 하여 왕(王)자를 붙였는데, 태왕인 고공단보(古公亶父)까지 왕(王)자를 붙였기 때문이다.

25) 소사(小祀)는 비교적 규모가 작은 제사를 가리킨다. 또한 군사(群祀)라고 부르기도 한다. 사중(司中), 사명(司命), 풍백(風伯: =風師), 우사(雨師), 제성(諸星), 산림(山林), 천택(川澤) 등에 대해 지내는 제사이다. 『주례』「춘관(春官)·사사(肆師)」편에는 "立小祀用牲."이라는 기록이 있는데, 이에 대한 정현의 주에서는 "鄭司農云 小祀司命已下. 玄謂 小祀又有司中風師雨師山川百物."이라고 풀이하였고, 『구당서(舊唐書)』「예의지일(禮儀志一)」에도 "司中司命風伯雨師諸星山林川澤之屬爲小祀."라는 기록이 있다.

26) 『주례』「천관(天官)·내재(內宰)」: 凡賓客之祼獻·瑤爵, 皆贊.

翟)에 해당할 것이다."라고 풀이했는데, 『시』의 경우 위나라 후작의 부인에 해당하니 마땅히 염적(厭翟)에 타야 하고, 상공의 부인 또한 염적(厭翟)을 탄다. 왕희가 밑으로 제후에게 시집을 가서, 수레와 복식이 그 남편의 것에 얽매이지 않지만, 왕후보다 1등급을 낮춰서 중적(重翟)에 타지 못했던 것이니, 상공·후작·백작의 부인은 모두 염적(厭翟)에 탄다는 사실을 알 수 있다. 만약 자작과 남작의 부인이라면 적거(翟車)에 탈 수 있고, 제사를 지내거나 시집을 올 때에도 모두 탈 수 있다. 정현이 "그렇다면 왕후가 처음 시집을 왔을 때에는 중적(重翟)을 탔을 것이다."라고 했는데, 왕희가 아래로 시집을 와서 왕후보다 1등급을 낮췄고, 제후의 부인은 모두 염적(厭翟)을 타니, 왕후는 자연히 처음 시집을 올 때 중적(重翟)을 탄다는 사실을 알 수 있다. 만약 그렇다면 천자에게 속한 3명의 부인과 삼공의 부인들은 모두 적거(翟車)에 타고, 9명의 빈(嬪)과 고의 처는 모두 하전(夏篆)에 타며, 27명의 세부와 경의 처는 모두 하만(夏縵)에 타고, 여어와 대부의 처는 모두 묵거(墨車)에 타며, 사의 처는 섭성을 하여 또한 묵거에 타니, 시집을 올 때 섭성을 하는 경우가 아니라면 잔거(棧車)에 탄다. 제후로부터 그 이하 계층의 부인은 제사·빈향·출상·조군에 차등을 두게 됨을 모두 알 수 있다. 만약 그렇다면 제후의 부인 또한 마땅히 안거(安車)를 두어서, 이것을 타고 군주를 조현했을 것이다.

참고 8-7 『춘추좌씨전』 선공(宣公) 5년 기록

경문 秋, 九月, 齊高固來逆叔姬.

가을 9월에 제나라 고고가 와서 숙희를 아내로 맞이하였다.

杜注 高固, 齊大夫. 不書女歸, 降於諸侯.

'고고(高固)'는 제나라 대부이다. 여자가 시집을 간다고 기록하지 않은 것은 제후보다 낮췄기 때문이다.

경문 冬, 齊高固及子叔姬來.

겨울에 제나라 고고 및 자숙희가 왔다.

杜注 叔姬寧, 固反馬.

숙희는 귀녕(歸寧)을 하기 위해서이고, 고고는 말을 돌려주기 위해서이다.

전문 冬, 來, 反馬也.

겨울에 온 것은 말을 돌려주기 위해서이다.

杜注 禮, 送女留其送馬, 謙不敢自安, 三月廟見, 遣使反馬. 高固遂與叔姬俱寧, 故經·傳具見以示譏.

예법에 따르면, 딸을 시집보내면 남편 집안에서는 딸을 전송하는데 사용되었던 말을 머물러 있게 하니, 감히 스스로 편안히 여기지 않는다는 뜻을 겸손히 나타낸 것이고, 3개월이 지나 신랑의 묘에서 알현하게 되면 심부름꾼을 보내 말을 돌려준다. 고고는 마침내 숙희와 함께 귀녕을 하였기 때문에, 경문과 전문에서 모두 이를 드러내 기롱의 뜻을 보인 것이다.

孔疏 ◎注"禮送"至"示譏". ○正義曰: 禮, 送女適於夫氏, 留其所送之馬, 謙不敢自安於夫, 若被出棄, 則將乘之以歸, 故留之也. 至三月廟見, 夫婦之情旣固, 則夫家遣使, 反其所留之馬, 以示與之偕老, 不復歸也. 法當遣使, 不合親行, 高固因叔姬歸寧, 遂親自反馬, 與之俱來. 故經·傳具見其事, 以示譏也. 儀禮·昏禮者, 士之禮也, 其禮無反馬, 故何休據之作膏肓以難左氏, 言禮無反馬之法. 鄭玄答之曰:

冠義云"無大夫冠禮, 而有其昏禮", 則昏禮者, 天子・諸侯・大夫皆
異也. 士昏禮云"主人爵弁, 纁裳緇袘. 乘墨車, 從車二乘, 婦車亦如
之." 此婦車出於夫家, 則士妻始嫁, 乘夫家之車也. 詩・鵲巢云: "之
子于歸, 百兩御之." 又曰: "之子于歸, 百兩將之." 將, 送也. 國君之
禮, 夫人始嫁, 自乘其家之車也, 則天子・諸侯嫁女, 留其乘車可知
也. 高固, 大夫也, 來反馬, 則大夫亦留其車也, 禮雖散亡, 以詩之義
論之, 大夫以上, 其嫁皆有留車反馬之禮. 留車, 妻之道也; 反馬, 婿
之義也. 高固以秋九月來逆叔姬, 冬, 來反馬, 則婦入三月, 祭行乃反
馬, 禮也. 是說禮有反馬之法, 唯高固不宜親行耳. 杜言三月廟見,
謂無舅姑者, 士昏禮, "婦至, 其夕成昏. 質明贊見婦於舅姑. 若舅姑
既沒, 則婦人三月, 乃奠菜". 鄭玄云"奠菜者, 祭菜也". 又記曰: "婦入
三月, 然後祭行." 鄭玄云: "謂助祭也". 曾子問篇端稱孔子曰: "三月
而廟見, 稱來婦. 擇日而祭於禰, 成婦之義也." 鄭玄云: "謂舅姑沒
者也." 是舅姑沒者, 以三月而祭, 因以三月爲反馬之節. 舅姑存者,
亦當以三月反馬也. 士昏禮又稱"若不親迎, 則婦入三月, 然後婿見
於妻之父母". 此高固親迎, 則不須更見, 故譏其親反馬也. 按杜注經
云"叔姬寧, 固反馬", 傳唯舉反馬, 不言寧者, 以寧是常事, 唯反馬非
禮, 故傳舉其非禮者.

◎ 杜注: "禮送"~"示譏". ○ 예법에 따르면, 딸을 전송하여 남편 집안에
보내게 되면, 남편 집안에서는 전송에 사용된 말을 머물러 있게 하고,
남편에 대해 감히 스스로 편안히 여기지 않는다는 것을 겸손히 드러낸다.
만약 내치거나 버림을 받게 된다면 장차 이것을 타고 돌아가기 때문에
머물러 있게 하는 것이다. 3개월이 지나 묘에서 알현하게 되면 부부의
정이 이미 단단해지게 되니, 남편 집안에서 심부름꾼을 보내 머물러 있게
했던 말을 돌려주어, 딸과 함께 해로하게 되어 다시금 돌아오지 않음을
보이는 것이다. 예법에 따르면 마땅히 심부름꾼을 보내야 하며 직접 행차
해서는 안 되는데, 고고는 숙희가 귀녕을 함에 따라 마침내 직접 말을

돌려주려 하여, 그녀와 함께 찾아온 것이다. 그렇기 때문에 경문과 전문에서 모두 그 사안을 드러내고, 이를 통해 기롱의 뜻을 보인 것이다. 『의례』「사혼례」의 내용은 사 계층의 예법인데, 그 예법에는 말을 돌려주는 절차가 없다. 그렇기 때문에 하휴는 이에 근거하여 『고황』을 짓고 『좌씨전』을 비판하며, 예법에 따르면 말을 돌려주는 법도가 없다고 했다. 정현이 답변을 하며, 『예기』「관의(冠義)」편에는 "대부만의 관례가 없지만 그들만의 혼례는 있다."[27]라 했으니, 혼례의 경우 천자·제후·대부 모두 차이를 보인다. 「사혼례」편에서 "신랑은 작변을 쓰고 훈색의 하의를 입으며 치색의 가선을 두른다. 신랑은 묵거에 타고 뒤따르는 수레는 2대이다. 신부가 탈 수레 또한 이처럼 한다."라 했다. 이것은 신부가 타는 수레가 신랑의 집안에서 나왔다는 사실을 나타내니, 사의 처가 처음 시집을 올 때 신랑 집안에서 마련한 수레에 타는 것이다. 『시』「작소(鵲巢)」편에서는 "저 부인이 시집을 옴에 100대의 수레로 맞이하는구나."[28]라 했고, 또 "저 부인이 시집을 감에 100대의 수레로 전송하는구나."[29]라 했다. '장(將)'자는 전송한다는 뜻이다. 제후의 예법에서 부인이 처음 시집을 올 때 직접 자신의 집에서 마련한 수레에 타게 됨을 뜻하니, 천자와 제후가 딸을 시집보낼 때, 그녀가 타고 갔던 수레를 상대방에서 머물게 함을 알 수 있다. '고고(高固)'는 대부의 신분인데, 찾아와서 말을 돌려주었다면, 대부 또한 그 수레를 머물러 있게 한 것이다. 관련 예가 비록 망실되었지만, 『시』에 나타난 의미로 논의를 해보자면, 대부 이상의 계층에서 딸을 시집보낼 때 모두 수레를 머물러 있게 하고 말을 돌려주는 예가 있다. 수레를 머물러 있게 하는 것은 처의 도에 해당하고, 말을 돌려주는

---

27) 『예기』「교특생(郊特牲)」 : 無大夫冠禮, 而有其昏禮. / 『의례』「사관례(士冠禮)」 : 無大夫冠禮, 而有其昏禮. 古者五十而後爵, 何大夫冠禮之有? 公侯之有冠禮也, 夏之末造也.

28) 『시』「소남(召南)·작소(鵲巢)」 : 維鵲有巢, 維鳩居之. 之子于歸, 百兩御之.

29) 『시』「소남(召南)·작소(鵲巢)」 : 維鵲有巢, 維鳩方之. 之子于歸, 百兩將之.

것은 남편의 의에 해당한다. 고고는 가을 9월에 찾아와서 숙희를 아내로 맞이하였고, 겨울에 와서 말을 돌려주었으니, 부인은 3개월이 지나서 제사를 시행하고서야 말을 돌려준 것으로, 예에 맞다. 이것은 예에는 말을 돌려주는 법도가 있음을 설명한 것인데, 다만 고고는 직접 시행해서는 안 될 따름이었다. 두예가 3개월이 지나서 묘에서 알현하였다고 했으니, 시부모가 없는 경우에 해당하며, 「사혼례」편에서는 "신부가 도착을 하면, 그날 저녁에 성혼이 된다. 다음날 동이 트게 되면 혼례의 진행을 돕는 자는 며느리가 시부모를 뵐 수 있게 한다. 만약 시부모가 이미 돌아가신 경우라면, 며느리는 시집을 와서 3개월이 지나면 묘에서 채소로 제사를 지낸다."라 했다. 정현은 "전채(奠菜)는 채소로 제사를 지내는 것이다."라 했다. 또 기문에서는 "며느리가 시집을 와서 3개월이 지난 이후에야 제사를 시행할 때 제사를 돕는다."라 했고, 정현은 "제사를 돕는다는 의미이다."라 했다. 『예기』「증자문(曾子問)」편에서는 공자가 "3개월이 지나고 난 뒤에 묘에서 알현을 시키며, 아무개가 우리집에 와서 며느리가 되었다고 고한다. 길일을 택하고 녜묘에서 제사를 지내는 것은 정식 부인이 되는 도의이다."[30]라 했고, 정현은 "시부모가 돌아가신 경우이다."라 했다. 이것은 시부모가 돌아가셨을 경우, 3개월이 지나서 제사를 지내는데, 그에 따라 3개월이 지난 시점을 말을 돌려주는 마디로 삼은 것이다. 시부모가 생존해 계신 경우라도 마땅히 3개월이 지나면 말을 돌려준다. 「사혼례」편에서는 또한 "만약 신랑이 친영을 하지 않았다면 신부가 온 후 3개월이 지난 뒤에 신랑이 신부의 부모를 찾아뵙는다."라 했다. 여기에서 고고는 친영을 했으니, 다시금 만나볼 필요가 없었다. 그렇기 때문에 직접 말을 돌려준 것에 대해 기롱한 것이다. 두예가 경문에 주를 단 것을 살펴보면, "숙희는 귀녕(歸寧)을 하기 위해서이고, 고고는 말을 돌려주기

---

30) 예기』「증자문(曾子問)」: 孔子曰: 嫁女之家, 三夜不息燭, 思相離也. 取婦之家, 三日不擧樂, 思嗣親也. 三月而廟見, 稱來婦也. 擇日而祭於禰, 成婦之義也.

위해서이다."라 했는데, 전문에서는 오직 말을 돌려준 것만 거론하고 귀녕은 언급하지 않았다. 그 이유는 귀녕은 일반적인 사안에 해당하며, 오직 말을 돌려준 것만이 비례가 된다. 그렇기 때문에 전문에서는 비례가 되는 것만 거론한 것이다.

참고 8-8 『시』「소남(召南)·작소(鵲巢)」

維鵲有巢, (유작유소) : 저 까치 둥지를 트는데,
維鳩居之. (유구거지) : 저 비둘기가 거기에 사는구나.
之子于歸, (지자우귀) : 저 부인이 시집을 옴에,
百兩御之. (백양어지) : 100대의 수레로 맞이하는구나.

維鵲有巢, (유작유소) : 저 까치 둥지를 트는데,
維鳩方之. (유구방지) : 저 비둘기가 차지하는구나.
之子于歸, (지자우귀) : 저 부인이 시집을 감에,
百兩將之. (백양장지) : 100대의 수레로 전송하는구나.

維鵲有巢, (유작유소) : 저 까치 둥지를 트는데,
維鳩盈之. (유구영지) : 저 비둘기가 가득하구나.
之子于歸, (지자우귀) : 저 부인이 시집을 가고 옴에,
百兩成之. (백양성지) : 100대의 수레로 예법을 완성하는구나.

毛序 鵲巢, 夫人之德也. 國君, 積行累功, 以致爵位, 夫人起家而居有之, 德如鳲鳩, 乃可以配焉.

모서 「작소」편은 부인의 덕을 노래한 시이다. 제후가 행실과 공적을 쌓아 작위를 이루니, 부인이 집에서 일어나 그곳에 머물고 차지하여, 그

덕이 마치 비둘기와 같아 제후의 짝이 될 수 있다.

참고 8-9 『시』「소남(召南)·하피농의(何彼穠矣)」

何彼穠矣, (하피농의) : 어찌 저리도 융성한가,
唐棣之華. (당체지화) : 당체의 꽃이로다.
曷不肅雝, (갈불숙옹) : 어찌 엄숙하고 화락하지 않겠는가,
王姬之車. (왕희지거) : 왕희의 수레로다.

何彼穠矣, (하피농의) : 어찌 저리도 융성한가,
華如桃李. (화여도이) : 꽃이 복숭아꽃과 자두꽃과 같구나.
平王之孫, (평왕지손) : 평왕의 손녀이며,
齊侯之子. (제후지자) : 제나라 후작의 아들이로다.

其釣維何, (기조유하) : 낚시 하는 것은 무엇인가,
維絲伊緡. (유사이민) : 실을 꼬아 낚싯줄을 만들었구나.
齊侯之子, (제후지자) : 제나라 후작의 아들이며,
平王之孫. (평왕지손) : 평왕의 손녀로다.

毛序 何彼穠矣, 美王姬也. 雖則王姬, 亦下嫁於諸侯, 車服不繫其
夫, 下王后一等, 猶執婦道, 以成肅雝之德也.

모서 「하피농의」편은 왕희를 찬미한 시이다. 비록 천자의 여식이지만
또한 낮춰서 제후에게 시집을 가서 수레와 의복을 남편의 신분에 얽매이
지 않고 왕후보다 1등급을 낮추면서도 오히려 아녀자의 도를 지켜 엄숙
하고 화락한 덕을 이루었다는 뜻이다.

碩人其頎, (석인기기) : 미려하고 장엄하여 큰 사람이여,

衣錦褧衣. (의금경의) : 비단옷을 입고 홑옷을 껴입었구나.

齊侯之子, (제후지자) : 제나라 후작의 자식이며,

衛侯之妻, (위후지처) : 위나라 후작의 처이고,

東宮之妹, (동궁지매) : 제나라 세자의 여동생이며,

邢侯之姨, (형후지이) : 형나라 후작 부인의 형제이고,

譚公維私. (담공유사) : 담나라 공작 부인의 형제로다.

手如柔荑, (수여유제) : 손은 부드러운 싹과 같고,

膚如凝脂. (부여응지) : 피부는 엉긴 기름처럼 부드럽구나.

領如蝤蠐, (영여추제) : 목은 나무굼벵이와 같고,

齒如瓠犀. (치여호서) : 치아는 박씨와 같구나.

螓首蛾眉. (진수아미) : 털매미의 이마에 나방의 눈썹이로다.

巧笑倩兮. (교소천혜) : 어여쁜 미소에 보조개가 보이며,

美目盼兮. (미목반혜) : 어여쁜 눈에 눈동자가 또렷하구나.

碩人敖敖, (석인오오) : 미려하고 장엄하여 키가 크나니,

說于農郊. (세우농교) : 위나라 근교에 잠시 머물도다.

四牡有驕, (사모유교) : 네 마리의 수말이 건장도 한데,

朱幩鑣鑣, (주분표표) : 주색으로 장식한 재갈이 성대하고도 아름다우며,

翟茀以朝. (적불이조) : 꿩의 깃털로 가리개를 덮고서 조회를 하러 가는
구나.

大夫夙退, (대부숙퇴) : 대부들이 일찍 퇴조하여,

無使君勞. (무사군로) : 군주를 수고롭게 하지 않는구나.

河水洋洋, (하수양양)   : 황하가 성대하게 흘러,

北流活活. (북류활활)   : 북쪽으로 콸콸 흐르는구나.

施罛濊濊, (시고예예)   : 그물을 물속에 던지니,

鱣鮪發發, (전유발발)   : 잉어들이 많고도 많으며,

葭菼揭揭. (가담게게)   : 갈대들이 길쭉하구나.

庶姜孽孽, (서강얼얼)   : 여러 잉첩들은 장식을 화려히 하고,

庶士有朅. (서사유걸)   : 여자를 전송하는 무리들은 건장도 하구나.

毛序 碩人, 閔莊姜也. 莊公, 惑於嬖妾, 使驕上僭, 莊姜賢而不答,
終以無子. 國人閔而憂之.

모서 「석인」편은 장강을 가엾게 여긴 시이다. 장공은 애첩에게 미혹되
어, 그녀로 하여금 교만하게 만들어 위로 참람하게 굴었으니, 장강은 현
명하였음에도 응답을 하지 않아 끝내 자식이 없었다. 그렇기 때문에 나라
사람들이 그녀를 가엾게 여기며 걱정했던 것이다.

참고 8-11 『시』「위풍(衛風) · 맹(氓)」

氓之蚩蚩, (맹지치치)   : 안색이 돈후해 보이는 백성이,

抱布貿絲. (포포무사)   : 포를 안고 찾아와서 실을 사는구나.

匪來貿絲, (비래무사)   : 실을 사러 옴이 아니니,

來卽我謀. (내즉아모)   : 찾아와 나와 도모하려 하는구나.

送子涉淇, (송자섭기)   : 그대를 전송하기 위해 기수(淇水)를 건너,

至于頓丘. (지우돈구)   : 돈구(頓丘)에 이르렀노라.

匪我愆期, (비아건기)   : 내가 기한을 어기려고 해서가 아니며,

子無良媒. (자무량매)   : 그대엔 좋은 중매가 없어서니라.

將子無怒, (장자무노)   : 청하니, 그대는 노여워하지 말지어다,

秋以爲期. (추이위기) : 가을로 너와 기약하노라.

乘彼垝垣, (승피궤원) : 저 무너진 담장에 올라가서,

以望復關. (이망복관) : 군자가 있는 곳에서 바라보느니라.

不見復關, (불견복관) : 군자가 있는 곳에서 볼 수 없으니,

泣涕漣漣. (읍체연연) : 눈물과 콧물이 줄줄 흐르는구나.

旣見復關, (기견복관) : 군자가 있는 곳에서 보게 되니,

載笑載言. (재소재언) : 웃음을 보이며 말하는구나.

爾卜爾筮, (이복이서) : 너의 거북점과 너의 시초점에,

體無咎言. (체무구언) : 조짐과 점괘에 허물의 말이 없구나.

以爾車來, (이이거래) : 너의 수레를 끌고 오라,

以我賄遷. (이아회천) : 내가 재물을 가지고 옮겨가리라.

桑之未落, (상지미락) : 뽕잎이 떨어지기 전에는,

其葉沃若. (기엽옥약) : 그 잎이 무성하고 윤기가 흐르는구나.

于嗟鳩兮, (우차구혜) : 아, 비둘기야,

無食桑葚. (무식상심) : 뽕나무 열매를 먹지 말지어다.

于嗟女兮, (우차여혜) : 아, 여자야,

無與士耽. (무여사탐) : 남자와 놀아나지 말지어다.

士之耽兮, (사지탐혜) : 남자가 놀아남은,

猶可說也. (유가설야) : 오히려 말을 할 수 있도다.

女之耽兮, (여지탐혜) : 여자가 놀아남은,

不可說也. (불가설야) : 말을 할 수 없도다.

桑之落矣, (상지락의) : 뽕잎이 떨어지니,

其黃而隕. (기황이운) : 누렇게 되어 떨어지는구나.

自我徂爾, (자아조이) : 내가 너에게 찾아가니,

三歲食貧. (삼세식빈) : 삼년 동안 곡식이 궁핍했도다.

淇水湯湯, (기수탕탕) : 기수가 세차게 흐르는데도,

漸車帷裳. (점거유상) : 건너 점점 수레의 휘장에 가까워지도다.

女也不爽, (여야불상) : 내 너에 대한 마음에 차이가 있어서가 아니며,

士貳其行. (사이기행) : 남자가 행실에 두 마음을 품어서니라.

士也罔極, (사야망극) : 남자의 행실에 바름이 없는지라,

二三其德. (이삼기덕) : 그 덕이 이랬다 저랬다 하노라.

三歲爲婦, (삼세위부) : 삼년 동안 부인이 된지라,

靡室勞矣. (미실로의) : 가사를 수고롭게 여기지 않는도다.

夙興夜寐, (숙흥야매) : 일찍 일어나고 밤늦게 자니,

靡有朝矣. (미유조의) : 하루만 그렇게 하는 것이 아니니라.

言旣遂矣, (언기수의) : 내가 이미 삼년을 지내자,

至于暴矣. (지우폭의) : 포악함을 보게 되었노라.

兄弟不知, (형제부지) : 형제들은 이를 모르니,

咥其笑矣. (질기소의) : 알게 되면 희희덕거리며 나를 비웃으리라.

靜言思之, (정언사지) : 조용히 생각해보니,

躬自悼矣. (궁자도의) : 내 스스로 슬퍼지도다.

及爾偕老, (급이해로) : 너와 해로하고자 한데,

老使我怨. (노사아원) : 늙자 나를 원망토록 하는구나.

淇則有岸, (기칙유안) : 기수에는 낭떨어지가 있고,

隰則有泮. (습즉유반) : 습지에는 물가가 있도다.

總角之宴, (총각지연) : 총각시절 편안했을 때,

言笑晏晏. (언소안안) : 너와 말하고 웃음에 화락하였도다.

信誓旦旦, (신서단단) : 믿고 맹세함이 진실되었으니,

不思其反. (불사기반) : 뒤집힐 줄은 생각하지 못했노라.

反是不思, (반시불사) : 뒤집힐 줄 생각치조 못했으니,

亦已焉哉. (역이언재) : 또한 어찌할 수 없구나.

毛序 氓, 刺時也. 宣公之時, 禮義消亡, 淫風大行, 男女無別, 遂相
奔誘, 華落色衰, 復相棄背, 或乃困而自悔喪其妃耦. 故序其事以風
焉, 美反正, 刺淫泆也.

모서 「맹」편은 시대를 풍자한 시이다. 선공 때에는 예의가 쇠락하였고
음란한 풍속이 크게 유행하여, 남녀 사이에 유별함이 없어 결국 서로에게
달려가 유혹하였다. 젊음이 끝나 노쇠하게 되자 서로 등지고 배신하였고,
간혹 곤궁하게 되면 짝을 버린 일을 후회하였다. 그렇기 때문에 그 일들
을 서술하여 풍자한 것이니, 정도로 되돌아옴을 찬미하고, 음란함을 풍자
하였다.

● 그림 8-29   ◻ 염적거(厭翟車)

厭翟車金飾諸末

※ 출처: 『삼례도집주(三禮圖集注)』 2권

至于門外.

직역 門外에 至한다.

의역 신랑의 수레가 신부 집의 대문 밖에 당도한다.

鄭注 婦家大門之外.

신부 집의 대문 밖을 뜻한다.

賈疏 ●"至于門外". ◎注"婦家大門之外". ○釋曰: 知是大門外者,
以下有揖入, 乃至廟, 廟乃大門內, 故知此大門外也.

●經文: "至于門外". ◎鄭注: "婦家大門之外". ○ 대문 밖이라는 사실
을 알 수 있는 이유는 아래문장에서 읍을 하고 들어가면 묘에 당도한다고
했는데, 묘는 대문 안쪽에 있다. 그렇기 때문에 이곳에서 말한 장소가
대문 밖이 됨을 알 수 있다.

主人筵于戶西, 西上, 右几.

직역 主人은 戶西에 筵하되 西上하고 右几한다.

의역 신부의 부친은 방문의 서쪽에 자리를 펴되 머리쪽을 서쪽으로 두고 우측에는
안석을 둔다.

鄭注 主人, 女父也. 筵, 爲神布席.

'주인(主人)'은 신부의 부친을 뜻한다. '연(筵)'은 신령을 위해 자리를 펴
는 것이다.

賈疏 ●"主人"至"右几". ◎注"主人"至"布席". ○釋曰: 以先祖之遺
體許人, 將告神, 故女父先於廟設神席, 乃迎婿也.

●經文: "主人"~"右几". ◎鄭注: "主人"~"布席". ○선조가 물려주신 몸
인 자신의 딸을 남에게 허락하므로 신령에게 아뢰고자 한 것이다. 그렇기
때문에 신부의 부친은 우선 묘에 신이 위치할 자리를 설치하고, 그런 뒤
에야 신랑을 맞이한다.

女次, 純衣纁袡, 立于房中, 南面.

직역 女는 次하고 純衣하되 纁袡하여 房中에 立하고 南面한다.

의역 신부는 머리에 차(次)라는 장식을 올리고, 훈색의 가선을 댄 현색의 옷을 착용하고 방안에 서서 남쪽을 바라본다.

鄭注 次, 首飾也, 今時髲也. 周禮·追師掌爲副·編·次. 純衣, 絲衣. 女從者畢袗玄, 則此衣亦玄矣. 袡, 亦緣也. 袡之言任也. 以纁緣其衣, 象陰氣上任也. 凡婦人不常施袡之衣, 盛昏禮, 爲此服. 喪大記曰"復衣不以袡", 明非常.

'차(次)'는 머리에 다는 장식이니, 지금의 가발[髲]에 해당한다. 『주례』「추사(追師)」편에서는 부(副)·편(編)·차(次) 만드는 일을 담당한다고 했다.[1] '순의(純衣)'는 명주로 만든 옷이다. 여자 측의 종자들은 모두 상의와 하의를 현색으로 맞추니, 여기에서 말한 옷 또한 현색이다. '염(袡)' 또한 가선을 뜻한다. '염(袡)'자는 맡는다는 뜻이다. 그 옷에 훈색의 가선을 대어서 음기가 위로 나아가 일을 맡게 됨을 상징한 것이다. 무릇 부인들은 일상적으로는 가선을 댄 의복을 착용하지 않지만, 혼례를 융성하게 치르기 위해서 이러한 복장을 착용한다. 『예기』「상대기(喪大記)」편에서는 "초혼을 할 때의 복장은 가선을 댄 것으로 하지 않는다."[2]라고 했으니, 이것이 평상시의 복장이 아님을 나타낸다.

---

1) 『주례』「천관(天官)·추사(追師)」: 追師掌王后之首服, 爲副·編·次, 追衡·笄, 爲九嬪及外內命婦之首服, 以待祭祀, 賓客.

2) 『예기』「상대기(喪大記)」: 復衣不以衣尸, 不以斂. 婦人復, 不以袡. 凡復男子稱名, 婦人稱字. 唯哭先復, 復而後行死事.

●"女次"至"南面". ◎注"次首"至"非常". ○釋曰: 不言裳者, 以婦人之服不殊裳, 是以內司服皆不殊裳. 彼注云: "婦人尙專一, 德無所兼, 連衣裳不異其色", 是也. 注云"次, 首飾也, 今時髲也. 周禮·追師掌爲副·編·次"者, 按彼注云: "副之言覆, 所以覆首爲之飾, 其遺象若今步繇矣. 編, 編列髮爲之, 其遺象若今假紒矣. 次, 次第髮長短爲之, 所謂髲髢." 言"所謂", 謂如少牢"主婦髲鬄"也. 又云"外內命婦衣鞠衣·襢衣者服編, 衣褖衣者服次". 其副唯於三翟祭祀服之. 士服爵弁助祭之服以迎, 則士之妻亦服褖衣助祭之服也. 若然, 按內司服: "王后之六服: 褘衣·揄翟·闕翟·鞠衣·展衣·褖衣, 素沙." 素沙與上六服爲裏, 五等諸侯, 上公夫人與王后同, 侯伯夫人, 自揄翟而下, 子男夫人自闕而下. 按玉藻有鞠衣·襢衣·褖衣, 注云: "諸侯之臣皆分爲三等, 其妻以次受此服. 公之臣, 孤爲上, 卿大夫次之, 士次之. 侯伯子男之臣, 卿爲上, 大夫次之, 士次之." 其三夫人已下內命婦, 則三夫人自闕翟而下, 九嬪自鞠衣而下, 世婦自襢衣而下, 女御自褖衣而下, 嫁時以服之. 諸侯夫人無助天子祭, 亦各得申上服, 與祭服同也. 云"純衣, 絲衣"者, 此經純亦是絲, 理不明, 故見絲體也. 云"女從者畢袗玄, 則此衣亦玄矣"者, 此鄭欲見旣以純爲絲, 恐色不明, 故云女從袗玄, 則此絲衣亦同玄色矣. 云"袡, 亦緣也"者, 上繡裳緇袡, 袡爲緣, 故云袡亦緣也. 云"袡之言任也. 以緇緣其衣, 象陰氣上任也"者, 婦人陰, 象陰氣上交於陽, 亦取交接之義也. 云"凡婦人不常施袡之衣, 盛昏禮, 爲此服"者, 此純衣卽褖衣, 是士妻助祭之服, 尋常不用緇爲袡, 今用之, 故云盛昏禮爲此服. 云"喪大記曰復衣不以袡, 明非常"者, 以其始死, 招魂復魄用生時之衣. 生時無袡, 知亦不用袡, 明爲非常所服, 爲盛昏禮, 故服之. 引之者, 證袡爲非常服也. 然鄭言凡婦人服不常施袡者, 鄭欲見王后已下, 初嫁皆有袡之意也.

●經文: "女次"~"南面". ◎鄭注: "次首"~"非常". ○ 치마를 언급하지 않

은 것은 부인의 복장에서는 치마에 차이를 두지 않기 때문이다. 이러한
까닭으로 『주례』「내사복(內司服)」편에서는 모두 치마에 차이를 두지 않
았고, 주에서는 "부인은 전일함을 숭상하고 덕에 겸하는 바가 없으니, 상
의와 하의를 연결하고 그 색깔을 달리하지 않는다."3)라고 한 말이 이러한
사실을 나타낸다. 정현의 주에서는 "차(次)는 머리에 다는 장식이니, 지
금의 가발[髢]에 해당한다. 『주례』「추사(追師)」편에서는 부(副)·편
(編)·차(次) 만드는 일을 담당한다고 했다."라고 했는데, 『주례』의 주를
살펴보면 "부(副)자는 덮는다는 뜻이니 머리를 덮어서 그 장식으로 삼는
데, 그 남겨진 모습은 마치 오늘날의 보요(步繇)와 같다. 편(編)은 머리
카락을 가르고 땋아서 만들게 되는데, 그 남겨진 모습은 마치 오늘날의
가계(假紒)와 같다. 차(次)는 머리카락의 길이를 맞춰서 만드는 것으로
이른바 피체(髲髢)라고 하는 것이다."라고 했다. '소위(所謂)'라고 말했
는데, 이것은 『의례』「소뢰궤식례(少牢饋食禮)」편에서 "주부는 피체(髲
髢)를 한다."4)고 한 것과 동일하게 한다는 뜻이다. 또 "외명부5)와 내명
부6)는 국의7)와 단의8)를 착용할 때 편(編)을 하고, 단의9)를 착용할 때

---

3) 이 문장은 『주례』「내사복(內司服)」편의 "內司服掌王后之六服, 褘衣, 揄狄, 闕
狄, 鞠衣, 展衣, 緣衣, 素沙."라는 기록에 대한 정현의 주이다.

4) 『의례』「소뢰궤식례(少牢饋食禮)」: 主婦被錫, 衣移袂, 薦自東房, 韭菹·醓
醢, 坐奠于筵前. 主婦贊者一人, 亦被錫, 衣移袂, 執葵菹·蠃醢以授主婦. 主
婦不興, 遂受, 陪設于東, 韭菹在南, 葵菹在北. 主婦興, 入于房. / 정현의 주에
서는 "피체(被錫)는 피체(髲髢)로 풀이한다."고 했다.

5) 외명부(外命婦)는 내명부(內命婦)와 상대되는 말이다. 본래 천자의 신하들인 경
(卿)·대부(大夫)들의 부인들을 지칭하는 말이다. 『예기』「상대기(喪大記)」편에
는 "外命婦率外宗哭于堂上, 北面."이라는 기록이 있고, 이에 대한 정현의 주에
서는 "卿大夫之妻爲外命婦."라고 풀이하였다.

6) 내명부(內命婦)는 천자의 비(妃), 빈(嬪), 세부(世婦), 여어(女御) 등을 지칭하는
말이다. 『예기』「상대기(喪大記)」편에는 "夫人坐于西方, 內命婦姑姊妹子姓,
立于西方."이라는 용례가 있고, 『주례』「천관(天官)·내재(內宰)」편에는 "佐后
使治外內命婦."라는 기록이 있는데, 이에 대한 정현의 주에는 "內命婦, 謂九嬪,

차(次)를 한다."라고 했다. 부(副)는 휘의(褘衣)·요적(揄狄)·궐적(屈狄)을 착용하고 제사를 지낼 때에만 한다. 사는 작변[10]에 제사를 도울 때의 복장을 착용하고 신부를 맞이하니, 사의 처 또한 단의(緣衣)를 입어 제사를 도울 때의 복장을 착용하는 것이다. 만약 그렇다면 「내사복」편을 살펴보면 "왕후의 육복은 휘의(褘衣)·유적(揄翟)·궐적(闕翟)·국의(鞠衣)·전의(展衣)·단의(緣衣)이며, 백색의 비단으로 안감을 댄다."라고 했다. '소사(素沙)'는 앞에 제시한 여섯 가지 복장의 안감이 되는데, 다섯 등급의 제후 중 상공의 부인은 왕후는 동일하게 따르고, 후작·백작의 부인은 유적(揄翟)으로부터 그 이하의 복장을 착용하며, 자작·남작

世婦, 女御."라고 풀이하였다.

7) 국의(鞠衣)는 황색으로 만든 옷이다. 본래 '천자의 부인[王后]'이 입던 '여섯 가지 의복[六服]' 중 하나를 가리키나 구빈(九嬪) 및 세부(世婦)나 어처(御妻)들 또한 이 옷을 입었고, 경(卿)의 부인에게는 가장 격식을 갖춘 예복(禮服)이 된다. 그 색깔은 누런색을 내는데, 뽕나무 잎이 처음 소생할 때의 색깔과 같다. 『주례』「천관(天官)·내사복(內司服)」편에는 "掌王后之六服. 褘衣, 揄狄, 闕狄, 鞠衣, 展衣, 緣衣."라는 기록이 있으며, 이에 대한 정현의 주에서는 "鄭司農云, 鞠衣, 黃衣也. 鞠衣, 黃桑服也. 色如鞠塵, 象桑葉始生."이라고 풀이하였다.

8) 전의(展衣)는 '단의(襢衣)'라고도 부른다. 흰색 비단으로 만든 옷이다. 본래 왕후(王后)가 입던 육복(六服)의 하나를 가리키나 대부(大夫)의 부인에게는 가장 격식을 갖춘 예복(禮服)이 된다. 일설에는 흰색이 아닌 붉은색 비단으로 만든 옷이라고도 한다. 『주례』「천관(天官)·내사복(內司服)」편에는 '전의'가 기록되어 있는데, 이에 대한 정현의 주에서는 "鄭司農云, 展衣, 白衣也."라고 풀이했다.

9) 단의(緣衣)는 흑색의 천으로 상의와 하의를 만들고, 붉은색으로 가장자리에 단을 댄 옷이다. 『의례』「사상례(士喪禮)」편에는 '단의'가 기록되어 있는데, 이에 대한 정현의 주에서는 "黑衣裳赤緣謂之緣."이라고 풀이했다.

10) 작변(爵弁)은 고대의 예관(禮冠) 중 하나로, 면류관[冕] 다음 등급에 해당한다. '작(爵)'자는 관의 모습이 참새의 머리처럼 생겼기 때문에 붙여진 명칭이다. 적색과 은미한 흑색이 나는 30승(升)의 포(布)로 만든다. 또한 '작변'은 작변복(爵弁服)을 지칭하기도 한다. 예복(禮服)의 경우 착용하는 관(冠)에 따라서 그 복장의 명칭을 붙이기도 하기 때문이다. '작변복'은 작변의 관, 분홍색의 하의, 명주로 만든 상의, 검은색의 대(帶), 매겹(韎韐)이라는 슬갑을 착용한다.

의 부인은 궐적(闕翟)으로부터 그 이하의 복장을 착용한다. 『예기』「옥조 (玉藻)」편을 살펴보면, 국의(鞠衣)・단의(襢衣)・단의(褖衣)가 나오는데, 정현의 주에서는 "제후의 신하들을 모두 세 등급으로 나누게 되면, 신하들의 처는 순차에 따라 이러한 복장을 받게 된다. 공작의 신하에 있어서, 고(孤)가 가장 상등이 되며, 경・대부는 그 다음이 되고, 사는 그 다음이 된다. 후작・백작・자작・남작의 신하에 있어서, 경이 가장 상등이 되며, 대부가 그 다음이 되고, 사가 그 다음이 된다."[11]라고 했다. 천자에게 소속된 3명의 부인으로부터 그 이하에 해당하는 내명부의 경우라면, 삼부인은 궐적(闕翟)으로부터 그 이하의 복장을 착용하고, 구빈은 국의(鞠衣)로부터 그 이하의 복장을 착용하며, 세부는 단의(襢衣)로부터 그 이하의 복장을 착용하고, 여어는 단의(褖衣)로부터 그 이하의 복장을 착용하는데, 시집을 올 때 이러한 복장을 착용한다. 제후의 부인은 천자의 제사를 돕는 일이 없지만 또한 각각 상등의 복장을 착용하여 제복과 동일하게 할 수 있다. 정현이 "순의(純衣)는 명주로 만든 옷이다."라고 했는데, 경문에서 '순(純)'이라고 한 것은 또한 사(絲)에 해당하는데 그 의미가 드러나지 않기 때문에 명주로 만든 것임을 나타낸 것이다. 정현이 "여자 측의 종자들은 모두 상의와 하의를 현색으로 맞추니, 여기에서 말한 옷 또한 현색이다."라고 했는데, 이것은 정현이 순(純)을 이미 사(絲)라고 했지만 색깔에 대한 설명이 불분명하게 될 것을 염려했기 때문에 여종자는 상의와 하의를 현색으로 맞춘다고 한 것으로, 여기에서 말한 사의(絲衣) 또한 동일하게 현색이 된다. 정현이 "염(袡) 또한 가선을 뜻한다."라고 했는데, 앞에서는 훈색의 하의와 치색의 이(袘)라 했고, 이(袘)는 가선이 된다. 그렇기 때문에 "염(袡) 또한 가선을 뜻한다."라고 했다. 정현이 "염(袡)자는 맡는다는 뜻이다. 그 옷에 훈색의 가선을 대어

---

11) 이 문장은 『예기』「옥조(玉藻)」편의 "君命屈狄, 再命褘衣, 一命襢衣, 士褖衣."라는 기록에 대한 정현의 주이다.

서 음기가 위로 나아가 일을 맡게 됨을 상징한 것이다."라고 했는데, 부인은 음에 해당하니 음기가 위로 올라가서 양기와 교제하는 것을 상징하니, 이 또한 서로 교제하는 뜻에서 의미를 취한 것이다. 정현이 "무릇 부인들은 일상적으로는 가선을 댄 의복을 착용하지 않지만, 혼례를 융성하게 치르기 위해서 이러한 복장을 착용한다."라고 했는데, 여기에서 말한 순의(純衣)는 단의(褖衣)에 해당하고, 이것은 사의 처가 제사를 도울 때 착용하는 복장이므로, 일상적으로는 훈색으로 가선을 대지 않는다. 그런데 지금 이러한 복장을 사용하기 때문에, 혼례를 융성하게 치러서 이러한 복장을 착용한다고 말한 것이다. 정현이 "「상대기(喪大記)」편에서 초혼을 할 때의 복장은 가선을 댄 것으로 하지 않는다고 했으니, 이것이 평상시의 복장이 아님을 나타낸다."라고 했는데, 어떤 자가 이제 막 죽었을 때 혼을 부르고 백을 돌아오게 하며 생전에 착용하던 복장을 이용하게 된다. 즉 생전에 가선이 없는 복장을 사용하므로 이것을 통해서도 평상시에는 가선을 두르지 않는다는 사실을 알 수 있으니, 평상시에 착용하는 복장이 아님을 나타낸다. 즉 혼례를 융성하게 치르기 때문에 이 복장을 착용하는 것이다. 정현이 이 문장을 인용한 것은 염(袡)을 한 것은 일상적인 복장이 아님을 증명하기 위해서이다. 그렇다면 정현은 부인들의 복장에서는 일상적으로 염(袡)을 하지 않는다고 말한 것인데, 정현은 왕후로부터 그 이하의 계층이 처음 시집을 올 때 모두 염(袡)이 된 옷을 착용하게 되는 의미를 나타내고자 한 것이다.

참고 8-12 『주례』「천관(天官)·추사(追師)」 기록

경문 追師; 掌王后之首服, 爲副·編·次, 追衡·笄, 爲九嬪及外內命婦之首服, 以待祭祀·賓客.

추(퇴)사는 왕후의 머리에 하는 복식을 담당하니, 부(副)·편(編)·차

(次)를 만들고, 형(衡)과 계(筓)를 만들며, 구빈(九嬪) 및 내외명부들의 머리에 하는 복식을 만들어서 제사와 빈객을 예우하는 일에 대비한다.

鄭注 鄭司農云"追, 冠名. 士冠禮記曰: '委貌, 周道也. 章甫, 殷道也. 毋追, 夏后氏之道也.' 追師, 掌冠冕之官, 故幷主王后之首服. 副者, 婦人之首服. 祭統曰: '君卷冕立于阼, 夫人副褘立于東房.' 衡, 維持冠者. 春秋傳曰: '衡紞紘綖.'"玄謂副之言覆, 所以覆首爲之飾, 其遺象若今步繇矣, 服之以從王祭祀. 編, 編列髮爲之, 其遺象若今假紒矣, 服之以桑也. 次, 次第髮長短爲之, 所謂髲髢, 服之以見王. 王后之燕居, 亦纚筓總而已. 追猶治也. 詩云"追琢其璋". 王后之衡筓皆以玉爲之. 唯祭服有衡, 垂于副之兩旁, 當耳, 其下以紞縣瑱. 詩云"玼兮玼兮, 其之翟也. 鬒髮如雲, 不屑髢也, 玉之瑱也." 是之謂也. 筓, 卷髮者. 外內命婦衣鞠衣·襢衣者服編, 衣褖衣者服次. 外內命婦非王祭祀賓客佐后之禮, 自於其家則亦降焉. 少牢饋食禮曰"主婦髲鬄衣移袂", 特牲饋食禮曰"主婦纚筓宵衣", 是也. 昏禮女純衣, 攝盛服耳. 主人爵弁以迎, 移袂, 褖衣之袂. 凡諸侯夫人於其國, 衣服與王后同.

정사농은 "퇴(追)는 관 이름이다. 『의례』「사관례(士冠禮)」편의 기문에서 '위모(委貌)를 쓰는 것은 주나라 때의 도이다. 장보(章甫)를 쓰는 것은 은나라 때의 도이다. 모퇴(毋追)를 쓰는 것은 하후씨 때의 도이다.'[12]라 했다. 추사(追師)는 관과 면류관을 담당하는 관리이다. 그렇기 때문에 왕후의 머리에 하는 복식도 함께 주관하는 것이다. '부(副)'는 부인들이 머리에 하는 복식이다. 『예기』「제통(祭統)」편에서는 '군주는 곤면(袞冕)을 착용하고 동쪽 계단 위에 서 있고, 군주의 부인은 머리장식 부(副)와 휘의(褘衣)를 착용하고 동쪽 방에 서 있는다.'[13]라 했다. '형(衡)'은

---

12) 『의례』「사관례(士冠禮)」: 委貌, 周道也. 章甫, 殷道也. 毋追, 夏后氏之道也.

관을 지탱해주는 것이다. 『춘추전』에서는 '형·담·굉·연'14)이라고 했
다.”라고 했다. 내가 생각하기에, '부(副)'자는 덮는다는 뜻이니 머리를
덮어서 그 장식으로 삼는데, 그 남겨진 모습은 마치 오늘날의 보요(步繇)
와 같고, 이 복식을 착용하고 천자를 따라 제사를 지낸다. 편(編)은 머리
카락을 가르고 땋아서 만들게 되는데, 그 남겨진 모습은 마치 오늘날의
가계(假紒)와 같고, 이 복식을 착용하고서 뽕잎을 딴다. 차(次)는 머리카
락의 길이를 맞춰서 만드는 것으로 이른바 피체(髲鬄)라고 하는 것이며,
이 복식을 착용하고서 천자를 조현한다. 왕후가 한가로이 거처할 때에는
또한 이(纚)·계(筓)·총(總)을 할 따름이다. '퇴(追)'자는 다스린다는 뜻
이다. 『시』에서는 “새기고 쪼아서 만든 무늬여.”15)라고 했다. 왕후의 형
(衡)과 계(筓)는 모두 옥으로 만든다. 다만 제복에만 형(衡)이 있고, 이것
을 부(副)의 양쪽 측면에 늘어뜨려서 귀에 닿도록 하고, 그 아래는 귀막
이 끈으로 귀막이 옥을 꿴다. 『시』에서 “옥빛처럼 깨끗하고 깨끗하니,
그 분의 적의(翟衣)로다. 검은 머리 구름과 같고, 머리씌우개를 할 것이
없구나. 옥으로 만든 귀막이 옥이여.”16)라 한 말이 이것을 가리킨다. '계
(筓)'는 머리카락을 마는 것이다. 내외의 명부들 중 국의(鞠衣)와 전의
(襢衣)를 입는 자들은 편(編)을 착용하고, 단의(褖衣)를 입는 자들은 차
(次)를 착용한다. 내외의 명부들이 천자의 제사와 빈객을 예우하는 일에
서 왕후를 보좌하는 의례가 아니고, 스스로 자신의 집에서 착용하는 경우
라면 또한 수위를 낮춘다. 『의례』「소뢰궤식례(少牢饋食禮)」편에서 “주

---

13) 『예기』「제통(祭統)」: <u>君卷冕立于阼, 夫人副褘立于東房</u>. 夫人薦豆執校, 執
醴授之執鐙; 尸酢夫人執柄, 夫人受尸執足. 夫婦相授受, 不相襲處, 酢必易
爵, 明夫婦之別也.

14) 『춘추좌씨전』「환공(桓公) 2년」: 袞·冕·黻·珽, 帶·裳·幅·舄, <u>衡·紞·</u>
<u>紘·綖</u>, 昭其度也.

15) 『시』「대아(大雅)·역복(棫樸)」: <u>追琢其章</u>, 金玉其相. 勉勉我王, 綱紀四方.

16) 『시』「용풍(鄘風)·군자해로(君子偕老)」: <u>玼兮玼兮, 其之翟也. 鬒髮如雲, 不</u>
<u>屑髢也, 玉之瑱也</u>, 象之揥也, 揚且之晳也. 胡然而天也, 胡然而帝也.

부는 피체(髲鬄)를 하고, 소매가 넓은 옷을 착용한다."17)라 하고, 『의례』 「특생궤식례(特牲饋食禮)」편에서 "주부는 이(纚)를 하고 계(笄)를 하며 초의를 착용한다."18)라 한 말이 이것에 해당한다. 「사혼례」편에서 신부가 순의(純衣)를 착용한 것은 섭성을 한 복장일 따름이다. 신랑은 작변을 착용하고 친영을 하며, 소매를 넓게 하는데, 이것은 단의(褖衣)의 소매이다. 무릇 제후의 부인은 그 나라에 있을 때 착용하는 의복이 왕후와 동일하다.

賈疏 ●"追師"至"賓客". ○釋曰: 云"掌王后之首服"者, 對夏官弁師掌男子之首服. 首服則副編次也. 云"追衡笄"者, 追, 治玉石之名. 謂治玉爲衡笄也. 云"爲九嬪及外內命婦之首服"者, 此云"及", 則與上內司服同, 亦是言及殊貴賤. 九嬪下不言世婦, 文略, 則外命婦中有三公夫人・卿大夫等之妻, 內命婦中唯有女御也. 云"以待祭祀賓客"者, 亦謂助后而服之也.

● 經文: "追師"~"賓客". ○ "왕후의 머리에 하는 복식을 담당한다."라고 했는데, 하관에 속한 변사(弁師)가 남자의 머리에 하는 복식을 담당하는 것19)과 대비된다. '수복(首服)'은 부(副)・편(編)・차(次)에 해당한다. "형(衡)과 계(笄)를 만든다."라고 했는데, '퇴(追)'자는 옥과 돌을 다듬는다는 명칭이다. 옥을 다듬어서 형(衡)과 계(笄)를 만든다는 뜻이다. "구빈(九嬪) 및 내외명부들의 머리에 하는 복식을 만든다."라고 했는데, 이곳에서 '급(及)'이라고 말했다면 앞의 「내사복(內司服)」편의 기록과 동

---

17) 『의례』「소뢰궤식례(少牢饋食禮)」: 主婦被錫, 衣移袂, 薦自東房, 韭菹・醓醢, 坐奠于筵前. 主婦贊者一人, 亦被錫, 衣移袂, 執葵菹・蠃醢以授主婦. 主婦不興, 遂受, 陪設于東, 韭菹在南, 葵菹在北. 主婦興, 入于房.

18) 『의례』「특생궤식례(特牲饋食禮)」: 主婦纚笄宵衣, 立于房中, 南面.

19) 『주례』「하관(夏官)・변사(弁師)」: 弁師; 掌王之五冕, 皆玄冕, 朱裏, 延, 紐, …… 諸侯及孤卿大夫之冕・韋弁・皮弁・弁絰, 各以其等爲之, 而掌其禁令.

일하게, 이 또한 신분에 따라 달리 말한 것이다. '구빈(九嬪)' 뒤에 세부(世婦) 등을 언급하지 않은 것은 문장을 생략한 것이니, 외명부 중에는 삼공의 부인과 경·대부 등의 처가 있고, 내명부 중에는 오직 여어(女御)만 있게 된다. "제사와 빈객을 예우하는 일에 대비한다."라고 했는데, 이 또한 왕후를 돕게 되어 이 복식을 착용한다는 뜻이다.

賈疏 ◎注"鄭司"至"后同". ○釋曰: 司農云"追, 冠名"者, 見士冠禮夏后氏牟追, 故引士冠爲證. 云"追師, 掌冠冕之官, 故幷主王后之首服"者, 此鄭意以追師掌作冠冕, 弁師掌其成法, 若縫人掌縫衣, 別有司服·內司服之官相似, 故有兩官共掌男子首服也. 後鄭不從者, 此追師若兼掌男子首服, 亦當如下屨人職云"掌王及后之服屨", 兼王爲文. 今不云王, 明非兩官共掌, 此直掌后已下首服也. 又引祭統者, 證副是首飾. 又引春秋者, 是桓二年臧哀伯辭. 彼云"衡紞紘綖", 則據男子之衡. 引證此者, 司農意男子婦人皆有衡, 後鄭意亦爾. 但後鄭於此經無男子耳. "玄謂副之言覆, 所以覆首爲之飾"者, 副者, 是副貳之副, 故轉從覆爲蓋之義也. 云"其遺象若今步繇矣", 漢之步繇, 謂在首之時, 行步繇動. 此據時目驗以曉古, 至今去漢久遠, 亦無以知之矣. 按詩有"副筓六珈", 謂以六物加於副上, 未知用何物, 故鄭注詩云"副既筓而加飾, 古之制所有, 未聞", 是也. 云"服之以從王祭祀"者, 鄭意三翟皆首服副. 祭祀之中, 含先王·先公·群小祀, 故以祭祀總言之也. 云"編, 編列髮爲之"者, 此鄭亦以意解之, 見編是編列之字, 故云編列髮爲之. 云"其遺象若今假紒矣"者, 其假紒亦是鄭之目驗以曉古, 至今亦不知其狀也. 云"服之以桑也"者, 上注鞠衣以告桑, 此下注及鄭答志皆云展首服編, 此直據鞠衣服之以桑, 不云展衣者, 文略. 其編亦兼於展衣也. 云"次, 次第髮長短爲之"者, 此亦以意解之. 見其首服而云次, 明次第髮長短而爲之. 云"所謂髮髢"者, 所謂少牢"主婦髮髢", 卽此次也. 言髮髢者, 鬄髮也, 謂翦鬄取賤者刑者之髮而爲髢. 鄭必知三翟之首服副·鞠衣展衣首服編·褖衣首服次者, 王之祭服有六, 首服皆冕, 則后之祭服有三, 首服皆副可知. 昏禮"女次純衣", 純衣則褖衣, 褖衣而云次, 則褖衣首服次可知. 其中亦有編, 明配鞠衣·展衣也. 云"服之以見王"者, 上注展衣云"以禮見王", 則展衣首服編以禮見王. 此又云次以見王者, 則見王有二: 一者以禮朝見於王, 與見賓客同, 則服展衣與編也; 一者褖衣首服次, 接御見王則褖衣與次, 則此注見王是也. 故二者皆云見王耳. 云"王后之燕居亦纚笄總而已"者, 按士冠禮, 纚長六尺以韜髮. 笄者, 所以安髮. 總者, 既繫其本, 又總其末. 燕居, 謂不至王所, 自在燕寢而居時也. 按雞鳴詩云"東方明矣, 朝既昌矣". 毛云: "東方明, 則夫人纚笄而朝." 但諸侯夫人於國, 衣服與王后同, 而得服纚笄而朝者, 此經云副編次以待祭祀賓客, 明燕居不得著次, 自然著纚笄. 而毛云著纚笄朝者, 毛更有所見, 非鄭義. 若然, 彼鄭不破之者, 以其纚笄燕居無正文, 故且從毛也. 其實朝王時首服編也. 引詩"追琢其璋"者, 證追是治玉石之名. 云"王后之衡笄皆以玉爲之"者, 以弁師王之笄以玉, 故知后與王同用玉也. 弁師云"諸公用玉爲瑱", 詩云"玉之瑱也", 據諸侯夫人, 夫人與君同用玉瑱, 明衡笄亦用玉矣. 其三夫人與三公夫人同服翟衣, 明衡笄亦用玉矣. 其九嬪命婦等當用象也. 云"唯祭服有衡", 知者, 見經后與九嬪以下別言, 明后與九嬪以下差別, 則衡笄唯施於翟衣, 取鞠衣以下無衡矣. 又見桓二年臧哀伯云"袞冕黻珽, 帶裳幅舄, 衡紞紘綖", 並據男子之冕祭服而言, 明婦人之衡亦施於三翟矣, 故鄭云唯祭服有衡也. 鞠衣已下雖無衡, 亦應有紞以懸瑱, 是以著詩云"充耳以素", "以青", "以黃", 是臣之紞以懸瑱, 則知婦人亦有紞以懸瑱也. 云"垂于副之兩旁, 當耳, 其下以紞懸瑱"者, 傳云"衡紞紘綖", 與衡連, 明言紞爲衡設矣. 笄既橫施, 則衡垂可知. 若然, 衡訓爲橫, 既垂之, 而又得爲橫者, 其笄言橫, 據在頭上橫貫爲橫, 此衡在副旁當耳, 據人身豎爲從, 此衡則爲橫, 其衡下乃以紞懸瑱也. 引詩者, 彼鄘風注云: "玼, 鮮明貌. 鬒, 黑髮. 如雲, 言美長也. 屑, 絜也. 鬄, 髮也." 引之者, 證服翟衣首有玉瑱之義, 故云"是之謂也". 其紞之采色, 瑱之玉石之別者, 婦得服翟衣者, 紞用五采, 瑱用玉; 自餘鞠衣以下, 紞則三采, 瑱用石. 知義然者, 按著詩云"充耳以素". 鄭彼注云: "謂從君子而出, 至於著, 君子揖之時也. 我視君子, 則以素爲充耳, 謂所以懸瑱者, 或名爲紞, 織之, 人君五色, 臣則三色而已. 此言素者, 目所先見而云." 下云"尙之以瓊華", 注云"美石". 彼下經又云"充耳以靑"·"充耳以黃", 據臣三色, 故云人君五色矣. 詩云"玉之瑱", 據君夫人云用玉, 則臣之妻與夫同美石. 彼毛注以素爲象瑱, 鄭不從者, 若素是象瑱, 文何以更云瓊華瓊英之事乎? 故鄭以爲紞也. 云"笄, 卷髮"者, 鄭注喪服小記亦云"笄帶所以自卷持". 云"外內命婦衣鞠衣·襢衣者服編, 衣褖衣者服次", 知者, 按昏禮云"女次純衣", 純衣則褖衣. 據士服爵弁親迎攝盛, 則士之妻服褖衣首服次, 亦攝盛. 褖衣旣首服次, 三翟首服副, 則鞠衣襢衣首服編可知. 云"外內命婦非王祭祀賓客佐后之禮, 自於其家則亦降焉", 知者, 大夫妻服襢衣首服編, 士妻服褖衣首服次. 少牢·特牲是大夫士妻, 特牲云"主婦纚笄宵衣", 少牢云"主婦髲鬄衣移袂", 但大夫妻移袂爲異, 又不服編, 故知自於其家則降. 是以卽引少牢爲證耳. 云"移袂, 褖衣之袂"者, 此鄭覆解少牢主婦衣移袂者, 是移褖衣之袂. 上旣云移袂, 今又云移褖衣之袂, 不同者, 但士之妻服綃服褖衣助祭, 及嫁時不移其袂. 今大夫妻綃衣移而以褖衣袂者, 以大夫妻與士妻綃衣名同, 不得言移於綃衣之袂, 故取褖衣也. 云"凡諸侯夫人於其國, 衣服與王后同"者, 以其諸臣之妻有助后與夫人祭之事, 諸侯夫人無助后之事, 故自於本國衣服得與王后同也. 所同者, 上公夫人得褘衣已下至褖衣, 褘衣從君見大祖, 褕翟從君祭群廟, 闕翟從君祭群小祀, 鞠衣以告桑, 展衣以禮見君及賓客, 褖衣以接御. 侯伯夫人得褕翟已下, 褕翟從君見大祖及群廟, 闕翟已下與上公夫人同. 子男夫人得闕翟已下, 闕翟從君見大祖及群廟與群小祀, 鞠衣已下與侯伯同, 並纚笄綃衣以燕居也. 二王之後與魯夫人亦同上公之禮, 故明堂位云"季夏六月, 以禘禮祀周公於大廟, 夫人褘衣", 是也.

◎ 鄭注: "鄭司"~"后同". ○ 정사농은 "퇴(追)는 관 이름이다."라고 했는데, 『의례』「사관례(士冠禮)」편에 나온 하후씨 때의 모퇴(牟追)라는 것을 본 것이다. 그렇기 때문에 「사관례」편을 인용해서 증명하였다. 정사농이 "추사(追師)는 관과 면류관을 담당하는 관리이다. 그렇기 때문에 왕후의 머리에 하는 복식도 함께 주관하는 것이다."라고 했는데, 이것은 정사농의 의중이 추사(追師)는 관과 면류관을 만드는 일을 담당하는 관리로 여기고, 변사(弁師)는 이미 정해진 예법을 담당하는 관리로 여긴 것이다. 이것은 마치 봉인(縫人)이라는 관리가 옷 꿰매는 일을 담당하는데, 별도로 사복(司服)과 내사복(內司服)이라는 관리가 있는 것과 유사하다. 그렇기 때문에 두 관리를 두어 남자의 머리에 하는 복식을 함께 담당하는 것이다. 그런데 정현이 이 주장에 따르지 않은 것은 이곳의 추사(追師)가 만약 남자의 머리에 하는 장식까지도 겸해 담당하는 것이라면, 또한 마땅히 아래에 있는 「구인(屨人)」편의 직무기록처럼 "천자와 왕후의 복장에 따른 신발을 담당한다."[20]라고 하여, '겸왕(兼王)'이라고 문장을 기록해야 한다. 그런데 이곳에서는 '왕(王)'에 대해 언급하지 않았으니, 두 관리가 함께 담당하는 것이 아님을 나타내며, 이것은 단지 왕후로부터 그 이하의 여자들이 머리에 하는 복식을 담당하는 것을 뜻한다. 또 정사농은 『예기』「제통(祭統)」편을 인용했는데, 부(副)가 머리에 하는 장식임을 증명한 것이다. 또 정사농은 『춘추』를 인용했는데, 환공(桓公) 2년에 나오는 장애백의 말에 해당한다. 그 기록에서 '형·담·굉·연'이라 했으니, 이것은 남자가 하는 형(衡)에 기준을 둔 것이다. 이것을

---

20) 『주례』「천관(天官)·구인(屨人)」: 屨人; 掌王及后之服屨. 爲赤舄·黑舄·赤繶·黃繶; 靑句·素屨, 葛屨.

인용해 이곳의 내용을 증명한 것은 정사농의 생각은 남자와 여자는 모두 형(衡)이 있다고 본 것이며, 정현의 생각 또한 이와 같다. 다만 정현은 이곳 경문에 대해 남자에 대한 설명을 하지 않았을 따름이다. 정현이 "내가 생각하기에, '부(副)'자는 덮는다는 뜻이니 머리를 덮어서 그 장식으로 삼는다."라고 했는데, '부(副)'는 부이(副貳)라고 할 때의 부(副)에 해당한다. 그렇기 때문에 바꿔서 덮어서 덮개가 된다는 뜻에 따른 것이다. 정현이 "그 남겨진 모습은 마치 오늘날의 보요(步繇)와 같다."라고 했는데, 한나라 때의 보요(步繇)로, 머리에 차고 있을 때 걷게 되면 흔들리는 것을 뜻한다. 이것은 당시에 눈으로 보았던 것을 기준으로 옛 것을 이해한 것이며, 오늘에 이르러서는 한나라와의 시간차가 더욱 멀어졌으니, 또한 이것을 알아낼 수 없다. 『시』를 살펴보면 "부계(副笄)에 6의 꾸미개여."[21]라는 말이 있는데, 여섯 가지 사물을 부(副) 위에 올린다는 뜻이나 어떤 사물을 이용하는지는 알 수 없다. 그렇기 때문에 『시』에 대한 정현의 주에서 "부(副)에 이미 비녀를 하고 장식을 더하는 것은 고대의 제도 중에 있었던 바이나 들어보지 못했다."라고 한 것이다. 정현이 "이 복식을 착용하고 천자를 따라 제사를 지낸다."라고 했는데, 정현의 생각에 삼적(三翟)[22]에는 모두 머리에 부(副)를 쓰게 된다. 제사 중에는 선왕·선공 및 뭇 소사들이 포함된다. 그렇기 때문에 '제사(祭祀)'라고 하여 총괄적으로 언급한 것이다. 정현이 "편(編)은 머리카락을 가르고 땋아서 만들게 된다."라고 했는데, 이것은 정현이 또한 그 의미에 따라 풀이한 것이니, '편(編)'자는 엮고 늘어놓는 뜻의 글자에 해당함을 드러낸 것이다. 그렇기 때문에 "머리카락을 가르고 땋아서 만들게 된다."라고 했다. 정현이 "그 남겨진 모습은 마치 오늘날의 가계(假紒)와 같다."라고 했는

---

21) 『시』 「용풍(鄘風)·군자해로(君子偕老)」 : 君子偕老, 副笄六珈. 委委佗佗, 如山如河, 象服是宜. 子之不淑, 云如之何.

22) 삼적(三翟)은 고대의 후비(后妃)들이 착용했던 3종류의 제복(祭服)을 뜻한다. 휘의(褘衣)·요적(揄狄)·궐적(闕狄)이다.

데, '가계(假紒)'라는 것 또한 정현이 눈으로 보았던 것을 가지고 옛 것을 헤아려본 것이니, 지금에 이르러서는 또한 그 모양에 대해 알 수 없다. 정현이 "이 복식을 착용하고서 뽕잎을 딴다."라고 했는데, 앞의 주에서는 국의(鞠衣)를 입고서 뽕잎 따는 일에 대해 아뢴다고 했고, 이곳 아래 주와 『정답지』에서는 모두 전의(展衣)에는 머리에 편(編)을 착용한다고 했다. 이곳에서는 단지 국의를 입고 이것을 착용하고서 뽕잎을 딴다는 것만 거론하고, 전의에 대해 언급하지 않은 것은 문장을 간략히 기록했기 때문이다. 편(編)이라는 것은 또한 전의(展衣)에도 포함되는 복식이다. 정현이 "차(次)는 머리카락의 길이를 맞춰서 만드는 것이다."라고 했는데, 이 또한 의미에 따라 풀이한 것이다. 머리에 하는 복식을 드러내는 것인데 차(次)라고 했다면, 머리카락의 길이를 맞춰서 만드는 것임을 나타낸다. 정현이 "이른바 피체(髲髢)라고 하는 것이다."라고 했는데, 「소뢰궤식례」편에서 "주부는 피체(髲髢)를 한다."23)라고 한 것이 바로 차(次)에 해당한다. '피체(髲髢)'라고 말한 것은 체발(鬄髮)이라는 것으로, 신분이 천한 자나 형벌을 받은 자의 머리카락을 잘라서 가체로 만든 것을 뜻한다. 정현이 삼적(三翟)을 입을 때 머리에 부(副)를 착용하고, 국의(鞠衣)와 전의(展衣)를 입을 때 머리에 편(編)을 착용하며, 단의(褖衣)를 입을 때 머리에 차(次)를 착용한다는 사실을 분명히 알 수 있었던 것은 천자의 제복에는 6가지가 있고 머리에 모두 면류관을 착용한다면, 왕후의 제복에는 3가지가 있으니, 머리에 착용하는 것은 모두 부(副)를 착용한다는 사실을 알 수 있다. 「사혼례」편에서 "신부는 머리에 차(次)라는 장식을 올리고 순의(純衣)를 착용한다."라 했는데, '순의(純衣)'는 곧 단의(褖衣)에 해당하며, 단의(褖衣)를 입었는데 차(次)라고 했다면, 단의(褖衣)를 입을 때에는 머리에 차(次)를 착용한다는 사실을 알 수 있다. 그 중간에

---

23) 『의례』「소뢰궤식례(少牢饋食禮)」: 主婦被錫, 衣移袂, 薦自東房, 韭菹·醓醢, 坐奠于筵前. 主婦贊者一人, 亦被錫, 衣移袂, 執葵菹·蠃醢以授主婦. 主婦不興, 遂受, 陪設于東, 韭菹在南, 葵菹在北. 主婦興, 入于房.

는 또한 편(編)이라는 것이 있으니, 이것은 국의(鞠衣)와 전의(展衣)에 짝하게 됨을 나타낸다. 정현이 "이 복식을 착용하고서 천자를 조현한다."라고 했는데, 앞의 전의(展衣)에 대한 주에서 "예법에 따라 천자를 알현한다."라고 했으니, 전의(展衣)를 입고 머리에 편(編)을 착용하고서 예법에 따라 천자를 알현하는 것이다. 이곳에서는 또한 차(次)를 착용하고서 천자를 알현한다고 했는데, 천자를 알현하는 것에는 2종류가 있다. 첫 번째는 예법에 따라 천자를 조현하는 것으로, 빈객을 알현하는 것과 동일하니, 전의(展衣)와 편(編)을 착용하는 것이다. 두 번째는 단의(褖衣)를 입고 머리에 차(次)를 착용하는 것으로, 천자를 시중들며 만나보게 된다면 단의(褖衣)와 차(次)를 착용하는 것으로, 이곳 주에서 천자를 조현한다고 한 것이 여기에 해당한다. 그렇기 때문에 두 가지 경우에 모두 '현왕(見王)'이라 말한 것일 따름이다. 정현이 "왕후가 한가로이 거처할 때에는 또한 이(纚)·계(笄)·총(總)을 할 따름이다."라고 했는데, 「사관례」편을 살펴보면 이(纚)는 길이가 6척으로 머리카락을 감싸는 것이다. 계(笄)는 머리카락을 고정시키기 위한 것이다. 총(總)은 이미 그 뿌리에 연결을 하고 재차 그 끝을 묶는 것이다. '연거(燕居)'는 천자가 있는 곳에 가지 않고 제 스스로 연침[24]에 있으며 기거할 때를 뜻한다. 「계명(雞鳴)」이란 시를 살펴보면, "동쪽이 밝으니 부인이 문안인사를 올리고, 조정에 신하가 가득하여 군주가 정사를 듣는구나."[25]라 했고, 모씨는 "동쪽 하늘이 밝아지면 부인은 이(纚)와 계(笄)를 하고서 문안인사를 한다."라

---

24) 연침(燕寢)은 본래 천자 및 제후들이 휴식을 취하던 장소를 가리킨다. 천자에게는 6개의 침(寢)이 있었는데, 앞쪽에 있는 1개의 침은 정전(正寢)으로, 이것을 노침(路寢)이라고 부르며, 뒤쪽에 있는 다섯 개의 침을 통칭하여, '연침'이라고 부른다. 『예기』「곡례하(曲禮下)」편에는 "天子有后, 有夫人"이라는 기록이 있는데, 이에 대한 공영달(孔穎達)의 소(疏)에서는 "周禮王有六寢, 一是正寢, 餘五寢在後, 通名燕寢."이라고 풀이하였다.

25) 『시』「제품(齊風)·계명(雞鳴)」: 東方明矣, 朝旣昌矣. 匪東方則明, 月出之光.

했다. 다만 제후의 부인은 본인의 나라에 있어서 착용하는 의복이 왕후의 것과 동일한데, 이(纚)와 계(筓)를 착용하고서 문안인사를 할 수 있는 것은 이곳 경문에서는 "부(副)·편(編)·차(次)를 하고서 제사와 빈객을 예우하는 일에 대비한다."라 했으니, 연거를 할 때에는 차(次)를 착용할 수 없음을 드러내므로, 자연히 이(纚)와 계(筓)를 착용하는 것이다. 모씨가 "이(纚)와 계(筓)를 착용하고서 조현한다."라고 말한 것은 모씨는 별도로 본 내용이 있었기 때문이니, 정현의 생각은 아니다. 만약 그렇다면 이러한 모씨의 주장에 대해 정현이 그 주장을 파훼하지 않은 것은 이(纚)와 계(筓)를 착용하고 연거를 한다는 것에 대해서는 경문에 남겨진 기록이 없기 때문에 또한 모씨의 의견에 따른 것이다. 그런데 실제로 천자를 조현할 때 머리에는 편(編)을 착용한다. 정현이 『시』를 인용하여 "새기고 쪼아서 만든 무늬여."라고 했는데, '퇴(追)'자가 옥과 돌을 다듬는 명칭이 됨을 증명한 것이다. 정현이 "왕후의 형(衡)과 계(筓)는 모두 옥으로 만든다."라고 했는데, 『주례』「변사(弁師)」편에서 천자의 비녀는 옥으로 만든다고 했다. 그렇기 때문에 왕후도 천자와 동일하게 옥을 사용하게 됨을 알 수 있다. 「변사」편에서는 "제공들에 대해서는 옥을 이용해 진(瑱)을 만든다."라 했고, 『시』에서는 "옥으로 만든 진(瑱)이여."[26]라고 했는데, 이것은 제후의 부인을 기준으로 든 것이며, 제후의 부인은 군주와 동일하게 옥으로 만든 진(瑱)을 착용하니, 형(衡)과 계(筓) 또한 옥으로 만든다는 사실을 나타낸다. 천자에게 속한 3명의 부인과 삼공의 부인들은 동일하게 적의(翟衣)를 착용하니, 이것은 형(衡)과 계(筓) 또한 옥으로 만든다는 사실을 나타낸다. 천자에게 속한 구빈(九嬪)과 명부 등은 마땅히 상아를 사용해야 한다. 정현이 "다만 제복에만 형(衡)이 있다."라고 했는데, 이러한 사실을 알 수 있는 것은 경문을 보면 왕후와 구빈 이하

---

26) 『시』「용풍(鄘風)·군자해로(君子偕老)」：玼兮玼兮, 其之翟也. 鬒髮如雲, 不屑髢也, 玉之瑱也, 象之揥也, 揚且之皙也. 胡然而天也, 胡然而帝也.

를 별도로 언급했으니, 왕후와 구빈 이하에 차별이 있었음을 나타내므로, 형(衡)과 계(筓)는 오직 적의(翟衣)에만 적용하고, 국의(鞠衣) 이하의 복식에는 형(衡)이 없게 된다. 또 환공(桓公) 2년의 기록을 보면, 장애백은 "곤(袞)·면(冕)·불(韍)·정(珽), 대(帶)·상(裳)·폭(幅)·석(舄), 형(衡)·담(紞)·굉(紘)·정(綖)"[27)]이라 했는데, 남자의 면류관과 제복을 함께 제시해 말한 것으로, 부인들의 형(衡) 또한 삼적(三翟)에 착용하게 됨을 나타낸다. 그렇기 때문에 정현이 "다만 제복에만 형(衡)이 있다."라고 말한 것이다. 국의(鞠衣)로부터 그 이하의 복장에 비록 형(衡)이 없지만, 또한 마땅히 담(紞)을 두어서 진(瑱)을 걸어야 한다. 이러한 까닭으로 「저(著)」라는 시에서는 "충이(充耳)를 소(素)로 하였구나."[28)]라 했고, "청(靑)으로 하였구나."[29)]라 했으며, "황(黃)으로 하였구나."[30)]라 했는데, 이것은 신하의 담(紞)은 이것을 통해 진(瑱)을 건다는 것을 나타내니, 부인 또한 담(紞)을 두어서 진(瑱)을 건다는 사실을 알 수 있다. 정현이 "이것을 부(副)의 양쪽 측면에 늘어뜨려서 귀에 닿도록 하고, 그 아래는 귀막이 끈으로 귀막이 옥을 꿴다."라고 했는데, 전문에서 "형(衡)·담(紞)·굉(紘)·정(綖)"이라고 하여, 형(衡)과 연결되어 있으니, 담(紞)이라는 것이 형(衡)을 위해서 설치되는 것임을 나타낸다. 계(筓)는 이미 가로로 꼽게 되므로, 형(衡)이 늘어뜨려지게 됨을 알 수 있다. 만약 그렇다면 형(衡)자의 뜻이 가로가 되고, 이미 늘어뜨렸는데도 가로의 뜻이 될 수 있는 것은 계(筓)에 대해서 가로라 말한 것은 머리 위에 가로로 꿰뚫고 있는 것에 근거해서 가로라 한 것이고, 이곳의 형(衡)은 부(副)의 측면에서 귀에 닿는 곳에 있으니, 사람의 신체가 곧게 세워진 것에 따른

---

27) 『춘추좌씨전』「환공(桓公) 2년」: 袞·冕·韍·珽, 帶·裳·幅·舄, 衡·紞·紘·綖, 昭其度也.

28) 『시』「제풍(齊風)·저(著)」: 俟我於著乎而, 充耳以素乎而. 尙之以瓊華乎而.

29) 『시』「제풍(齊風)·저(著)」: 俟我於庭乎而, 充耳以靑乎而. 尙之以瓊瑩乎而.

30) 『시』「제풍(齊風)·저(著)」: 俟我於堂乎而, 充耳以黃乎而. 尙之以瓊英乎而.

다면 이러한 형(衡)도 가로가 된다. 형(衡) 밑에는 곧 담(紞)으로 진(瑱)을 걸게 된다. 『시』를 인용하였는데,「용풍」에 대한 주에서는 "자(玼)는 선명한 모습을 뜻한다. 진(鬒)은 흑발을 뜻한다. 여운(如雲)은 아름답고 길다는 뜻이다. 설(屑)은 깨끗하다는 뜻이다. 체(髢)는 다리이다."라 했다. 이것을 인용한 것은 적의(翟衣)를 입을 때 머리에는 옥으로 만든 진(瑱)을 착용한다는 뜻을 증명하기 위한 것이다. 그렇기 때문에 "이것을 가리킨다."라 했다. 담(紞)의 채색을 진(瑱)의 옥석과 달리했던 것은 부인들 중 적의(翟衣)를 착용할 수 있는 자는 담(紞)의 경우 다섯 가지 채색을 사용하고, 진(瑱)의 경우 옥을 사용하는데, 나머지 국의(鞠衣)로부터 그 이하의 경우 담(紞)은 세 가지 채색을 사용하고, 진(瑱)은 돌을 사용한다. 의미가 이러함을 알 수 있는 것은 「저」편의 시를 살펴보면 "충이(充耳)를 소(素)로 하였구나."라 했다. 이 문장에 대한 정현의 주에서는 "군자를 따라 나와 드러난 곳에 이르러 군자가 읍을 할 때를 뜻한다. 내가 군자를 보는 경우라면 소(素)로 충이(充耳)를 만드는데, 진(瑱)을 걸기 위한 것을 뜻하니, 그 명칭을 담(紞)이라고도 부르며, 이것을 직조할 때 군주의 경우 다섯 가지 색깔을 사용하고, 신하는 세 가지 색깔만 사용할 따름이다. 이곳에서 소(素)라고 말한 것은 눈에 가장 먼저 보인 것에 따라 말한 것이다."라 했다. 그 뒤에서는 "그 위에 경화(瓊華)를 더했다."라 했고, 주에서는 "아름다운 돌이다."라 했다. 이 시의 아래 경문에서는 또 "충이(充耳)를 청(青)으로 하였구나."라 하고, "충이(充耳)를 황(黃)으로 하였구나."라 하여, 신하가 사용하는 세 가지 색깔을 들었다. 그렇기 때문에 군주는 다섯 가지 색깔을 사용한다고 말한 것이다. 『시』에서 "옥으로 만든 진(瑱)이여."라고 했는데, 군주의 부인에 대해 옥을 이용해 만든다고 한 것에 근거해보면, 신하의 처와 그 남편은 동일하게 아름다운 돌을 사용하는 것이다. 시에 대한 모씨의 주에서는 소(素)를 상아로 만든 진(瑱)이라고 하였는데, 정현이 그 주장에 따르지 않은 것은 만약 소(素)가 상아로 만든 진(瑱)이 된다면 문장에 어찌 재차 경화(瓊

華)나 경영(瓊英)을 더한다는 사안을 말할 수 있겠는가? 그러므로 정현은 담(紞)으로 말한 것이다. 정현이 "계(笄)는 머리카락을 마는 것이다."라고 했는데, 『예기』「상복소기(喪服小記)」편에 대한 정현의 주에서도 "계(笄)와 대(帶)는 자신의 머리를 틀고 몸을 두르기 위한 것이다."[31]라했다. 정현이 "내외의 명부들 중 국의(鞠衣)와 전의(褖衣)를 입는 자들은 편(編)을 착용하고, 단의(褖衣)를 입는 자들은 차(次)를 착용한다."라고했는데, 이러한 사실을 알 수 있는 이유는 「사혼례」편을 살펴보면 "신부는 머리에 차(次)라는 장식을 올리고 순의(純衣)를 착용한다."라 했다. 그런데 순의(純衣)라는 것은 단의(褖衣)에 해당한다. 사가 작변(爵弁)을 착용하며 친영(親迎)을 해서 섭성(攝盛)을 하는 것에 근거한다면, 사의 처가 단의(褖衣)를 입고 머리에 차(次)를 착용하는 것 또한 섭성이 된다. 단의(褖衣)에 이미 머리에 차(次)를 착용하고, 삼적(三翟)에는 머리에 부(副)를 착용한다면, 국의(鞠衣)와 전의(褖衣)에는 편(編)을 착용한다는 사실을 알 수 있다. 정현이 "내외의 명부들이 천자의 제사와 빈객을 예우하는 일에서 왕후를 보좌하는 의례가 아니고, 스스로 자신의 집에서 착용하는 경우라면 또한 수위를 낮춘다."라고 했는데, 이 말이 사실임을 알 수 있는 것은 대부의 처는 전의(褖衣)를 입고 머리에 편(編)을 착용하고, 사의 처는 단의(褖衣)를 입고 머리에 차(次)를 착용한다. 「소뢰궤식례」편과 「특생궤식례」편의 내용은 대부와 사의 처에 대한 것인데, 「특생궤식례」편에서 "주부는 이(纚)와 계(笄)를 하고 초의(宵衣)를 착용한다."라 했고, 「소뢰궤식례」편에서 "주부는 피체(髲鬆)를 하고, 소매가 넓은 옷을 착용한다."라 했다. 다만 대부의 처는 소매를 넓게 한다는 점이 차이가 나며, 또 편(編)을 착용하지 않는다. 그렇기 때문에 자신의 집에서 착용하는 경우라면 낮춘다는 사실을 알 수 있다. 이러한 까닭으로 곧바로

---

31) 이 문장은 『예기』「상복소기(喪服小記)」편의 "齊衰, 惡笄以終喪."이라는 기록에 대한 정현의 주이다.

「소뢰궤식례」편을 인용해 증명한 것일 따름이다. 정현이 "소매를 넓게 하는데, 이것은 단의(褖衣)의 소매이다."라고 했는데, 이것은 정현이 「소뢰궤식례」편에서 주부가 소매가 넓은 옷을 착용하는 것에 대해 재차 풀이한 것이니, 단의(褖衣)의 소매를 넓게 만든 것이다. 앞에서 이미 소매를 넓힌다고 했고, 지금 재차 단의의 소매를 넓힌다고 하여 말이 동일하지 않은 것은 다만 사의 처는 초의와 단의를 착용하고 제사를 돕는데, 시집올 때에는 소매를 넓히지 않는다. 현재 대부의 처는 초의를 입고 소매를 넓히는데, 단의의 소매를 넓히는 것은 대부의 처는 사의 처와 초의를 착용한다는 점에서 명칭은 동일한데, 초의의 소매를 넓힌다고 말할 수 없다. 그렇기 때문에 단의로 설명한 것이다. 정현이 "무릇 제후의 부인은 그 나라에 있을 때 착용하는 의복이 왕후와 동일하다."라고 했는데, 신하들의 처에게는 왕후 및 남편의 제사를 돕는 일이 있지만, 제후의 부인에게는 왕후를 돕는 사안이 없다. 그렇기 때문에 본인이 본국에 있으며 의복을 착용할 때 왕후와 동일하게 할 수 있는 것이다. 동일한 바는 상공의 부인은 휘의(褘衣)로 부터 그 이하로 단의(褖衣)까지 착용하여, 휘의(褘衣)를 착용하고 군주를 따라 태조를 알현하며, 요적(褕翟)을 착용하고 군주를 따라 뭇 묘에 제사를 지내고, 굴적(闕翟)을 착용하고 군주를 따라 뭇 소사들을 지내며, 국의(鞠衣)를 착용하고 뽕잎 따는 일들을 아뢰고, 전의(展衣)를 착용하고 예법에 따라 군주 및 빈객을 만나보며, 단의(褖衣)를 착용하고 시중을 드는 것들이다. 후작과 백작의 부인들은 요적(褕翟)으로부터 그 이하의 복장을 착용하여, 요적(褕翟)을 착용하고 군주를 따라 태조 및 뭇 묘에 제사를 지내고, 굴적(闕翟)으로부터 그 이하의 경우는 상공의 부인과 동일하다. 자작과 남작의 부인은 굴적(闕翟)으로부터 그 이하의 복장을 착용하여, 굴적(闕翟)을 착용하고 군주를 따라 태조 및 뭇 묘와 뭇 소사들에 제사를 지내고, 국의(鞠衣)로부터 그 이하의 경우는 후작·백작의 부인과 동일한데, 모두 이(纚)·계(笄)·초의(綃衣)를 착용하고서 연거를 한다. 이전 두 왕조의 후손국과 노나라 제후의 부인은 또한 상공의 예와 동일하게 한다. 그렇기 때문에 『예기』「명당위(明堂位)」편에서는 "계하 6월에 체제사의 예법으로써 태묘에서 주공에 대한 제사를 지내며,[32] 부인은 휘의(褘衣)를 착용한다.[33]"라고 한 것이다.

참고 8-13 『예기』「상대기(喪大記)」 기록

경문 復衣不以衣尸, 不以斂. 婦人復, 不以袡. 凡復男子稱名, 婦人稱字. 唯哭先復, 復而後行死事.

초혼을 했던 옷으로는 시신에 대해 습[34]을 하지 않고, 염[35]을 하지 않는다. 부인에 대해 초혼을 할 때에는 시집을 올 때 착용했던 복장을 사용하지 않는다. 무릇 초혼을 할 때 남자의 경우라면 이름을 부르고, 여자의 경우라면 자(字)를 부른다. 어떤 자가 죽었을 때 곡을 하지만 우선 초혼을 하고, 초혼을 끝낸 뒤에 장례를 치르는 절차로 넘어간다.

鄭注 不以衣尸, 謂不以襲也. 復者, 庶其生也, 若以其衣襲斂, 是用生施死, 於義相反. 士喪禮云: "以衣衣尸, 浴而去之." 袡, 嫁時上服, 而非事鬼神之衣. 婦人不以名行. 氣絶則哭, 哭而復, 復而不蘇, 可以爲死事.

---

32) 『예기』「명당위(明堂位)」: <u>季夏六月, 以禘禮祀周公於大廟</u>, 牲用白牡.

33) 『예기』「명당위(明堂位)」: 君卷冕立於阼, <u>夫人副褘立於房中</u>. 君肉袒迎牲於門, 夫人薦豆籩, 卿大夫贊君, 命婦贊夫人, 各揚其職. 百官廢職, 服大刑, 而天下大服.

34) 습(襲)은 시신에 옷을 입히는 의식 절차이다. 한편 시신에 입히는 옷 자체도 '습'이라고 불렀다.

35) 염(斂)은 시신에 옷을 입히고 이불 등으로 감싸 관에 안치하는 것을 뜻한다.

"이것으로 시신에게 옷을 입히지 않는다."는 말은 이 옷으로 습(襲)을 하지 않는다는 뜻이다. 초혼을 하는 것은 그가 살아나기를 바라기 때문인데, 만약 이 옷으로 습(襲)과 염(斂)을 하게 된다면, 살아있는 자가 사용하는 것을 죽은 자에게 적용한 것이니, 도의에 위배된다. 『의례』「사상례(士喪禮)」편에서는 "이 옷을 시신에게 입히지만, 목욕을 시키고 제거한다."라고 했다. '염(袡)'은 시집을 올 때 착용하는 상등의 복장인데, 귀신을 섬길 때 착용하는 옷이 아니다. 부인에 대해서는 이름으로 부르지 않는다. 숨이 끊어지면 곡을 하고, 곡을 한 뒤에는 초혼을 하며, 초혼을 했는데도 다시 소생하지 않으면 장례의 절차를 진행할 수 있다.

孔疏 ●"婦人復, 不以袡"者, 袡是嫁時上服, 乃是婦人之盛服, 而非是事神之衣, 故不用招魂也. 絳襐衣下曰袡.

●經文: "婦人復, 不以袡". ○'염(袡)'은 시집을 올 때 착용하는 상등의 복장이니, 곧 부인이 착용하는 융성한 복장이지만, 신을 섬기는 옷은 아니다. 그렇기 때문에 이 옷을 사용하여 초혼을 하지 않는다. 진홍색으로 옷의 하단에 가선을 두른 것을 '염(袡)'이라고 부른다.

참고 8-14 『주례』「천관(天官)·내사복(內司服)」기록

경문 內司服掌王后之六服, 褘衣, 揄狄, 闕狄, 鞠衣, 展衣, 緣衣, 素沙.
내사복(內司服)은 왕후의 육복(六服)을 담당하니, 휘의(褘衣)·요적(揄狄)·궐적(闕狄)·국의(鞠衣)·전의(展衣)·단의(緣衣)이며, 백색의 비단으로 안감을 댄다.

鄭注 鄭司農云: "褘衣, 畫衣也. 祭統曰: '君卷冕立于阼, 夫人副褘立于東房.' 揄狄, 闕狄, 畫羽飾. 展衣, 白衣也. 喪大記曰: '復者朝服,君以卷, 夫人以屈狄, 世婦以襢衣.' 屈者音聲與闕相似, 襢與展相似, 皆婦人之服. 鞠衣, 黃衣也. 素沙, 赤衣也." 玄謂狄當爲翟. 翟, 雉名, 伊雒而南, 素質, 五色皆備成章曰翬; 江淮而南, 靑質, 五色皆備成章曰搖. 王后之服, 刻繒爲之形而采畫之, 綴於衣以爲文章. 褘衣畫翬者, 揄翟畫搖者, 闕翟刻而不畫, 此三者皆祭服. 從王祭先王則服褘衣, 祭先公則服揄翟, 祭群小祀則服闕翟. 今世有主衣者, 蓋三翟之遺俗. 鞠衣, 黃桑服也, 色如鞠塵, 象桑葉始生. 月令: "三月薦鞠衣于上帝", 告桑事. 展衣以禮見王及賓客之服, 字當爲襢, 襢之言亶, 亶, 誠也. 詩·國風曰"玼兮玼兮, 其之翟也". 下云"胡然而天也, 胡然而帝也", 言其德當神明. 又曰"瑳兮瑳兮, 其之展也". 下云"展如之人兮, 邦之媛也", 言其行配君子. 二者之義與禮合矣. 雜記曰: "夫人復稅衣·揄狄." 又喪大記曰: "士妻以襢衣." 言襢衣者甚衆, 字或作稅. 此緣衣者, 實作襢衣也. 襢衣, 御于王之服, 亦以燕居. 男子之襢衣黑, 則是亦黑也. 六服備於此矣. 褘·揄·狄·展, 聲相近, 緣, 字之誤也. 以下推次其色, 則闕狄赤, 揄狄靑, 褘衣玄. 婦人尙專一, 德無所兼, 連衣裳不異其色. 素沙者, 今之白縛也. 六服皆袍制, 以白縛爲裏, 使之張顯. 今世有沙縠者, 名出于此.

정사농은 "휘의(褘衣)는 그림을 그려넣은 옷이다. 『예기』「제통(祭統)」편에서는 '군주는 곤면(袞冕)을 착용하고 동쪽 계단 위에 서 있고, 군주의 부인은 머리장식 부(副)와 위의(褘衣)를 착용하고 동쪽 방에 서 있는다.'36)라고 했다. 요적(揄狄)과 궐적(闕狄)은 깃털을 그려넣은 옷이다. 전의(展衣)는 백색의 옷이다. 『예기』「상대기(喪大記)」편에서는 '초혼을 하는 자는 조복(朝服)을 착용한다. 군주에 대해 초혼을 하면 곤복(卷服)

---

36) 『예기』「제통(祭統)」: <u>君卷冕立于阼, 夫人副褘立于東房.</u> 夫人薦豆執校, 執醴授之執鐙; 尸酢夫人執柄, 夫人受尸執足. 夫婦相授受, 不相襲處, 酢必易爵, 明夫婦之別也.

을 사용해서 흔들고, 군주의 부인에 대해서는 궐적(屈狄)을 사용하며, 세부(世婦)에 대해서는 전의(襢衣)를 사용한다.'37)라 했다. 굴(屈)자는 그 소리가 궐(闕)자와 유사하고, 단(襢)자는 전(展)자와 유사한데, 모두 부인의 의복에 해당한다. '국의(鞠衣)'는 황색의 옷이다. '소사(素沙)'는 적색의 옷이다."라 했다. 내가 생각하기에 적(狄)자는 마땅히 적(翟)자가 되어야 한다. '적(翟)'자는 꿩의 이름이며, 이수와 낙수 이남 지방에서는 흰색 바탕에 다섯 가지 색깔이 모두 갖춰져 무늬를 이루는 것을 '휘(翬)'라 부르며, 강수와 회수 이남 지방에서는 청색 바탕에 다섯 가지 색깔이 모두 갖춰져 무늬를 이루는 것을 '요(搖)'라 부른다. 왕후의 복장은 비단을 잘라내 그 형상을 만들고 채색을 넣어 그리고, 옷에 연결해서 무늬로 삼는다. 휘의(褘衣)는 휘(翬)를 그린 것이고, 요적(揄翟)은 요(搖)를 그린 것인데, 궐적(闕翟)은 자르기만 하고 그림을 그리지 않은 것인데, 이 세 가지는 모두 제복(祭服)에 해당한다. 천자를 따라 선왕에게 제사를 지내게 되면 휘의(褘衣)를 착용하고, 선공에게 제사를 지내게 되면 요적(揄翟)을 착용하며, 뭇 소사에 제사를 지내게 되면 궐적(闕翟)을 착용한다. 지금 세대에는 규의(圭衣)라는 것이 있는데, 아마도 삼적(三翟)의 유속인 것 같다. '국의(鞠衣)'는 누런 뽕잎 색깔의 옷으로, 그 색이 누룩의 색깔과 같으니, 뽕잎이 처음 생겨났을 때를 상징한 것이다. 『예기』「월령(月令)」편에서는 "3월에는 상제에게 국의(鞠衣)를 바친다."38)라 했는데, 뽕잎 따는 일에 대해 아뢰는 것이다. 전의(展衣)는 예법에 따라 천자를 알현하거나 빈객을 만나볼 때의 복장으로, 글자는 마땅히 전(襢)자가 되어야 하며, 전(襢)자는 단(亶)자의 뜻으로, '단(亶)'자는 진실함을 의미한다. 『시』「국풍(國風)」에서는 "옥빛처럼 깨끗하고 깨끗하니, 그 분의 적

---

37) 『예기』「상대기(喪大記)」: 小臣復, <u>復者朝服, 君以卷, 夫人以屈狄</u>, 大夫以玄
䞓, <u>世婦以襢衣</u>, 士以爵弁, 士妻以稅衣, 皆升自東榮, 中屋履危, 北面三號,
捲衣投于前, 司服受之, 降自西北榮.
38) 『예기』「월령(月令)」: 是月也, 天子, 乃<u>薦鞠衣于先帝</u>.

의(翟衣)로다."라 했고, 그 뒤에서는 "어쩌면 저리도 하늘같고, 어쩌면 저리도 상제같은가."라 했는데,39) 그 덕이 신명에 해당함을 말한 것이다. 또 "선명하고 선명하니, 그 분의 전의(展衣)로다."라 했고, 그 뒤에서는 "참으로 이와 같은 사람이여, 나라의 아름다운 분이로다."라 했는데40) 그 행실이 군자에 짝함을 말한 것이다. 두 가지의 뜻은 예와 부합된다. 『예기』「잡기(雜記)」편에서는 "제후의 부인에 대해 초혼을 할 때에는 단의(稅衣)와 요적(揄狄)을 사용한다."41)라 했고, 또 「상대기」편에서는 "초혼을 할 때 사의 처에 대해서는 단의(褖衣)를 사용한다."42)라고 했으니, 단의(褖衣)라고 말한 것이 매우 많은데, 그 글자는 간혹 세(稅)자로 기록하기도 한다. 이곳의 단의(緣衣)는 실제로는 단의(褖衣)로 쓴다. 단의(褖衣)는 천자를 시중들 때 착용하는 복장이며, 또한 이것을 착용하고 한가롭게 거처한다. 남자의 단의(褖衣)는 흑색이니, 이 복장 또한 흑색이다. 여섯 가지 복장이 여기에 모두 갖춰져 있다. 휘(褘)·요(揄)·적(狄)·전(展)자는 소리가 서로 비슷하고, '연(緣)'자는 자형이 비슷해서 잘못 쓴 것이다. 아래로부터 그 색깔을 차례대로 미루어보면, 궐적(闕狄)은 적색이고, 요적(揄狄)은 청색이며, 휘의(褘衣)는 현색이다. 부인은 전일한 것을 숭상하고, 덕에는 겸하는 바가 없으니, 상의와 하의를 연결해서 그 색깔을 달리하지 않는다. '소사(素沙)'라는 것은 지금의 백색 명주를 뜻한다. 여섯 가지 복장은 모두 포의 방식으로 만들어서 백색의 명주로 안감을 만들고, 펼쳐져 드러나게 한다. 지금 세상에 사곡(沙縠)이라는

---

39) 『시』「용풍(鄘風)·군자해로(君子偕老)」: <u>玼兮玼兮, 其之翟也</u>. 鬒髮如雲, 不屑髢也, 玉之瑱也, 象之揥也, 揚且之晳也. <u>胡然而天也, 胡然而帝也</u>.

40) 『시』「용풍(鄘風)·군자해로(君子偕老)」: <u>瑳兮瑳兮, 其之展也</u>. 蒙彼縐絺, 是紲袢也. 子之清揚, 揚且之顔也. <u>展如之人兮, 邦之媛也</u>.

41) 『예기』「잡기상(雜記上)」: <u>夫人稅衣揄狄</u>, 狄稅素沙.

42) 『예기』「상대기(喪大記)」: 小臣復, 復者朝服. 君以卷, 夫人以屈狄, 大夫以玄赬, 世婦以襢衣, 士以爵弁, <u>士妻以稅衣</u>, 皆升自東榮, 中屋履危, 北面三號, 捲衣投于前, 司服受之, 降自西北榮.

것이 있는데, 그 이름은 여기에서 도출된 것이다.

釋文 褘, 音暉. 揄, 音遙. 鞠, 居六反, 又丘六反. 展, 張彦反, 注同.
緣, 或作褖, 同吐亂反. 卷, 古本反, 下同. 朝, 直遙反. 屈, 音闕. 襢,
張彦反. 翬, 音暉. 見王, 賢遍反. 亶, 丹但反. 玼, 音此, 劉倉我反,
本亦作瑳, 與下瑳字同倉我反. 展, 如字. 媛, 音援. 行, 下孟反. 稅,
劉吐亂反. 縛, 劉音絹, 聲類以爲今作絹字. 說文云: "鮮色也." 居援
反, 徐升卷反, 沈升絹反. 張, 如字, 徐音帳.

'褘'자의 음은 '暉(휘)'이다. '揄'자의 음은 '遙(요)'이다. '鞠'자는 '居(거)'
자와 '六(륙)'자의 반절음이며, 또한 '丘(구)'자와 '六(륙)'자의 반절음도
된다. '展'자는 '張(장)'자와 '彦(언)'자의 반절음이며, 주에 나온 글자도
이와 같다. '緣'자는 '褖'자로도 쓰는데 모두 '吐(토)'자와 '亂(란)'자의 반
절음이다. '卷'자는 '古(고)'자와 '本(본)'자의 반절음이며, 아래에 나온 글
자도 이와 같다. '朝'자는 '直(직)'자와 '遙(요)'지의 반절음이다. '屈'자의
음은 '闕(궐)'이다. '襢'자는 '張(장)'자와 '彦(언)'자의 반절음이다. '翬'자
의 음은 '暉(휘)'이다. '見王'에서의 '見'자는 '賢(현)'자와 '遍(편)'자의 반
절음이다. '亶'자는 '丹(단)'자와 '但(단)'자의 반절음이다. '玼'자의 음은
'此(차)'이며, 유음은 '倉(창)'자와 '我(아)'자의 반절음이고, 판본에 따라
서는 또한 '瑳'자로도 쓰는데, 아래에 나온 '瑳'자와 함께 '倉(창)'자와 '我
(아)'자의 반절음이다. '展'자는 글자대로 읽는다. '媛'자의 음은 '援(원)'이
다. '行'자는 '下(하)'자와 '孟(맹)'자의 반절음이다. '稅'자의 유음은 '吐
(토)'자와 '亂(란)'자의 반절음이다. '縛'자의 유음은 '絹(견)'이며, 『성류
』[43]에서는 지금의 '絹'자로 쓴다고 하였다. 『설문』에서는 "고운 색깔이
다."라 했다. '居(거)'자와 '援(원)'자의 반절음이며, 서음은 '升(승)'자와

---

43) 『성류(聲類)』는 중국 삼국시대 때 위(魏)나라의 학자였던 이등(李登, ?~?)의 서적
이다. 글자들을 오성(五聲)으로 나누어 정리한 운서(韻書)이다.

'卷(권)'자의 반절음이고, 심음은 '升(승)'자와 '絹(견)'자의 반절음이다. '張'자는 글자대로 읽으며, 서음은 '帳(장)'이다.

賈疏 ●"內司"至"素沙". ○釋曰: 云"掌王后之六服"者, 自褘衣至緣衣是六. 褘衣者, 亦是翟. 而云衣者, 以其衣是服之首, 故自言衣也. 褘當爲翬, 卽翬雉, 其色玄也. 揄狄者, 揄當爲搖, 狄當爲翟, 則搖雉, 其色靑也. 闕狄者, 其色赤. 上二翟則刻繪爲雉形, 又畫之, 此闕翟亦刻爲雉形, 不畫之爲彩色, 故名闕狄也. 此三翟皆祭服也. 鞠衣者, 色如鞠塵色, 告桑之服也. 展衣者, 色白, 朝王及見賓客服. 緣當爲褖, 褖衣者, 色黑, 御於王服也. 素沙者, 此非服名. 六服之外別言之者, 此素沙與上六服爲裏, 使之張顯. 但婦人之服不殊裳, 上下連, 則此素沙亦上下連也. 王之吉服有九, 韋弁已下, 常服有三, 與后鞠衣已下三服同. 但王之祭服有六, 后祭服唯有三翟者, 天地山川社稷之等, 后夫人不與, 故三服而已. 必知外神后夫人不與者, 按內宰云: "祭祀裸獻則贊." 天地無裸, 言裸唯宗廟. 又內宗·外宗佐后, 皆云宗廟, 不云外神, 故知后於外神不與. 是以白虎通云: "周官祭天, 后夫人不與者, 以其婦人無外事." 若然, 哀公問云"夫人爲天地社稷主"者, 彼見夫婦一體而言也.

●經文: "內司"~"素沙". ○"왕후의 육복을 담당한다."라고 했는데, 휘의(褘衣)로부터 단의(緣衣)까지가 여섯 가지이다. '휘의(褘衣)' 또한 적의(翟衣)에 해당한다. 그런데도 '의(衣)'자를 붙여서 부르는 것은 이 의복은 복식 중에서도 가장 상등이 된다. 그렇기 때문에 그 자체에 '의(衣)'자를 붙여 부른 것이다. '위(褘)'자는 마땅히 휘(翬)자가 되어야 하니, 휘치(翬雉)라는 새에 해당하며 그 색깔은 현색이다. '요적(揄狄)'이라고 했는데, '유(揄)'자는 마땅히 요(搖)자가 되어야 하며, '적(狄)'자는 마땅히 적(翟)자가 되어야 하니, 요치(搖雉)라는 새에 해당하며, 그 색깔은 청색이다. '궐적(闕狄)'은 그 색깔이 적색이다. 앞의 2가지 적의(翟衣)는 비단을 잘

라서 꿩의 형상을 만들고, 또 그림을 그려 채색하는데, 이 궐적(闕翟)
또한 잘라서 꿩의 형상을 만들지만 그림을 그려 채색하지 않는다. 그렇기
때문에 '궐적(闕狄)'이라 부르는 것이다. 이 세 가지 적의(翟衣)는 모두
제복(祭服)에 해당한다. '국의(鞠衣)'는 그 색깔이 누룩의 색깔과 같으니,
뽕잎과 관련된 일을 보고할 때 착용하는 복장이다. '전의(展衣)'는 그 색
깔이 백색인데, 천자를 조현하거나 빈객을 만나볼 때의 복장이다. '연
(緣)'자는 마땅히 단(褖)자가 되어야 하니, '단의(褖衣)'는 그 색깔이 흑색
이며, 천자를 시중들 때 착용하는 복장이다. '소사(素沙)'는 의복의 이름
이 아니다. 육복 이외에 별도로 언급을 한 것은 이 소사라는 것이 앞에
나온 여섯 가지 복장의 안감이 되어, 의복을 펼쳐 드러내도록 하는 것이
다. 다만 부인의 복장은 하의를 달리하지 않고, 상하의를 연결하니, 여기
에서 말한 소사 또한 상하의가 연결되어 있다. 천자의 길복에는 아홉 종
류가 있는데, 위변(韋弁)으로부터 그 이하의 복장은 평상시에 착용하는
복장으로 세 종류가 있는데, 왕후가 국의(鞠衣)로부터 그 이하로 세 종류
의 복장이 있는 것과 같다. 다만 천자의 제복에 여섯 종류가 있는데 왕후
의 제복에 단지 삼적(三翟)만 있는 것은 천지[44]·산천[45]·사직 등의 제

---

44) 천지(天地)는 천신(天神)과 지신(地神)을 뜻한다. 지신은 지기(地祇)라고 부르기
도 한다. 천지에 대한 제사는 교(郊)에서 지냈기 때문에, 이 제사를 교제(郊祭)
또는 교사(郊祀)라고 부르기도 했다. 음양오행설(陰陽五行説)이 성행했던 시기
에는 음양(陰陽)의 구분에 따라서 하늘에 대한 제사는 양(陽)에 해당하는 남쪽
교외에서 지냈고, 땅에 대한 제사는 음(陰)에 해당하는 북쪽 교외에서 지냈다.
『한서(漢書)』「교사지하(郊祀志下)」편에는 "帝王之事莫大乎承天之序, 承天
之序莫重於郊祀. …… 祭天於南郊, 就陽之義也. 地於北郊, 卽陰之象也."라
는 기록이 있다.
45) 산천(山川)은 오악(五嶽)과 사독(四瀆)의 신들을 가리키기도 하며, 산과 하천의
신들을 두루 지칭하기도 한다. 오악은 대표적인 다섯 가지 산으로, 중앙의 숭산(嵩
山), 동쪽의 태산(泰山), 남쪽의 형산(衡山), 서쪽의 화산(華山), 북쪽의 항산(恒
山)을 가리킨다. 사독은 장강(長江), 황하(黃河), 회하(淮河), 제수(濟水)를 가리
킨다.

사는 왕후나 부인이 참여하지 않는다. 그렇기 때문에 세 종류의 복장만 있을 따름이다. 외신46)에 대한 제사에 왕후와 부인이 참여하지 않는다는 사실을 분명히 알 수 있는 것은 『주례』「내재(內宰)」편을 살펴보면, "제사에서 관(祼)과 헌(獻)을 하게 되면 돕는다."47)라 했다. 천지에 대한 제사에는 관(祼)이 없으니, 관(祼)은 오직 종묘의 제사에서만 진행한다는 것을 뜻한다. 또 『주례』「내종(內宗)」48)과 「외종(外宗)」49)편에서 왕후를 보좌할 때 모두 종묘를 언급했고, 외신을 언급하지 않았다. 그렇기 때문에 왕후는 외신의 제사에 참여하지 않는다는 사실을 알 수 있다. 이러한 까닭으로 『백호통』50)에서는 "『주례』에서 하늘에 대한 제사 때 왕후와 부인이 참여하지 않는 것은 부인에게는 바깥일이 없기 때문이다."라고 했다. 만약 그렇다면 『예기』「애공문(哀公問)」편에서 "부인이 천지와 사직 제사의 주인이 된다."51)고 말한 것은 「애공문」편에서는 부부가 한 몸

---

46) 외신(外神)은 내신(內神)과 상대되는 말이다. 교(郊)나 사(社) 등에서 지내는 제사 대상을 '외신'이라고 부른다. 『예기』「곡례하(曲禮下)」편에 대한 손희단(孫希旦)의 『집해(集解)』에서는 오징(吳澄)의 주장을 인용하여, "宗廟所祭者, 一家之神, 內神也, 故曰內事. 郊・社・山川之屬, 天下一國之神, 皆外神也, 故曰外事."라고 설명하였다. 즉 종묘(宗廟)에서 제사를 지내는 대상은 한 집안의 신(神)으로 '내신'이라고 부르며, 그 제사들을 내사(內事)라고 부른다. 또 교, 사 및 산천(山川) 등에 지내는 제사는 그 대상이 천하 및 한 국가의 신들이기 때문에, 그들을 '외신'이라고 부르며, 그 제사를 외사(外事)라고 부른다.

47) 『주례』「천관(天官)・내재(內宰)」 : 大祭祀, 后祼獻, 則贊, 瑤爵亦如之.

48) 『주례』「춘관(春官)・내종(內宗)」 : 內宗; 掌宗廟之祭祀薦加豆籩, 及以樂徹, 則佐傅豆籩.

49) 『주례』「춘관(春官)・외종(外宗)」 : 外宗; 掌宗廟之祭祀, 佐王后薦玉豆, 眂豆籩, 及以樂徹, 亦如之.

50) 『백호통(白虎通)』은 후한(後漢) 때 편찬된 서적이다. 『백호통의(白虎通義)』라고도 부른다. 후한의 장제(章帝)가 학자들을 불러 모아서, 백호관(白虎觀)에서 토론을 시키고, 각 경전 해석의 차이점을 기록한 서적이다.

51) 『예기』「애공문(哀公問)」 : 公曰, "寡人願有言. 然冕而親迎, 不已重乎?" 孔子愀然作色而對曰, "合二姓之好, 以繼先聖之後, 以爲天地・宗廟・社稷之主,

이 된다는 것을 보고서 말했기 때문이다.

賈疏 ◎注"鄭司"至"于此". ○釋曰: 司農云"褘衣, 畫衣也"者, 先鄭意, 褘衣不言狄則非翟雉. 知畫衣者, 以王之冕服而衣畫, 故知后衣畫也. 又引祭統者, 彼據二王後, 夫人助祭服褘衣, 與后同也. "揄狄, 闕狄, 畫羽飾"者, 以其言狄是翟羽故也. 云"展衣, 白衣也"者, 見鞠衣黃以土色, 土生金, 金色白, 展衣文承鞠衣之下, 故知展衣白也. 引喪大記, 證闕狄與展衣爲婦人服故也. 彼君以卷, 據上公而言; 夫人以屈翟, 據子男夫人復時, 互見爲義. 云"世婦以襢衣"者, 彼亦據諸侯之世婦用襢衣, 復之所用也. 云"鞠衣, 黃衣也. 素沙, 赤衣也"者, 先鄭意以素沙爲服名, 又以素沙爲赤色, 義無所據, 故後鄭不從之. "玄謂狄當爲翟"者, 破經二狄從翟雉之翟也. "伊洛而南"已下至"曰搖", 皆爾雅文. 言伊水而南有雉, 素白爲質, 兼靑赤黃黑, 五色皆備, 成其文章曰翬雉. 云"江淮而南, 靑質, 五色皆備有以成文章曰搖雉", 玄引此者, 證褘揄爲雉也. 又云"翬衣畫翬"者, 以先鄭褘衣不言翟, 故增成. "搖狄畫搖"者, 亦就足先鄭之義. 云"闕翟刻而不畫"者, 此無正文, 直以意量之. 言翟而加闕字, 明亦刻繪爲雉形, 但闕而不畫五色而已. 云"此三者皆祭服"者, 對鞠衣已下非祭服也. 云"從王祭先王則服褘衣, 祭先公則服揄翟, 祭群小祀則服闕翟", 鄭言此者, 欲見王后無外事, 唯有宗廟分爲二, 與王祀先王袞冕・先公驚冕同差. 群小祀王玄冕, 故后服闕翟. 云"今世有圭衣者, 蓋三翟之遺俗"者, 漢時有圭衣, 刻爲圭形綴於衣, 是由周禮有三翟, 別刻繪綴於衣, 漢俗尙有, 故云三翟遺俗也. 云"鞠衣黃桑服也"者, 謂季春將蠶, 后服之, 告先帝養蠶之服. 云"色如鞠塵"者, 麴塵不爲麴字者, 古通用. 云"象桑葉

君何謂已重乎?' 公曰, "寡人固. 不固, 焉得聞此言也? 寡人欲問, 不得其辭, 請少進."

始生"者, 以其桑葉始生卽養蠶, 故服色象之. 引月令者, 證鞠衣所用之事, 故云告桑事也. 云"展衣以禮見王及賓客之服", 知義然者, 以其鞠衣在上, 告桑之服, 褖衣在下, 御於王之服, 展衣在中, 故以爲見王及賓客之服. 但后雖與王體敵, 夫尊妻卑, 仍相朝事與賓同, 諸侯爲賓客於王, 后助王灌饗賓客, 則后有見賓客之禮, 是以亦服展衣也. 云"字當爲襢, 襢之言亶, 亶, 誠也"者, 按禮記作襢, 詩及此文作展, 皆是正文. 鄭必讀從襢者, 二字不同, 必有一誤, 襢字衣傍爲之, 有衣義; 且爾雅展·亶雖同訓爲誠, 展者言之誠, 亶者行之誠, 貴行賤言, 襢字以亶爲聲, 有行誠之義, 故從襢也. 又引詩者, 鄘風刺宣姜淫亂, 不稱其服之事. 云"其之翟也, 胡然而天也, 胡然而帝也", 言其德當神明; 又曰"其之展也, 展如之人兮, 邦之媛也", 言其行配君子. 云"二者之義與禮合矣"者, 言服翟衣, 尊之如天帝, 比之如神明, 此翟與彼翟, 俱事神之衣服. 展則邦之爲援助, 展衣朝事君子之服, 是此禮見王及賓客服, 故云二者之義與禮合. 若然, 內則注夫人朝於君次而褖衣也者, 彼注謂御朝也. 引雜記及喪大記者, 欲破緣衣爲褖衣之事. 云"字或作稅"者, 或雜記文. 故雜記云"夫人稅衣", 又云"狄稅素沙", 並作稅字, 亦誤矣, 故云"此緣衣者, 實褖衣也". 云"褖衣御于王之服, 亦以燕居"者, 按尚書·多士傳云: "古者后夫人侍於君前, 息燭後, 擧燭至於房中, 釋朝服, 然後入御於君." 注云: "朝服, 展衣. 君在堂." 大師雞鳴丁簟下, 然後后夫人鳴珮玉于房中, 告燕服入御. 以此而言, 云釋展衣朝服, 告以燕服, 然後入御, 明入御之服與燕服同褖衣, 以其展衣下唯有褖衣, 故知御與燕居同褖衣也. 以其御與燕居同是私藝之處, 故同服. 云"男子之褖衣黑, 則是亦黑也"者, 男子褖衣黑, 禮雖無文, 按士冠禮, 陳服於房, 爵弁服·皮弁服·玄端服; 至於士喪禮, 陳襲事于房, 亦云爵弁服·皮弁服·褖衣. 褖衣當玄端之處, 變言之者, 冠時玄端衣裳別, 及死襲時, 玄端連衣裳, 與婦人褖衣同, 故雖男子之玄端, 亦名褖衣. 又見子羔襲用褖衣纁袡, 譏襲婦服, 纁袡與玄衣相對之物, 則男子祿衣黑矣. 男子祿衣既黑, 則是此婦人祿衣亦黑可知. 鄭言此者, 以六服之色無文, 欲從下向上推次其色, 以此爲本, 故言之也. 云"六服備於此矣"者, 經傳云婦人之服多矣, 文皆不備, 言六服唯此文爲備, 故言六服備於此矣. 鄭言此者, 亦欲推次六服之色故也. 云"褘揄狄展聲相近"者, 褘與翬, 揄與搖, 狄與翟, 展與襢, 四者皆是聲相近, 故云誤也. 云"緣, 字之誤也"者, 緣與祿不得爲聲相近, 但字相似, 故爲字之誤也. 云"以下推次其色, 則闕翟赤, 揄翟青, 褘衣玄"者, 王后六服, 其色無文, 故須推次其色. 言推次者, 以鞠衣象麴塵, 其色黃, 祿衣與男子祿衣同, 其色黑, 二者爲本, 以五行之色從下向上以次推之. 水色既黑, 祿衣象之. 水生於金, 祿衣上有展衣, 則展衣象金色白, 故先鄭亦云"展衣, 白衣也". 金生於土, 土色黃, 鞠衣象之. 土生於火, 火色赤, 鞠衣上有闕翟, 則闕翟象之赤矣. 火生於木, 木色青, 闕翟上有揄翟象之青矣. 五行之色已盡, 六色唯有天色玄, 褘衣最在上, 象天色玄. 是其以下推次其色也. 云"婦人尙專一, 德無所兼, 連衣裳不異其色"者, 按喪服, 上云"斬衰裳", 下云"女子鬢衰三年", 直言衰不言裳, 則連衣裳矣. 又昏禮云"女次純衣", 亦不言裳, 是其婦人連衣裳. 裳衣既連, 則不異其色. 必不異色者, 爲婦人尙專一, 德無所兼故也. 云"素沙者, 今之白縛也"者, 素沙爲裏無文, 故擧漢法而言. 謂漢以白縛爲裏, 以周時素沙爲裏耳. 云"六服皆袍制, 以白縛爲裏, 使之張顯"者, 按雜記云"子羔之襲繭衣裳", 則是袍矣. 男子袍既有衣裳, 今婦人衣裳連則非袍. 而云袍制者, 正取衣復不單, 與袍制同, 不取衣裳別爲義也. 云"今世有沙縠者, 名出于此"者, 言漢時以縠之衣有沙縠之名, 出于周禮素沙也.

◎ 鄭注: "鄭司"~"于此". ○정사농이 "휘의(褘衣)는 그림을 그려넣은 옷이다."라고 했는데, 정사농의 의중은 다음과 같다. 휘의(褘衣)에 적(狄)자를 붙여서 부르지 않았다면 적치(翟雉)를 그린 것이 아니다. 그림을 그려넣은 옷임을 알 수 있는 것은 천자의 면복에는 옷에 그림을 그리기

때문에 왕후의 옷에도 그림을 그린다는 사실을 알 수 있다. 또 「제통」편을 인용했는데, 「제통」편의 내용은 두 왕조의 후손국에서 그 나라의 부인이 제사를 도울 때 휘의(褘衣)를 착용하는데, 이것이 왕후의 경우와 동일함에 근거한 것이다. 정사농이 "요적(揄狄)과 궐적(闕狄)은 깃털을 그려 넣은 옷이다."라고 했는데, 적(狄)자를 붙여서 부른 것은 꿩의 깃털을 그린 것에 해당하기 때문이다. 정사농이 "전의(展衣)는 백색의 옷이다."라고 했는데, 국의(鞠衣)의 황색이 흙의 색깔에 따른 것을 보면, 흙은 쇠를 낳고, 쇠의 색깔은 백색인데, 전의(展衣)에 대한 문장이 국의(鞠衣) 뒤에 이어져 있다. 그렇기 때문에 전의(展衣)가 백색에 해당함을 알 수 있다. 정사농이 「상대기」편을 인용한 것은 궐적(闕狄)과 전의(展衣)가 부인의 복식이 됨을 증명하기 위해서이다. 그 문장에서 군주에 대해 곤복(卷服)을 사용한다고 했는데, 이것은 상공을 기준으로 말한 것이며, 부인에 대해 궐적(屈翟)을 사용한다고 했는데, 이것은 자작과 남작의 부인에 대해 초혼을 할 때를 기준으로 말한 것이니, 상호 살펴보면 그 의미가 드러난다. 정사농이 "세부(世婦)에 대해서는 전의(襢衣)를 사용한다."라고 했는데, 이 또한 제후에게 속한 세부에게 전의(襢衣)를 사용하는 것에 근거한 것이니, 초혼을 할 때 사용하는 복장이다. 정사농이 "'국의(鞠衣)'는 황색의 옷이다. '소사(素沙)'는 적색의 옷이다."라고 했는데, 정사농의 의중은 소사(素沙)를 복장의 명칭으로 여긴 것이고, 또 소사(素沙)를 적색으로 여겼는데, 그 의미에 있어서는 근거로 삼을 것이 없다. 그렇기 때문에 정현이 따르지 않은 것이다. 정현이 "내가 생각하기에 적(狄)자는 마땅히 적(翟)자가 되어야 한다."라고 했는데, 경문에 나온 2개의 적(狄)자를 파훼해서 적치(翟雉)라고 할 때의 적(翟)자에 따른 것이다. 정현이 "이수와 낙수 이남 지방에서는"이라고 한 말로부터 "요(搖)라고 부른다."라는 말까지는 모두 『이아』의 기록이다.[52] 즉 이수 이남에는 어떤 꿩이

---

52) 『이아』「석조(釋鳥)」 : 伊洛而南, 素質五采皆備成章曰翬. 江淮而南, 靑質五

있는데, 흰색이 바탕이 되고, 청색·적색·황색·흑색을 겸하고 있어 오색이 모두 갖춰졌으며, 그 무늬를 이룬 것을 '휘치(翬雉)'라 부른다는 뜻이다. 정현이 "강수와 회수 이남 지방에서는 청색 바탕에 다섯 가지 색깔이 모두 갖춰져 무늬를 이루는 것을 '요치(搖雉)'라 부른다."라고 했는데, 정현이 이 말을 인용한 것은 휘(褘)와 요(揄)자가 꿩에 해당함을 증명하기 위해서이다. 정현이 또 "휘의(褘衣)는 휘(翬)를 그린 것이다."라고 했는데, 정사농이 휘의(褘衣)를 설명하며 적(翟)을 언급하지 않았기 때문에 의미를 보충해 완성한 것이다. 정현이 "요적(揄翟)은 요(搖)를 그린 것이다."라고 했는데, 이 또한 정사농의 설명을 보충한 것이다. 정현이 "궐적(闕翟)은 자르기만 하고 그림을 그리지 않은 것이다."라고 했는데, 이것과 관련해서는 경문에 기록이 없고, 단지 뜻으로 헤아려본 것이다. 즉 적(翟)을 말하며 궐(闕)자를 추가했다면, 이것은 또한 비단을 잘라 꿩의 형상을 만든 것임을 나타낸다. 다만 궐(闕)이라고 했으니, 오색으로 그림을 그리지 않을 따름이라는 의미이다. 정현이 "이 세 가지는 모두 제복(祭服)에 해당한다."라고 했는데, 국의(鞠衣)로부터 그 이하의 복장이 제복이 아니라는 것과 대비한 것이다. 정현이 "천자를 따라 선왕에게 제사를 지내게 되면 휘의(褘衣)를 착용하고, 선공에게 제사를 지내게 되면 요적(揄翟)을 착용하며, 뭇 소사에 제사를 지내게 되면 궐적(闕翟)을 착용한다."라고 했는데, 정현이 이처럼 말한 것은 왕후에게는 바깥일이 없고, 오직 종묘의 제사만 있는데, 이를 나눠 둘로 삼아, 천자가 선왕에게 제사를 지내며 곤면(袞冕)을 착용하고, 선공에게 제사지낼 때 별면(鷩冕)을 착용하는 것과 동일하게 차등을 둔다는 사실을 드러내고자 한 것이다. 그리고 뭇 소사에 천자는 현면(玄冕)을 착용한다. 그렇기 때문에 왕후는 궐적(闕翟)을 착용한다. 정현이 "지금 세대에는 규의(圭衣)라는 것이 있는데, 아마도 삼적(三翟)의 유속인 것 같다."라고 했는데, 한나라

采皆備成章曰鷂.

때 규의(圭衣)라는 것이 있었고, 규(圭)의 형태로 자른 천을 옷에 붙였는데, 이것은 『주례』에 나온 삼적(三翟)이 별도로 비단을 잘라 의복에 붙였던 것에서 유래되어, 한나라의 풍속에 여전히 남아있었다. 그렇기 때문에 '삼적(三翟)의 유속'이라고 했다. 정현이 "국의(鞠衣)는 누런 뽕잎 색깔의 옷이다."라고 했는데, 계춘에 누에를 치려고 할 때 왕후가 이 복장을 착용하니 선제에게 양잠에 대해 보고할 때 착용하는 복장이라는 뜻이다. 정현이 "그 색이 누룩의 색깔과 같다."라고 했는데, 누룩에 대해 국(麴)자로 쓰지 않는 것은 고문에서는 통용해서 사용했기 때문이다. 정현이 "뽕잎이 처음 생겨났을 때를 상징한 것이다."라고 했는데, 뽕잎이 처음 생겨나게 되면 양잠을 시작한다. 그렇기 때문에 그 복장의 색깔로 삼아서 이를 형상한 것이다. 정현이 「월령」편을 인용한 것은 국의(鞠衣)가 사용되는 사안을 증명하기 위한 것이다. 그렇기 때문에 "뽕잎 따는 일에 대해 아뢰는 것이다."라고 했다. 정현이 "전의(展衣)는 예법에 따라 천자를 알현하거나 빈객을 만나볼 때의 복장이다."라고 했는데, 의미가 그러하다는 사실을 알 수 있는 것은 국의(鞠衣)가 그 앞에 기록되어 있는데, 뽕잎에 대해 아뢸 때 착용하는 복장이 되며, 단의(褖衣)가 그 뒤에 기록되어 있는데, 천자를 시중들 때 착용하는 복장이 된다. 전의(展衣)는 그 가운데 있다. 그렇기 때문에 천자를 알현하거나 빈객을 만나볼 때의 복장으로 여긴 것이다. 다만 왕후가 비록 천자와 신분이 대등하더라도 남편은 높고 아내는 낮으니, 서로 조현하는 일은 빈객을 대하는 경우와 동일하여, 제후가 천자의 빈객이 되었을 때, 왕후는 천자를 도와 빈객에게 관(灌)과 향(饗)을 하니, 왕후에게도 빈객을 만나보는 예법이 있는 것이다. 이러한 까닭으로 또한 전의(展衣)를 착용하게 된다. 정현이 "글자는 마땅히 전(襢)자가 되어야 하며, 전(襢)자는 단(亶)자의 뜻으로, '단(亶)'자는 진실함을 의미한다."라고 했는데, 『예기』를 살펴보면 전(襢)자로 기록되어 있고, 『시』와 이곳 문장에서는 전(展)자로 기록되어 있는데, 이 모두는 경문에 해당한다. 정현이 기어코 전(襢)자에 따랐던 것은 두 글자가 동일하지 않으니, 분명히 어느 한 곳에 오류가 있는 것이며, 전(襢)자는 의(衣)자를 부수로 삼아 만들어졌으니, 옷의 뜻이 포함되어 있다. 또『이아』에는 전(展)자와 단(亶)자가 비록 동일하게 성(誠)자의 뜻이 된다고 했는데,[53] 전(展)자는 말의 진실함을 뜻하고, 단(亶)자는 행동의 진실함을 뜻하며, 행실을 귀하게 여기고 말을 천하게 여기고, 단(襢)자는 단(亶)자를 소리부로 삼았으니, 행실이 진실하다는 뜻이 포함된다. 그렇기 때문에 전(襢)자에 따른 것이다. 정현이 또『시』를 인용했는데, 이것은 「용풍(鄘風)」편의 시로, 선강이 음란하여 해당하는 의복에 걸맞지 않은 사실을 풍자한 것이다. "그 분의 적의(翟衣)로다. 어쩌면 저리도 하늘같고, 어쩌면 저리도 상제같은가."라고 한 것은 그 덕이 신명에 해당함을 말한 것이다. 또 "그 분의 전의(展衣)로다. 참으로 이와 같은 사람이여, 나라의 아름다운 분이로다."라고 한 것은 그 행실이 군자에 짝함을 말한 것이다. 정현이 "두 가지의 뜻은 예와 부합된다."라고 했는데, 적의(翟衣)를 착용하는 것은 존귀하게 높이길 천제를 대하는 것처럼 하고, 비견하길 신명과 같이 하니, 이곳의 적(翟)과 시에서의 적(翟)은 모두 신을 섬길 때의 복장이 된다. 전(展)은 나라에서의 원조가 되고, 전의(展衣)는 군자를 조정에서 섬길 때의 복장이 되니, 이것은 예법에 따라 천자를 알현하고 빈객을 만나볼 때의 복장이 된다. 그렇기 때문에 "두 가지의 뜻은 예와 부합된다."라고 했다. 만약 그렇다면 「내칙」편의 주에서 "제후의 부인은 군주에게 알현하며 차(次)를 하고 단의(襢衣)를 착용한다."[54]라고 했다. 이 주는 조정에서 시중드는 것을 말한다. 정현이 「잡기」편과 「상대기」편을 인용했는데, 연의(緣衣)라는 말을 파훼하여 단의(襢衣)가 된다고 한 사안을 증명하고자 해서이다. 정현이 "그 글자는 간혹 세(稅)자로 기록하기

---

53) 『이아』「석고(釋詁)」: 展 · 諶 · 允 · 愼 · 亶, 誠也.

54) 이 문장은 『예기』「내칙(內則)」편의 "世子生, 則君沐浴朝服, 夫人亦如之. 皆立于阼階西鄕, 世婦抱子升自西階. 君名之, 乃降."이라는 문장에 대한 정현의 주이다.

도 한다."라고 했는데, 아마도 「잡기」편의 기록을 말하는 것 같다. 그렇기 때문에 「잡기」편에서는 "제후의 부인에 대해 초혼을 할 때에는 단의(稅衣)를 사용한다."라 했고, 또 "적(狄)과 단(稅)에는 모두 흰색의 안감을 댄다."라고 했는데, 모두 세(稅)자로 기록했으니, 이 또한 잘못이다. 그렇기 때문에 "이곳의 단의(褖衣)는 실제로는 단의(褖衣)이다."라고 말한 것이다. 정현이 "단의(褖衣)는 천자를 시중들 때 착용하는 복장이며, 또한 이것을 착용하고 한가롭게 거처한다."라고 했는데, 『상서』「다사전」을 살펴보면, "고대에 왕후와 부인이 군주 앞에서 시중을 들 때에는 촛불을 끈 후에 촛불을 들고 방안으로 가서 조복을 벗고 그런 뒤에 들어가 군주의 시중을 든다."라 했고, 주에서는 "조복(朝服)은 전의(展衣)이다. 군주는 당상에 있는 것이다."라 했다. 태사는 처마 아래에서 닭이 울었음을 아뢰고, 그런 뒤에 왕후와 부인이 방안에서 패옥을 울리고 연복(燕服)을 입고 고하고 들어가 시중을 든다고 했다. 이를 통해 말하여, 전의(展衣)가 조복(朝服)에 해당함을 풀이한 것이며, 연복(燕服)을 입고 고한 뒤에 들어가 시중을 든다는 것은 들어가서 시중을 들 때의 복장과 한가롭게 거처할 때의 복장이 모두 단의(褖衣)임을 나타내니, 전의(展衣) 뒤에는 오직 단의(褖衣)만 있기 때문이다. 그래서 시중을 들고 한가롭게 거처할 때의 복장이 모두 단의(褖衣)임을 알 수 있다. 시중을 드는 곳과 한가롭게 거처하는 곳은 모두 너무 개인적인 장소가 된다. 그렇기 때문에 복장을 동일하게 한다. 정현이 "남자의 단의(褖衣)는 흑색이니, 이 복장 또한 흑색이다."라고 했는데, 남자의 단의가 흑색이라고 했고, 예와 관련해서 비록 관련 경문 기록이 없지만, 「사관례」편을 살펴보면 방에 의복을 진열하며, 작변복(爵弁服)·피변복(皮弁服)·현단복(玄端服)을 두고, 「사상례」에 있어서도 방에 습할 것들을 진열하는데 또한 작변복(爵弁服)·피변복(皮弁服)·단의(褖衣)를 언급하였다. 단의(褖衣)는 현단(玄端)이 있는 곳에 해당하니, 말을 바꿔서 말한 것으로, 관례를 치를 때에는 현단(玄端)의 상의와 하의를 구별하고, 죽어 습을 할 때가 되면 현단(玄端)은 상의와 하의를 연결하여 부인의 단의(褖衣)와 동일하게 된다. 그렇기 때문에 비록 남자의 현단(玄端)에 해당하지만 이를 또한 단의(褖衣)라고 부른 것이다. 또 자고의 상에서 습을 할 때 단의(褖衣)에 진홍색의 가선을 댄 옷을 입힌 것을 보면,[55] 부인들의 복장으로 습했던 것을 기롱하였으니, 훈염(纁袡)이라는 것과 현의(玄衣)는 서로 대비가 되는 사물이므로, 남자의 단의(褖衣)는 흑색이 된다. 남자의 단의(褖衣)가 이미 흑색이라면, 이것은 부인의 단의(褖衣) 또한 흑색임을 알 수 있다. 정현이 이러한 사실을 언급한 것은 육복의 색깔에 대해서는 관련 경문 기록이 없어서, 아래로부터 위로 그 색깔을 차례대로 미루어 나가고자 하여 이것을 근본으로 삼았다. 그렇기 때문에 언급한 것이다. 정현이 "여섯 가지 복장이 여기에 모두 갖춰져 있다."라고 했는데, 경문과 전문에는 부인의 복장을 말한 것이 많은데, 그 문장은 모두 갖춰지지 않았고, 여섯 가지 복장에 대해 오직 이곳 문장만이 갖춰서 말하고 있다. 그렇기 때문에 여섯 가지 복장이 여기에 모두 갖춰져 있다고 말한 것이다. 정현이 이 말을 한 것은 또한 여섯 가지 복장의 색깔을 차례대로 미루어보고자 했기 때문이다. 정현이 "휘(褘)·요(揄)·적(狄)·전(展)자는 소리가 서로 비슷하다."라고 했는데, 위(褘)자와 휘(翬)자, 유(揄)자와 요(搖), 적(狄)자와 적(翟)자, 전(展)자와 단(襢)자 이 네 부류는 모두 소리가 서로 비슷하다. 그렇기 때문에 잘못되었다고 했다. 정현이 "연(緣)자는 자형이 비슷해서 잘못 쓴 것이다."라고 했는데, 연(緣)자와 단(褖)자는 소리가 서로 비슷할 수 없다. 다만 자형이 서로 비슷하다. 그렇기 때문에 자형이 비슷해서 잘못 쓴 글자가 된다. 정현이 "아래로부터 그 색깔을 차례대로 미루어보면, 궐적(闕狄)은 적색이고, 요적(揄狄)은 청색이며, 휘의(褘衣)는 현색이다."라고 했는데, 왕후의 육복에 대해서는 그 색깔과 관련해

55) 『예기』「잡기상(雜記上)」 : 子羔之襲也, 繭衣裳與稅衣纁袡爲一, 素端一, 皮弁一, 爵弁一, 玄冕一. 曾子曰, "不襲婦服."

서 경문 기록이 없다. 그렇기 때문에 그 색깔에 대해 차례대로 미루어보아야 한다. '추차(推次)'라고 말했는데, 국의(鞠衣)는 누룩을 형상하고, 그 색깔은 황색이며, 단의(褖衣)는 남자의 단의(褖衣)와 동일하여 그 색깔은 흑색이다. 이 두 가지를 근본으로 삼고, 오행의 색깔이 아래로부터 위로 향하는 것을 통해 순차적으로 미루어본 것이다. 물의 색깔은 이미 흑색이 되고, 단의(褖衣)가 이를 형상했다. 물은 쇠에서 나고, 단의(褖衣) 위에는 전의(展衣)가 있으니, 전의(展衣)는 쇠의 색깔인 백색을 형상한다. 그렇기 때문에 정사농 또한 "전의(展衣)는 백색의 옷이다."라고 말한 것이다. 쇠는 흙에서 나고 흙의 색깔은 황색인데, 국의(鞠衣)가 이를 형상했다. 흙은 불에서 나고 불의 색깔은 적색이며 국의(鞠衣) 위에는 궐적(闕翟)이 있으니, 궐적(闕翟)이 형상하는 것은 적색이 된다. 불은 나무에서 나고 나무의 색깔은 청색이며, 궐적(闕翟) 위에는 요적(揄翟)이 있어, 그것이 형상하는 것은 청색이 된다. 오행의 색깔을 이미 다 썼으니, 여섯 가지 색깔 중에는 오직 하늘에 해당하는 현색만이 있고, 휘의(褘衣)는 가장 상등에 위치하여 하늘의 색깔인 현색을 형상한다. 이것이 아래로부터 그 색깔을 차례대로 미루어본 것이다. 정현이 "부인은 전일한 것을 숭상하고, 덕에는 겸하는 바가 없으니, 상의와 하의를 연결해서 그 색깔을 달리하지 않는다."라고 했는데, 「상복」편을 살펴보면, 앞에서는 '참최상(斬衰裳)'[56]이라 했고, 뒤에서는 "여자는 좌(髽)를 하고 최(衰)를 하며 삼년을 치른다."[57]라 했다. 단지 '최(衰)'라고만 말하고 상(裳)을 언급하지 않았으니, 이것은 상의와 하의를 연결했기 때문이다. 또 「사혼례」편에서 "신부는 머리에 차(次)라는 장식을 올리고 순의(純衣)를 착용한다."라고 하여 또한 상(裳)을 언급하지 않았으니, 이것은 부인들의 복장이 상의와 하의를 연결한다는 사실을 나타낸다. 상의와 하의를 이미 연결

---

56) 『의례』「상복(喪服)」: 喪服. 斬衰裳, 苴絰·杖·絞帶, 冠繩纓, 菅屨者.

57) 『의례』「상복(喪服)」: 女子子在室爲父, 布總, 箭笄, 髽, 衰, 三年.

했다면 그 색깔도 달리하지 않는다. 반드시 그 색깔을 달리하지 않는 것은 부인은 전일함을 숭상하고 덕에도 겸하는 바가 없기 때문이다. 정현이 "소사(素沙)라는 것은 지금의 백색 명주를 뜻한다."라고 했는데, 소사(素沙)가 안감이 된다는 것에 있어서도 관련 경문이 없다. 그렇기 때문에 한나라 때의 법도를 들어서 말한 것이다. 즉 한나라 때에는 백색의 명주로 안감을 대었으니, 주나라 때의 소사(素沙)도 안감이 된다고 말한 것일 뿐이다. 정현이 "여섯 가지 복장은 모두 포의 방식으로 만들어서 백색의 명주로 안감을 만들고, 펼쳐져 드러나게 한다."라고 했는데,「잡기」편을 살펴보면 "자고에 대해 습을 할 때 상의와 하의가 연결된 솜옷을 입혔다." 라고 했고, 이것은 포(袍)에 해당한다. 남자의 포(袍)에 이미 상의와 하의가 있고, 지금 부인의 상의와 하의는 연결한다고 했으니, 포(袍)가 아니다. 그런데도 포(袍)의 방식으로 만든다고 한 것은 의복을 홑겹으로 하지 않는 것이 포(袍)의 방식과 동일하다는 뜻에 따른 것이지, 상의와 하의를 구별한다는 것을 의미로 취한 것이 아니다. 정현이 "지금 세상에 사곡(沙縠)이라는 것이 있는데, 그 이름은 여기에서 도출된 것이다."라고 했는데, 한나라 때에는 곡(縠)으로 만든 옷 중에 사곡(沙縠)이라는 명칭이 있었는데, 그것은 『주례』의 소사(素沙)에서 나왔다는 뜻이다.

참고 8-15 『예기』「옥조(玉藻)」 기록

경문 君命屈狄, 再命褘衣, 一命襢衣, 士褖衣.

여군(女君)은 명령을 받으면 궐적(闕狄)을 착용하고, 2명(命)의 신하들 처는 국의(鞠衣)를 착용하며, 1명(命)의 신하들 처는 전의(展衣)를 착용하고, 사의 처는 단의(褖衣)를 착용한다.

鄭注 君, 女君也. 屈, 周禮作"闕", 謂刻繒爲翟, 不畫也. 此子 · 男之夫人, 及其卿 · 大夫 · 士之妻命服也. 褘, 當爲"鞠", 字之誤也. 禮,天子諸侯命其臣, 后夫人亦命其妻以衣服, 所謂"夫尊於朝, 妻榮於室"
也. 子‧男之卿再命, 而妻鞠衣, 則鞠衣‧襢衣‧褖衣者, 諸侯之臣皆
分爲三等, 其妻以次受此服也. 公之臣, 孤爲上, 卿‧大夫次之, 士次
之. 侯‧伯‧子‧男之臣, 卿爲上, 大夫次之, 士次之. 褖, 或作"稅".

'군(君)'자는 여군(女君)을 뜻한다. '굴(屈)'자를 『주례』에서는 '궐(闕)'로
기록했으니, 비단을 오래 꿩 모양을 만들고, 그림을 그리지는 않는다. 이
내용은 자작과 남작의 부인 및 그들에게 소속된 경‧대부‧사의 처가 착
용하는 명복(命服)에 해당한다. '위(褘)'자는 마땅히 '국(鞠)'자가 되어야
하니, 글자가 비슷해서 생긴 오류이다. 예법에 따르면, 천자와 제후는 그
들의 신하에게 명령을 내리니, 왕후와 부인들 또한 그녀들의 휘하에 있는
처들에게 의복에 대한 명령을 내릴 수 있고, 이른바 "남편은 조정에서
존귀하며, 처는 집에서 영예롭다."[58]는 뜻에 해당한다. 자작과 남작에게
소속된 경은 2명(命)의 등급이고, 경의 처는 국의(鞠衣)를 입으니, 국
의‧전의(襢衣)‧단의(褖衣)라는 것은 제후의 신하들을 모두 세 등급으
로 나누게 되면, 신하들의 처는 순차에 따라 이러한 복장을 받게 된다.
공작의 신하에 있어서, 고(孤)가 가장 상등이 되며, 경‧대부는 그 다음
이 되고, 사는 그 다음이 된다. 후작‧백작‧자작‧남작의 신하에 있어
서, 경이 가장 상등이 되며, 대부가 그 다음이 되고, 사가 그 다음이 된다.
'단(褖)'자를 다른 판본에서는 '세(稅)'자로 기록하기도 한다.

孔疏 ●"君命屈狄"者, 君, 謂女君, 子男之妻也. 被后所命, 故云"君
命屈狄"者. 屈, 闕也. 狄, 亦翟也. 直刻雉形, 闕其采畫, 故云"闕翟"也.

● 經文: "君命屈狄". ○'군(君)'자는 여군(女君)을 뜻하니, 자작과 남작
의 처를 의미한다. 왕후(王后)로부터 명령을 받았기 때문에 "여군은 명령
을 받으면 궐적(闕狄)을 착용한다."라고 말한 것이다. '굴(屈)'자는 궐

---

58) 『의례』「상복(喪服)」: 夫尊於朝, 妻貴於室矣.

(闕)자이다. '적(狄)' 또한 적(翟)을 뜻한다. 단지 꿩의 형태로만 오리고, 채색의 그림은 빼기 때문에, '궐적(闕翟)'이라고 부른다.

孔疏 ●"再命褘衣"者, 再命, 謂子男之卿. 褘, 當爲"鞠", 謂子·男卿妻服鞠衣也.

●經文: "再命褘衣". ○2명(命)의 등급은 자작과 남작에게 소속된 경을 뜻한다. '위(褘)'자는 마땅히 국(鞠)자가 되어야 하니, 자작과 남작에게 소속된 경의 처는 국의(鞠衣)를 착용한다는 의미이다.

孔疏 ●"一命襢衣"者, 襢, 展也. 子·男大夫一命, 其妻服展衣也.

●經文: "一命襢衣". ○'단(襢)'자는 전(展)자이다. 자작과 남작에게 소속된 대부는 1명(命)의 등급이며, 그의 처는 전의(展衣)를 착용한다.

孔疏 ●"士褖衣"者, 謂子·男之士不命, 其妻服褖衣. 鄭注士喪禮, 褖之言緣, 黑衣裳, 以赤緣之.

●經文: "士褖衣". ○자작과 남작에게 소속된 사는 명(命)의 등급이 없고, 그의 처는 단의(褖衣)를 착용한다는 뜻이다. 『의례』「사상례(士喪禮)」편에 대한 정현의 주에서는 '단(褖)'자는 가선[緣]을 뜻하니, 흑색의 상의와 하의를 만들고, 적색으로 가선을 댄 옷이다.[59]

孔疏 ◎注云"君女"至"作稅". ○正義曰: 以禮, 君命其夫, 后命其婦, 則子男之妻不得受天子之命, 故以爲君謂女君. 是子男之妻, 受后之命, 或可. 女君, 謂后也, 命子男妻, 故云"君命". 云"此子·男之夫人, 及其卿·大夫·士之妻命服也"者, 以典命云: "子男之卿再命, 其大

---

59) 이 문장은 『의례』「사상례(士喪禮)」편의 "褖衣."라는 기록에 대한 정현의 주이다.

夫一命, 其士不命." 此云"再命褘衣, 一命檈衣, 士褖衣", 又承"闕狄"
下, 正與子男同, 故知據"子·男夫人及卿·大夫·士之妻"也. 褘衣
是王后之服, 故疑當爲鞠衣. 云"子·男之卿再命, 而妻鞠衣, 則鞠
衣·檈衣·褖衣者, 諸侯之臣, 皆分爲三等, 其妻以次受此服也"者,
鄭爲此言, 欲明諸侯臣之妻, 唯有三等之服. 云"公之臣, 孤爲上,
卿·大夫次之, 士次之"者, 以司服云孤"絺冕而下", 卿大夫"玄冕而
下", 士"皮弁而下". 此謂上公臣爲三等. 云"侯·伯·子·男之臣, 卿
爲上, 大夫次之, 士次之"者, 以此經"再命鞠衣, 一命檈衣, 士褖衣",
士與大夫不同. 又典命"子·男之卿再命, 大夫一命, 士不命", 尚分爲
三等. 侯·伯之卿三命, 大夫再命, 士一命, 是亦三等, 可知鄭云然也.

◎鄭注: "君女"~"作稅". ○ 예법에 따르면, 군주는 남편들에게 명령을 내
리고, 왕후는 부인들에게 명령을 내리니, 자작·남작의 처는 천자의 명령
을 받을 수 없다. 그렇기 때문에 '군(君)'자가 여군(女君)을 뜻한다고 여
긴 것이다. 자작·남작의 처가 왕후의 명령을 받는 일은 가능하기도 하
다. 여군(女君)은 또한 왕후(王后)를 뜻하기도 하니, 자작·남작의 처에
게 명령을 내리기 때문에, '군명(君命)'이라고 한 것이다. 정현이 "이 내
용은 자작과 남작의 부인 및 그들에게 소속된 경·대부·사의 처가 착용
하는 명복(命服)에 해당한다."라고 했는데, 『주례』「전명(典命)」편에서
는 "자작·남작에게 소속된 경은 2명(命)의 등급이고, 대부는 1명(命)의
등급이며, 사는 명(命)의 등급이 없다."[60]라고 했기 때문이다. 이곳에서
는 "2명(命)에 휘의(褘衣)를 착용하고, 1명(命)에 전의(檈衣)를 착용하
며, 사의 처는 단의(褖衣)를 착용한다."라 했고, 또한 이 문장은 '궐적(闕
狄)' 다음에 기록되어 있으니, 자작·남작의 경우와 동일하다. 그렇기 때
문에 자작과 남작의 부인 및 그들에게 소속된 경·대부·사의 처에 기준

---

60) 『주례』「춘관(春官)·전명(典命)」: 子男之卿再命, 其大夫一命, 其士不命, 其
宮室·車旗·衣服·禮儀, 各視其命之數.

을 두었음을 알 수 있다. '휘의(褘衣)'는 왕후(王后)가 착용하는 복장이다. 그렇기 때문에 이 복장은 마땅히 '국의(鞠衣)'가 되어야 한다고 의심을 한 것이다. 정현이 "자작과 남작에게 소속된 경은 2명(命)의 등급이고, 경의 처는 국의(鞠衣)를 입으니, 국의(鞠衣)·전의(襢衣)·단의(褖衣)라는 것은 제후의 신하들을 모두 세 등급으로 나누게 되면, 신하들의 처는 순차에 따라 이러한 복장을 받게 된다."라고 했는데, 정현이 이러한 말을 한 이유는 제후에게 소속된 신하들의 처는 단지 세 등급의 복장만 있다는 사실을 나타내고자 해서이다. 정현이 "공작의 신하에 있어서, 고(孤)가 가장 상등이 되며, 경·대부는 그 다음이 되고, 사는 그 다음이 된다."라고 했는데, 『주례』「사복(司服)」편에서는 고(孤)에 대해서 "치면(絺冕)으로부터 그 이하의 복장을 착용한다."라 했고, 경과 대부에 대해서 "현면(玄冕)으로부터 그 이하의 복장을 착용한다."라 했으며, 사에 대해서 "피변(皮弁)으로부터 그 이하의 복장을 착용한다."라 했다.[61] 이 말은 상공(上公)에게 소속된 신하는 세 등급으로 구분된다는 뜻이다. 정현이 "후작·백작·자작·남작의 신하에 있어서, 경이 가장 상등이 되며, 대부가 그 다음이 되고, 사가 그 다음이 된다."라고 했는데, 이곳 경문에서는 "2명(命)에 국의(鞠衣)를 착용하고, 1명(命)에 전의(襢衣)를 착용하며, 사의 처는 단의(褖衣)를 착용한다."고 했으니, 사와 대부에 대한 규정이 동일하지 않다. 또 「전명」편에서는 "자작과 남작에게 소속된 경은 2명(命)의 등급이고, 대부는 1명(命)의 등급이며, 사는 명(命)의 등급이 없다."라고 했으니, 여전히 신하의 구분을 세 등급으로 한 것이다. 후작·백작에게 소속된 경은 3명(命)의 등급이며, 대부는 2명(命)의 등급이고, 사는 1명(命)의 등급이니, 이 또한 신하의 구분을 세 등급을 한 것이므로, 정현이 이처럼 말한 이유를 알 수 있다.

---

61) 『주례』「춘관(春官)·사복(司服)」: 孤之服, 自希冕而下如子男之服, 卿大夫之服, 自玄冕而下如孤之服, 其凶服加以大功小功; 士之服, 自皮弁而下如大夫之服, 其凶服亦如之.

◦그림 8-30 ▣ 국의(鞠衣)

※ 출처: 『삼례도집주(三禮圖集注)』 2권

展
衣

※ 출처: 『삼례도집주(三禮圖集注)』 2권

※ 출처:『삼례도집주(三禮圖集注)』2권

※ 출처:『삼례도집주(三禮圖集注)』2권

그림 8-34 ◼ 요적(揄狄: =揄翟·搖狄)

※ 출처: 『삼례도집주(三禮圖集注)』 2권

※ 출처:『삼례도집주(三禮圖集注)』2권

그림 8-36 ▣ 장보(章甫)와 모퇴(母追)

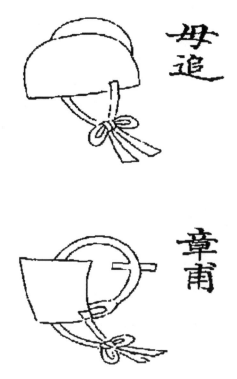

※ 출처: 『삼례도집주(三禮圖集注)』 3권

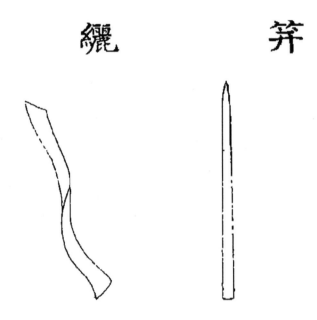

纚 筓

※ 출처: 『삼례도집주(三禮圖集注)』 3권

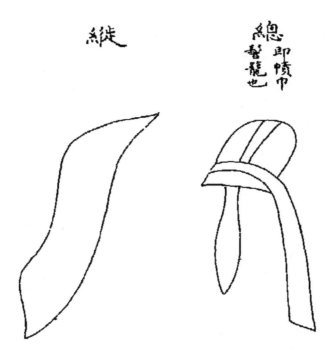

縰

總 即幘巾
　 縈髻龍也

※ 출처: 『삼례도(三禮圖)』 2권

그림 8-39 ▣ 왕후(王后)의 육궁(六宮)과 육침(六寢)

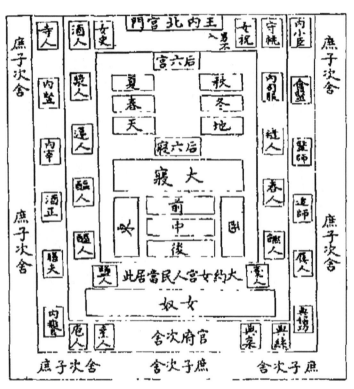

※ 출처: 『주례도설(周禮圖說)』 상권

88上

姆纚·笄·宵衣, 在其右.

직역 姆는 纚하고 笄하며 宵衣하여 그 右에 在한다.

의역 유모는 머리싸개를 하고 비녀를 꽂으며 초의를 착용하고서 신부의 우측에 위치한다.

鄭注 姆, 婦人年五十無子, 出而不復嫁, 能以婦道敎人者, 若今時乳母矣. 纚, 韜髮. 笄, 今時簪也. 纚亦廣充幅, 長六尺. 宵, 讀爲詩 "素衣朱綃"之綃, 魯詩以綃爲綺屬也. 姆亦玄衣, 以綃爲領, 因以爲名, 且相別耳. 姆在女右, 當詔以婦禮.

'모(姆)'는 부인들 중 나이가 50이 되었으나 자식이 없는 자로 쫓겨났지만 다시 시집을 갈 수 없고, 아녀자의 도를 다른 사람에게 가르쳐 줄 수 있는 자이니 오늘날의 유모(乳母)와 같다. 이(纚)는 머리를 감싸는 것이다. '계(笄)'는 오늘날의 잠(簪)에 해당한다. 머리싸개 또한 그 너비가 1폭이 되며 길이는 6척이다. '초(宵)'자는 『시』에서 "흰색의 옷에 주색의 옷깃이여."[1]라고 했을 때의 '초(綃)'로 읽으니, 『노시』에서는 '초(綃)'를 비단 종류라고 여겼다. 유모 또한 현색의 옷을 입고 초로 옷깃을 만든다. 따라서 이러한 이유로 인해 명칭을 삼은 것이고 또 이를 통해 상호 구별한 것일 뿐이다. 유모가 신부의 우측에 있는 것은 마땅히 신부가 따라야 할 예법을 일러주어야 하기 때문이다.

賈疏 ●"姆纚"至"其右". ○釋曰: 此經欲見女既在房, 須有傳命者之

---

1) 『시』「당풍(唐風)·양지수(揚之水)」: 揚之水, 白石皓皓. 素衣朱繡, 從子于鵠. 旣見君子, 云何其憂. / 정현의 전문(箋文)에서는 "수(繡)자는 초(綃)자가 되어야 한다."라고 했다.

義也.

●經文: "姆纚"~"其右". ○이곳 경문은 신부가 이미 방안에 있으므로 명령을 전달하는 자를 두어야만 하는 뜻을 드러내고자 한 것이다.

賈疏 ◎注"姆婦"至"婦禮". ○釋曰: 云"姆, 婦人年五十無子, 出而不復嫁, 能以婦道敎人"者, 婦人年五十陰道絶, 無子, 乃出之. 按家語云: "婦人有七出: 不順父母出, 淫辟出, 無子出, 不事舅姑出, 惡疾出, 多舌出, 盜竊出." 又莊二十七年何休注: "公羊云: 無子棄, 絶世也; 淫佚棄, 亂類也; 不事舅姑棄, 悖德也; 口舌棄, 離親也; 盜竊棄, 反義也; 嫉妒棄, 亂家也; 惡疾棄, 不可奉宗廟也." 又家語有"三不去": "曾經三年喪, 不去." 休云: "不忘恩也." "賤取貴, 不去." 休云: "不背德也." "有所受無所歸, 不去." 休云: "不窮窮也." 休又云: "喪婦長女不娶, 無敎戒也; 世有惡疾不取, 棄於天也; 世有刑人不娶, 棄於人也; 亂家不娶, 類不正也; 逆家女不娶, 廢人倫也." 是五不娶. 又按易·同人六二, 鄭注云: "天子諸侯后夫人, 無子不出." 則猶有六出. 其天子之后雖失禮, 鄭云: "嫁於天子, 雖失禮, 無出道, 遠之而已. 若其無子不廢, 遠之, 后尊如故, 其犯六出則廢之." 然就七出之中餘六出, 是無德行不堪敎人, 故無子出, 能以婦道敎人者, 以爲姆, 旣敎女, 因從女向夫家也. 云"若今時乳母"者, 漢時乳母與古時乳母別. 按喪服乳母者, 據大夫子有三母: 子師·慈母·保母. 其慈母闕, 乃令有乳者, 養子謂之爲乳母, 死爲之服緦麻. 師敎之乳母, 直養之而已. 漢時乳母則選德行有乳者爲之, 幷使敎子, 故引之以證姆也. 云"纚, 縚髮"者, 此纚亦如士冠纚, 以繒爲之, 廣充幅, 長六尺, 以縚髮而紒之. 姆所異於女者, 女有纚, 兼有次, 此姆則有纚而無次也. 云"笄, 今時簪"者, 擧漢爲況義也. 云"宵, 讀爲詩'素衣朱綃'之綃"者, 引詩以爲證也. 云"姆亦玄衣, 以綃爲領, 因以爲名"者, 此衣雖言綃衣, 亦與純衣同是褖衣, 用綃爲領, 故因得名綃衣也. 必知綃爲領者, 詩云“素衣朱綃”, 詩又云“素衣朱襮”, 爾雅 · 釋器云: “黼領謂之襮.” 襮既爲領, 明朱綃亦領可知. 按上文云女褖衣, 下文云女從者畢袗玄, 皆是褖衣, 則此綃衣亦褖衣矣. 女與女從襌黼領, 此姆以玄綃爲領也. 若然, 特牲云綃衣者, 謂以綃繒爲衣. 知此綃爲領者, 以下女從者云“被穎黼”, 據領, 明此亦據領也. 云“姆在女右, 當詔以婦禮”者, 按禮記 · 少儀云“贊幣自左, 詔辭自右”, 地道尊右之義, 故姆在女右也.

◎ 鄭注: “姆婦”~“婦禮”. ○ 정현이 "모(姆)는 부인들 중 나이가 50이 되었으나 자식이 없는 자로 쫓겨났지만 다시 시집을 갈 수 없고, 아녀자의 도를 다른 사람에게 가르쳐 줄 수 있는 자이다."라고 했는데, 부인의 나이가 50세가 되었다면 음의 도가 끊어지므로, 자식이 없다면 쫓아낸다. 『공자가어』를 살펴보면 "부인의 경우 쫓아내는 경우에는 일곱 가지가 있으니, 부모에게 순종하지 않으면 쫓아내고, 음란하면 쫓아내며, 자식이 없으면 쫓아내고, 시부모를 섬기지 않으면 쫓아내며, 시기하면 쫓아내고, 나쁜 병이 있으면 쫓아내며, 말이 많으면 쫓아내고, 도둑질을 하면 쫓아낸다.[2]"라고 했다. 또 장공 27년에 대한 하휴[3]의 주에서는 "공양은 다음과 같이 말한 것으로, 자식이 없으면 내치니 세대를 끊어지게 만들기 때문이다. 음란하면 내치니 종족을 문란하게 만들기 때문이다. 시부모를 섬기지 못하면 내치니 덕을 어그러트리기 때문이다. 말이 많으면 내치니 친족들을 소원하게 만들기 때문이다. 도둑질을 하면 내치니 도의를 위배했기 때문이다. 시기하면 내치니 가정을 혼란스럽게 만들기 때문이다. 나쁜 병이 있으면 내치니 종묘의 제사를 받들 수 없기 때문이다.[4]"라고

---

2) 『공자가어』「본명해(本命解)」: 七出者, 不順父母出者, 無子者, 婬僻者, 嫉妬者, 惡疾者, 多口舌者, 竊盜者.

3) 하휴(何休, A.D.129 ~ A.D.182): 전한(前漢) 때의 금문경학자(今文經學者)이다. 자(字)는 소공(邵公)이다. 『춘추공양전해고(春秋公羊傳解詁)』를 지었으며, 『효경(孝經)』, 『논어(論語)』 등에 대해서도 주를 달았고, 『춘추한의(春秋漢議)』를 짓기도 하였다.

했다. 또『공자가어』에서는 "내치지 못하는 경우는 세 가지이다."라 했고, "일찍이 삼년상을 치른 경우라면 내치지 않는다."라 했고, 하휴는 "은정을 잊을 수 없기 때문이다."라 했다. "이전에는 미천했다가 이후 존귀해진 경우에는 내치지 않는다."라 했고, 하휴는 "덕을 위배할 수 없기 때문이다."라 했다. "맞이해온 곳은 있지만 돌아갈 곳이 없는 경우에는 내치지 않는다."라 했고,5) 하휴는 "곤궁함으로 끝까지 내몰 수 없기 때문이다."라고 했다.6) 하휴는 또한 "모친이 없는 집의 장녀는 아내로 들이지 않으니 가르침과 훈계를 받지 못했기 때문이다. 대대로 나쁜 병이 있는 집의 여자는 아내로 들이지 않으니 하늘로부터 버림을 받았기 때문이다. 대대로 죄인이 나온 집의 여자는 아내로 들이지 않으니 사람들로부터 버림을 받았기 때문이다. 혼란스러운 집안의 여자는 아내로 들이지 않으니 족인들이 바르지 못하기 때문이다. 반역을 한 집안의 여자는 아내로 들이지 않으니 인륜을 저버렸기 때문이다."7)라고 했다. 이것은 아내로 들이지 않는 다섯 가지 경우이다. 또『역』「동인괘(同人卦)」육이를 살펴보면, 정현의 주에서는 "천자와 제후의 왕후 및 부인은 자식이 없더라도 내치지 않는다."라고 했다면, 여전히 여섯 가지 경우를 범하면 내치게 된다. 천자의 왕후는 비록 실례를 범하더라도, 정현은 "천자에게 시집을 갔다면 비록 실례를 범하더라도 쫓아내는 도리가 없으니, 멀리 대할 뿐이다. 만약 자식을 낳지 못했다면 폐하지 않고 멀리 대하니 왕후의 존귀함은 이전과 같기 때문이다. 그러나 쫓아내는 죄목에 해당하는 다른 여섯

---

4) 이 문장은『춘추공양전』「장공(莊公) 27년」의 "大歸曰來歸."라는 기록에 대한 하휴의 주이다.

5)『공자가어』「본명해(本命解)」: 三不去者, 謂有所取無所歸, 與共更三年之喪, 先貧賤後富貴.

6)『춘추공양전』「장공(莊公) 27년」의 하휴 주 : 嘗更三年喪不去, 不忘恩也; 賤取貴不去, 不背德也; 有所受, 無所歸不去, 不窮窮也.

7) 이 문장은『춘추공양전』「장공(莊公) 27년」의 "大歸曰來歸."라는 기록에 대한 하휴의 주이다.

가지를 범하게 되면 폐한다."라고 했다. 그렇다면 내쫓기는 일곱 가지 잘못 중 나머지 여섯 가지는 덕행이 없는 경우이므로 다른 사람을 가르칠 수 없다. 그렇기 때문에 자식이 없어 쫓겨났지만 그 사람이 아녀자의 도로 남을 가르칠 수 있는 경우라면 유모로 삼고, 이미 그 여식을 가르쳤다면 여식을 따라 신랑 집으로 함께 향하게 된다. 정현이 "오늘날의 유모(乳母)와 같다."라고 했는데, 한나라 때의 유모와 고대의 유모는 구별된다. 『의례』「상복(喪服)」편을 살펴보면, 유모(乳母)에 대한 경우가 나오니, 이것은 대부의 자식에게 세 모친이 있는 것에 근거한 것으로, 자사(子師)·자모(慈母)·보모(保母)가 그들이다. 자모가 없는 경우 젖이 나오는 여자로 하여금 자식을 기르도록 하니, 그녀를 '유모(乳母)'라 부르고, 그녀가 죽게 되면 그녀를 위해서 시마복(緦麻服)을 입는다. 스승의 입장이 되어 가르치기만 하는 유모는 단지 기르기만 할 따름이다. 한나라 때의 유모는 덕행이 있으면서도 젖이 나오는 여자를 골라서 유모로 삼았고, 아울러 자식을 가르치도록 했다. 그렇기 때문에 이 내용을 인용하여 모(姆)에 대해 증명한 것이다. 정현이 "이(纚)는 머리를 감싸는 것이다."라고 했는데, 여기에서 말하는 '이(纚)'는 『의례』「사관례(士冠禮)」편에 나오는 이(纚)와 동일하니,[8] 비단으로 만들게 되며 그 너비는 1폭이 되고 길이는 6척이 되며, 이것을 통해 머리를 감싸서 상투를 틀게 된다. 유모가 신부와 차이를 두는 것은 신부의 경우 머리싸개를 하고 함께 머리장식인 차(次)를 두게 되지만, 유모의 경우에는 머리싸개만 하고 차(次)는 하지 않는다. 정현이 "계(笄)는 오늘날의 잠(簪)에 해당한다."라고 했는데, 한나라 때의 기물을 기준으로 비유를 든 것이다. 정현이 "초(宵)자는 『시』에서 '흰색의 옷에 주색의 옷깃이여.'라고 했을 때의 초(綃)로 읽는다."라고 했는데, 『시』를 인용하여 증명한 것이다. 정현이 "유모 또한 현

---

8) 『의례』「사관례(士冠禮)」: 緇布冠缺項, 靑組纓屬于缺; 緇纚, 廣終幅, 長六尺; 皮弁笄; 爵弁笄; 緇組紘, 纁邊; 同篋.

색의 옷을 입고 초로 옷깃을 만든다. 따라서 이러한 이유로 인해 명칭을 삼은 것이다."라고 했는데, 여기에서 말한 옷은 비록 초의(綃衣)를 말하는 것이지만, 또한 순의(純衣)와 더불어 모두 단의(椽衣)가 되며, 초(綃)로 옷깃을 만든다. 그렇기 때문에 이로 인해 '초의(綃衣)'라고 부르는 것이다. 초(綃)로 옷깃을 만든다는 사실을 분명히 알 수 있는 이유는 『시』에서는 "흰색의 옷에 주색의 옷깃이여."라 했고, 『시』에서는 또한 "흰색의 옷에 주색의 수놓은 옷깃이여."9)라고 했는데, 『이아』「석기(釋器)」편에서는 "보(黼) 무늬를 새긴 옷깃을 박(襮)이라 부른다."10)라고 했다. 박(襮)이 이미 옷깃이 된다면 주초(朱綃) 또한 옷깃에 해당한다는 사실을 알 수 있다. 앞 문장을 살펴보면 신부는 단의(椽衣)를 입는다고 했고,11) 그 뒤에서는 신부측 종자들은 모두 상의와 하의를 현색으로 맞춘다고 했는데,12) 이것은 모두 단의(椽衣)에 해당하니, 여기에서 말한 초의(綃衣) 또한 단의(椽衣)에 해당한다. 신부와 신부측의 종자들은 홑옷에 보 무늬를 수놓은 옷깃을 다니, 여기에서 말한 유모는 현색의 비단으로 옷깃을 만드는 것이다. 만약 그렇다면 『의례』「특생궤식례(特牲饋食禮)」편에서 '초의(綃衣)'라고 한 것13)은 비단으로 만든 옷을 뜻한다. 여기에서 말한 초(綃)가 옷깃이 됨을 알 수 있는 이유는 아래에서 신부측 종자는 "홑겹의 보(黼)가 수놓인 옷깃의 옷을 입는다."라고 했다. 이것은 옷깃에 기준을 둔 것이니, 여기에서 말한 것 또한 옷깃을 가리킨다는 사실을 알 수 있다. 정현이 "유모가 신부의 우측에 있는 것은 마땅히 신부가 따라야

---

9) 『시』「당풍(唐風)·양지수(揚之水)」: 揚之水, 白石鑿鑿. 素衣朱襮, 從子于沃. 旣見君子, 云何不樂.

10) 『이아』「석기(釋器)」: 衣裗謂之祝. 黼領謂之襮. 緣謂之純. 袂謂之裒. 衣眥謂之襟. 衭謂之裾. 衿謂之袸. 佩衿謂之褑. 執衽謂之袺. 扱衽謂之襭. 衣蔽前謂之襜. 婦人之褘謂之縭. 縭, 綬也. 裳削幅謂之纀.

11) 『의례』「사혼례」: 女次, 純衣纁袡, 立于房中, 南面.

12) 『의례』「사혼례」: 女從者畢袗玄, 纚笄, 被穎黼, 在其後.

13) 『의례』「특생궤식례(特牲饋食禮)」: 主婦纚笄宵衣, 立于房中, 南面.

할 예법을 일러주어야 하기 때문이다."라고 했는데, 『예기』「소의(少儀)」
편을 살펴보면 "군주를 대신하여 폐물을 받는 자는 군주의 좌측에서 받
고, 군주의 명령을 전달하는 자는 군주의 우측에서 한다."[14]라고 했다.
이것은 땅의 도에서 우측을 존귀하게 높이는 뜻에 해당한다. 그렇기 때문
에 유모가 신부의 우측에 있게 된다.

참고 8-16 『시』「당풍(唐風)·양지수(揚之水)」

揚之水,　　（양지수）　　：격양된 물이여,
白石鑿鑿.　（백석착착）：흰 돌이 매우 선명하구나.
素衣朱襮,　（소의주박）：수놓은 흰 옷에 붉은 가선이여,
從子于沃.　（종자우옥）：종자를 통해 옥나라로 보내리라.
旣見君子,　（기현군자）：이미 군자를 만나보았는데,
云何不樂.　（운하불락）：어찌 즐겁지 않으리오.

揚之水,　　（양지수）　　：격양된 물이여,
白石皓皓.　（백석호호）：흰 돌이 매우 깨끗하구나.
素衣朱繡,　（소의주수）：흰 옷에 붉은 수를 놓은 것이여,
從子于鵠.　（종자우곡）：종자를 통해 곡옥읍으로 보내리라.
旣見君子,　（기현군자）：이미 군자를 만나보았는데,
云何其憂.　（운하기우）：어찌 근심하리오.

揚之水,　　（양지수）　　：격양된 물이여,
白石粼粼.　（백석린린）：흰 돌이 맑고도 깨끗하구나.
我聞有命,　（아문유명）：내 곡옥에 선한 정치가 시행됨을 들었으나,

---

14) 『예기』「소의(少儀)」：贊幣自左, 詔辭自右.

不敢以告人. (불감이고인) : 감히 남에게 고하지 못하겠구나.

毛序 揚之水, 刺晉昭公也. 昭公, 分國以封沃, 沃盛强, 昭公微弱,
國人, 將叛而歸沃焉.

모서 「양지수」편은 진나라 소공을 풍자한 시이다. 소공은 나라를 나누
어 옥을 분봉하였는데, 옥이 강성해지고 소공은 미약해져서 나라 사람들
이 소공을 배반하고 옥으로 회귀하려고 했다.

참고 8-17 『공자가어』「본명해(本命解)」 기록

원문 子遂言曰: "女有五不取①: 逆家子者②, 亂家子者③, 世有刑
人子者④, 有惡疾子者⑤, 喪父長子⑥.

공자가 마침내 말하길, "여자에게는 아내로 들이지 않는 다섯 가지 경우
가 있다. 반역을 저지른 집안의 여식인 경우, 혼란스러운 집안의 여식인
경우, 대대로 죄인이 나온 집안의 여식인 경우, 나쁜 병이 있는 집안의
여식인 경우, 부친이 없는 집의 장녀인 경우이다.

王注① 逆家子也. 亂家子也. 世有刑人子也. 世有惡疾子也. 喪父
長子也. 此五者, 皆不取也矣.

반역을 저지른 집안의 여식인 경우. 혼란스러운 집안의 여식인 경우. 대
대로 죄인이 나온 집안의 여식인 경우. 나쁜 병이 있는 집안의 여식인
경우. 부친이 없는 집의 장녀인 경우. 이 다섯 가지에 해당하는 경우에는
모두 아내로 들이지 않는다.

王注② 謂其逆德.

덕을 어겼음을 뜻한다.

王注 ③　謂其亂倫.

인륜을 혼란스럽게 만들었음을 뜻한다.

王注 ④　謂其棄於人也.

사람들에게 버림을 받았음을 뜻한다.

王注 ⑤　謂其棄於天也.

하늘에게 버림을 받았음을 뜻한다.

王注 ⑥　謂其無受命也.

명을 받은 적이 없음을 뜻한다.

원문　有七出, 三不去. 七出者①: 不順父母出者②, 無子者③, 淫僻者④, 嫉妒者⑤, 惡疾者⑥, 多口舌者⑦, 竊盜者⑧.

부인에게는 일곱 가지 쫓아내는 경우가 있고, 세 가지 내치지 못하는 경우가 있다. 일곱 가지 쫓아내는 경우는 부모에게 순종하지 않으면 쫓아내고, 자식이 없는 경우, 음란한 경우, 시기하는 경우, 나쁜 병이 있는 경우, 말이 많은 경우, 도둑질을 한 경우이다.

王注 ①　不順母父出. 無子出. 淫僻出. 惡疾出. 姑疾出. 多口舌出. 竊盜出.

부모에게 순종하지 않으면 쫓아낸다. 자식이 없으면 쫓아낸다. 음란하면 쫓아낸다. 나쁜 병이 있으면 쫓아낸다. 시기하면 쫓아낸다. 말이 많으면 쫓아낸다. 도둑질을 하면 쫓아낸다.

王注②　謂其逆德也.

덕을 어겼음을 뜻한다.

王注③　謂其絕世也.

세대를 끊어놓았음을 뜻한다.

王注④　謂其亂族也.

족인들을 혼란스럽게 하였음을 뜻한다.

王注⑤　謂其亂家也.

가족들을 혼란스럽게 하였음을 뜻한다.

王注⑥　謂其不可供粢盛也.

자성15)을 바치지 못함을 뜻한다.

王注⑦　謂其離親也.

친근한 관계를 떼어놓음을 뜻한다.

---

15) 자성(粢盛)은 제성(齊盛)이라고도 부른다. 자(粢)자는 곡식의 한 종류인 기장을
뜻하고, 성(盛)자는 그릇에 기장을 풍성하게 채워놓은 모양을 뜻한다. 따라서 '자
성'은 제기(祭器)에 곡물을 가득 채워놓은 것을 뜻하며, 제물(祭物)로 사용되었
다. 『춘추공양전』「환공(桓公) 14년」편에는 "御廩者何, 粢盛委之所藏也."라는
기록이 있는데, 이에 대한 하휴(何休)의 주에서는 "黍稷曰粢, 在器曰盛."이라고
풀이하였다.

王注 ⑧　謂其反義也.

도의에 위배됨을 뜻한다.

원문　不去者: 謂有所取無所歸, 一也. 與共更三年之喪, 二也. 先貧賤, 後富貴. 三也. 凡此聖人所以順男女之際, 重婚姻之始也."

세 가지 내치지 못하는 경우는 맞이해온 곳은 있지만 돌아갈 곳이 없는 경우가 첫 번째이다. 함께 삼년상을 치른 경우가 두 번째이다. 이전에는 빈천했지만 이후에 부귀해진 경우가 세 번째이다. 무릇 이것은 성인이 남녀의 교제를 신중히 여기고 혼인의 시작을 중요하게 여겼던 이유이다."라고 했다.

참고 8-18 『춘추공양전』 장공(莊公) 27년 기록

경문　冬, 杞伯姬來.

겨울에 기나라 백희가 왔다.

전문　其言來何?

왔다[來]라고 말한 것은 어째서인가?

何注　據有來歸.

내귀(來歸)16)가 있음에 기준을 둔 것이다.

---

16) 내귀(來歸)는 출가한 여자가 남편 집안으로부터 버림을 받아 본가로 되돌아오는 것을 뜻한다.

●"冬, 杞伯姬來". ●解云: 卽上二十五年夏, "伯姬歸于杞"者, 是也. 非謂此年"春, 公會杞伯姬于洮"者, 杞伯姬自是大夫之妻. 然則此伯姬是其女, 洮之伯姬是其姊妹, 故今得並稱伯矣.

●經文: "冬, 杞伯姬來". ● 앞의 25년 여름에 "백희가 기나라로 시집을 갔다."[17]라고 한 경우를 가리킨다. 이해에 "봄에 장공이 조에서 기나라 백희를 만났다."[18]라고 한 것을 가리키지 않으니, 기나라 백희는 대부의 처가 된다. 그렇다면 이곳의 백희는 그의 딸에 해당하며, 조에서 만난 백희는 그의 자매에 해당한다. 그렇기 때문에 지금 모두에 대해 백(伯)이라 칭할 수 있다.

徐疏 ◎注"據有來歸". ○解云: 卽宣十六年"秋, 郯伯姬來歸", 是也.

◎何注: "據有來歸". ○ 곧 선공(宣公) 16년에 "가을에 담나라 백희가 내귀했다."[19]라고 한 경우에 해당한다.

전문 直來曰來,

직래(直來)하는 것을 '내(來)'라 부르고,

何注 直來, 無事而來也. 諸侯夫人尊重, 旣嫁, 非有大故不得反. 唯自大夫妻, 雖無事, 歲一歸寧.

'직래(直來)'는 특별한 일이 없는데 오는 것이다. 제후의 부인은 존귀하고 중하여, 이미 시집을 갔다면 특별한 연유가 있지 않고서는 본가로 되돌아올 수 없다. 오직 대부의 처부터는 비록 특별한 일이 없더라도 한

---

17) 『춘추』「장공(莊公) 25년」: 伯姬歸于杞.
18) 『춘추』「장공(莊公) 27년」: 十有七年, 春, 公會杞伯姬于洮.
19) 『춘추』「선공(宣公) 16년」: 秋, 郯伯姬來歸.

해에 한 차례 귀녕(歸寧)[20]을 한다.

徐疏 ◎注"諸侯"至"得反". ○解云: 卽此文"直來曰來", 是也. 其大故者, 奔喪之謂. 文九年"夫人姜氏如齊", 彼注云"奔父母之喪也", 是也.

◎何注: "諸侯"~"得反". ○이곳 문장에서 "그냥 오는 것을 내(來)라 부른다."고 한 말에 해당한다. '대고(大故)'라는 것은 분상(奔喪)[21]의 경우 등을 뜻한다. 문공(文公) 9년에 "부인 강씨가 제나라에 갔다."[22]라 했고, 그 주에서는 "부모의 상에 분상한 것이다."라 한 말이 그 경우이다.

徐疏 ◎注"唯自大夫"至"一歸寧". ○解云: 自, 從也. 言從大夫妻以下, 卽詩云"歸寧父母", 是也. 按詩, 是后妃之事, 而云大夫妻者, 何氏不信毛敍故也.

◎何注: "唯自大夫"~"一歸寧". ○'자(自)'자는 ~부터라는 뜻이다. 대부의 처로부터 그 이하의 경우를 말하니, 『시』에서 "부모에게 귀녕했다."[23]라고 한 말에 해당한다. 『시』를 살펴보면, 이것은 후비의 일에 해당하는데, 대부의 처라고 말한 것은 하씨는 「모서」를 믿지 않았기 때문이다.

전문 大歸曰來歸.

대귀(大歸)하는 것을 '내귀(來歸)'라 부른다.

----

20) 귀녕(歸寧)은 출가한 딸이 본가로 되돌아와서 부모를 찾아뵙는 것을 뜻한다.
21) 분상(奔喪)은 타지에 있다가 상(喪)에 대한 소식을 듣고, 급히 되돌아오는 예법(禮法)을 말한다. 『예기』 「분상(奔喪)」편에 대해, 공영달(孔穎達)은 "案鄭目錄云, 名曰奔喪者, 以其居他國, 聞喪奔歸之禮."라고 풀이했다.
22) 『춘추』 「문공(文公) 9년」: 夫人姜氏如齊.
23) 『시』 「주남(周南)·갈담(葛覃)」: 言告師氏, 言告言歸. 薄汗我私, 薄澣我衣, 害澣害否, 歸寧父母.

何注 大歸者, 廢棄來歸也. 婦人有七棄·五不娶·三不去: 嘗更三年喪不去, 不忘恩也; 賤取貴不去, 不背德也; 有所受無所歸不去, 不窮窮也. 喪婦長女不娶, 無敎戒也; 世有惡疾不娶, 棄於天也; 世有刑人不娶, 棄於人也; 亂家女不娶, 類不正也; 逆家女不娶, 廢人倫也. 無子棄, 絶世也; 淫洪棄, 亂類也; 不事舅姑棄, 悖德也; 口舌棄, 離親也; 盜竊棄, 反義也; 嫉妒棄, 亂家也; 惡疾棄, 不可奉宗廟也.

'대귀(大歸)'는 버림을 받아 되돌아오는 것을 뜻한다. 부인에게는 일곱 가지 쫓겨나는 경우가 있고, 다섯 가지 시집을 가지 못하는 경우가 있으며, 세 가지 내쳐지지 않는 경우가 있다. 일찍이 삼년상을 치른 경우라면 내치지 않으니, 은정을 잊을 수 없기 때문이다. 미천했다가 존귀해진 경우에는 내치지 않으니, 덕을 위배할 수 없기 때문이다. 맞이한 곳은 있으나 돌아갈 곳이 없는 경우에는 내치지 않으니, 곤궁함으로 끝까지 내몰 수 없기 때문이다. 모친이 없는 집의 장녀는 아내로 들이지 않으니, 가르침과 훈계를 받지 못했기 때문이다. 대대로 나쁜 병이 있는 집의 여자는 아내로 들이지 않으니, 하늘로부터 버림을 받았기 때문이다. 대대로 죄인이 나온 집의 여자는 아내로 들이지 않으니, 사람들로부터 버림을 받았기 때문이다. 혼란스러운 집안의 여자는 아내로 들이지 않으니, 족인들이 바르지 못하기 때문이다. 반역을 한 집안의 여자는 아내로 들이지 않으니, 인륜을 저버렸기 때문이다. 자식이 없으면 내치니 세대를 끊어지게 만들기 때문이다. 음란하면 내치니 종족을 문란하게 만들기 때문이다. 시부모를 섬기지 못하면 내치니 덕을 어그러트리기 때문이다. 말이 많으면 내치니 친족들을 소원하게 만들기 때문이다. 도둑질을 하면 내치니 도의를 위배했기 때문이다. 시기하면 내치니 가정을 혼란스럽게 만들기 때문이다. 나쁜 병이 있으면 내치니 종묘의 제사를 받들 수 없기 때문이다.

徐疏 ◎注"不背德也". ○解云: 言己賤時, 彼已事己, 是其恩德也. 若貴而棄之, 卽是背德而不報, 非禮也.

◎何注: "不背德也". ○ 본인이 미천했을 때 그녀는 이미 자신을 섬겼으니, 이것은 은덕에 해당한다는 뜻이다. 만약 부귀해지고서 내버린다면 덕을 위배하고 보답하지 않는 것이니, 비례에 해당한다.

徐疏 ◎注"逆家"至"人倫也". ○解云: 謂仍見其家不行正直, 而行頑嚚, 廢其尊卑之倫次, 故不可娶.

◎何注: "逆家"~"人倫也". ○ 그 집안이 정직함을 시행하지 않고 미련하고 사특함을 실천하며 존비의 윤리 질서를 폐지하는 것을 보았기 때문에 아내로 들이지 않는다는 뜻이다.

참고 8-19 『역』「동인괘(同人卦)」기록

경문 六二, 同人于宗, 吝.

육이는 사람들과 함께 하기를 종친끼리 하니, 부끄럽다.

王注 應在乎五, 唯同於主, 過主則否. 用心扁狹, 鄙吝之道.

호응함은 오효에 달려 있어 오직 주인과 함께 하는데, 주인을 지나면 그렇지 않다. 마음을 쓰는 것이 편협하니, 비루하고 부끄러운 도이다.

孔疏 ○正義曰: 係應在五, 而和同於人在於宗族, 不能弘闊, 是鄙吝之道, 故象云"吝道"也.

○ 계응이 오효에 있어서 사람들과 화합하고 함께 함이 종족에게만 있고 넓힐 수 없으니, 비루하고 부끄러운 도에 해당한다. 그렇기 때문에 「상전」에서 "부끄러운 도이다."라 했다.

象曰: "同人于宗", 吝道也.

「상전」에서 말하였다. "사람들과 함께 하기를 종친끼리 한다."는 것은 부끄러운 도이다.

『이아』「석기(釋器)」 기록

경문 衣梳謂之祝①. 黼領謂之襮②. 緣謂之純③. 袕謂之裣④. 衣眦謂之襟⑤. 裁謂之裾⑥. 衿謂之袶⑦. 佩衿謂之緩⑧. 執衽謂之祛⑨. 裁衽謂之襭⑩. 衣蔽前謂之襜⑪. 婦人之禕謂之縭. 縭, 緌也⑫. 裳削幅謂之纀⑬.

옷의 유(梳)를 '예(祝)'라 부른다. 보(黼) 무늬를 새긴 옷깃을 '박(襮)'이라 부른다. 연(緣)을 '준(純)'이라 부른다. 술(袕)을 '형(裣)'이라 부른다. 의자(衣眦)를 '금(襟)'이라 부른다. 겁(裁)을 '거(裾)'라 부른다. 금(衿)을 '존(袶)'이라 부른다. 패금(佩衿)을 '원(緩)'이라 부른다. 옷섶 잡는 것을 '결(祛)'이라 부른다. 옷섶 걷는 것을 '힐(襭)'이라 부른다. 옷의 앞부분을 덮는 것을 '첨(襜)'이라 부른다. 부인들이 사용하는 위(禕)를 '이(縭)'라고 부른다. 이(縭)는 매다는 뜻이다. 하의의 폭을 자르는 것을 '복(纀)'이라 부른다.

郭注① 衣縷也. 齊人謂之攣. 或曰袿衣之飾.

옷의 누(縷)를 뜻한다. 제나라 사람들은 연(攣)이라 부른다. 혹자는 규의(袿衣)의 장식이라고 한다.

郭注② 繡刺黼文以褸領.

옷깃에 수를 놓아 보(黼) 무늬를 만든 것을 뜻한다.

郭注 ③ 衣緣飾也.

옷의 가선 장식을 뜻한다.

郭注 ④ 衣開孔也.

옷에 트인 구멍을 뜻한다.

郭注 ⑤ 交領.

교령(交領)을 뜻한다.

郭注 ⑥ 衣後襟也.

옷의 후금(後襟)이다.

郭注 ⑦ 衣小帶.

옷의 소대(小帶)를 뜻한다.

郭注 ⑧ 佩玉之帶上屬.

옥을 차는 띠로 위에 연결한다.

郭注 ⑨ 持衣上衽.

옷의 위쪽 옷섶을 잡는 것이다.

郭注 ⑩ 扱衣上衽於帶.

옷의 위쪽 옷섶을 띠에 꼽는 것이다.

郭注 ⑪ 今蔽膝也.

지금의 폐슬(蔽膝)에 해당한다.

郭注 ⑫ 卽今之香纓也. 邪交落帶繫於體, 因名爲褘. 綏, 繫也.

지금의 향영(香纓)에 해당한다. 비스듬히 교차해 띠 밑으로 내려 몸에 결속하는데, 이로 인해 '위(褘)'라 부른 것이다. '유(綏)'는 매다는 뜻이다.

郭注 ⑬ 削殺其幅, 深衣之裳.

그 폭을 자르는 것으로, 심의[24]의 하의에 해당한다.

邢疏 ●"衣袥"至"謂之纀". ○釋曰: 此別衣服之異名也. 云衣者, 目之也. 袥一名袿, 刺繡黼文於衣領名襮, 衣之緣飾名純, 禮記·深衣云: "衣純以繢, 衣純以靑"之類, 是也. 袩, 衣開孔也, 名裝. 說文云: "鬼衣也." 衣眦, 名襟, 謂交領也. 方言云: "衿謂之交." 是也. 扱一名裾, 卽衣後裾也. 衿, 衣小帶也. 一名袴. 士昏禮曰: "施衿結帨." 是也. 佩玉之帶名褑. 衽, 裳際也. 手執持其衽名祮, 扱衽於帶名襭. 詩·周南云: "薄言祮之"·"薄言襭之." 是也. 衣之蔽前者名襜. 婦人之香纓名褘, 又謂之縭. 縭, 綏也. 綏猶繫也, 取繫屬之義. 衣下曰裳. 削, 殺也. 裳削殺其幅者名纀, 謂深衣之裳也.

● 經文: "衣袥"~"謂之纀". ○이것은 의복에 대한 이명들을 구별한 것이다. '의(衣)'라 말한 것은 그것들을 지목하기 위해서이다. 유(袥)를 예(袿)라고도 부르며, 옷깃에 수를 놓아 보(黼) 무늬를 만든 것을 박(襮)이라 부르고, 옷의 가선 장식을 준(純)이라 부르며, 『예기』「심의(深衣)」편에서 "옷에 무늬를 그린 것으로 가선을 대고, 옷에 청색으로 가선을 댄

---

24) 심의(深衣)는 일반적으로 상의와 하의가 서로 연결된 옷을 뜻한다. 제후, 대부(大夫), 사(士)들이 평상시 집안에 거처할 때 착용하던 복장이기도 하며, 서인(庶人)에게는 길복(吉服)에 해당하기도 한다. 순색에 채색을 가미하기도 했다.

다."25)라고 한 부류가 여기에 해당한다. 술(袀)은 옷에 트인 구멍으로 형(褮)이라 부른다. 『설문』에서는 "귀신이 입는 옷이다."라 했다. 의자(衣眥)를 금(襟)이라 부르는데, 교령(交領)을 뜻한다. 『방언』26)에서는 "금(衿)은 교(交)이다."라 했다. 겁(袷)은 거(裾)라고도 하는데, 옷의 뒷면에 있는 옷자락이다. 금(衿)은 옷의 소대(小帶)이다. 존(袸)이라고도 부른다. 『의례』「사혼례(士昏禮)」편에서 "띠를 둘러주고 그곳에 수건을 묶는다."27)라고 한 것이 여기에 해당한다. 옥을 차는 띠를 원(褑)이라 부른다. 임(衽)은 하의의 끝부분이다. 손으로 그 임(衽)을 잡는 것을 결(袺)이라 부르고, 띠에 임(衽)을 꽂는 것을 힐(襭)이라 부른다. 『시』「주남(周南)」에서는 "잠시 옷섶을 잡노라."라 했고, "잠시 옷섶을 넣노라."라 했다.28) 옷 중에 전면을 가리는 것을 첨(襜)이라 부른다. 부인들이 사용하는 향영(香纓)을 위(褘)라 부르고, 또 이(繵)라고도 부른다. 이(繵)는 유(綖)를 뜻한다. 유(綖)는 계(繫)와 같으니, 매어 결속한다는 뜻에 따른 것이다. 옷 중 하의를 상(裳)이라 부른다. 삭(削)자는 줄인다는 뜻이다. 하의의 그 폭을 잘라 줄이는 것을 복(襮)이라 부르니, 심의의 하의를 뜻한다.

---

25) 『예기』「심의(深衣)」: 具父母·大父母衣純以繢. 具父母衣純以青. 如孤子, 衣純以素. 純袂緣·純邊, 廣各寸半.

26) 『방언(方言)』은 『유헌사자절대어석별국방언(輶軒使者絶代語釋別國方言)』·『별국방언(別國方言)』이라고도 부른다. 한(漢)나라 때의 학자인 양웅(揚雄)이 편찬했다고 전해지는 서적이다. 총 13권으로 구성되어 있었으며, 각 지방에서 온 사신들의 방언을 모았다는 뜻에서, 『유헌사자절대어석별국방언』이라는 제목으로 출간되었고, 또 이 말을 줄여서 『별국방언』·『방언』이라고 부르게 되었다. 현존하는 『방언』은 곽박(郭璞)의 주(注)가 붙어 있는 판본이다. 그러나 『한서(漢書)』 등의 기록에는 양웅의 저술 목록에 『방언』이 포함되어 있지 않으므로, 편찬자에 대한 의혹이 끊임없이 제기되었다.

27) 『의례』「사혼례(士昏禮)」: 母施衿結帨, 曰, "勉之敬之, 夙夜無違宮事."

28) 『시』「주남(周南)·부이(芣苢)」: 采采芣苢, 薄言袺之. 采采芣苢, 薄言襭之.

邢疏 ◎注"衣褸"至"之飾". ○釋曰: 此郭氏兩解: 一云"衣褸也". 本或作褸(音婁). 方言云: "褸謂之衽, 又謂之祫(子狹切)." 彼注云: "卽衣衿也." 云"齊人謂之攣"者, 以目驗而言也. 一云"或曰袿衣之飾"者, 釋名曰: "婦人上服曰袿." 廣雅云: "袿, 長襦也." 言飾者, 蓋以繒爲緣飾耳.

◎郭注: "衣褸"~"之飾". ○여기에는 곽씨의 두 가지 해석이 있다. 첫 번째는 "옷의 누(褸)를 뜻한다."이다. 판본에 따라서는 누(褸)(그 음은 婁(루)이다.)자로도 기록한다. 『방언』에서는 "누(褸)는 임(衽)을 뜻하며 또한 점(祫)('子(자)'자와 '狹(협)'자의 반절음이다.)을 뜻하기도 한다."라 했고, 그 주에서는 "옷의 금(衿)에 해당한다."라고 했다. "제나라 사람들은 연(攣)이라 부른다."라고 했는데, 눈으로 증험한 것으로 말한 것이다. 다른 하나는 "혹자는 규의(袿衣)의 장식이라고 한다."이다. 『석명』에서는 "부인들이 겉에 입었던 옷을 규(袿)라 부른다."라 했고, 『광아』[29]에서는 "규(袿)는 장유(長襦)이다."라 했다. 식(飾)이라 말한 것은 증(繒)을 가선의 장식으로 삼았기 때문일 것이다.

邢疏 ◎注"繡刺黼文以褾領". ○釋曰: 詩·唐風云: "素衣朱襮." 毛傳云: "襮, 領也. 諸侯繡黼, 丹朱中衣." 毛言繡黼者, 謂於繒之上繡刺以爲黼, 非訓繡爲黼. 郭氏取毛爲說也.

◎郭注: "繡刺黼文以褾領". ○『시』「당풍(唐風)」에서는 "흰색의 옷에 주색의 박(襮)이여."[30]라 했고, 모씨의 전에서는 "박(襮)은 옷깃을 뜻한

---

29) 『광아(廣雅)』는 위(魏)나라 때 장읍(張揖)이 지은 자전(字典)이다. 『박아(博雅)』라고도 부른다. 『이아』의 체제를 계승하고, 새로운 내용을 보충하여, 경전(經典)에 기록된 글자들을 해석한 서적이다. 본래 상·중·하 3권으로 구성되어 있었지만, 수(隋)나라 조헌(曺憲)이 재차 10권으로 편집하였다. 한편 '광(廣)'자가 수나라 양제(煬帝)의 시호였기 때문에, 피휘를 하여, 『박아』라고 부르게 되었다.

30) 『시』「당풍(唐風)·양지수(揚之水)」: 揚之水, 白石鑿鑿. 素衣朱襮, 從子于沃.

다. 제후는 수를 놓아 보(黼) 무늬를 새기며 중의(中衣)에 적색의 끝단을
댄다."라 했다. 모씨가 수보(繡黼)라 말한 것은 비단 위에 수를 놓아서
보(黼) 무늬를 만든다는 것이니, 수(繡)를 보(黼)로 풀이한 것이 아니다.
곽씨는 모씨의 주장을 가져다 설명한 것이다.

邢疏 ◎注"今蔽膝也". ○釋曰: 方言云: "蔽膝, 江淮南楚之間謂之
褘, 或謂之袚(音弗), 魏宋南楚之間謂之大巾, 自關東西謂之蔽膝,
齊魯之郊謂之袡(昌詹切)." 襦又名韠. 禮記·玉藻云: "韠: 君朱, 大
夫素, 士爵韋; 圜, 殺, 直, 天子直, 公侯前後方, 大夫前方·後挫角,
士前後正. 韠下廣二尺, 上廣一尺, 長三尺, 其徑五寸, 肩革帶博二
寸." 是也.

◎郭注: "今蔽膝也". ○『방언』에서는 "폐슬(蔽膝)을 강수와 회수 남쪽
과 초나라 지역 사이에서는 위(褘)라 부르고, 혹은 불(袚)(그 음은 弗(불)
이다.)이라 부르기도 하며, 위나라와 송나라 남쪽과 초나라 지역 사이에
서는 대건(大巾)이라 부르고, 관으로부터 동쪽과 서쪽 지역에서는 폐슬
(蔽膝)이라 부르며, 제나라와 노나라 교외에서는 염(袡)('昌(창)'자와 '詹
(첨)'자의 반절음이다.)이라 부른다."라 했다. 유(襦)를 또한 필(韠)이라
고도 부른다. 『예기』「옥조(玉藻)」편에서는 "필(韠)의 경우, 군주의 것은
주색으로 만들고, 대부의 것은 흰색으로 만들며, 사의 것은 작위(爵韋)로
만든다. 둥글게도 만들고, 점점 그 폭이 줄어들게도 만들며, 직각으로 만
들기도 하는데, 천자의 것은 직각으로 만들고, 공작과 후작의 것은 전면
과 후면을 네모지게 만들며, 대부의 것은 전면은 직각으로 만들고 후면은
모서리를 구부리며, 사의 것은 전면과 후면을 정(正)으로 만든다. 필(韠)
의 하단 너비는 2척이고, 상단 너비는 1척이며, 길이는 3척이고, 중간
부분의 너비는 5촌이며, 양쪽 모서리와 혁대(革帶)는 그 너비가 2촌이

旣見君子, 云何不樂.

다."31)라 했다.

邢疏 ◎注"卽今"至"繫也". ○釋曰: 孫炎云: "褘, 帨巾也." 郭云: "卽今之香纓也. 邪交落帶繫於體, 因名爲褘. 緌, 繫也." 此女子旣嫁之所著, 示繫屬於人. 義見禮記. 曲禮云"女子許嫁纓"及內則云"衿纓", 是也. 詩云: "親結其縭." 謂母送女, 重結其所繫著以申戒之. 孫炎以褘爲帨巾, 失之也.

◎郭注: "卽今"~"繫也". ○손염32)은 "위(褘)는 수건이다."라 했다. 곽박은 "지금의 향영(香纓)에 해당한다. 비스듬히 교차해 띠 밑으로 내려 몸에 결속하는데, 이로 인해 '위(褘)'라 부른 것이다. '유(緌)'는 매다는 뜻이다."라고 했다. 이것은 여자 중 이미 시집을 간 자들이 착용하는 것들로 남에게 매어 결속되었음을 드러내기 위한 것이다. 그 뜻은 『예기』에 보인다. 「곡례(曲禮)」편에서 "여자는 혼인이 결정되면 영(纓)을 찬다."33)라고 한 것과 「내칙(內則)」편에서 '금영(衿纓)'이라 한 것34)이 이것이다. 『시』에서 "직접 이(縭)를 매어준다."35)라 했는데, 모친이 딸을 전송하며 매달아 착용하는 것을 거듭 묶어주며 다시 훈계하는 것을 말한다. 손염이 위(褘)를 수건으로 여긴 것은 잘못 풀이한 것이다.

---

31) 『예기』「옥조(玉藻)」: 韠, 君朱, 大夫素, 士爵韋. 圜, 殺, 直, 天子直, 公侯前後方, 大夫前方後挫角, 士前後正. 韠下廣二尺, 上廣一尺, 長三尺, 其頸五寸, 肩, 革帶, 博二寸.

32) 손염(孫炎, ? ~ ?): 삼국시대(三國時代) 때의 학자이다. 자(字)는 숙연(叔然)이다. 정현의 문도였으며, 『이아음의(爾雅音義)』를 저술하여 반절음을 유행시켰다.

33) 『예기』「곡례상(曲禮上)」: <u>女子許嫁, 纓</u>, 非有大故, 不入其門.

34) 『예기』「내칙(內則)」: 男女未冠笄者, 鷄初鳴, 咸盥漱, 櫛縰, 拂髦, 總角, <u>衿纓</u>, 皆佩容臭. 昧爽而朝, 問何食飮矣, 若已食則退, 若未食則佐長者視具.

35) 『시』「빈풍(豳風)・동산(東山)」: 我徂東山, 慆慆不歸. 我來自東, 零雨其濛. 倉庚于飛, 熠燿其羽. 之子于歸, 皇駁其馬. <u>親結其縭</u>, 九十其儀. 其新孔嘉, 其舊如之何.

邢疏 ◎注"削殺其幅, 深衣之裳". ○釋曰: 按深衣目錄云: "稱深衣者, 以餘服則上衣下裳不相連." 此深衣衣裳相連, 被體深邃, 故謂之深衣. 按深衣篇云: "制十有二幅, 以應十有二月." 鄭注云: "裳六幅, 幅分之以爲上下之殺." 故云: "削殺其幅, 深衣之裳"也. 其深衣製度, 禮記具焉.

◎ 郭注: "削殺其幅, 深衣之裳". ○「심의(深衣)」편에 대한 『목록』을 살펴보면, "'심의(深衣)'라 지칭하는 것은 다른 옷들의 경우 상의와 하의가 서로 연결되지 않았기 때문이다."라 했다. 여기에서 말한 심의는 상의와 하의가 서로 연결되어 있고, 틈도 없이 몸을 깊이 감싸게 된다. 그렇기 때문에 '심의(深衣)'라고 부르는 것이다. 「심의」편을 살펴보면 "12폭의 천을 재단하여 12개월에 맞춘다."[36]라 했고, 정현의 주에서는 "하의는 6폭으로 만드는데, 폭을 나눠서 상하의 줄임으로 삼는다."라 했다. 그렇기 때문에 "그 폭을 자르는 것으로, 심의의 하의에 해당한다."라고 말한 것이다. 심의에 대한 제도는 『예기』에 기술되어 있다.

참고 8-21 『예기』「소의(少儀)」 기록

경문 贊幣自左, 詔辭自右.

군주를 대신하여 폐물을 전달하는 자는 군주의 좌측에서 하고, 군주의 명령을 전달하는 자는 군주의 우측에서 한다.

鄭注 自, 由也. 謂爲君授幣, 爲君出命也. 立者尊右.

'자(自)'자는 ~로부터라는 뜻이다. 즉 군주를 대신하여 폐물을 전달하고,

---

36) 『예기』「심의(深衣)」: <u>制十有二幅, 以應十有二月</u>, 袂圜以應規, 曲袷如矩以應方, 負繩及踝以應直, 下齊如權衡以應平.

군주를 대신하여 명령을 전달한다는 의미이다. 서 있는 경우에는 우측을
존귀하게 높인다.

孔疏 ●“贊幣”至“自右”. ○正義曰: 此一經論贊幣贊辭之異. 自, 由
也. 贊, 助也. 謂爲君授幣之時由君左.

●經文: “贊幣”~“自右”. ○이곳 경문은 폐물에 대해서 돕고 말을 전달하
는 일을 도울 때의 차이점을 논의하고 있다. '자(自)'자는 ~로부터라는
뜻이다. '찬(贊)'자는 돕는다는 뜻이다. 즉 군주를 대신하여 폐물을 전달
할 때에는 군주의 좌측에서 한다는 의미이다.

孔疏 ●“詔辭自右”者, 詔辭, 謂爲君傳辭也. 君辭貴重, 若傳與人
時, 則由君之右也.

●經文: “詔辭自右”. ○'조사(詔辭)'는 군주를 대신하여 말을 전달한다
는 뜻이다. 군주의 말은 존귀한 것이니, 만약 상대에게 전달할 때라면
군주의 우측에서 한다.

宵
衣

※ 출처: 『삼례도집주(三禮圖集注)』 2권

緦 麻 服 圖

※ 출처: 『삼재도회(三才圖會)』「의복(衣服)」3권

女從者畢袗玄, 纚笄, 被穎黼, 在其後.

직역 女從者는 畢히 袗玄하고 纚笄하며 被穎黼하여 그 後에 在한다.

의역 신부측 종자들은 모두 상의와 하의를 현색으로 맞추고 머리싸개와 비녀를 꼽으며 홑겹의 보(黼)가 수놓인 옷깃을 하고서 신부의 뒤에 위치한다.

鄭注 女從者, 謂姪娣也. 詩云: "諸娣從之, 祁祁如雲." 袗, 同也, 同玄者, 上下皆玄. 穎, 禪也. 詩云: "素衣朱襮." 爾雅云: "黼領謂之襮." 周禮曰: "白與黑謂之黼." 天子・諸侯后夫人狄衣, 卿大夫之妻, 刺黼以爲領, 如今偃領矣. 士妻始嫁, 施禪黼於領上, 假盛飾耳. 言被, 明非常服.

'여종자(女從者)'는 신부의 조카와 여동생을 뜻한다. 『시』에서는 "여러 여동생들이 따라 시집을 오니, 느긋하고 단정함이 구름과도 같구나."[1]라고 했다. '진(袗)'자는 같다는 뜻으로, 현색과 같게 한다는 것은 상의와 하의를 모두 현색으로 맞춘다는 뜻이다. '경(穎)'은 홑겹을 뜻한다. 『시』에서는 "흰색의 옷에 주색의 박(襮)이여."[2]라 했고, 『이아』에서는 "보(黼) 무늬를 새긴 옷깃을 박(襮)이라 부른다."[3]라 했으며, 『주례』에서는 "백색과 흑색의 실로 수놓은 것을 보(黼)라고 부른다."[4]라 했다. 천자의

---

1) 『시』「대아(大雅)・한혁(韓奕)」: 韓侯取妻, 汾王之甥, 蹶父之子. 韓侯迎止, 于蹶之里. 百兩彭彭, 八鸞鏘鏘, 不顯其光. 諸娣從之, 祁祁如雲. 韓侯顧之, 爛其盈門.

2) 『시』「당풍(唐風)・양지수(揚之水)」: 揚之水, 白石鑿鑿. 素衣朱襮, 從子于沃. 旣見君子, 云何不樂.

3) 『이아』「석기(釋器)」: 衣梳謂之祝. 黼領謂之襮. 緣謂之純. 袕謂之裛. 衣眥謂之襟. 衱謂之裾. 衿謂之袩. 佩衿謂之褑. 執衽謂之袺. 扱衽謂之襭. 衣蔽前謂之襜. 婦人之褘謂之縭. 縭, 緌也. 裳削幅謂之纀.

왕후와 제후의 부인들은 적의(狄衣)를 입고, 경과 대부의 아내는 보(黼)를 새겨 옷깃으로 만드는데, 지금의 언령(偃領)과 같은 것이다. 사의 처는 처음 시집을 올 때 홑겹으로 보 무늬를 옷깃에 새기게 되니, 융성한 장식을 빌려 쓰는 것일 뿐이다. '피(被)'라고 말한 것은 일상적인 복장이 아님을 드러낸 것이다.

賈疏 ●"女從"至"其後". ○釋曰: 此是從女之人在女後, 爲尊卑威儀之事也.

● 經文: "女從"~"其後". ○ 이것은 신부를 따라오는 자들이 신부 뒤에 위치하는 것은 신분에 따른 위엄스러운 행동예절이 됨을 나타내고 있다.

賈疏 ◎注"女從"至"常服". ○釋曰: 知女從是姪娣者, 按下文云"雖無娣媵先", 鄭云: "古者嫁女, 必姪娣從, 謂之媵." 卽此女從, 故云"女從者, 謂姪娣也". 云"詩"者, 韓奕篇, 引之證姪之義也. 云"袗, 同也, 同玄者, 上下皆玄"者, 此袗讀從左氏"均服振振", 一也. 故云同玄, 上下皆玄也. 同者卽婦人之服, 不殊裳也. 云"緆, 禪也"者, 此讀如詩云褧衣之褧, 故爲禪也. 引詩·爾雅·周禮者, 證黼得爲領之義也. 黼謂刺之在領爲黼文, 名爲襮, 故云"黼領謂之襮". 云"天子·諸侯后夫人狄衣"者, 按周禮·內司服云: "掌王后之六服: 褘衣·揄狄·闕狄." 又注云: "侯伯之夫人揄狄, 子男之夫人亦闕狄, 唯二王後褘衣." 故云后夫人狄衣也. 云"卿大夫之妻, 刺黼以爲領"者, 以士妻言被, 明非常, 故知大夫之妻, 刺之常也. 不於后夫人下言領, 於卿大夫妻下乃云刺黼爲領, 則后夫人亦同刺黼爲領也. 但黼乃白黑色爲之, 若於衣上則畫之, 若於領上則刺之. 以爲其男子冕服, 衣畫而裳繡, 繡皆

---

4) 『주례』「동관고공기(冬官考工記)·화궤(畫繢)」: 靑與赤謂之文, 赤與白謂之章, <u>白與黑謂之黼</u>, 黑與靑謂之黻, 五采備謂之繡.

刺之. 其婦人領雖在衣, 亦刺之矣. 然此士妻言被襌黼, 謂於衣領上
別刺黼文, 謂之被, 則大夫以下刺之, 不別被之矣. 按禮記·郊特牲
云: "紷黼丹朱中衣, 大夫之僭禮也." 彼天子·諸侯中衣有黼領, 服則
無之. 此今婦人事華飾, 故於上服有之, 中衣則無也. 云"如今偃領
矣"者, 擧漢法, 鄭君目驗而知, 至今已遠, 偃領之制, 亦無可知也. 云
"士妻始嫁, 施襌黼於領上, 假盛飾耳. 言被, 明非常服"者, 對大夫已
上妻則常服有之, 非假也.

◎ 鄭注: "女從"~"常服". ○ 여종(女從)이 신부의 조카와 여동생에 해당
한다는 사실을 알 수 있는 것은 아래문장에서 "비록 부인 측의 종자 중
여동생이 없더라도 여조카가 먼저 음식을 먹는다."[5]라 했고, 정현은 "고
대에는 딸을 시집보낼 때 반드시 조카와 여동생을 뒤따라 보냈으니, 이들
을 잉(媵)이라 부른다."라고 했다. 이들은 곧 여기에서 말한 여종(女從)
에 해당한다. 그렇기 때문에 "여종자(女從者)는 신부의 조카와 여동생을
뜻한다."라고 했다. 정현이 『시』를 인용했는데, 이것은 「한혁(韓奕)」편
으로, 이 문장을 인용하여 질(姪)의 의미를 증명한 것이다. 정현이 "진
(袗)자는 같다는 뜻으로, 현색과 같게 한다는 것은 상의와 하의를 모두
현색으로 맞춘다는 뜻이다."라고 했는데, 여기에 나온 '진(袗)'자는 『좌
전』에서 "상하가 균일하게 하여 씩씩하게 차려입었다."[6]라고 했던 뜻과
동일하게 해석한다. 그렇기 때문에 "현색과 같게 한다는 것은 상의와 하
의를 모두 현색으로 맞춘다는 뜻이다."라고 했다. 동일하게 한다는 것은
신부의 복장처럼 하며 치마에 있어서 차이를 두지 않는 것이다. 정현이
"경(褧)은 홑겹을 뜻한다."라고 했는데, 이것은 『시』에서 "홑옷을 껴입는

---

5) 『의례』「사혼례」: 婦徹于房中, 媵御餕, 姑酳之. <u>雖無娣, 媵先</u>. 於是與始飯之
錯.
6) 『춘추좌씨전』「희공(僖公) 5년」: 對曰, "童謠云, '丙之晨, 龍尾伏辰; <u>均服振振</u>,
取虢之旂. 鶉之賁賁, 天策焞焞, 火中成軍, 虢公其奔.' 其九月·十月之交乎!
丙子旦, 日在尾, 月在策, 鶉火中, 必是時也."

다."7)고 했을 때의 경(娶)처럼 풀이한다. 그렇기 때문에 단(禪)이 된다. 정현이 『시』·『이아』·『주례』를 인용한 것은 보(黼)로 옷깃을 만들 수 있다는 뜻을 증명하기 위해서이다. '보(黼)'는 옷깃에 수를 놓아서 보(黼) 무늬로 만든 것이니, 이것을 박(襮)이라고 부른다. 그렇기 때문에 "보(黼) 무늬를 새긴 옷깃을 박(襮)이라 부른다."라고 했다. 정현이 "천자의 왕후와 제후의 부인들은 적의(狄衣)를 입는다."라고 했는데, 『주례』「내사복(內司服)」편을 살펴보면 "왕후의 여섯 복장에 대해 담당하니, 휘의(褘衣)·요적(揄狄)·궐적(闕狄)이다."8)라 했고, 또 정현의 주에서는 "후작과 백작의 부인들은 요적(揄狄)을 입고, 자작과 남작의 부인들은 또한 궐적(闕狄)을 입는데, 하나라와 은나라 왕조의 후손국 부인만이 휘의(褘衣)까지 입을 수 있다."라고 했다. 그렇기 때문에 왕후와 부인이 적의를 입는다고 말했다. 정현이 "경과 대부의 아내는 보(黼)를 새겨 옷깃으로 만든다."라고 했는데, 사의 처에 대해서는 피(被)라고 하여 일상복이 아님을 드러냈다. 그렇기 때문에 대부의 처는 일상복에 수를 놓는다는 사실을 알 수 있다. 왕후와 부인에 대한 사안 뒤에 옷깃을 언급하지 않고, 경과 대부의 처에 대한 사안 뒤에 보 무늬를 새겨서 옷깃을 만든다고 했으니, 왕후와 부인 또한 동일하게 보 무늬를 새겨서 옷깃을 만든다. 다만 보 무늬는 백색과 흑색의 실을 사용해서 만들게 되는데, 상의의 경우라면 그림으로 그리고, 옷깃에 하는 경우라면 수를 놓게 된다. 남자의 면복을 만들 때에는 상의에는 그림으로 그리고 하의에는 수를 놓게 되는데, 수를 놓는 경우 모두 실을 이용해서 무늬를 새긴다. 부인이 입는 복장의 옷깃은 상의에 포함되는 것이지만 또한 수를 놓는다. 그런데 이곳에서 사의 처에 대해서는 단보(禪黼)를 피(被)한다고 했으니, 상의에 있는 옷

---

7) 『시』「위풍(衛風)·석인(碩人)」: 碩人其頎, <u>衣錦褧衣</u>. 齊侯之子, 衛侯之妻, 東宮之妹, 邢侯之姨, 譚公維私.

8) 『주례』「천관(天官)·내사복(內司服)」: 內司服<u>掌王后之六服, 褘衣, 揄狄, 闕狄</u>, 鞠衣, 展衣, 緣衣.

깃에 별도로 보 무늬를 새기게 되며, 이것을 피(被)라고 했으니, 대부로 부터 그 이하의 계층은 수를 놓으며 별도로 피(被)를 하지 않는다. 『예기』「교특생(郊特牲)」편을 살펴보면 "중의(中衣)9)를 만들며 보(黼)를 새긴 옷깃을 달고, 적색으로 끝단을 대는 것은 대부들이 제후의 예법에 대해서 참례(僭禮)를 한 것이다."10)라고 했다. 「교특생」편에서 천자와 제후는 중의에 보 무늬를 새긴 옷깃을 달지만, 겉에 입는 복장에는 이러한 무늬가 없다고 했다. 그런데 이곳에서는 부인들이 화려한 장식을 꾸민다고 했기 때문에 겉옷에 이러한 무늬가 있는 것이며 중의에는 없다. 정현이 "지금의 언령(偃領)과 같은 것이다."라고 했는데, 한나라 때의 법도를 기준으로 한 것이니, 정현은 직접 눈으로 보았으므로 이러한 사실을 알았지만 오늘날에는 그 시기가 너무 요원하여 언령에 대한 제도를 알 수 있는 방도가 없다. 정현이 "사의 처는 처음 시집을 올 때 홑겹으로 보 무늬를 옷깃에 새기게 되니, 융성한 장식을 빌려 쓰는 것일 뿐이다. 피(被)라고 말한 것은 일상적인 복장이 아님을 드러낸 것이다."라고 했는데, 대부로부터 그 이상의 계층에 속한 부인들이 일상적으로 착용하는 복장에 이러한 무늬가 있어 빌려 쓰는 것이 아닌 것과 대비시킨 것이다.

참고 8-22 『시』「대아(大雅)·한혁(韓奕)」

奕奕梁山, (혁혁량산) : 크고도 큰 양산을,

---

9) 중의(中衣)는 조복(朝服)이나 제복(祭服) 등의 예복(禮服) 안에 착용하는 옷이다. '중의' 안에는 속옷 등을 착용하고, '중의' 겉에는 예복 등을 착용하므로, 중간이라는 뜻에서 '중의'라고 부르는 것이다. 또한 모든 복장에 있어서 속옷과 겉옷 중간에 입는 옷을 뜻하기도 한다. 『예기』「교특생(郊特牲)」편에는 "繡黼丹朱中衣."라는 기록이 있고, 이에 대한 공영달(孔穎達)의 소(疏)에서는 "中衣, 謂以素爲冕服之裏衣."라고 풀이하였다.

10) 『예기』「교특생(郊特牲)」: 臺門而旅樹, 反坫, 繡黼丹朱中衣, 大夫之僭禮也.

維禹甸之. (유우전지) : 우임금이 다스리셨도다.

有倬其道, (유탁기도) : 밝은 그 길에,

韓侯受命. (한후수명) : 한나라 후작이 명을 받았도다.

王親命之, (왕친명지) : 왕이 직접 명하시어,

纘戎祖考. (찬융조고) : 너의 조고를 잇게 하노라.

無廢朕命, (무폐짐명) : 짐의 명을 폐하지 말고,

夙夜匪解. (숙야비해) : 밤낮으로 게을리하지 말라.

虔共爾位, (건공이위) : 너의 지위를 공손히 하여,

朕命不易. (짐명불역) : 짐의 명을 바꾸지 말라.

榦不庭方, (간부정방) : 조회를 오지 않는 방국들을 바로잡아,

以佐戎辟. (이좌융벽) : 네 군주를 도와라.

四牡奕奕, (사모혁혁) : 사모가 크고도 크니,

孔脩且張. (공수차장) : 매우 길고도 크구나.

韓侯入覲, (한후입근) : 한나라 후작이 들어와 뵈니,

以其介圭, (이기개규) : 개규로써,

入覲于王. (입근우왕) : 들어와 왕을 뵙는구나.

王錫韓侯, (왕석한후) : 왕께서 한나라 후작에게 하사를 하니,

淑旂綏章, (숙기수장) : 좋은 기와 수장이며,

簟茀錯衡, (점불착형) : 대자리로 만든 가리개와 착형이며,

玄袞赤舃, (현곤적석) : 현색의 곤복과 적색의 신이며,

鉤膺鏤鍚, (구응루양) : 구응과 누양이며,

鞹鞃淺幭, (곽굉천멸) : 가죽 손잡이와 호피 덮개이며,

鞗革金厄. (조혁금액) : 가죽 고삐와 쇠고리이다.

韓侯出祖, (한후출조) : 한나라 후작이 출조하니,

出宿于屠. (출숙우도) : 나가 도에서 유숙하도다.

顯父餞之, (현보전지) : 현보가 전송하니,

淸酒百壺. (청주백호) : 청주를 담은 것이 백병이구나.

其殽維何, (기효유하) : 그 안주는 무엇인가,

炰鼈鮮魚. (포별선어) : 구운 자라와 신선한 물고기로다.

其蔌維何, (기속유하) : 그 나물은 무엇인가,

維筍及蒲. (유순급포) : 순과 포로다.

其贈維何, (기증유하) : 그 선물은 무엇인가,

乘馬路車. (승마로거) : 네 필의 말과 노거로다.

籩豆有且, (변두유저) : 변과 두가 많기도 하여,

侯氏燕胥. (후씨연서) : 제후들이 서로 연회를 하는구나.

韓侯取妻, (한후취처) : 한나라 후작이 아내를 취하니,

汾王之甥, (분왕지생) : 분왕의 생질이자,

蹶父之子. (궐보지자) : 궐보의 자식이로다.

韓侯迎止, (한후영지) : 한나라 후작이 맞이를 함에,

于蹶之里. (우궐지리) : 궐의 마을에서 하도다.

百兩彭彭, (백양팽팽) : 백대의 수레가 많기도 하여,

八鸞鏘鏘, (팔란장장) : 여덟 방울이 쟁쟁 울리니,

不顯其光. (불현기광) : 그 빛이 드러나지 아니할까.

諸娣從之, (제제종지) : 여러 여동생들이 따라 시집을 오니,

祁祁如雲. (기기여운) : 느긋하고 단정함이 구름과도 같구나.

韓侯顧之, (한후고지) : 한나라 후작이 돌아보니,

爛其盈門. (란기영문) : 찬란히도 그 문에 가득하구나.

蹶父孔武, (궐보공무) : 궐보는 매우 건장하여,

靡國不到. (미국부도) : 나라마다 이르지 않는 곳이 없구나.

爲韓姞相攸, (위한길상유) : 한길을 위해 시집보낼 만한 곳을 가리니,

莫如韓樂. (막여한락) : 한나라만큼 즐거운 곳이 없구나.

孔樂韓土, (공락한토) : 매우 즐거운 한나라 땅이여,

川澤訏訏, (천택우우) : 내와 못이 크고도 크며,

魴鱮甫甫, (방서보보) : 방어와 연어가 크고도 크며,

麀鹿噳噳, (우록우우) : 암사슴과 사슴이 많고도 많으며,

有熊有羆, (유웅유비) : 곰도 있고 큰 곰도 있으며,

有貓有虎. (유묘유호) : 삵도 있고 호랑이도 있구나.

慶旣令居, (경기령거) : 이미 좋은 거처를 가지고 있음을 기뻐하니,

韓姞燕譽. (한길연예) : 한길이 편안하고도 즐겁도다.

溥彼韓城, (부피한성) : 큰 저 한나라 성이여,

燕師所完. (연사소완) : 연나라 군대가 완공해준 것이로다.

以先祖受命, (이선조수명) : 선조의 명령을 받음은,

因時百蠻. (인시백만) : 이 백만으로 인해서이다.

王錫韓侯, (왕석한후) : 왕께서 한나라 후작에게 하사를 하니,

其追其貊, (기추기맥) : 그 추이며 맥이로다.

奄受北國, (엄수북국) : 문득 북쪽 나라를 받아서,

因以其伯. (인이기백) : 그로 인해 패자가 되었도다.

實墉實壑, (실용실학) : 실로 보루를 쌓고 골을 내며,

實畝實藉, (실무실적) : 실로 이랑을 내고 세금을 받도다.

獻其貔皮, (헌기비피) : 비휴의 가죽을 바치고,

赤豹黃羆. (적표황비) : 적색 표범과 황색 큰 곰을 바치도다.

毛序 韓奕, 尹吉甫美宣王也, 能錫命諸侯.

모서 「한혁」편은 윤길보가 선왕을 찬미한 시로, 제후들에게 명을 잘 내려주었기 때문이다.

참고 8-23 『시』「당풍(唐風) · 양지수(揚之水)」

* 참고: 8-16 참조

참고 8-24 『이아』「석기(釋器)」 기록

* 참고: 8-20 참조

참고 8-25 『주례』「동관고공기(冬官考工記) · 화궤(畫繢)」 기록

경문 靑與赤謂之文, 赤與白謂之章, 白與黑謂之黼, 黑與靑謂之黻, 五采備謂之繡.

청색과 적색으로 수놓은 것을 '문(文)'이라 부르고, 적색과 백색으로 수놓은 것을 '장(章)'이라 부르며, 백색과 흑색으로 수놓은 것을 '보(黼)'라 부르고, 흑색과 청색으로 수놓은 것을 '불(黻)'이라 부르며, 다섯 가지 채색이 갖춰진 것을 '수(繡)'라 부른다.

鄭注 此言刺繡采所用, 繡以爲裳.

이것은 수를 놓는 채색에 사용되는 것을 말한 것으로, 수를 놓아 하의를 만든다.

賈疏 ◎注"此言刺繡采所用繡以爲裳". ○釋曰: 此一經皆北方爲繡次. 凡繡亦須畫, 乃刺之, 故畫 · 繡二工, 共其職也. 云"繡以爲裳"者, 按虞書云: "宗彝 · 藻 · 火 · 粉米 · 黼 · 黻, 絺繡." 鄭云: "絺, 紩也." 謂刺繡於裳, 故鄭云刺以爲裳也. 衣在上陽, 陽主輕浮, 故畫之. 裳在下陰, 陰主沉重, 故刺之也.

◎鄭注: "此言刺繡采所用繡以爲裳". ○ 이곳 경문은 모두 북방을 수차(繡次)로 삼고 있다. 무릇 수를 놓을 때에도 그림을 그려야 하고, 그런 뒤에 바느질을 하게 된다. 그렇기 때문에 그림을 그리고 수를 놓는 두 공인이 함께 그 직무에 종사하는 것이다. "수를 놓아 하의를 만든다."라 했는데, 『서』「우서(虞書)」를 살펴보면 "종이·조·화·분미·보·불을 수놓고자 한다."[11]라 했고, 정현은 "치(絺)는 꿰맨다는 뜻이다."라 했으니, 하의에 바느질을 하여 수를 놓는 것을 뜻한다. 그렇기 때문에 정현은 "바느질을 하여 하의를 만든다."라 했다. 상의는 위에 있어 양에 해당하고, 양은 가볍고 뜨는 것을 위주로 하기 때문에 그림으로 그리는 것이다. 하의는 밑에 있어 음에 해당하고, 음은 잠기고 무거운 것을 위주로 하기 때문에 바느질을 하는 것이다.

참고 8-26 『춘추좌씨전』 희공(僖公) 5년 기록

전문 八月, 甲午, 晉侯圍上陽.

8월 갑오일에 진나라 후작이 상양을 포위하였다.

杜注 上陽, 虢國都, 在弘農陝縣東南.

'상양(上陽)'은 괵나라의 수도이며, 홍농 합현 동남쪽에 있다.

전문 問於卜偃曰: "吾其濟乎?"

---

11) 『서』「우서(虞書)·익직(益稷)」: 予欲觀古人之象, 日月·星辰·山·龍·華蟲, 作會, 宗彝·藻·火·粉米·黼·黻, 絺繡, 以五采彰施于五色, 作服, 汝明.

복언에게 묻기를, "우리가 성공하겠는가?"라 했다.

전문 對曰: "克之."

대답하길, "이깁니다."라 했다.

전문 公曰: "何時?"

공이 말하길, "언제쯤이겠는가?"라 했다.

전문 對曰: "童謠云: '丙之晨, 龍尾伏辰①; 均服振振, 取虢之旂②. 鶉之賁賁, 天策焞焞, 火中成軍, 虢公其奔③.' 其九月·十月之交乎④. 丙子旦, 日在尾, 月在策⑤, 鶉火中, 必是時也."

대답하길, "동요에 '병자일 새벽에 용미성이 진에 숨자 상하가 균일하게 하여 씩씩하게 차려입으니 괵나라를 취한 깃발이다. 순화성의 몸체가 펼쳐지고, 천책성이 빛을 잃으며, 순화성이 남중하면, 군대가 공을 이루고, 괵공이 도망갈 것이다.'라 했으니, 9월과 10월이 교차하는 때일 것입니다. 병자일 아침에 해는 미성에 있게 되고, 달은 천책성에 있게 되며, 순화성이 남중하니, 분명 이때일 것입니다."라 했다.

杜注 ① 龍尾, 尾星也, 日月之會曰辰. 日在尾, 故尾星伏不見.

'용미(龍尾)'는 미성이며, 해와 달이 만나는 곳을 '진(辰)'이라 부른다. 해가 미성에 있기 때문에 미성이 숨어 나타나지 않는 것이다.

杜注 ② 戎事上下同服. 振振, 盛貌. 旂, 軍之旌旗.

전쟁의 사안에서는 상하 계층이 복장을 동일하게 한다. '진진(振振)'은 성대한 모습을 뜻한다. '기(旂)'는 군대의 깃발이다.

杜注③　鶉, 鶉火星也. 賁賁, 鳥星之體也. 天策, 傅說星. 時近日, 星微. 焞焞, 無光耀也. 言丙子平旦, 鶉火中, 軍事有成功也. 此已上皆童謠言也. 童齔之子, 未有念慮之感, 而會成嬉戲之言, 似若有馮者, 其言或中或否, 博覽之士, 能懼思之人, 兼而志之, 以爲鑒戒, 以爲將來之驗, 有益於世敎.

'순(鶉)'은 순화성(鶉火星)이다. '분분(賁賁)'은 조성(鳥星)의 몸체이다. '천책(天策)'은 부열성(傅說星)이다. 이때에 태양과 가까이 있어 별이 희미하게 보인다. '돈돈(焞焞)'은 빛이 없다는 뜻이다. 즉 병자일 새벽에 순화성이 남중을 하면 군대와 관련된 일에 공을 이룸이 생긴다는 뜻이다. 여기까지는 모두 동요에 나오는 말이다. 이갈이를 할 아이들은 아직 깊이 헤아려 걱정하는 느낌이 없는데도 모여서 희롱하는 말을 만들어냈으니, 자못 신빙성이 있는 것 같기도 한데, 그 말이 맞기도 하고 틀리기도 하겠지만, 넓은 견식을 갖춘 선비와 두려워하며 반성할 줄 아는 사람이 이를 겸해 기억하여 경계로 삼고, 장래의 징험으로 삼는다면, 세상의 가르침에 보탬이 될 것이다.

杜注④　以星驗推之, 知九月 · 十月之交, 謂夏之九月 · 十月也. 交, 晦朔交會.

별의 징험으로 추산하여 9월과 10월이 교차하는 때임을 알았던 것이니, 하력(夏曆)의 9월과 10월을 말한다. '교(交)'는 그믐과 초하루가 교차하는 때이다.

杜注⑤　是夜日月合朔於尾, 月行疾, 故至旦而過在策.

이날 밤에 해와 달이 미성에서 만나는데, 달의 운행이 빠르기 때문에 아침이 되면 지나쳐 전책성 자리에 있게 된다.

孔疏 ●“童謠”至“時也”. ○正義曰: 釋樂云: “徒歌謂之謠”, 言無樂而
空歌, 其聲逍遙然也. 於時有童稚之子, 爲此謠歌之辭, 故卜偃取以
對公也. 夜之向明爲晨, 日月聚會爲辰, 星宿不見爲伏. 言乙日夜半
之後, 丙日將旦之時, 龍尾之星伏在合辰之下, 當是之時, 軍人上下,
均同其服, 振振然而盛. 旂者, 晉軍旂也. 而往取虢, 故云“取虢之旂”.
南方鶉鳥之星, 其體賁賁然見於南方. 天策之星近日, 焞焞然無光
耀, 甚微也. 鶉火之次正中於南方, 爾時其當成軍事也. 虢公其當奔
走也. 旣引童謠之言, 乃復指其時日, 在夏之九月·十月之交乎, 謂
九月·十月晦朔之交也. 十月朔, 丙子之日, 平旦時, 日體在尾星, 月
在天策星, 鶉火正中於南方, 必是時克之.

● 傳文: “童謠”~“時也”. ○『이아』「석악(釋樂)」에서는 “도가(徒歌)[12]를
요(謠)라 한다.”[13]라 했으니, 악기없이 노래만 하는 것으로, 그 소리가
배회하며 아득해지는 것을 말한다. 당시에 이갈이를 하는 아이들이 이러
한 노래 가사를 만들었다. 그렇기 때문에 복언이 이를 취해 공에게 대답
한 것이다. 밤이 낮을 향하는 때가 새벽이 되며, 해와 달이 만나는 것은
진(辰)이 되고, 별자리가 드러나지 않는 것은 복(伏)이 된다. 을일 밤중
이후 병일의 아침이 되려는 때 용미의 별자리가 숨어서 해와 달이 만나는
곳 아래에 있게 되는데, 이 시기에 군인인 상하 계층이 균일하게 그 복식
을 동일하게 하여 씩씩하고 융성하게 보이는 것이다. ‘기(旂)’는 진나라
군대의 깃발이다. 가서 괵나라를 취했기 때문에 “괵나라를 취한 깃발이
다.”라 했다. 남방에 있는 순조의 별자리는 그 몸체가 크게 펴져 남쪽
하늘에 나타난다. 천책의 별자리는 해와 가까워져서 어스레하여 빛이 없
으니, 매우 미약해지는 것이다. 순화의 자리가 남쪽 하늘에서 정중앙에

---

12) 도가(徒歌)는 악기 반주 없이 노래하는 것을 뜻한다.
13) 『이아』「석악(釋樂)」: 徒鼓瑟謂之步. 徒吹謂之和. <u>徒歌謂之謠</u>. 徒擊鼓謂之
咢. 徒鼓鐘謂之修. 徒鼓磬謂之寋.

오게 되면 이 시기에는 군대와 관련된 일을 이루게 될 것이고, 괵공은 도망가게 될 것이다. 이미 동요의 가사를 인용하고서 다시 그 시일을 지목하여 하력으로 9월과 10월의 교(交)일 것이라 했는데, 9월과 10월의 그믐과 초하루가 교차하는 때를 뜻한다. 10월 초하루는 병자일이며, 아침 때에 해의 몸체가 미성에 있게 되고 달은 천책성에 있게 되며, 순화는 남쪽 하늘에서 정중앙에 오게 되니, 반드시 이 시기에 이기게 된다.

孔疏 ◎注"龍尾"至"不見". ○正義曰: 東方七宿皆爲蒼龍之宿, 其龍南首北尾, 角是龍角, 尾卽龍尾, 故云: "龍尾, 尾星也." "日月之會爲辰", 昭七年傳文. 於時日體在尾, 尾星與日同處, 共日俱出入, 故常伏不見也. "丙之晨"者, 說文云: "晨, 早昧爽也." 謂夜將旦, 雞鳴時也.

◎杜注: "龍尾"~"不見". ○ 동방에 속한 7개의 별자리는 모두 창룡의 별자리가 되며, 용은 머리를 남쪽으로 두고 꼬리를 북쪽으로 두어, 각수(角宿)는 용의 뿔이 되고, 미수(尾宿)는 용의 꼬리가 된다. 그렇기 때문에 "용미(龍尾)는 미성이다."라 했다. "해와 달이 만나는 곳을 진(辰)이라 부른다."라고 했는데, 소공(昭公) 7년의 전문 기록이다.[14] 이 시기에 해의 몸체는 미성에 있게 되어, 미성과 해는 동일한 곳에 있어 해와 함께 출입한다. 그렇기 때문에 항상 숨어서 나타나지 않는다. '병지신(丙之晨)'이라고 했는데, 『설문』에서는 "신(晨)은 아침일찍 어둑한 가운데 밝아지는 때이다."라 했으니, 밤에서 아침으로 넘어가 닭이 우는 때를 말한다.

孔疏 ◎注"戎事上下同服". ○正義曰: 周禮·司服職云: "凡兵事, 韋弁服." 鄭玄云: "韋弁, 以韎韋爲弁, 又以爲衣裳, 今時伍伯緹衣, 古兵服之遺色." 然則在兵之服皆韋弁. "均服"者, 謂兵戎之事, 貴賤

---

14) 『춘추좌씨전』「소공(昭公) 7년」: 公曰, "多語寡人辰而莫同, 何謂辰?" 對曰, "日月之會是謂辰, 故以配日."

上下, 均同此服也.

◎杜注: "戎事上下同服". ○『주례』「사복(司服)」편의 직무기록에서는 "군사와 관련해서는 위변복(韋弁服)을 착용한다."[15]라 했고, 정현은 "위변(韋弁)은 부드럽게 가공한 옅은 적색의 가죽으로 변(弁)을 만들고, 또한 이것으로 상의와 하의를 만든다. 오늘날 오(伍)의 우두머리가 착용하는 제의(緹衣)는 옛 군복에서 유래된 색에 해당한다."라 했다. 그렇다면 군대에 있을 때의 복장은 모두 위변이 된다. '균복(均服)'이라고 한 것은 군대 및 전쟁과 관련된 사안에는 귀천이나 상하에 상관없이 균일하게 모두 이 복장을 착용한다는 뜻이다.

孔疏 ◎注"鶉鶉"至"世敎". ○正義曰: 南方七宿皆爲朱鳥之宿, 其鳥西首東尾, 故未爲鶉首, 午爲鶉火, 巳爲鶉尾. 鶉火星者, 謂柳星張也. "天策, 傅說星", 史記・天官書之文. 莊子云: "傅說得之, 以騎箕尾." 傅說, 殷高宗之相, 死而託神於此星, 故名爲傅說星也. 傅說之星在尾之末, 合朔在尾, 故其星近日, 星微, 焞焞然無光耀也. 說文云: "齔, 毀齒也. 男八月齒生, 八歲而齔. 女七月齒生, 七歲而齔." 童齔之子, 未有念慮之感, 不解自爲文辭, 而群聚集會, 成此嬉遊遨戲之言, 其言韻而有理, 似若有神馮之者, 其言或中或否, 不可常用. 博覽之士及能懼思之人, 兼而志之, 以爲鑒戒, 以爲將來之驗, 有益於世敎, 故書傳時有采用之者. 文三年傳曰: "孟明之臣也, 其不解也, 能懼思也." "能懼思之人", 謂孟明之類也.

◎杜注: "鶉鶉"~"世敎". ○남방에 속한 7개의 별자리는 모두 주조의 별자리가 되며, 새는 머리를 서쪽으로 두고 꼬리를 동쪽으로 둔다. 그렇기 때문에 미에는 순수(鶉首)가 되고, 오에는 순화(鶉火)가 되며, 사에는 순미(鶉尾)가 된다. '순화성(鶉火星)'이라는 것은 유수(柳宿)・성수(星

---

15) 『주례』「춘관(春官)・사복(司服)」: 凡兵事, 韋弁服.

宿)·장수(張宿)를 뜻한다. "천책(天策)은 부열성(傳說星)이다."라고
했는데,『사기』「천관서(天官書)」의 기록이다.『장자』에서는 "부열은 그
것을 얻어서 기수(箕宿)와 미수(尾宿)를 몰았다."16)라 했다. '부열(傳
說)'은 은나라 고종 때의 재상으로, 죽어서 이 별에 신으로 의탁했다. 그
렇기 때문에 '부열성(傳說星)'이라 부른 것이다. 부열의 별자리는 미수의
끝에 있고, 해와 달이 만나는 곳이 미수에 있기 때문에 그 별이 해와 가까
워져서 별자리가 희미해지고 어스레하여 빛이 없게 된다.『설문』에서는
"친(齔)은 이를 가는 것이다. 남자는 8개월이 되면 이가 생겨나고 8살이
되면 이를 간다. 여자는 7개월이 되면 이가 생겨나고 7살이 되면 이를
간다."라 했다. 이갈이를 하는 아이들은 아직 깊이 헤아려 걱정하는 느낌
이 없어서, 스스로 말의 뜻을 풀이하지 못하는데, 여럿이 모여서 이러한
희롱하는 말들을 만들어냈고, 그 말과 운율에 조리가 있으니, 자못 신방
성이 있는 것 같은데, 그 말이 맞기도 하고 틀리기도 하여 항상 따를 수는
없다. 넓은 견식을 가진 선비와 두려워하며 반성할 줄 아는 사람이 이를
겸해 기억하여 경계로 삼고 장래의 징험으로 삼는다면, 세상의 가르침에
보탬이 된다. 그렇기 때문에 전문을 작성할 때 이를 채집해서 사용한 것
이다. 문공(文公) 3년 전문에서는 "맹명이 신하노릇을 함에 게을리하지
않고 두려워하며 반성할 줄 안다."17)라 했다. "두려워하며 반성할 줄 아
는 사람"은 바로 맹명의 부류를 뜻한다.

孔疏 ◎注"是夜"至"在策". ○正義曰: 以三統曆推之, 此夜是月小餘
盡, 夜半合朔在尾十四度, 從乙夜半至平旦, 日行四分度之一, 月行
三度有餘, 故丙子旦日在尾星, 月在天策, 鶉火之次正中也. 月令:

---

16) 『장자』「대종사(大宗師)」: 傅說得之, 以相武丁, 奄有天下, 乘東維, 騎箕尾,
而比於列星.
17) 『춘추좌씨전』「문공(文公) 3년」: 秦穆之爲君也, 擧人之周也, 與人之壹也; 孟
明之臣也, 其不解也, 能懼思也; 子桑之忠也, 其知人也, 能擧善也.

"孟冬之月, 日在尾, 昏危中, 旦七星中." 七星, 則鶉火次之星也.

◎杜注: "是夜"~"在策". ○『삼통력』으로 추론해보면, 이날 밤은 달이 소여를 다하게 되고, 밤중 해와 달이 만나는 곳은 미수(尾宿)의 14도가 되며, 을의 밤중으로부터 아침에 이르기까지 해는 4분의 1도를 가게 되며, 달은 3도를 넘게 가게 된다. 그렇기 때문에 병자일 아침에 해는 미성에 있게 되고, 달은 천책에 있게 되며, 순화의 자리는 남쪽 하늘의 정중앙에 오게 된다. 『예기』「월령(月令)」편에서는 "맹동의 달에 해는 미수에 있고, 저녁무렵에는 위수가 남중하며, 동틀무렵에는 칠성이 남중한다."[18]라 했다. '칠성(七星)'은 순화의 자리에 있는 별이다.

참고 8-27 『시』「위풍(衛風)·석인(碩人)」

* 참고: 8-10 참조

참고 8-28 『주례』「천관(天官)·내사복(內司服)」 기록

* 참고: 8-14 참조

참고 8-29 『예기』「교특생(郊特牲)」 기록

경문 臺門而旅樹, 反坫, 繡黼丹朱中衣, 大夫之僭禮也.

대문(臺門)[19]을 설치하고, 출입구에 나무를 병풍처럼 심어서 가리며, 반

---

18) 『예기』「월령(月令)」: 孟冬之月, 日在尾, 昏危中, 旦七星中.
19) 대문(臺門)은 고대의 천자나 제후는 궁실의 문 옆에 흙을 쌓아 관망대[臺]를 만들

점(反坫)을 설치하고, 중의(中衣)를 만들며 수보(繡黼)로 옷깃을 달고, 적색으로 끝단을 대는 것은 대부들이 제후의 예법에 대해서 참례(僭禮)를 한 것이다.

鄭注 言此皆諸侯之禮也. 旅, 道也. 屛謂之樹, 樹所以蔽行道. 管氏樹塞門, 塞猶蔽也. 禮: 天子外屛, 諸侯內屛, 大夫以簾, 士以帷. 反坫, 反爵之坫也, 蓋在尊南, 兩君相見, 主君旣獻於賓, 反爵焉. 繡黼丹朱以爲中衣領緣也. 繡讀爲綃. 綃, 繒名也. 詩云: "素衣朱綃." 又云: "素衣朱襮." 襮, 黼領也.

이곳 문장에서 말하는 내용은 모두 제후의 예법에 해당한다는 뜻이다. '여(旅)'자는 길을 뜻한다. 병풍을 '수(樹)'라고도 부르는데, 수(樹)는 지나다니는 통로를 가리는 것이다. 관중은 수(樹)로 문(門)을 가렸다고 했는데,[20] '색(塞)'자는 가린다는 뜻이다. 예법에 따르면, 천자는 외병[21]을 설치하고, 제후는 내병[22]을 설치하며,[23] 대부는 주렴[簾]을 달고, 사는 휘장[帷]을 단다고 했다. '반점(反坫)'은 술잔을 내려놓는 받침대이니, 아

게 되는데, 문과 관망대를 합쳐서 부르는 말이다. 후대에는 관망대에 지붕을 올리기도 했다.

20) 『논어』「팔일(八佾)」: 子曰, "管仲之器小哉!" 或曰, "管仲儉乎?" 曰, "管氏有三歸, 官事不攝, 焉得儉?" "然則管仲知禮乎?" 曰, "邦君樹塞門, 管氏亦樹塞門. 邦君爲兩君之好, 有反坫, 管氏亦有反坫. 管氏而知禮, 孰不知禮?"

21) 외병(外屛)은 천자가 문 밖에 설치했던 담장이다. 문 안에 있는 작은 담장을 내병(內屛)이라고 부르는데, 이것과 상대되는 말이다. 문 밖에 설치했기 때문에 '외(外)'자를 붙인 것이고, 병풍과도 같은 역할을 했기 때문에 '병(屛)'자를 붙여서 '외병'이라고 부른 것이다. 후대에는 조벽(照壁)으로 부르기도 했다.

22) 내병(內屛)은 제후가 문 안에 설치했던 담장을 뜻한다. 문 안쪽에 위치하여 '내(內)'자를 붙인 것이며, 병풍처럼 가려주는 역할을 하므로, '병(屛)'자를 붙여서 '내병'이라고 부른 것이다.

23) 『순자(荀子)』「대략(大略)」: 天子外屛, 諸侯內屛, 禮也. 外屛不欲見外也; 內屛不欲見內也.

마도 술동이의 남쪽에 있었을 것이며, 두 나라의 군주가 서로 만나볼 때에는 주인의 입장이 되는 군주가 빈객이 되는 군주에게 술을 따라서 주면, 술잔을 받침대에 내려놓게 된다. 수보(繡黼)와 단주(丹朱)로는 중의(中衣)의 옷깃과 가장자리를 만들게 된다. '수(繡)'자는 초(綃)자로 해석하니, '초(綃)'는 비단의 명칭이다. 『시』에서는 "흰 옷에 적색의 초(綃)이다."[24]라고 하였고, 또 "흰 옷에 적색의 박(襮)이다."[25]라고 하였는데, '박(襮)'은 보(黼)를 새긴 옷깃을 뜻한다.

孔疏 ●"繡黼丹朱中衣"者, 綃, 繒也; 黼, 刺繒爲黼文也. 丹朱, 赤色, 謂染繒爲赤色也. 中衣, 謂以素爲冕服之裏衣, 猶今中衣單也.

● 經文: "繡黼丹朱中衣". ○'초(綃)'는 비단이며, '보(黼)'는 비단에 수를 놓아서 보(黼)의 무늬를 만든 것이다. '단주(丹朱)'는 적색을 뜻하니, 비단을 염색하여 적색으로 만든 것을 뜻한다. '중의(中衣)'는 흰색의 옷감으로 면복(冕服)을 착용할 때 입는 속옷을 만든 것을 뜻하니, 현재의 중의(中衣)인 단의(單衣)와 같은 것이다.

孔疏 ●"大夫之僭禮也"者, 自臺門以下, 於時大夫皆有此事, 故言僭禮也.

● 經文: "大夫之僭禮也". ○'대문(臺門)'을 세우는 것으로부터 그 이하의 일들에 있어서, 당시의 대부들은 모두 이러한 일들을 시행하였다. 그렇기 때문에 참례(僭禮)라고 말한 것이다.

---

24) 『시』「당풍(唐風)·양지수(揚之水)」: 揚之水, 白石皓皓. 素衣朱繡, 從子于鵠. 旣見君子, 云何其憂.

25) 『시』「당풍(唐風)·양지수(揚之水)」: 揚之水, 白石鑿鑿. 素衣朱襮, 從子于沃. 旣見君子, 云何不樂.

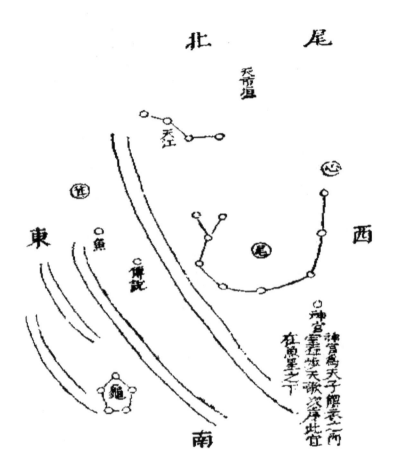

※ 출처:『삼재도회(三才圖會)』「천문(天文)」2권

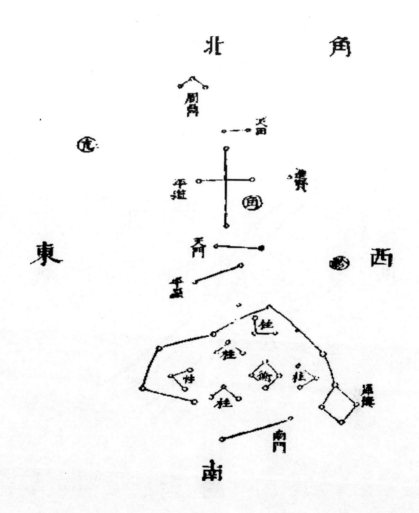

※ 출처: 『삼재도회(三才圖會)』 「천문(天文)」 2권

그림 8-44 ▣ 기수(箕宿)

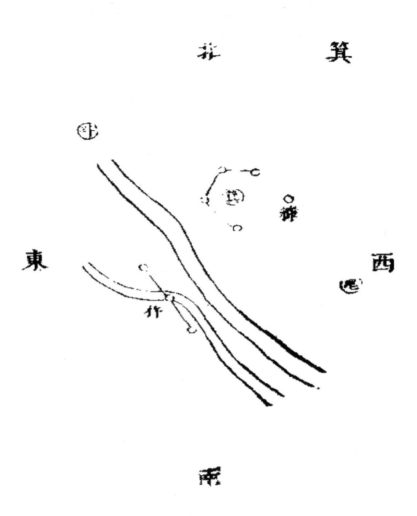

※ 출처: 『삼재도회(三才圖會)』「천문(天文)」 2권

※ 출처: 『삼재도회(三才圖會)』「천문(天文)」 3권

그림 8-46　◼ 칠성(七星)

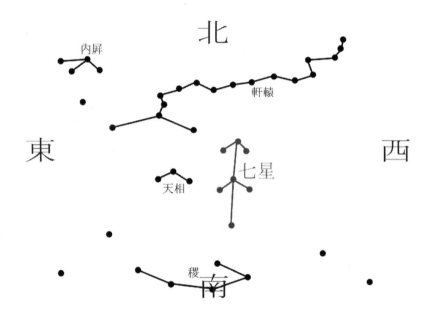

그림 8-47 ▣ 대(臺)

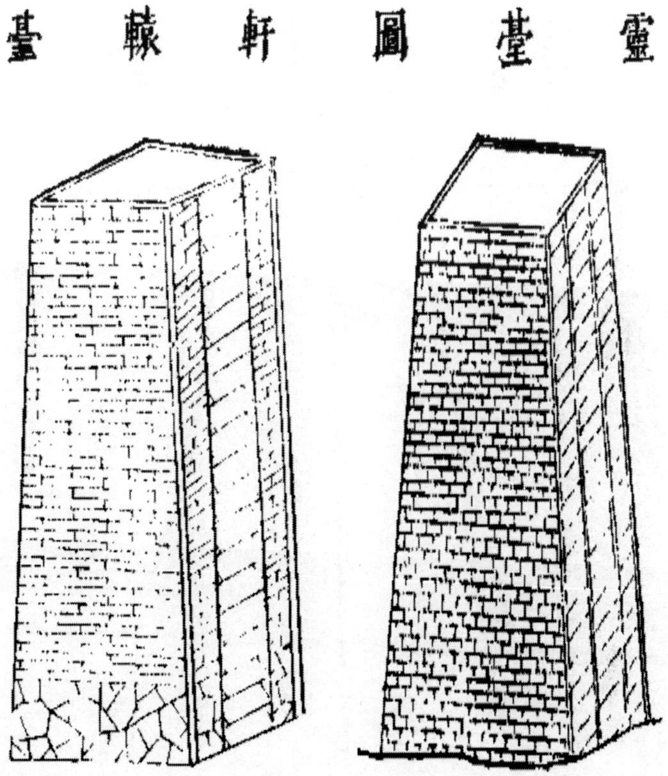

※ 출처: 『삼재도회(三才圖會)』「궁실(宮室)」 1권

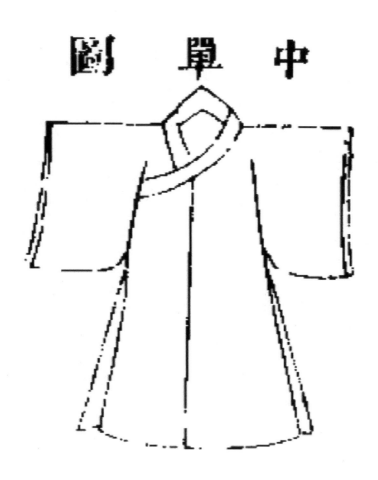

※ 출처: 『삼재도회(三才圖會)』 「의복(衣服)」 1권

簾

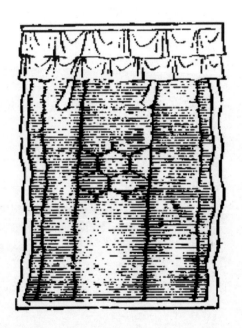

※ 출처: 『삼재도회(三才圖會)』「기용(器用)」 12권

主人玄端, 迎于門外, 西面再拜. 賓東面答拜.

직역 主人은 玄端하고 門外에서 迎하며 西面하고 再拜한다. 賓은 東面하고 答拜한다.

의역 신부의 부친은 현단복을 착용하고 대문 밖으로 나가서 맞이하는데 서쪽을 바라
보며 재배를 한다. 신랑은 동쪽을 바라보며 답배를 한다.

鄭注 賓, 婿.

'빈(賓)'은 신랑을 뜻한다.

賈疏 ●"主人"至"答拜". ○釋曰: 此言男至女氏之大門外, 女父出迎
之事也.

●經文: "主人"~"答拜". ○이것은 신랑이 신부 집 대문 밖에 도착하면
신부의 부친이 대문 밖으로 나가서 맞이하는 사안을 말한 것이다.

主人揖入, 賓執鴈從. 至于廟門, 揖入. 三揖, 至于階, 三讓.
主人升, 西面. 賓升, 北面, 奠鴈, 再拜稽首, 降, 出. 婦從,
降自西階. 主人不降送.

직역 主人이 揖하고 入하면, 賓이 鴈을 執하여 從한다. 廟門에 至하면 揖하고 入한다. 三揖하여 階에 至하면 三讓한다. 主人이 升하여 西面한다. 賓이 升하여 北面하고 鴈을 奠하고 再拜하며 稽首하고, 降하여 出한다. 婦가 從하며, 降하되 西階로 自한다. 主人은 降送을 不한다.

의역 신부의 부친이 읍을 하고 대문 안으로 들어가면 신랑은 예물로 가지고 온 기러기를 잡고 뒤따른다. 묘문에 당도하면 신부의 부친은 읍을 하고 안으로 들어간다. 세 차례 읍을 하여 계단에 당도하면 세 차례 사양을 한다. 신부의 부친은 당상으로 올라가서 서쪽을 바라본다. 신랑은 당상으로 올라가서 북쪽을 바라보며 예물로 가지고 온 기러기를 내려놓고 재배를 하며 머리를 조아리고, 당하로 내려가서 묘문 밖으로 나간다. 신부가 그 뒤를 따르는데 당하로 내려갈 때에는 서쪽 계단을 이용한다. 신부의 부친은 당하로 내려가 전송하지 않는다.

鄭注 賓升奠鴈拜, 主人不答, 明主爲授女耳. 主人不降送, 禮不參.

신랑이 당상으로 올라가서 기러기를 내려놓고 절을 할 때 신부의 부친은 답배를 하지 않으니, 딸을 건네는 것을 위주로 함을 드러내기 때문이다. 신부의 부친이 당하로 내려가 전송하지 않는 것은 예법상 간여할 수 없기 때문이다.

賈疏 ●"主人"至"降送". ○釋曰: 此言女父迎賓婿入廟門, 升堂, 父迎出大門之事也. 云"賓升, 北面奠鴈, 再拜稽首"者, 此時當在房外當楣北面, 知在房戶者, 見隱二年"紀履緰來逆女", 公羊傳曰: "譏始不親迎也." 何休云: "夏后氏逆於庭, 殷人逆於堂, 周人逆於戶." 後代漸文, 迎於房者, 親親之義也.

● 經文: "主人"~"降送". ○ 이것은 신부의 부친이 손님인 신랑을 맞이하여 묘문으로 들어가고, 당상으로 올라가며, 신부의 부친이 대문 밖으로 나가서 맞이하는 일을 말한 것이다. "신랑은 당상으로 올라가서 북쪽을 바라보며 예물로 가지고 온 기러기를 내려놓고 재배를 하며 머리를 조아린다."라고 했는데, 이러한 절차를 시행할 때에는 방문 밖 도리가 있는 곳에서 북쪽을 바라보게 되는데, 방문 쪽에 있다는 사실을 알 수 있는 것은 은공 2년에 "기나라 이요가 와서 여자를 맞이했다."[1]라 했고, 『공양전』에서 "애초에 친영을 하지 않은 것을 기롱한 것이다."[2]라 했으며, 하휴가 "하후씨 때에는 마당에서 맞이했고, 은나라 때에는 당에서 맞이했으며, 주나라 때에는 방문에서 맞이했다."라 했다. 후대에는 점진적으로 문식을 갖춰서 방에서 맞이하였으니, 친근한 자를 친근하게 대하는 도의에 해당한다.

賈疏 ◎注"賓升"至"不參". ○ 釋曰: 云"賓升奠鴈拜, 主人不答, 明主爲授女耳"者, 按納采阼階上拜, 至問名・納吉・納徵・請期, 轉相如皆拜, 獨於此主人不答, 明主爲授女耳. 云"主人不降送, 禮不參"者, 禮賓主宜各一人, 今婦既從, 主人不送者, 以其禮不參也.

◎鄭注: "賓升"~"不參". ○ 정현이 "신랑이 당상으로 올라가서 기러기를 내려놓고 절을 할 때 신부의 부친은 답배를 하지 않으니, 딸을 건네는 것을 위주로 함을 드러내기 때문이다."라고 했는데, 납채(納采)의 절차를 살펴보면, 동쪽 계단 위에서 절을 한다고 했고, 문명(問名)・납길(納吉)・납징(納徵)・청기(請期)의 절차에 있어서도 상호 모두 절을 했는데, 여기에서는 유독 신부의 부친이 답배를 하지 않는다고 했으니, 그 절차가 딸을 건네주는 것을 위주로 한다는 사실을 나타낸다. 정현이 "신

---

1) 『춘추』「은공(隱公) 2년」: 九月, 紀履緰來逆女.
2) 『춘추공양전』「은공(隱公) 2년」: 此何以書? 譏. 何譏爾? 譏始不親迎也.

부의 부친이 당하로 내려가 전송을 하지 않는 것은 예법상 간여할 수 없기 때문이다."라고 했는데, 예법에 따르면 빈객과 주인은 마땅히 각각 1명일 수밖에 없다. 현재 신부가 이미 빈객인 신랑을 뒤따랐으니, 신부의 부친이 전송하지 않는 것은 예법상 간여할 수 없기 때문이다.

참고 8-30 『춘추공양전』 은공(隱公) 2년 기록

경문 九月, 紀履緰來逆女.

9월 기나라 이요가 와서 여자를 맞이했다.

전문 紀履緰者何? 紀大夫也.

기나라 이요는 누구인가? 기나라 대부이다.

何注 以逆女不稱使, 知爲大夫.

신부를 맞이하며 시켰다고 지칭하지 않았으므로, 대부가 됨을 알 수 있다.

徐疏 ●"紀履緰者何". ○解云: 不書爵, 又不言使, 君臣不明, 故執不知問.

● 傳文: "紀履緰者何". ○ 작위를 기록하지 않고 또 시켰다고도 말하지 않았으며 군신관계가 불분명하기 때문에 모르는 부분을 들어 질문한 것이다.

徐疏 ◎注"以逆"至"大夫". ○解云: 正以桓三年秋, "公子翬如齊逆女"之屬, 皆是大夫爲君逆女. 而文皆不言使, 今此履緰逆女不言使, 故知是大夫也. 或者"使"爲"爵"字誤也.

◎何注: "以逆"至"大夫". ○ 바로 환공(桓公) 3년 가을에 "공자 휘가 제나라로 가서 여자를 맞이했다."[3]라고 한 부류들은 모두 대부가 군주를 위해 여자를 맞이한 것이다. 그 문장에서는 모두 시켰다고 언급하지 않았고, 지금 이곳에서 이요가 여자를 맞이할 때에도 시켰다고 말하지 않았다. 그렇기 때문에 대부가 됨을 알 수 있다. 혹자는 사(使)자는 작(爵)자가 된다고 하는데, 잘못된 설명이다.

전문 何以不稱使①? 婚禮不稱主人②.

어찌하여 시켰다고 칭하지 않는가? 혼례에서는 주인을 칭하지 않기 때문이다.

何注① 據宋公使公孫壽來納幣稱使.

송나라 공작이 공손 수를 보내와서 납폐를 하였다고 했을 때[4] 시켰다고 칭한 것에 근거한 말이다.

何注② 爲養廉遠恥也.

염치를 기르고 치욕을 멀리하기 위해서이다.

徐疏 ◎注"據宋公"至"稱使". ○解云: 在成八年夏.

◎何注: "據宋公"~"稱使". ○ 성공(成公) 8년 여름 기록에 있다.

徐疏 ◎注"爲養廉遠恥也"者. 謂養成其廉, 遠其慙恥也.

◎何注: "爲養廉遠恥也". ○ 염치를 길러 완성하고 부끄러움을 멀리한

---

3) 『춘추』「환공(桓公) 3년」: 秋, 公子翬如齊逆女.
4) 『춘추』「성공(成公) 8년」: 夏, 宋公使公孫壽來納幣.

다는 뜻이다.

전문 然則曷稱? 稱諸父兄師友. 宋公使公孫壽來納幣, 則其稱主人何? 辭窮也. 辭窮者何? 無母也.

그렇다면 어떻게 지칭하는가? 제부·제형·사우를 지칭한다. 송나라 공작이 공손수를 보내서 납폐를 하였다고 했는데, 주인을 지칭한 것은 어째서인가? 청할 자가 없기 때문이다. 청할 자가 없다는 것은 어째서인가? 모친이 없기 때문이다.

何注 禮, 有母, 母當命諸父兄師友, 稱諸父兄師友以行. 宋公無母, 莫使命之, 辭窮, 故自命之. 自命之則不得不稱使.

예법에 따르면, 모친이 계신 경우, 모친은 마땅히 제부·제형·사우 등에게 말해서, 제부·제형·사우 등을 지칭하여 시행해야 한다. 송나라 공작에게는 모친이 안 계셨으니, 시켜 명령할 수 없어, 청할 자가 없었다. 그렇기 때문에 스스로 명령한 것이다. 스스로 명령한다면 시켰다고 지칭하지 않을 수 없다.

徐疏 ●"辭窮者何". ○ 解云: 弟子未解辭窮之義, 故執不知問.

● 傳文: "辭窮者何". ○ 제자는 아직 청할 자가 없다는 말의 뜻을 이해하지 못했기 때문에 모르는 부분을 들어 질문한 것이다.

徐疏 ◎注"禮有母"至"師友". ○ 解云: 卽婚禮記云"宗子無父, 母命之", 是也.

◎ 何注: "禮有母"~"師友". ○ 「사혼례」 편의 기문에서 "종자에게 부친이 없는 경우라면, 모친이 심부름꾼에게 명령한다."[5]라고 한 경우에 해당한다.

徐疏 ◎注"稱諸父"至"以行". ○解云: 謂使者稱之, 而文不言使者, 以其非君故也.

◎何注: "稱諸父""以行". ○ 심부름을 하는 자가 지칭하는 것인데, 문장에서 사(使)라고 말하지 않은 것은 그의 군주가 아니기 때문이다.

徐疏 ◎注"宋公"至"稱使". ○解云: 卽婚禮記云"親皆沒, 己躬命之", 是也.

◎何注: "宋公"~"稱使". ○「사혼례」편의 기문에서 "부모가 모두 돌아가신 경우라면, 신랑 본인이 직접 명령을 한다."6)라고 한 경우에 해당한다.

전문 然則紀有母乎? 曰: 有①. 有則何以不稱母②? 母不通也③. 外逆女不書, 此何以書④?

그렇다면 기나라의 경우에는 모친이 있었는가? 답하자면 있었다. 있었다면 어찌하여 모친을 지칭하지 않았는가? 모친의 말을 전할 수 없기 때문이다. 국외에서 여자를 맞이할 때 기록하지 않는데, 여기에서는 어찌하여 기록했는가?

何注① 以不稱使知有母.

사(使)라고 지칭하지 않았으므로 모친이 있다는 사실을 알 수 있다.

何注② 據非主人, 何不稱母通使文.

주인이 아닌 경우에 근거하여, 어찌하여 모친을 지칭하여 전하는 말을 보냈 수 없느냐는 뜻이다.

---

5) 『의례』「사혼례」: <u>宗子無父, 母命之</u>. 親皆沒, 己躬命之.
6) 『의례』「사혼례」: 宗子無父, 母命之. <u>親皆沒, 己躬命之</u>.

禮, 婦人無外事, 但得命諸父兄師友, 稱諸父兄師友以行耳. 母命不得達, 故不得稱母通使文, 所以遠別也.

예법에 따르면, 부인에게는 바깥일이 없고, 단지 제부·제형·사우에게 말하여, 제부·제형·사우를 지칭하여 시행할 수 있을 따름이다. 모친의 명령은 전달할 수 없다. 그렇기 때문에 모친을 지칭하여 전하는 말을 보낼 수 없으니, 유별함을 철저히 지키기 위해서이다.

何注 ④ 據伯姬歸于宋, 不書逆人.

백희가 송나라로 시집을 갈 때 맞이하는 사람을 쓰지 않은 것[7])에 근거한 말이다.

徐疏 ◎注"據伯"至"逆人". ○解云: 在成九年春.

◎何注: "據伯"~"逆人". ○성공(成公) 9년 봄 기록에 있다.

전문 譏①. 何譏爾? 譏始不親迎也②.

기롱하기 위해서이다. 어찌하여 기롱했는가? 애초에 친영을 하지 않은 것을 기롱한 것이다.

何注 ① 譏, 猶譴也.

'기(譏)'자는 꾸짖는다는 뜻이다.

何注 ② 禮所以必親迎者, 所以示男先女也. 於廟者, 告本也. 夏后氏逆於庭, 殷人逆於堂. 周人逆於戶.

---

7) 『춘추』「성공(成公) 9년」: 二月, 伯姬歸于宋.

예법에 따르면, 반드시 친영을 하는 이유는 남자가 여자를 선도하는 뜻을 보이기 위해서이다.[8] 묘에서 하는 것은 근본에 아뢰고자 해서이다. 하후 씨 때에는 마당에서 맞이했고, 은나라 때에는 당에서 맞이했으며, 주나라 때에는 방문에서 맞이했다.

徐疏 ◎注"禮所"至"先女也". ○解云: 出昏義文.

◎何注: "禮所"~"先女也". ○『예기』「혼의(昏義)」편에서 도출된 문장이 다.[9]

徐疏 ◎注"於廟者"至"於戶". ○解云: 卽書傳云"夏后氏逆於廟庭, 殷人逆於堂, 周人逆於戶"者, 是也.

◎何注: "於廟者"~"於戶". ○『서전』에서 "하후씨는 묘정에서 맞이했고, 은나라는 당에서 맞이했으며, 주나라는 방문에서 맞이했다."라고 한 말에 해당한다.

---

8) 『예기』「교특생(郊特牲)」: 男子親迎, 男先於女, 剛柔之義也. 天先乎地, 君先 乎臣, 其義一也. 執摯以相見, 敬章別也. 男女有別, 然後父子親; 父子親, 然 後義生; 義生, 然後禮作; 禮作, 然後萬物安. 無別無義, 禽獸之道也.

9) 『예기』「혼의(昏義)」: 父親醮子而命之迎, 男先於女也. 子承命以迎, 主人筵 几於廟, 而拜迎於門外. 壻執雁入, 揖讓升堂, 再拜奠雁, 蓋親受之於父母也. 降, 出御婦車, 而壻授綏, 御輪三周, 先俟于門外. 婦至, 壻揖婦以入. 共牢而 食, 合卺而酳, 所以合體同尊卑以親之也.

婿御婦車, 授綏, 姆辭不受.

직역 婿가 婦車를 御하여 綏를 授하면 姆가 辭하여 不受한다.

의역 신랑이 신부가 탈 수레를 몰고 와서 신부에게 수레를 탈 때 잡는 끈을 건네면, 유모는 신부 대신 사양하여 받지 않는다.

鄭注 婿御者, 親而下之. 綏, 所以引升車者. 僕人之禮, 必授人綏.

신랑이 수레를 모는 것은 신부를 친애하여 자신을 낮추기 때문이다. '수(綏)'는 잡아당겨서 수레에 올라 탈 때 사용하는 것이다. 마부가 된 자가 지켜야 하는 예법에서는 반드시 수레에 타는 사람에게 수를 건네야 한다.

賈疏 ●"婿御"至"不受". ◎注"婿御"至"人綏". ○釋曰: 云"僕人之禮, 必授人綏"者, 曲禮文. 今婿御車, 卽僕人禮, 僕人合授綏, 姆辭不受, 謙也.

●經文: "婿御"~"不受". ◎鄭注: "婿御"~"人綏". ○정현이 "마부가 된 자가 지켜야 하는 예법에서는 반드시 수레에 타는 사람에게 수를 건네야 한다."라고 했는데, 이것은 『예기』「곡례(曲禮)」편의 기록이다.[1] 지금 신랑이 수레를 몰고 있으니 마부의 예법에 따르게 되어, 마부 역할을 하게 되었으므로 수를 건네야만 하는데, 유모가 사양하여 받지 않는 것은 겸손하게 행동하기 때문이다.

참고 8-31 『예기』「곡례상(曲禮上)」 기록

---

1) 『예기』「곡례상(曲禮上)」: 凡僕人之禮, 必授人綏, 若僕者降等, 則受, 不然則否.

凡僕人之禮, 必授人綏, 若僕者降等, 則受, 不然則否.

무릇 마부가 된 자가 지켜야 하는 예법에서는 반드시 상대방에게 정수 (正綏)를 건네야 하니, 만약 마부의 신분이 상대방보다 낮다면 상대방은 사양하지 않고 받으며, 그렇지 않은 경우라면 건네받지 않는다.

●"凡僕人之禮, 必授人綏"者, "凡僕人", 謂爲一切僕, 非但爲 君僕時也. 車上旣僕爲主, 故爲人僕, 必授綏與所升之人也.

● 經文: "凡僕人之禮, 必授人綏". ○ '범복인(凡僕人)'은 마부의 역할을 하게 된 모든 자들을 뜻하니, 단지 군주를 위해 마부가 되었을 때에만 이러한 예법이 적용되는 것이 아니다. 수레에 타서 이미 마부가 된 자는 수레의 주인을 위하게 된다. 그러므로 남을 위해 마무 역할을 하게 되면 반드시 수레에 오르게 될 자에게 정수(正綏)를 건네야 하는 것이다.

婦乘以几, 姆加景, 乃驅. 御者代.

직역 婦가 乘에는 几로써 하고 姆가 景을 加하면 驅한다. 御者가 代한다.

의역 신부가 수레에 탈 때에는 안석을 발받침으로 사용하고, 유모가 신부에게 겉옷을 입혀주면 신랑은 수레를 본다. 수레가 3바퀴 굴러가게 되면 수레를 모는 자가 신랑을 대신하여 수레를 본다.

鄭注 乘以几者, 尙安舒也. 景之制蓋如明衣, 加之以爲行道禦塵, 令衣鮮明也. 景亦明也. 驅, 行也. 行車輪三周, 御者乃代婿. 今文景作憬.

수레에 탈 때 안석을 발받침으로 사용하는 것은 편안하고 느긋한 것을 높이기 때문이다. 경(景)을 만드는 방법은 아마도 명의(明衣)[1]와 같았을 것이며, 그것을 겉에 덧입어서 길을 갈 때 먼지가 화려한 의복에 붙는 것을 막아 옷을 깨끗하게 만드는 것이다. '경(景)'자는 또한 밝다는 뜻이다. '구(驅)'자는 이동한다는 뜻이다. 수레가 3바퀴 굴러가게 하면 수레를 모는 자가 신랑을 대신하여 수레를 본다. 금문에는 '경(景)'자가 경(憬)자로 기록되어 있다.

賈疏 ●"婦乘"至"者代". ◎注"乘以"至"作憬". ○釋曰: 云"乘以几"者, 謂登車時也. 几, 所以安體, 謂若尸乘以几之類. 以重其初昏, 與尸同也. 云"景之制蓋如明衣"者, 按旣夕禮: "明衣裳用布, 袂屬幅, 長下膝." 鄭注云: "長下膝, 又有裳於蔽下體深也." 此景之制無正文, 故

---

[1] 명의(明衣)는 가장 안쪽에 입는 내의를 뜻한다. 재계를 할 때 목욕을 한 이후에 명의를 착용하며, 시신에 대한 염습(殮襲)을 할 때에도 시신을 닦은 이후 명의를 입혔다.

云蓋如明衣, 直云制如明衣. 此嫁時尙飾, 不用布. 按詩云: "衣錦褧衣, 裳錦褧裳." 鄭云: "褧, 禪也. 蓋以禪縠爲之中衣, 裳用錦而上加禪縠焉. 爲其文之大著也. 庶人之妻嫁服也. 士妻纁衣纁袡." 彼以庶人用禪縠, 連引士妻纁衣, 則此士妻衣上亦用禪縠. 碩人是國君夫人, 亦衣錦褧衣, 則尊卑同用禪縠. 庶人卑, 得與國君夫人同用錦爲衣大著. 此士妻不用錦, 不爲文大著, 故云"行道禦風塵"也.

● 經文: "婦乘"~"者代". ◎ 鄭注: "乘以"~"作憬". ○ "수레에 탈 때에는 안석을 발받침으로 사용한다."라고 했는데, 수레에 올라탈 때를 뜻한다. '궤(几)'는 몸을 편안히 기대게 하는 것인데, 마치 시동이 수레에 탈 때 사용하는 안석과 같은 것을 뜻한다. 초혼을 중시하기 때문에 시동에 대한 예법과 동일하게 따른다. 정현이 "경(景)을 만드는 방법은 아마도 명의(明衣)와 같았을 것이다."라고 했는데, 『의례』「기석례(旣夕禮)」편을 살펴보면 "명의의 상의와 하의는 포를 이용하고 소매는 1폭을 덧붙이며 길이는 무릎까지 내려오도록 한다."[2]라 했고, 정현의 주에서는 "길이를 무릎까지 내려오게 하고 또 하의를 두어서 하체를 가림에 깊숙하게 하는 것이다."라고 했다. 이곳에서 말한 경(景)의 제도에 대해서는 남아있는 기록이 없다. 그렇기 때문에 명의와 같았을 것이라고 했으니, 단지 그 제도가 명의를 만드는 제도와 같다는 것일 뿐이다. 이곳에서 말한 상황은 시집을 가는 시기이며 치장을 숭상하니 포를 사용하지 않는다. 『시』를 살펴보면 "비단 옷을 입고 홑옷을 껴입으며, 비단 치마를 입고 홑치마를 껴입었도다."[3]라 했고, 정현은 "경(褧)은 홑옷을 뜻한다. 아마도 홑겹의 명주로 중의를 만들고 치마는 비단을 사용하며 그 위에 홑겹의 명주로 만든 옷을 입는 것이니, 무늬가 분명하게 드러나도록 하기 위해서이다. 서인의 처가 시집을 올 때 입는 복장이다. 사의 처는 치색의 옷에 훈색의

---

2) 『의례』「기석례(旣夕禮)」: 明衣裳用幕布, 袂屬幅, 長下膝.

3) 『시』「정풍(鄭風) · 봉(丰)」: <u>衣錦褧衣, 裳錦褧裳.</u> 叔兮伯兮, 駕予與行.

가선을 댄다."라고 했다. 『시』에서는 서인이 홑겹의 명주로 만든 옷을 사용한다고 했고, 그와 연계하여 사의 처는 치색의 옷을 입는다고 했으니, 이곳에서 말한 사의 처는 옷 위에 홑겹의 명주로 만든 옷을 걸치게 된다. 「석인」편의 내용은 군주의 부인에 대한 것인데도 또한 "비단옷을 입고 홑옷을 껴입었구나."[4]라고 했으니, 신분의 차이와 상관없이 동일하게 홑겹의 명주로 만든 옷을 입었던 것이다. 서인은 신분이 미천한데도 제후의 부인과 동일하게 비단을 이용해서 옷을 만들어 그 화려함을 크게 드러낼 수 있었다. 여기에서 사의 처에 대해서는 비단을 사용한다고 하지 않았는데, 그 무늬를 화려하게 드러내고자 하지 않았기 때문이다. 그래서 "길을 갈 때 먼지가 화려한 의복에 붙는 것을 막는다."라고 했다.

참고 8-32 『시』「정풍(鄭風) · 봉(丰)」

子之丰兮,　　(자지봉혜)　：풍채가 좋은 선인이여,
俟我乎巷兮, (사아호항혜)：나를 문밖에서 기다리거늘,
悔予不送兮. (회여불송혜)：내 그대를 전송하지 못함을 후회하노라.

子之昌兮,　　(자지창혜)　：장성하고 건장한 선인이여,
俟我乎堂兮, (사아호당혜)：나를 문지방에서 기다리거늘,
悔予不將兮. (회여불장혜)：내 그대를 전송하지 못함을 후회하노라.

衣錦褧衣, (의금경의)：비단 옷을 입고 홑옷을 껴입으며,
裳錦褧裳. (상금경상)：비단 치마를 입고 홑치마를 껴입었도다.
叔兮伯兮, (숙혜백혜)：나를 맞이하러 온 자들이여,

---

4) 『시』「위풍(衛風) · 석인(碩人)」：碩人其頎, <u>衣錦褧衣</u>. 齊侯之子, 衛侯之妻, 東宮之妹, 邢侯之姨, 譚公維私.

駕予與行. (가여여행) : 내 수레에 멍에를 메어 길을 떠나라.

裳錦褧裳, (상금경상) : 비단 치마를 입고 홑치마를 껴입으며,
衣錦褧衣. (의금경의) : 비단 옷을 입고 홑옷을 껴입었도다.
叔兮伯兮, (숙혜백혜) : 나를 맞이하러 온 자들이여,
駕予與歸. (가여여귀) : 내 수레에 멍에를 매어 나를 데려가라.

毛序 丰, 刺亂也, 婚姻之道缺, 陽倡而陰不和, 男行而女不隨.

모서 「봉」편은 문란함을 풍자한 시이니, 혼인의 도가 폐지되어 남자가 선창하는데도 여자가 화답하지 않아, 남자가 떠나는데도 여자가 따라가지 않는 것이다.

참고 8-33 『시』「위풍(衛風)·석인(碩人)」

* 참고: 8-10 참조

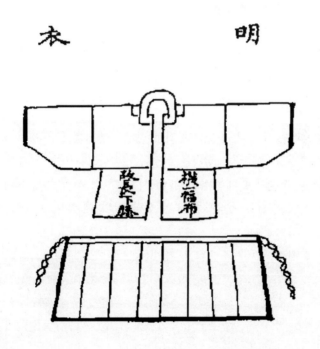

※ 출처: 『삼례도(三禮圖)』 3권

婿乘其車先, 俟于門外.

직역 婿는 그 車에 乘하여 先하고 門外에서 俟한다.

의역 신랑은 수레에 타서 먼저 출발하고 자신의 집 대문 밖에 당도하여 신부의 수레
가 올 때까지 기다린다.

鄭注 婿車在大門外, 乘之先者, 道之也. 男率女, 女從男, 夫婦剛柔
之義, 自此始也. 俟, 待也. 門外, 婿家大門外.

신랑의 수레는 대문 밖에 있는데 타서 먼저 출발하는 것은 뒤따르는 수레
를 인도하기 위해서이다. 남자는 여자를 인솔하고 여자는 남자를 따르게
되니, 부부의 강유에 대한 도리가 이 시기로부터 시작된다. '사(俟)'자는
기다린다는 뜻이다. '문외(門外)'는 신랑 집의 대문 밖을 뜻한다.

賈疏 ●"婿乘"至"門外". ◎注"婿車"至"門外". ○釋曰: 云"婿車在大
門外"者, 謂在婦家大門外. 知者, 以其婿於此始言乘其車, 故知也.
云"男率女, 女從男, 夫婦剛柔之義, 自此始也"者, 並郊特牲文. 云"門
外, 婿家大門外"者, 命士已上, 父子異宮, 故解爲婿家大門外. 若不
命之士, 父子同宮, 則大門父之大門外也.

●經文: "婿乘"~"門外". ◎鄭注: "婿車"~"門外". ○정현이 "신랑의 수
레는 대문 밖에 있다."라고 했는데, 신부 집의 대문 밖에 있다는 뜻이다.
이러한 사실을 알 수 있는 이유는 신랑에 대해서 이 시기에 처음으로
수레에 탄다고 했기 때문에 이러한 사실을 알 수 있다. 정현이 "남자는
여자를 인솔하고 여자는 남자를 따르게 되니, 부부의 강유에 대한 도리가
이 시기로부터 시작된다."라고 했는데, 이 모두는 『예기』「교특생(郊特
牲)」편의 기록이다.[1] 정현이 "문외(門外)는 신랑 집의 대문 밖을 뜻한

다."라고 했는데, 명사로부터 그 이상의 계층은 부친과 자식이 건물을 달리해서 거주한다. 그렇기 때문에 신랑 집의 대문 밖이라고 풀이한 것이다. 만약 명의 등급을 받지 못한 사라면 부친과 자식이 같은 건물에 거주하게 되니, 대문은 곧 부친 집의 대문 밖을 뜻하게 된다.

참고 8-34 『예기』「교특생(郊特牲)」 기록

경문 壻親御授綏, 親之也. 親之也者, 親之也. 敬而親之, 先王之所以得天下也. 出乎大門而先, 男帥女, 女從男, 夫婦之義由此始也. 婦人從人者也, 幼從父兄, 嫁從夫, 夫死從子. 夫也者, 夫也. 夫也者, 以知帥人者也.

친영을 하여, 아내를 데려갈 때 남편은 직접 수레를 몰며 아내에게 수레에 오를 때 잡게 되는 끈을 건네니, 이것은 상대방을 친애하기 때문이다. 상대방을 친애하는 것은 상대방으로 하여금 자신을 친애하게 만드는 것이다. 공경스럽게 대하여 친애를 하는 것은 선왕이 천하를 얻었던 방법이다. 그녀의 집 대문을 나가게 되면 남편이 탄 수레가 앞장을 서니, 남자는 여자를 이끄는 것이고 여자는 남자를 따르는 것으로, 부부의 의(義)가 이 시점으로부터 시작된다. 부인은 타인을 따르는 존재이니, 어렸을 때에는 부친과 남자 형제들을 따르게 되고, 시집을 가게 되면 남편을 따르게 되며, 남편이 죽게 되면 아들을 따르게 된다. '부(夫)'라는 것은 사내를 뜻한다. 사내가 된 자는 지혜와 재주로써 상대방을 통솔하는 자이다.

---

1) 『예기』「교특생(郊特牲)」: 壻親御授綏, 親之也. 親之也者, 親之也. 敬而親之, 先王之所以得天下也. 出乎大門而先, <u>男帥女, 女從男, 夫婦之義由此始也</u>. 婦人從人者也, 幼從父兄, 嫁從夫, 夫死從子. 夫也者, 夫也. 夫也者, 以知帥人者也.

鄭注 言己親之, 所以使之親己. 先王, 若太王·文王. 先者, 車居前也. 從, 謂順其教令. 夫之言丈夫也, 夫或爲"傅".

자신이 상대방을 친애하는 것은 상대방으로 하여금 자신을 친애하도록 만드는 방법이라는 뜻이다. '선왕(先王)'은 마치 태왕(太王)이나 문왕(文王) 등과 같은 사람들이다. '선(先)'이라는 것은 수레가 앞에 위치한다는 뜻이다. '종(從)'자는 그가 내린 가르침과 명령에 순종한다는 뜻이다. '부(夫)'라는 말은 장부를 뜻하며, '부(夫)'자를 다른 판본에서는 '부(傅)'자로도 기록한다.

| 역자 소개 |

정병섭鄭秉燮

- 1979년 출생
- 2002년 성균관대학교 유교철학과 졸업
- 2004년 성균관대학교 대학원 유학과 석사
- 2013년 성균관대학교 대학원 유학과 철학박사
- 『예기집설대전』, 『예기보주』, 『예기천견록』, 『예기유편대전』을 완역하였다.
- 현재 『의례주소』를 완역하기 위해 작업 중이다.
- 그 외에도 『주례』, 『대대례기』 번역과 한국유학자들의 예학 관련 저작들의 번역을 계획 중이다.

譯註 儀禮注疏 士昏禮 ❶

초판 인쇄   2022년 8월 16일
초판 발행   2022년 8월 31일

역   자 | 정 병 섭(鄭秉燮)
펴 낸 이 | 하 운 근
펴 낸 곳 | 學古房

주   소 | 경기도 고양시 덕양구 통일로 140 삼송테크노밸리 A동 B224
전   화 | (02)353-9908 편집부(02)356-9903
팩   스 | (02)6959-8234
홈페이지 | hakgobang.co.kr
전자우편 | hakgobang@naver.com, hakgobang@chol.com
등록번호 | 제311-1994-000001호

ISBN 979-11-6586-474-3 94140
     979-11-6586-480-4 (세트)

값 40,000원

※ 파본은 교환해 드립니다.